Anton Berlinger

Alemannia

Zeitschrift für Sprache, Literatur und Volkskunde (Zweiter Band)

Anton Berlinger

Alemannia

Zeitschrift für Sprache, Literatur und Volkskunde (Zweiter Band)

ISBN/EAN: 9783741183478

Hergestellt in Europa, USA, Kanada, Australien, Japan

Cover: Foto ©Andreas Hilbeck / pixelio.de

Manufactured and distributed by brebook publishing software (www.brebook.com)

Anton Berlinger

Alemannia

ALEMANNIA

Zeitschrift

für

Sprache, Litteratur und Volkskunde

des

Elsaszes, Oberrheins und Schwabens

herausgegeben

von

Dr. Anton Birlinger

Professor an der Universität in Bonn

Zwölfter Band

Bonn

bei Adolph Marcus

1884

Inhalt

	Seite
Rätische Ortsnamen M R Buck	209—296

Schweiz

Legende von S. Idda von Toggenburg A Birlinger	173—177
Ein Schweizer Volkslied von der Auferweckung des Lazarus WCrecelius	115—116
Volkstümliches A Birlinger	165—166

Elsasz

† Stadtbuch von Sennheim Oberelsasz A Birlinger	136—146
† Aus dem Ablaszbuche von Thann Derselbe.............	146—150
Elsaeszische Volkslieder WCrecelius.................	180—189
† Volkstümliches aus dem Elsasz K Mündel.............	101—114

Rechtsrheinisches Alemannien und Schwaben

Eine alemannische und eine bairische Gebrauchsanweisung zu den Psalmen XII XIII sec. A Birlinger........	82—98
Fryheiten der Vnniversitet ze Friburg Derselbe	122—131
Pater noster und Ave maria Von Lehner.............	167—169
Tibians goldene Schmide A Birlinger................	117—122
Zwei Lieder WCrecelius	114—117
Schwabenlied Derselbe...........................	177—180
− Jakob Wimpheling und die Schwaben Derselbe........	44—58
Zu den Volksbüchern A Birlinger	38—40
Findlinge Derselbe...................................	98—101
Alte Recepte für Fisch- und Krebsfang Derselbe	172—173
Volkstümliches, Sagen, Sitten, Aberglauben Derselbe ...	159—167
Legenden, Vorarlbergisches Derselbe	12—18
Sitten und Gebräuche Derselbe......................	18—25
Aberglauben Derselbe	26—31
Sprichwörter Derselbe..............................	31—38
Volkstümliches aus Conrad Dieterich, Hessisches Derselbe	170—172
Volkstümliches aus Hohenzollern B Stehle.............	1—12

IV

	Seite
Variarum Nationum Proprietates A Birlinger...........	190—196
Sprachliches und Aberglauben aus Heinrich Sander Derselbe	80—82
Tierstimmen Derselbe................................	41—43
Zum Deutschen Wörterbuche N Derselbe..............	151—158
Zu Friedrich Kluges Etymologischem Wörterbuche der Deutschen Sprache Derselbe........................	205—208
Von der Passauer Kunst oder vom Fest- und Gefrorensein Derselbe..................................	131—136
Zur Litteraturgeschichte des XVIII Jarhunderts aus Heinrich Sanders Reisen Derselbe..................	196—205
Zu des Knaben Wunderhorn X Derselbe W Crecelius..	59—79

VOLKSTÜMLICHES AUS HOHENZOLLERN

Als ich lezten Herbst durch die verschidenen Gegenden Hohenzollerns schlenderte, und auch die abgelegeneren Teile dises anmutigen kleinen Erdenwinkels aufsuchte, war ich bemüht, an Sagen, Sitten und Gebräuchen zu sammeln und zusammenzutragen, was andere auf dem vil durchforschten Boden noch übrig gelaßen hatten. Vil Neues bot sich nicht, doch war die Ausbeute immerhin reich genug für bescheidene Ansprüche. Am wenigsten wurden meines Wißens die *Spiznamen* der einzelnen Orte biß jezt beachtet; nur hin und wider sind solche aus Hohenzollern in der Alemannia aufgenommen. Der Vollständigkeit halber beanstande ich nicht, dise wenigen in der folgenden Zusammenstellung wider anzufüren. Ebenso wenig sind biß heute die Hohenzollernschen Hausinschriften gesammelt. Auch der sind freilich nicht vile. Aber es ist hohe Zeit, dise wenigen zu retten, da die alles nivellierende Neuzeit eifrig bemüht ist dise karakteristische Zierde der Wonhäuser erbarmungslos zu vernichten. Habe ich an Sagen und Gebräuchen mer Neues erhofft, so ist das Wenige wertvoll genug als Beitrag zur genaueren Kenntnis des Lebens und Treibens der Bewoner.

I ORTSNECKEREIEN [1]

Die *Ablacher* sind die Schnäcker. Den *Bärentalern* ruft man zu: Bärentaler, Haldawaler, Knepfleschlucker, Überschiguker. Die *Benzinger* sind die Gansschnäbel, weil ein Gänsediebstal durch die weggeworfenen Schnäbel herauskam. Die *Betraer* graben und verkaufen vil Kienholz, deshalb sind sie die Kienschmecker, wärend die *Bittelbronner* mit dem Namen Schneegäns geert werden. Einem *Bittelschießer* ward in Sigmaringen ein Stück von einem Handschuh ins Geröst geschnitten, weshalb dise die Hentschefreßer sein müßen. Die *Boller* heißen Hasenwedel, die *Burladinger* Raucher, die *Dettenseer* Habsbroter (Habichtsbrater). Die *Dettinger* nennt

---

[1] X 22 ff. 270 ff.

man Hamarkastupfer, von den vilen Hamarka oder Habermarka
(Wisenboksbart), die auf iren Wisen wachsen. Die im Streite
gewaltigen Rufer von *Dettlingen* erwarben sich den Namen Bröll-
löcher, die von *Gammertingen* Bröller, die von *Trochtelfingen*
Schreier. Sind die *Diessener* die Bazaloiblesverdrucker, so haben
die *Empfinger* drei Namen: Iteler von der Negation „it", Kropfer
und Haezer, weil sie im Walde Harz sammeln. In *Ettisweiler* war
der Hof einst im Besize eines Schweizers, deshalb heißen die Be-
woner biß heute die Schweizer und der Ort spottweise die kleine
Schweiz. Die *Fischinger* suchten den Mond im Schweinestall zu
fangen, daher Mondfanger; auch spricht man von einem Fischinger-
durst d. h. vil Brot zu einer Wurst eßen. *Frohnstetten* hatte
vor Bau der Waßerleitung Mangel an Waßer und begnügte sich
wie so manches andere Albdorf mit Hülbewaßer, daher nennt man
sie noch heute Hülbeschmecker. Die *Gauselfinger* sind die Gaus-
lauser, die *Glatter* die Schneckenleser, die *Grosselfinger* die Stecken-
springer und Waihtäg, die *Gruoler* die Mondfanger, die *Haiger-
locher* die Stadtrutscher. Die *Harthauser* begrüßt man mit dem
Namen „Vetter", da alles im Dorfe verwant und verschwägert
ist. Die *Hechinger* heißen Hechingermeßer oder Kuwedelabhauer.
Die *Hippetsweiler* Zizenhauser (Zizenhausen im Badischen gilt als
ser armes Dorf). Die Einwoner von *Hörschwóg* wagen nicht
offen, sondern nur verstolen hinter dem Fenstervorhang hervorzu-
sehen, weshalb sie wie die Einwoner von *Zimmern* Speltlesgucker
heißen. Um den Namen Oesterreicher streiten sich die Ortschaften
Jungnau und *Veringendorf*, wärend die *Keltenacker* Fünfer oder
Gotteshäusler genannt werden, da sie beßer und frömmer als an-
dere Leute sein wollen. Die *Kalkofener* sind Nachteulen, die
Krauchenwiser Krauchenwiser-Schnapper. In *Laiz* war beim Bau
einer Brücke ein Balken zu kurz, sie suchten in zu strecken und
erhielten den Beinamen Balkenstrecker[1]. Die *Levertsweiler* er-
freuen sich der verschidensten Namen: Zwackenweiler oder Nemen-
dorf von einer berüchtigten Eigenschaft, die dem Dorfe anhaften
soll; nach anderen Hageschwanzstuzer; höchst interessant ist der
Name Laiffinger, weil sich darin der uralte, ehemalige Name des
Dorfes „Laiffinswilare" erhalten hat. Die *Liggersdorfer* sind die
Kusattler, die *Mindersdorfer* die Milchauppeneßer. Als das Torf-
ried Waltere unter die nächstligenden Gemeinden verteilt ward,
kamen genannte Dorfbewoner zu spät, da die ersteren ire Kühe
nicht gesattelt, leztere ire Milchsuppe nicht gegeßen hatten. Die
Neufraer heißen Fäsäckel (Fah = Fane), da der Fanenträger bei
einer Procession den Fanengürtel vergaß und beständig rief, als
im die Fane zu schwer ward: „Jezt han i mai Fäsäckel vergeßen."
Sind die *Owinger* die Schmuaka, die *Ringinger* die Golle, so die
Sigmaringer die Spüllumpenschlecker, da nach Ansicht der Bauern

---

1) *Sih darüber Alem. IX 109.*

die Städter nicht genug zu eßen haben. Der hinter dem Josefsberg erbaute Stadtteil erhielt ser bald den Namen Zizenhausen. Die *Sigmaringendorfer* heißen in der ganzen Gegend d'Lotta, was sie gar nicht gern hören mögen. Einer von S. dängelte einstens eine Sense. Ein Fremder fragte, was er treibe. O! a bißle lotta! sagte der Dängler, d. h. ein bißle glocken, schlagen, hämmern[1]). Die *Stettener* bei Hechingen hatten einen ser bösen Stier (Hage), den sie durch einen Schuß (v)erschrecken wollten, damit er zamer würde. Mit dem naßen Pfropfen schoßen sie in aber tot, deshalb Hageverschrecker. Die *Stettener* bei Haigerloch sind die Schmule, die *Stettener* unter Holstein die Rauchkazen, die *Storzinger* die Felsentapper, die *Schmeiener* die Schmeierapostel, die *Thanheimer* die Maurochen. *Trillfingen* hat einen änlichen Namen wie Laiz, Blockstrecker, ferner Hochschüler, weil sie gescheider sein wollen als andere, oder weil sie von irem hochgelegenen Dorfe nach Haigerloch hinunter in die Lateinschule kamen. Die Bewoner von *Veringenstadt* nennt man Schumpeler oder Kolderer, auch Palmesel. Sie fürten früher am Palmsonntag bei der Procession einen Esel auf einem Wagen in der Stadt herum. Als er einstmals bei dieser Gelegenheit vom Wagen herunter fiel, rief der Lerer voll Zorn: „Ich merkte heute morgen schon, daß du den Teufel im Leib hast." Seit dieser Zeit heißen die Veringenstadter Palmesel. Die von *Vilsingen* nennt man Hörnasen. Sie müßen auch den Ortshagen den Kirchturm hinaufgezogen haben, damit er das Gras dort abfreße; sie schrieen: jezt streckt er die Zunge heraus. Sie heißen ferner Blindenschinder, weil sie einem alten blinden Gaul girig die Haut abzogen und das Fleisch warscheinlich verzerten. In *Weildorf* watete ein Storch in den Wisen umher. Der hochweise Magistrat beschloß, daß sechs Gemeinderäte denselben aus dem Gras herausholen solten, damit er keinen Schaden anrichte; deshalb heißen sie die Storchen. Die *Walbertsweiler* nennt man Brückeler von den vilen Brücken über die Gräben auf iren Wisen. Die *Ruolfinger* haben den Ortshagen am Kirchturm hinaufgezogen und wollten einmal den Mond im Waßer fangen. Die *Priorberger* werden wegen irer Grobheit Priorbergervicher genannt. Von dem wegen des Hausierens allbekannten Killertal singt man:

      Killertal, Killertal
      Ist verlumpet überall.

Von Salmendingen, Hechingen und Haigerloch sind folgende Verse in früheren Bänden dieser Zeitschrift erwänt.

      Wer in Laupheim kauft na Kua
      Und in *Salmendingen* s'Heu darzua,
      Und a Weib nimmt aus Risstiße,
      Ist mit allen dreien b'schiße.

---

1) *Alem.* IX 116.

Rotaburg ist a schöne Stadt.
Hechingen ist a Löffelkratt
Haigerloch ist a Saukübel,
Horb ist der Deckel drüber.

II HAUSINSCHRIFTEN

O liebreichste Mutter und Jungfrau,
Durch Deine glorwürdige Verdienst
Segne mich und auch alle
Die Meinige, sonderlich N. N.
Gott der Vater mit seiner allmächtigen Hand
Sein eingeborner Sohn Jesus durch seine H. fünf Wunden
Und der H. Geist Deine(r) Liebe in Völle seiner göttlichen Gnaden,
daß ich und die mir Anbefohlenen darinnen biß
   zum Ende verharren.   Amen.
   Christian Huber 1862.   *Owingen*

     Jesus, Maria, Josef
     Anno 16 Michel Hausch vogt 97.   *Wessingen*

     Wenn ich, o liebster Jesu mein,
     An dich gedenk mit Lust und Freud,
     Auch ganz hinein in Deine Lust versenke,
     Kein Ding mit solcher Süßigkeit
     Erfüllet die Gemüther,
     Als Deine Gegenwärtigkeit
     In ihr sind alle Güter.
Gottlieb Senz.   *Wessingen* [1])

   Der Anfang der Weisheit ist die Furcht Gottes.
                            Am Schulhaus in Hochberg

     In Maria Herz und Jesu Wunden
     Hab ich allzeit Gnad gefunden.
                               Ziegelhütte Schlatt

     In Glück und Noth
     Gibt Gott uns Brod.   *Owingen*

   Einem jeden Recht gethan,
   Ist eine Kunst, die Niemand kann.   *Fischingen* [2])

Wer säet, der mähet.
Gute Zucht, gute Frucht.
Fleiß macht weis.
Einträchtig gefaßt, erleichtert die Last.

---

1) *Vor kurzem ausgelöscht.*
2) *und ehemals an einer Scheuer in Regnetsweiler.*

Was wächst, macht keinen Lärm.
Unter einem Bienenstock:
Seht wie gut und löblich ist's,
Wenn Brüder einträchtig zusammenwohnen.
St. Maurus Beuron

Allen Menschen recht gethan
Ist eine Kunst, die niemand kann.
Wer baut an Straßen und Gassen
Muß viel Herren reden lassen.
Wenn man glaubt, man sei verdorben,
Muss man für sich selbst doch sorgen.
R. V. 1879 *Owingen*[2])

Dieses Haus steht an dem Wasser,
Es hat viel Neider und viel Hasser,
Hat es der Neider noch so viel,
So geht's doch g'wiss, wie's Gott haben will.
Oberschmeien

Ich baue an Gasen und Strasen, ich hab vil Neuder und vil Haser, Las Neuder (Neider) sein, Was Got mir gibt, ist danoch mein, ich Wunibald Hauser als Zimmermeister.
J. B. 1788 *Bachhaupten*

Ich hab ein Haus, Gott sei's gedankt,
Darin ein Weib, das immer zankt,
Das Kreuz im Haus wär nicht so schwer,
Wenn nur das böse Weib nicht wär.
Nimm doch das Weib zu Dir,
Kommt auch das Kreuz von mir.   *Hausen a/A*[2])

Jetzt ist's halt a so!   *Benzingen*

Jetzt ist's halt a so!
Ist's so recht?   *Fischingen*

Das Haus ist mein,
Ist doch nicht mein,
Dem Zweiten ist es auch nicht sein,
Den Dritten trägt man auch hinaus.
Wanderer sag, wem gehört das Haus?
Erbaut 1855.   *Imnau*

---

1) *Verschwunden*.
2) *Ebenfalls*.

Mein Vater und dein Vater,
Unser beider Kinder Vater,
Unser beider Kinder Großvater,
Mein Mann und dein Mann
Ist doch nur ein Mann. (Let.) *Frohnstetten, Oelmüle*

Allhier beim goldenen Pfluog
Hat der Arm wie der Reiche fuog
Sein Geltlein zu verzehren
Oder sich weiters kehren.

Dann auf Credit, wer sollte nit
Sich schewen mehr zu geben,
Weil im Buoch, wann ich nach suoch,
Alt Schulden sind zu finden.

Man kombt zum Wirt bei Tag und Nacht,
Er deth gern manchem helffen,
Wenn man Ims fein, wies sollte sein,
Bahr wieder deth vergelten.

Drum keinen kan für übel han
Wann Im nit wirdt geholfen,
Weil offtermahl, ja immerdar
Wird guets mit bes vergolten.
Pflug Haigerloch[1])

Wer sagt, das er ohne Fehler
Gebauet hab, begeb sich
Hierher zu wischen unsern Reimen ab.
Ensisheim

Eingeschnitten in den Balken über der Haustür in Hausen a/A., aber nicht ganz leserlich sind die Worte:

Im Namen der allerheiligsten Dreifaltigkeit, Gott Vater, Sohn und hl. Geist hab ich Dominikus Schneider dieses Haus aufrichten . . . . . .
1794.

Liebe Freunde Der Kaiser wil sein Tributh, der Edelmann sagt ich Bin frei, der Fürst Lebt nach Scinem willen, der Jud lebt nicht nach Mit seiner Betrügerei, der Soldat sagt ich bring Nichts der Bettelmann sagt ich hab Nichts, Wohl-An sagt der Bauersmann, so mus ich dann geben das Alle haben zu leben. 1820.
Wilflingen

---

[1]) *Im ehemaligen Gasthause*

I N R I 1845 Dies Haus steht in Gottes Hand, Gott behüt es vor Feuer und Brand, kommt ein Unglück unverhoft, so denk in deinem Herzen doch, was Gott bescheert ist nicht allein für mich, mein Nächster ist so sein Kind als ich.

Wilflingen

Die Gottlosen werden umgestürzt und nicht mehr sein, Aber das Haus des Gerechten bleibt bestehen. *Dettlingen*

Gott den Vater lass ich walten
Er hat schon lange Haus gehalten;
Gott den Sohn, den bet ich an,
Was er thut, ist wohl gethan;
Gott den hl. Geist zugleich
Sei Lob und Preis in Ewigkeit. *Dettlingen*

Ich füge den Hausinschriften eine interessante Grabinschrift bei, die ich auf dem Kirchhofe zu Glatt gefunden habe.

Es eilte Hans Leix
Von Müschbach nach Glatt,
Weil sich dort wandte
Im Glauben das Blatt.

Bleibt dem Gesetze
Der Katholiken getreu
Und starb, da man zählte
Fünfzehnhundertfünfzig
und drei.

III SAGEN

1 *Der Geist im Birkenwald*

Ein Fürst von Hechingen fårt in einer Kutsche, aber one Pferde ruhelos im Walde zwischen Neufra und Harthausen umher, im sog. Birkenwald. Sein Wagen ist hell erleuchtet.

2 *Das Kreuz bei Empfingen*

Zwischen Empfingen und Dettensee stand ein Kreuz, welches Baron Keller von Dettensee umhauen ließ, der dafür geistweis gehen muß. Wenn man des Nachts in die Gegend kommt, wo das Kreuz stand, wird man mit Steinen geworfen.

3 *Die Herrn von Werenwag*

Dise sind in der Gegend von Beuron und Bärental ser berüchtigt und gefürchtet.

Ein Herr dises Geschlechtes betrog die Irrendorfer um einen

Wald. Nach seinem Tode konnte er deshalb den Himmel nicht gewinnen, muste vilmer auf einem Wagen mit feurigen Rädern und feurigen Pferden bespannt an den Felsen entlang faren, an denen noch heute die Spuren sichtbar sind. Schließlich wurde er in einen Felsen Schwenningen zu gebannt.

Derselbe betrog Fronleute um das Gewicht des Brotes und fand auch deshalb nach dem Tode keine Ruhe. Oft hörte man, wie er an der Wage stand und zälte. Gieng man in das Zimmer selbst hinein, so sah man nichts.

Das leichtsinnige Leben fürten die Werenwager auch nach irem Tode fort. Durch Schwenningen furen sie oft, kerten in den oberen Zimmern der Wirtschaft zum Adler ein, zechten in dem hellerleuchteten Saale, one daß der Wirt etwas davon wuste. Für ire Sünden musten die Werenwager aber auch büssen. Nach dem Aussterben des Geschlechtes hörte man immer in den Zimmern des Schlosses schreiben, das Geschriebene sanden und die Bücher zuschlagen. Dises geschiht hauptsächlich in der Allerseelenwoche.

4 Das Totentalweible

Das Totentalweible ist ein Geist, der bei Inneringen im Walde Schönbuch umget. Als Knaben eines Tages sich Holz schnitten, um Pfeifen daraus zu machen, erschin ein kleines Weiblein, hüpfte und tanzte vor inen herum, worauf die Buben alles ligen ließen und davon liefen.

Der Großvater meines Gewärsmannes war ein Wagner und gieng mit einem Freunde bei Nacht und Nebel hinauß in die Nähe des Totentals, um Holz zu holen. Wie sie am Fällen der Bäume waren, kam ein Reh, nahte sich inen zutraulich, nam Brot aus iren Händen und entfernte sich wider. Kaum war es weg, fieng es an zu donnern und zu wettern, daß man glaubte, die alten Jurafelsen des ganzen Tales wollten übereinander fallen. Schnell machten sich die beiden aus dem Staube.

5 Tote sehen irer eigenen Beerdigung zu

Der Priewitsch aus dem Adler zu Straßberg war gestorben und sollte begraben werden. Er aber schaute zum Fenster heraus, rauchte seine Pfeife und sah vergnügt den Leuten zu. Klostergeistliche sperrten seinen Geist in eine Flasche und brachten in so in den Ziegelwaldkopf, wo er oft gesehen wird.

Der Obervogt von Gammertingen glaubte, daß er an einem Gammertinger Markt nicht sterben könne. Das Schicksal wollte, daß er etliche Tage vorher das Zeitliche segnete. Als man in an dem Markttage beerdigen wollte, rief er oben aus dem Haus herauß: „So meinen Leib habt ir, aber mich nicht." Allein er wurde durch einen Pater von Mariaberg in eine Flasche gebannt und dise in einen Felsen zwischen Neufra und Bronnen eingeschloßen. Jezt get er da um, pfeift den Leuten und fürt sie irre.

6 Neufraer Sagen

In dem Hause eines Juden zu Neufra ligt auf der Dachbüne hinter dem Kamin ein Rosskopf, nimmt man disen herauß, so kann kein Mensch mer in dem Hause wonen. Schon verschidene Mal wurde es versucht, allein es „rumpelte" so lange im ganzen Hause, biß der Rosskopf wider an seiner alten Stelle war.

In einem anderen Hause desselben Dorfes ließ sich eine Zeitlang furchtbares Gepolter hören. Als ein frommer Geistlicher aus dem Unterland das Haus benedicierte, fur eine weiße Kaze aus demselben herauß, zwischen zwei Häuser durch und verschwand unter einem Schweinestall. Man glaubt allgemein, daß ein Geistlicher in das Haus gebannt war und dadurch erlöst ward.

Das Muotesheer hört man öfters bei Neufra im Müllersteich in der Nähe der beiden Burgen Bubenhofen und Lichtenstein.

In Neufra war Pfarrer Reiser, ein alter, erwürdiger Geistlicher, der durch seine Benediktionen einen großen Ruf genoß. Eine Frau war verhext, so daß sie stets Hare, Bänder, Werg u. a. eßen muste. Sie kam nach Neufra, wonte im Rössle, gab nach der Benediktion alles Gegeßene von sich und war für immer kuriert.

In Winterlingen ward ein Mann seiner Frau untreu, und das Kebsweib tat der Armen noch obendrein Böses an, so daß sie nicht mer leben konnte und wollte. Doch der genannte Pfarrer half ir. Aus Dank dafür brachte sie in den Pfarrhof einen Korb mit Eier, die meine Berichterstatterin selbst gesehen.

So lange Reiser in Neufra lebte, hat es daselbst nie gehagelt. Eines Tages gieng er nach Hettingen auf Besuch und sah von da aus die schwarzen Gewitterwolken über sein Heimatdörflein heraufziehen. Doch konnte er nicht mer nach Hause kommen, um zu benedicieren, und so hagelte es fürchterlich.

Dasselbe geschah eines Tages, als er im Wirtshaus zum Rad bei einer Hochzeit war und beim Herannahen des Gewitters nicht sofort nach Hause gieng. Kurze Zeit darauf war es schon zu spät, das Gewitter entlud sich in vorher nie gesehener Weise.

7 Geister

gehen an vilen Stellen um: zwischen Krauchenwis und Hausen spukt der Hölzlegeist; an der Grenze zwischen Strassberg und Ebingen am Brünnele kommt das Acciserfräulein, bringt die Leute auf Irrwege, selbst die Pferde wollen nicht mer vom Plaze; auf dem Wege von Beuron nach Bärental kommt auf dem Kreuzwege bei den Kolplatten das Schanzfräulein, leitet die Wanderer vom rechten Pfad ab und verschwindet plözlich; ebenso macht es das Hartweible in derselben Gegend. Ein gar böser Geist ist der Boschekolle im Mindersdorfer Ried zwischen Mindersdorf und Liggersdorf, er stößt diejenigen, welche spät nach Hause gehen, in den Straßengraben gerade so wie der Erlegeist, der zwischen Sentenhart und Mindersdorf sein Unwesen treibt. Man hört oft beide im Walde rufen und schreien und „schnaufen"; dann eilen die Leute nach Hause und laufen sich dabei fast den „Herzbündel" ein. Weniger bösartig ist der Geist, welcher in der Burg Hohenfels mit einem Bund Schlüßel in der Hand, in einem langen, schwarzen Rock und weißer Weste umget und oft aus den Fenstern herausschaut.

IV SITTEN UND GEBRAEUCHE

Es ist bekannt, daß kein Tag so reich an Gebräuchen ist wie der *Karfreitag*. Wenn man an disem Tage vor Sonnenaufgang die Hände mit Mistlache wäscht, bekommt man das ganze Jar hindurch keine „Schrunden". Neufra.

In Salmendingen werden am Karfreitage nach der Kirche Obstbäume gepflanzt.

In Neufra spricht nachts vom grünen Donnerstag auf Karfreitag zwischen 11 und 12 Ur ein Bauer den Segen über sein Vih, indem er jedes Tier mit Namen anredet, folgendermaßen: „Scheck, es behüte dich Gott der Vater, G. d. S., G. d. hl. G., die hl. Dreifaltigkeit bleibe bei dir von nun an biß in Ewigkeit, die hl. Jungfrau bleibe auch bei dir von nun an biß in Ewigkeit." Bei disen Worten färt man dem Tier mit der rechten Hand über das Kreuz hinauß. Der Bauer versicherte, daß er dadurch stets Glück in seinem Stall gehabt habe.

Die beliebte und weit verbreitete Volksbelustigung „Eierlesen" *an Ostern* fand ich in folgenden Ortschaften: Walbertsweiler, Regnetsweiler, Liggersdorf, Schernegg, Hippetsweiler, Sigmaringendorf, Jungnau, Stetten unter Holstein.

Am *Pfingstmontag* machen die ledigen Bursche von Straßberg ire Maientour; singend und scherzend mit frischem Grün geschmückt ziehen sie durch die Wälder in ein entfernt ligendes Dorf oder Gehöft z. B. auf das Neuhaus, nach Storzingen, tun sich gütlich beim Glas Bier und keren abends wider fröhlich zurück. In demselben Dorfe spilen die jungen Leute denjenigen Bauern, die sie nicht leiden mögen, in disen Tagen einen Schabernack. So suchte vor einigen Jaren ein Bauer seinen Wagen am Pfingstmontag lange Zeit vergebens. Endlich sah er in hoch oben auf dem Schloßfelsen auf fast unzugänglicher Felsenkante. Seine jungen Freunde hatten wärend der Nacht Stück für Stück des Wagens hinaufgetragen und oben wider zusammengesezt.

In Regnetsweiler, Ringgenbach und Schernegg wird der „Pfingstbuz" oder „Pfingstdreck" manchmal gespilt. Vor dem Wirtshause wird ein Theater aufgeschlagen, auf dem die eine Partei spilt, während die andere es von Pferden auß spilt. Der *Pfingstbuz* mit Laub- und Nadelreis bekleidet und bekränzt, der vor allem schlagfertig, gewant sein muß, die „Schletterlinge" zurück zu geben, spilt die Hauptrolle und verschont mit seinem beißenden Spott weder Mitgenoßen noch seinen Herrn. Geben wir ein paar Beispile diser Volkspoesie aus Schernegg. Zuerst erscheint der Plazmajor mit den Worten:

> A Plaz, a Plaz mit Weib und Kind
> Sowie das ganze Hausgesind,
> Den Plaz, den werd i rumma,
> Es werda gleich andre Herra und G'sella kumma.

Der zweite:

> Woher, woher treibt dich der Wind,
> Daß deine Spora und Stifel so staubig sind?

Der erste:

> Ueber alle meine Wisen und Aecker,
> Was get es dich an, du junger Lecker?

Ein anderer:

> Ich bin auf's Feld naußganga
> Hab a paar Spizmäus g'fanga,
> Die hab ich in den Hafa nein g'steckt,
> Die haba meinem *Herrn* recht wol g'schmeckt etc.

Zulezt wird der Pfingtbuz überwältigt, in den Brunnen geworfen, und er rächt sich dadurch, dass er die auseinander stäubende Menge bespritzt.

An *Johanni* werden in einigen wenigen Gemeinden *Johannisfeuer* abgebrannt. In Ostrach springen die Kinder über das Feuer, das früher auf dem Galgenbühl, jezt vor dem Dorfe angezündet wird. In Hippetsweiler springen Buben und Mädchen im Alter von 14 biß 20 Jaren parweise durch das Feuer. Aenlich in Regnetsweiler, wo man an 3 Sonntagen springt, am Sonntag vor und 2 Sonntage nach Johanni. In Stetten bei Hechingen ziehen am Vorabend des Festes die Kinder im Dorf herum und singen:

> St. Johannis Gloria
> Keit m'r au a par Scheitli ra
> Ons oder dru
> Kani au wiedr zua maim lieba Singafur.

Darauf bringen sie das Holz auf Karren an einen bestimmten Ort (Uhlandslinde), errichten einen Holzstoß, zünden in an und springen über das Feuer, wenn es bald abgebrannt ist.

Am *hl. Drei-Königtag* ziehen in Benzingen drei Knaben in

weißen Hemden, einen Stern in der Hand, — der Morenkönig hat ein schwarzes Gesicht — im Dorf umher und singen:

Die hl. drei König mit irem Stern,
Sie suchen den Herrn, sie hätten in gern,
Sie kommen vor Königs Herodes Haus,
Herodes schaut zum Fensterle rauß.
Herodes sprach mit Falsch und Bedacht:
„Warum ist der hintere König so schwarz?"
„Er ist nicht schwarz, er ist wol bekannt,
„Er ist Kaspers König aus Morenland."
„Aus Morenland? So biet Du mir Deine rechte Hand!"
„Die rechte Hand, die biet ich Dir nit,
Du bist der Herodes, wir trauen Dir nit."
Und wann ir was geben, so gebet's fein bald,
Wir müßen heut noch durch 'nen finstern Wald.

Zum Schluße diser Volksbelustigungen erwänen wir das Scheibenschlagen im Frühjare zu Hitzkofen.

THANN O/E   BRUNO STEHLE

LEGENDEN

1 GRUENDUNG VOM KLOSTER VALDUNEN

1 Es ist zu wissen, das in Curer bistum hinder Rangwil ist gelegen ain wald, ist genampt *Valdunen*; darin quilt auf ain adellicher Brun, ist gehaissen die guldin mülli. Nun fügt es sich daf ain mensch aus feren landen herauffkham in dis land als ain armer bilger vnd kham in den selben Wald Valdunen, da die guldin mülli genennt in litt. By dem brunen stond ain grosse aych, die was ytel holl; in dem holl hatt der bilger vil sein wonung allain. Mit grossem Andacht vnd also iez im Gott in der homliche etliche wunder offenbaren wolt, die sider künftigklich fürgegangen seind, in was er sach Engel von dem Himmel herabkhumen vnd sich liessend auf den stain auf dem der erst stock dis closters gesezt ist worden vnd warent gar loblichen singen. Das hort der mensch, nemlich der Waldbruder mit fröden vnd auf dem stain so gingendt vil fröwlin, die hattent schwarze wille auff ieren höpteren vnd also auff die selben fröwly warent die hailgen Engel sich herablassen zu syben mall im thag vnd ob inen schweben vnd da by ward ain zu verstånd geben von Gott, das das da ain beschlossen closter mit gewilenten frowen sölten werden, darin die syben zeytt täglichen gesungen söltent werden. Er hortt auch alle tag ain fögelin gar süssenclich auf der aych, darinn

er was, singen zu syben mallen des tags, da by er auch verstund
die syben zeytt, die künftenklichen da gesungen soltend werden.
Und die Offenbarung sagt disser bilger den Nachgeburen in dem
Dorf ze Rangwil und ze Tusers vnd die da all vmbsaßent, denen
hat er vil wunders gesagt, die er gesehen und gehört hat, wan
er vil bey den Nachgeburen ze herberg was vnd sy in durch
Gott behieltent vnd im die spis gabendt. Er hätte noch mer
wunders gesagt, so wollt man es im nitt globen vnd was der lüten
gespött, wen es sy gar frömdt vnd ain vngloblich ding dünkt,
das in dem wilden Wald iez sölliches fürgon solte. Er sprach
auch alle die aychen, die sich genaigt hattendt herab wert ab dem
Berg gegen dem Walde, die söltend alle zu des selben Closters
baw khumen vnd vil der güter die vm dis land ligendt, die wur-
dendt dem gotzhauß zu geornet vnd vil frowen soltendt darin
khumen vnd da die hol aych stund, do das brüederli in was, da
statt iez der fronnaltar. Das hat er auch vorgesagt vnd noch
vil wunders die er gesagt vnd gethon hätt, do kbam er hinweg,
das Niemandts wüst, wo er jemer mer hinkhumen war.

2 In den tagen, do der wolgeborner Herr Herr Graff Rudolf
von Montfort der jünger der statt ze Veldkirch vnd die landes
gewaltiger Herr was, do was in den zeyten ain reicher burger ze
Brichsen in der statt genampt Marquardus von Tegersee, do der
vil zeytt vnd jaren in grosser richait vnd er seine koffs was ge-
faren vber Mer gar cosparlichen vnd ains mals als er haim wolt
faren vnd nach was der statt Brichsen vnd also rait, do vmb-
stürmpt in ain grosser tunst recht als ein tonderschlag vnd schlug
in das er ab dem pferit fiel vnd weder gesach noch sprach vnd
lag also vnwüssendt sein selbs auff der erden. Vnd do er wider
zu im selbert kham ain wenig, do was sich die gnad gottes in
sein herz sencken vnd in sein gemütt, das er glich in sein herz
sezt mit ainem gutten willen sich zu bekeren von allen weltlichen
sachen. Also ward er in sein Haus gefürt. Do fing er an alles
sein Leben ze bekeren vnd der koffmannschaz den er hatt auff der
selben fart, die verkofft er samenhaftig won er nit mer faren wolt
vnd gab vil seines guttes den gaistlichen lüten herauß in das land
vnd auch den armen lüten. Er hat auch vil strenger vebung
vnd kestgung seins leibs vnd abbruch, als die sagent, die es habent
gesehen, das sein kamer, darin er sich übt, die wend warent be-
schlagen mit blutt vnd was dry jar das er nie gelag vnd auch
an khain bett nie kham vnd wan er zu nacht ruben wolt nach
seiner grossen kestgung, so sezte er sy in ainen sessel vnd schlieff
also vnd do er die grosse vebung ettwan vil jar traib vnd vil
seins gutes enweg hat geben, do kham der selbige selig man
herauff in das land in Costenzer bystum auf ain hoffstatt hiesse
Aeschach vnd was er noch mer gutes hat, gab er alles in den
wald grymenstain, denen half er grössenklichen vnd er lebt in
grosser Armut in seiner wonung. Nun fügt es sich von sach

wegen, das er müst in sein land gen Brichsen. Vnd also gieng er durch den Wald Valdunen vnd kham zu dem Brunen und zu dem holen stain vnd beschach im da grosse Gnad an der selben statt, das er gedacht sin Leben da zu vertriben vnd do er widerum herauff kham von Brichsen vnd aber durch den Wald Valdunen ging, do wardt sein begirdt noch grösser vnd ging zu den Nachburen vnd sagt denen sin Maining vnd Begirdt vnd die riettend im vnd battend in das er sich herauff zieche, sy weltend im dar zu hilflich sein. Also do gingendt die nachgeburen mit dissem erbereu Bruder zu dem vorgenampten Wolgeboren Herrn Herrn Graff Rudolffen vnd battendt sein Gnad, das sein gnad solches wölte vergünstigen. Do der Graff vernam wer disser Bruder was, won er vormals auch von im hatt gehört, do ward er von herzen vro vnd er erbott sy gar tugenlich das er im darzu gern wollti helffen vnd ratten won er gern gaistlich Lütt in dem wald welti haben. Also gab im der wolgeborner Herr Graff Rudolf vrlob in dem wald zu wonen vnd das holz zu bruchen vnd abzehawen vnd gab im darum gutt brief vnd mit hilff der nachgeburen ward im ain hüsli gemacht vnd kham ain jüngling zu im vnd sunst auch ain bruder, das jeren dry brüder warent vnd da fingend sy an zu rumen die hoffstatt zu der *guldinen Mülli* in dem Wald Valdunen mit grosser arbeidt. Nun wer der vorgenampt bruder Marquardus gern widerum hinweg gewessen; do forchtend die nachgeburen, dass die hoffstatt wider zergiengi. Nun warent erber gaistlich schwestern in dem Wald Grimenstain genampt auff ainer hoffstatt hieß Aeschach darauf der vorgen. bruder des ersten hat gewandlet. Aine derselben schwestern was genampt schwester Anna Mayerin auß Bernanger kilspil geboren u. s. w.

Handschrift v. Clara v. Emps 1602: Schicksale des Frauenklosters zu Valduna; im Besize des Klosters d. Ursul. in Villingen. Kurz berürt hat dise Legenden Vonbun die Sagen Vorarlbergs S. 133 ff. Prugger in s. Veldkirch. Beschreibung 1685 S. 28 erwänt die Legende. „Valduna ist ein alt Rhetisches Wort und haißt zu Teutsch Frauenthall." Der Vorarlberger Volkskalender 1883 brachte unsere Legenden auszüglich.

2 VON ZWEI WUNDERBAREN KRUZIFIXEN IN VALDUNA

Anno aintusent vier hundert und im nün vnd nünzigsten jar an der alten Fasnacht auf die Nonzeyt, do seind die Schweizer für die porten für vnser Closter Valdunen khumen vnd habent das Gotzhauß wellen stirmen; da ist die abtissin mit ierem ganzen Convent zu der porten dem sigenden entgegen gangen vnd sy dem trüwen Gott vbergeben; vnd habent sy wellen marteren lassen vnd hat die Abtissin die porten aufgeschlossen. Die priorin hat ain gross erhaben cruzifix in den henden getragen vnd gegen den finden das crüz mit dem crucifix gemacht. Do hat der Oberist kriegsherr gesehen, das sich Gott der herr von dem crüz gelediget hatt vnd *den gerechten Arm gegen dem oberisten* vnd *finden gehalten* vnd inen den Fryden gebotten. Das hat der Oberist gesehen vnd gesprochen zu seinem Kriegsvolck, sy sollen still halten, er sehe den blüttigen Gott vnd den frowen kain layd thon! Er sehe den wahren lebendigen blütigen Gott an dem crüz mit grosser Tröwung; die Frowen solten die Porten wider zuthon: es solle innen khain layd beschechen. — Also hatt Gott der allmechtig vnser Gotzhus Valdunen wunderbarlich beschirmbt in dem schweizer krieg. Zu ewiger Gedächtnüs singt man alle Jahr an dem suntag der alten Fasnacht auff die Non den himnus Vexillum u. s. w. for dem crucifix. Dis crucifix habent mir in vnserem chor, ist gar andechtig anzusehen.

Mir habent auch in vnserem closter in vnser lieben Frowen Capell gar ein grosses crucifix, das hat ainer hailgen Frowen 3 mall bey ierem namen gerüffet; dan zu den ersten zeyten sind gar hailig Frowen gewesen.

Ebenda

3 WUNDERBILDER DER MUTTER GOTTES

Prugger erzält 78: Ehe wir gar von der Pfarkirchen weichen, solle noch dises melden, dass in mehrbesagter Kirchen auff der rechten Hand an dem Gloggenhauß ein von Stein geschnitnes altes vnser lieben Frawen Bild seyn, bey welchem folgendes vorbeygangen. Ungefähre 1606 hat eine ehrliche Fraw Alhier dero Kind, ein Söhnlein, verloren, welches nachdem sie nach etlich Tägen nit erfragen, noch erfahren können, ist sie voll Traur und Leyd vor besagtes Bild gangen vnd khniend auß größtem Trost also geredt: Maria, du Mutter Gottes, zeig mir wo mein Kind sey oder ich nimb dir dein Kind! Worauff das Bild geantwortet: Gehe zum Thor hinauß vber die Brugg, in einem Hauß wirstu es finden. Sie eylete nacher H. Creutz (allwo damahls die Juden wohnten), gienge in das nächste Hauß vnd fande das jhr Kind schon todt in einem Kessel gesotten wurde. Worüber die Tätter jhr Straff empfangen haben. Dises habe ich von Leuthen, welche es gehört, von denen, die damals gelebt haben. Lasse es doch an sein Orth gestelt seyn.

Ein anderes Bild U. L. frauen hat einen so lauten Schnall ergehen lassen, als wann ein Stuck gelöst wurde und den Scepter auf die Erde fallen lassen, vor dem Uebergang der Stadt Bregenz 1647 und zwar 4 Tage S 83.

4 VON DEN H. XIV NOTHELFERN

A. 1445 ist eines Schäffers Sohn, Herman genandt, zu Franckental, nit weit vom Closter Langheim in Francken an einem

Freitag nach Creuzerhöhung mit seiner Herd in dem Veld gewesen vnd da er des Closters schaff wegen einfallender Nacht wolte haimbtreiben, hatt er nabend bey dem Schaffhoff eines wainenden Kindleins Stimm gehört, sich umbgesehen vnd hinder ihme auf einem ackher eines schönes Kindlin sizend gefunden, ist zu ihme hinzuegangen, welches ihnne angelachet. Aber da er wolte das Knäblein aufheben, so ist es verschwunden. Als er nun haimbtreiben wöllen, hatt er sich widerumb vmbgesehen vnd dises Knäblin an vorigem Ort sizend gesehen, bey welchem sich auch 2 brennende Kerzen sehen lassen. Da er sich aus Forcht segnete vnd seinem Schäfferhund lockete, gienge er wieder zue demselbigen Knäblin, welches ihnne abermal anlachete vnd weil jhme beduuckte, es wäre so glanzend als Cristall, derhalben er ettwas nahender hinzutratte; es verschwund abermaln. Als er diß seinem Vater vnd Mutter erzehlte, hiessen sye ihnne die sach in grosser Still halten, weil sye besorgten, es wäre nur ein betrieglichs Gespänst; doch mocht ers nitt verschweigen; sagt das einem Priester, der ihme rietbe so fern es ihme mehr erscheinte, das ers im Namen der hl. Treyfaltigkeit Gottes beschwöre.

Vber 2 Jahr sahe er am St. Peter vnd Pauß Abend zum drittenmal das Knäblin wie ein Sonn glänzend vnd vmb es herumb 14 andere Kindlin stehen, die hetten halb weiß vnd halb rothe Röcklin an. Das erste Kindlin aber hett ein rottes Creuz auf seinem Herzen. Beschwur also das, wie ihn der Priester gelehrt hatte, das es ihme saget, was begehrete vnd wer es were. Da antwurtet das mittler Kindlin: wier sind die 14 Notthelfer vnd wöllen ein Capellen allhie haben, auch den Glaubigen alhie gnädig sein. Drumb seye uns zue Dienst, so wöllen wier dier danckbar sein. Vnd da das grösste und nackend Kindlein dieses geredt, fuhr es mit den andern vbersich vnd verschwande.

Am nechsten Sonntag darnach sahe er fürs viertemal zwo brennende Kerzen allein an derselbigen Statt, wo das Kindlein gesässen war vnd da er einer fürübergehenden Fraue zuschrye, diß auch zusehen, da flohen dieselbige Kerzen vber sich gen Himmel schnell wie ein Pfeil. Wie nun der Schäffer dises Gesicht im Kloster anzaigte, wolt man ihme kein Glauben geben, biß so lang wenig Tag hernach ein Weibsperson, die vor dem Closter niderfiel vnd bey einer stund sich nitt bewegte, an dasjenige Ort, da die Erscheinung sich sehen lassen, gelobt, alsbald wieder zu sich selber kommen. Nach welchem ersten Wunderverwerckh das Closter ein Cruzifix an die Statt aufrichtete, wo das Kindlein gesässen war, hernacher aber ein Cappellen dahin erbawen thett, in welcher von derselbigen Zeit an biß dato alle himmelische Woltbatten den Christgläubigen durch die fürbitt der 14 Heiligen Gottes mit getheilt werden.

A. 1525 ist berürte Capellen im Bawrenkrieg zerstört, aber nach 18 Jahren widerumb aufgericht worden vnd von vill andechtigen eyfferigen Wallleuthen wirdt sie biß auf heutigen Tag besucht, welche in allen anligen hülf und trost erfahren.

Blüender Weingart. Alem. XI 150 Vergl. Schöppners Sagenb. 3, 292.

5 DIE MUTTERGOTTES AUF DEN MAUERN IN VILLINGEN

Alß anno 1633/34 die œsterreichische Statt Villingen vorm Schwarzwald drey starcke Belägerung von den Schwedisch-Württenbergischen Kezern vnd Rebellanten erlitten, über ein ganzes Jahr starckh bloquiert vnd aller Hülf entsetzt ware, hat sich die eyferige katholische Burgerschaft zue der Glorw. Mutter Marie Zuflucht gewendet, ihre Hülf mit seufzen vnd zähern augeruffen, die Gaistliche Ordenspersonen beydes Geschlecht ihr Gebett mit höchster Andacht verrichtet vnd die ganze Gemain verlobt, wo ihnen die Mutter Gottes auß diser eussersten nott hülffte, wolten sye ihren vnd Gott zuvorderst die Bruderschaft des Hl. Rosenkranzes annemmen vnd in dem Münster durch die Vätter Prediger Ordens laßen einsezen. Auf welches Gelübde Sye die Göttliche Hülf vnd Marie Beistand getrewlich erfahren, weil der Feind, so von Schwedischen, Württenbergischen, Schottländischen und anderer Nation Völkern, wie dan auch Franzosen zusammengerottet, mit höchster Schand und Verlust etlich Dausendt Personen müsen abweichen; die Glorw. Jungfrau Mariam zum öftern mal augenscheinlich auf der Rinckmauern gesehen vmbher gehen zur Anzeigung ihrer getrewen Beschirmung vnd wegen der Gottlesterungen, die sie gegen derselbigen außgossen, den göttlichen Raach vnd Stroff gnugsam erfahren vnd die gottloße Reden mit der Haut vnd dem Leben bezalt haben.

Also hat auch die katholische Statt Ueberlingen auf Verlobung Einsezung des Rosenkranzes den Obersten Gustav Horn sampt seinem Schwedischen Anhang durch Beystand der Gottesgebärerin abgetriben.

Laß mich Dich loben, Jungfraw rein,
Gib mir Sterckh wider d'Feinde dein.
Jungfraw Maria, frew dich fast,
All Kezerey allein tödt hast u s w
Glorwürde Gottsgebärerin
Bleib stets vnsere Fürbitterin
Bewar Villingen sampt deim Kindt
Vor Hunger, Krieg, Pest, allem Feind!

Wie dise Gesichte gleichsam epidemisch worden, ersehen wir aus folgendem Berichte einer Villinger Kronik 16—18 sec. hs.

Am 5. Febr. 1643 hat alhie ein junger Soldat zwischen dem Bickenthor schiltwacht gehalten, der ist jm Schilterheißle kniet und hat den Rosenkranz gebetet, ist unser *L. Frau* ganz *weiß*

gewesen uff den Mauern gegen ihme gangen, mit zusammen gehebten Henden gegen dem Münster gesehen, hat sie angeschrauen, ist gleich verschwunden. Waß bedeut wayß der liebe Gott wohl.
Blüender Weingart sih Alem. XI 150a. Vergl. Alem. III, 270. Volkst. aus Schwaben I 377. Aus Schwaben I 57 ff. 295.

6 ST. LEONHARD DER GEFANGENENBEFREIER

Ungefär 1350—60 ward Rudolf VI von Montfort in einer Fehde gefangen, stellte aber seine 2 Söne Rudolf und Udalricus als Geiseln. Die 2 jungen Herrn waren in die 4 Jare verhaftet und haben verseszt bleiben müssen. „Doch entlich diser Dienstbarkeit ohngewohnt und verdrossen (da sie kein menschliche Hilf verspürten) haben sie don *hl. Leonardum* der Gefangenen Patron und Helfer mit disem voto vnd Gelibt angerueßt: wann sie wurden erlediget werden, wolten sie zu dessen Ehren ein Kirchen erbawen lassen. Worauf dann glückselig erhört, wie auch die Ketten vnd Schlosser zersprengt und sie also wunderbarlich erlößt seynd worden. Da sie nun voll der Frewden, Trost vnd Wunder nachher Veldkirch kommen, haben sie nachgehends jhr gelibt in das Werck gericht".

Prugger, Veldkirch. Beschreibung. Mein Aus Schwaben I 52.

A BIRLINGER

SITTEN UND GEBRÄUCHE

I ZUR SITTENKUNDE AUS VILLINGENS KRONIK

1 Anno 1735 wurden die Felder total von den Raupen abgefreßen, daß das Korn aussah als wäre es ein gestumpeter Besen. Da besprengte man das Feld mit *geweihtem hl. Magniwasser*. *Zu Alem. X 118—121.*

2 Anno 1738 ward zu Freiburg i. B. ein Mädchen aus Villingen von einem Studenten geschwängert. Sie sei schwanger nach Breisach gegangen und habe dort gedient, wärend des Dienstes ein Kind geboren und es in den Abtrit geworfen. Sie ward gefänglich eingezogen. Die Sentenz habe sich verzogen. Das Kind sei *dreimal von der Erde ausgeworfen worden*. Nach langen Consiliis von Rom, Konstanz lautete das Urteil: „man solle ihr den Kopf ins Feld schlagen." „Nach vollbrachter Justiz ist das Kind unter der Erde geblieben. Gott sey ihrer armen Seele gnädig!"

Vill. Kronik hs. Prof. Dr. Roder verdanke ich dise Mitteilungen.

3 Anno 1721 berichtet die Kronik als Merkwürdigkeit auch für Villingen: es haben die Rappen (Raben) einem Schlosser zu Rottweil sein Schurzfel auf den Galgen getragen. Gott behüet ihn Johannes und einen jeden vor solcher Er!
Ebenda.

4 *Kapuzinerzauber Pastor Lutheranus in Schwenningen* perdidit trecentos florenos, dein adivit ad Wittum Cauponem ad ursum rogans ea ut tecto nomine a patribus capucinis petat responsorium S. Anthonii Paduani simulque aliqua facta in ejus honorem legenda, his omnibus adimpletis elapsis aliquibus diebus venit ad monasterium nostrum domina uxor praedicti pastoris referens superiori suum virum perditas pecunias super schallam domi jacentes tertio die salvas invenisse gratias agens pro precibus in S. Anthonii honorem effusis simulque quaerens quaenam ejus sit obligatio. Pater Vicarius pro tempore praeses data salutari admonitione eam dimisit, pro dein ad patrem Spirituales tres florenos pro elemosina portavit.
Protocollb. Capuc. Vill. 1759 Decemb.

In St. Georgen hatte ein lutherischer Bauer einen Acker, dessen Erträgnis ersoffen. Er wandte sich an einen Pater zur Benediktion, und der Acker trug reichliche Früchte.

Um 1744 wandte sich ein Bauer, heterodoxus, dessen Stall verhext war, sowie das Vih, an einen Kapuziner behufs Benediktion. Sofort wich das Uebel. In derselben Zeit begab es sich, daß in der lutherischen Nachbarschaft Kühe samt Kälbern troz reichlicher Narung dennoch abzuserben begannen. Die Befreiung und Heilung bewirkte der Exorcismus eines Kapuziners.
Ebenda.

5 *Eine Fasnacht* A. 1750 wurden alhier in der Faßnacht alle Lust-Barkeiten, nemblich Tanzen oder sich zu vermasgieren, auff das schärffeste verboten. Hierauf besorgte Herr Amtsbürgermeister Berger, die Bürger möchten dannoch im *Nahren-Heß* lauffen; gabe also Befelch, 12 Mann solten mit grossen Stangen durch alle Gassen gehen in der gauzen Stadt; so sich etwan ein Bürger unterstunde im *Nahrenheß* zu lauffen[1]), selbigen alsogleich auffangen solten. Hierauß die Burgerschaft eine grosse Mißhelligkeit geschöpfet, dz man sie mit Briglen, alß wolte man die Hund darmit todt schlagen, fangen solte und were zu besorgen geweßen, dz nicht ein aufruhr entstanden, wann nicht Herr Burgermeister Obigen 12 Mann also gleich nacher Hauß zu gehen Befelch gegeben u. sye die Stangen ablegen solten; welches auch

---

1) *Stache! Ruf wenn einer den echten Narrengang nicht kann.*

nicht löblich ware daß mann Bürger auf eine solche Art traktiren wolte. Hierauf sind folgende Verß gemacht worden:

> Wann d' Faßnachts Lust gstört muß werden,
> D' Burger Freud mit auf gehöbt,
> Dörfft man nicht mit Brügel gförten,
> Zeigen was man heimlich högt.
> Der daß Villingen auferbauen
> Und die Faßnacht aufgebracht,
> Hätte ein weit boßes Träuen u. s. w.

Vill. Kronik.

II ZUR SITTENKUNDE FELDKIRCHS

1 Mehr gelobter Ruedolphus (1382) neben anderen schönen Qualitäten ware eines gar frölich- vnd lustigen Gemüths, machte seinen Burgeren mit eignen Unkosten ehrlich vnd lobliche kurtzweylen; neben anderen Spillen hat er allzeit nach Verfließung dreyer Jahren der ganzen Landschaft junge Knaben nachher Veldkirch auff die *Alte Faßnacht* geladen vnd daselbst ihnen in der Newstatt auff offner Gassen auß Könelin (wie man denen Schaffen Geläck zu machen pflegt) *Hirsch* genug, darzu einem jeden ein Butschelen Brodt zu Sold geben hat lassen. Dise Jugend hat müssen mit höltzinen Wehren Butzen Fühnlein vnd Spilleuthen gleich denen Soldaten auffziechen, mit welchem Auffzug sie die Veldkirchsche Helden Gemüether (deren nit ein geringe Anzahl gefunden wird) damals in etwas adumbrirt vnd vorgestelt hat Prugger S 29. Jetzt angezogne Gewohnheit ist nachgehends von einem Ehrsammen Raht etlich jahr fortgesetzt vnd gehalten worden. Wie dann letztlich a. 1539 *dise Faßnacht* oder Musterung der Landsjugend angesehen ist worden, bey welcher über 2200 Knaben in die Statt gezogen seynd, denen dazumahl vmb 2 pfund pf. Brodt oder *Butschellen* außgetheilt vnd 13 grosse Kessel mit *Hirsch* (worzu man drey Sohm Milch gebraucht) zugericht vnd auffgesetzt seynd worden S 29 ff. A. 1539 das leztemal. Den Armbrustscheibenschüzen stiftete Rud. einen Ochsen zum Schüzenfeste.

2 *St. Gregoriusfest* trat an die Stelle des Knaben-Hirschfestes. „Nach des letztern Abgang haben die Knaben der Statt Veldkirch ein andere solche militärische Gewohnheit angesehen, indem sie jährlich (wie in andern Schulen auch bräuchig) an dem Sonntag nach Dominicam in albis dem hl. Gregorio zu Ehren den gantzen Tag feyren, auch mit Ober- und Undergewehr und Trummel und Fahnen aufziehen, auch auf ein zwar kindisch, doch militärische Weiß in der Piggen vnd Musqueten exerciret werden, worauß sie ihre künftige Gemüeter erzeigen".

Prugger 63

3 Under wehrendem Bau (eines Teils von Feldkirch) hat anno 1380 diser Ruedolphus vmb des H. Georgii Fest zu Veldkirch mit seiner Burgeren ein *Oster-Spil* auf dem Kirch-Hoff bey St. Nicolai Pfarrkirchen gehalten, welches in die 3 Täg gewehret vnd in die 500 fl. gekostet hat.
Prugger S. 28

III SITTENGESCHICHTLICHES VON ULM AUS CONRAD DIETERICH

Luxus der Vornemen Mit Samblen der Edlen Steinen gehets eben so her. Wie viel sind der Fürsten und Herrn, welche all ihre Intraden an Geld, an Edelstein, Kleinodien hangen, alles in Kleidung nicht mit Perlen allein, sondern mit allerhand Edelstein besetzen lassen, haben ganz diamante Knöpf, Hutschnur, Hals und Armband, schimmern und glanzen von Edelsteinen mehr, als der König zu Tyro, darbeneben aber sich, ihr Land und Leut ins Verderben setzen, da ihre Vorfahren auch Fürsten gewesen und ihren Fürstenstand mit Ehren außgeführet, aber dennoch solchen Pracht in Edelsteinen nicht geführet haben, sondern schlecht (einfach, schlicht) und recht sich gehalten. Wie viel sind deren, die heut zu Tag deren samblen, denen sie nicht gebühren zu samblen. Vor Zeiten haben nur die Fürsten Edelstein getragen. Die von Adel, Doctores vnd Gelehrte sind auß sonderbarer Gnad, wegen ihrer tapfern Thaten damit begnädiget, aber doch daß sie dergleichen nur an Ringen, Halß- und Armbanden, wiewol schlecht und recht getragen, daß ein mercklicher Unterschied zwischen ihnen Fürstl. und Gräflichen Personen gewesen. Stattliche Kleinodien, mit vielen edlen Steinen besetzt, zu tragen, hat sich deren keiner vor etzlich hundert Jahren dürfen gelüsten lassen. Wo ists aber jetzt hinkommen? I 439.

Ulmer Kleiderluxus Es ist hie ein großer stinckender Pracht mit silbern und guldenen Geräthe; ist kein Schust- oder Schneiderin oder Dienstmagd die was sonderliches sein wil, die nicht ihr Silbern Gürttel, Scheiden, Messer, Guldine Ring haben wolle. Silberne Gürtel seynd den Reichen zu gering, müssen Guldene Gürtel seyn. Armband, Ring, Halßband werden nicht doppelt, sondern vierfacht angesteckt, guldine Ketten wollen ihnen zu schlecht seyn, soll alles von Perlen und noch darzu mit kostbaren kleynodien und darzu nicht mit einem, sondern etzlichen, behenckt sein. Ist der Egyptische Silber Pracht so groß, daß ich groß Sorg trage, es werde uns bald wie den Egyptern gehen und Gott der Herr nicht Israeliten, die es von uns mit gutem entlehnen, sondern Spanier, Franzosen, Cosaggen, Crabaten, Husaren und was der Raub- und Würggurgeln mehr seyn, über uns schicken, die wegen des stinckenden Prachts auß gerechtem Grimm und Zorn Gottes uns silbern und guldin Geschirr, Kleyder sampt allem Hausplundern, steubern und fegen werden. Wer weiß wie es uns noch ergehen wird! Der stincket Hochmut ist zu groß! II 208.

Wie viel sind deren, wann sie zum Kirchenhauß Gottes gehen, da kommen sie mit ihrer stolzen, prächtigen Kleydung, prangen mit ihren seidenen taffeten, sammeten, allerley bundten, farbichten Kleydern, guldenen Stucken, silbernen Possamenten, Armbanden, Ringen, treten einher mit den Tochtern Zion vnd schwentzen, stutzen mit ihren Degen, vmbgeschlagnen Mänteln, auffgerecktem Hals, tretten, als wann sie den Erdboden eintretten wollen. Vnd das nicht nur in gemeinen Predigten, sondern auch in den offenen Betstunden, da man sich vor Gott dehmütigen, Säck anziehen und in der Aschen sitzen solte. Zwar vnsere Jungfrawen allhier gehen fein erbar, wann sie zur Kirchen gehen, in Schwarz gekleydt. Was thun aber vnsere Junge Gesellen? Die ziehen einher, wie die rechte Soldaten mit allerley unterschiedenen gefarbten, gescheckichten Allmodischen Trachten, mit schandlichem ganz vnchristlichem Aergernuß. I 703

Burger und Bawren gehen jetzo prächtiger als hiebevor Fürsten und Herren gewesen sein. Weiber wie z. Esajä Zeit (Zionstochter).

II 55 Vergl. Münsterblätter 3. 4. Heft 1883 S 38 ff.

Die *heutige junge Welt* ist so verwegen vnd muthwillig, daß sie nicht weist was sie für Pracht vnd Muthwillen mit den Kleydern anfahen soll. Dann da will man nicht mehr von Fell, Leder, starckem Gewandt, Leinen oder Wollen Zeug Kleyder haben, sondern es soll vnd muß alles kostbarer, herrlicher, leichter seidiner vnd sammeter zeug seyn, welcher, ehe man sich vmbsiehet, verschlisset, verschabet und zerreisset, ja, damit er desto eher reisse, so zerhackt vnd versticht man selbigen noch darzu. Ihr junge Leuth solt euch fein wie ewere Eltern vnd Vorfahren mit feinen starcken, daurhaften Zeugen versehen, vnd nicht mit solchen Papiernen Fladerwerck kleyden, daß, wann mans angreift, es so bald kracht vnd reißt.

Viel, wann sie schon von gutem, herrlichem, stattlichem Tuch, Fell, Leder, Kleider machen lassen, so zerschneiden vnd zerreissen sie sie doch muthwillig mit jhren langen Schnitten, die jetzo ein jeder Almodo Monsier tragen will, daß jhre Wambser eben außsehen, wie die zerschnittenen Hammelsbäuche. — Aber wir Alten sind eben solche Narren wie die Junge, weil wir dise Narrheit gestatten den Jungen, haben vnd sehen gern, daß die Jungen wie Almodische Schnautzhanen mit jhren zerschnittenen fliegenden Kleydern einhertreten vnd sie also selbst zu solchen Almodischen Narren machen! O wie grosse alte Narren! I 476

Welsche Sitten Vnd wie die Fische, Pastinacae genennt, mit singen und springen oder dantzen von den Fischern betrogen und dadurch gefangen werden (Aelian), also fahet auch der höllische Fischer, der Teufel viel Fische durch singen und dantzen zur ewigen Verdammnuß. Sonderlich durch die schandlose außländische, Italianische, Frantzösische la volle vnd Spanische Däntze. Dann seit der Teufel Welsche, Spanische, Frantzösische Mores und Sitten, Welsche Kleydung, Welsche, Frantzösische, Engelländische Däntze in Teutschland geführt, seither ist kein Glück und Segen darinn gewesen und wird auch keiner drinn seyn, so lang sie drinn verbleiben werden. I 432

Sodomiterei auch bei uns Teutschen einbrechen will wann sie (unsaubere Teutsche) in Italien und Spanien herumperegriniren, lernens für sich und leiten andere an. II 54

Was hat Teutschland anders verderbet vnd gleichsam zur Huren gemacht als die Reisen der Teutschen in fremde Land? Die haben vns frembde Sprachen, nowe frembde Sitten, frembde Rechte, frembde Sünd, Schand und Laster mitgebracht, daß die alte teutsche Redlichkeit, Ehr, Dapferkeit, Treu vnd Wahrheit nunmehr fast erloschen vnd anstatt deren Frantzösische Leichtfertigkeit, Italianische Vnreinigkeit, Spanische Hochmütigkeit, andere Vnsitten anderer Nationen mehr, vberhand genommen. I 132

Fremde Floskeln in Gebeten Hierher gehören auch die, so da heutiges Tages viel Prangens, vnd Pravirens machen mit langen Reimengebett, welche nit nur mit oratorischer Redezier, sondern auch auf ganz Politische Manier deren terminis und Redensarten, ja so thewer mit Italianischen, Französischen, Spanischen Worten durchspicket seyn. Denn ob ich wohl die Verß vnd keinen in Politischen Sachen auf ihre geziembte maß passieren lasse — so in gemeinen Gebeten nicht. I 726

Ehebrecher Im Ehestand sind deren viel, welche hertzen, da es nicht zu hertzen Zeit. Mancher Gottloser Mann, da er daheim an seinem Weib vnd Kind zu hertzen gnug, gehet hin, hertzet eins andern Weib, da er fern vom Hertzen seyn soll. Heist das, Hertzen hat sein Zeit? Du verfluchter Ehebrecher! Wiltu hertzen, so hertze was dein ist vnd laß ein andern hertzen was sein ist. Manch ehrloß Weib, da sie daheim an jhrem Mann vnd Kind zu hertzen gnug hat, gehet andern Mann vnd jungen Gesellen nach, läst sich von jhnen hertzen vnd küssen, da sie fern von Hertzen seyn solle. Vnd sihe, da begegnet jhm ein Weib im Hurenschmuck, listig, wild vnd vnbendig, daß jhre Füsse in jhrem Hauß nicht bleiben können. Jetzt ist sie haussen, jetzt auf der Gassen vnd lauert auf allen Ecken vnd erwischt jhn vnd küsset jhn vnverschambt u. s. w. I 447

Verunglückte Studenten Gibt also der gemeine Hauff nichts als Halluncken, so zu nichts rechts können gebraucht werden. Gerähts wol, so gibts mit genawer Noth gemeine Schulmeister, Dorfprediger, Stattschreiber — da sie viel hundert Gulden verstudieret vnd besser gethan, wo sie ein ehrlich Handtwerks gelernet. Mehrmaln geräht es nicht so wohl, sondern weil sie lahm gehauwen, sich krumm gesoffen, mürb gehoret, können sie zu nichts gebraucht werden, gibt Stubenheitzer, Meßner, Supplication Schreiber, Postbotten u. s. w. Welches jhr verdienter Lohn. I 49

Interesse für Marktschreier Wer Lust zu Narrenwerck vnd *Meister Hemmerlins*[1]) Bossen, zu Comoedienspielen, Seildanzen, Narrenbossen, deßgleichen Zahnbrechern, Störtzern und Schreyern hat, dessen Ohr höret sich nimmer satt; da findet man mit grossen Hauffen, die ein gantzen Tag auffen Marckt oder Platz stehen, solchen Landfahrern, Landbetriegern, Schreyern, Zeitungsingern, Ebentheurern zu hören, sich weder Frost noch Kälte, noch Regen oder Hitz davon ermatten vnd ermüden lassen u. s. w. I 106

Von evangelischen Geistlichen Wie viel, will nicht sagen, sind der Münche und Nonnen die bey ihren Klosterhochzeiten weidlich herumbdantzen, sondern auch der evangelischen Prediger, welche bessere Dantzer als Prediger seyn, die auf Hochzeiten mit im Vorreygen herumbspringen, sagen, sie wöllen im Werck beweisen, dass sie nicht Calvinisch seyn. Ja wol, du leichtfertiger vnlutherischer Gespan, eben als wann man sonst mit nichts, als mit Dantzen beweisen könnte, dass man nicht Calvinisch sey! Mancher ist so vermessen, wirft den Rock auf die Banck, sagt: Da ligt der Pfaff, hie steht der Mann! O du leichter ärgerlicher Vogel, du bist nicht werth, daß du solt ein Prediger seyn! I 430

Von den Bauern Unsere Bauern sind also gesinnet, wann sie einem einen Wald auf einmal wegführen könnten, so thätens dencken, wann nur sie Holz genug hätten, möchten die so hernachkommen auch dencken wo sie Holz nehmen.
Welches ein grosser Undanck und stanck ist! II 67

Bösewichte oder Uebelltäter Wie viel deren, so sich Hurerey, Vnzucht, Ehebruch, Zauberey, Hexenwesen ergeben, legen sich auf stehlen, rauben, morden, werden darüber in Verhaftung angenommen, kommen dem Scharfrichter in die Hand, werden auf-

---

1) *Teufel, allgemein.*

gehenckt, geköpffet, ersäufft, gerädert, verbrennet, anderer Mitteln vom Leben zum Tod hingerichtet. I 371

Vom Wallfaren Laufen wie die Huren ihren Buhlen nach — mit ihren Wallfarten, von einem Heiligen zum andern, wie wir dessen scheinliche bekannte Exempel an der Maria zu Ebingen, der guten Betha zu Reytin im Haistergäw, deßgleichen an der Maria zu Weyer in Francken, so erst mit Kupferstücken (Bildern) ausgangen! II 623

Klagen über verderbte Zeiten O deß betrübten Zustandts! Wo jemals Zeit zu Weynen gewesen, so ist jetzo vor andern zu weinen. Dann je Gott das Römische Reich mit Krieg, mit Pest, mit Thewrung, Hunger und Kummer, schwerlich und überschwenklich heimsuchet. Da were jetzo hohe Zeit, daß man weynete, daß man nichts dann Bußthränen außgösse, Gott damit die Füsse netzete, Poenitenz mit Petro thäte u. s. w. Aber was thun wir? Ach, was solten wir thun? Da wir solten weynen, da lachen wir, Stoltzieren wir, prangen wir, fressen wir, sauffen wir, ist ein Erkandtnuß der Sünden da, kein Begierdt der Besserung da, kein Mitleyden und Weynen über und mit andern betrangten, betrübten Christen da! O deß grossen Elendts, daß Gott erbarm! Ach, es stehet übel, übel und ist ein boß Anzeige, wann der Vatter im Hauß zornig ist vnd fahet an zu stäupen und zu schlagen und die Kinder weynen nicht, sondern lauffen umher und lachen und je mehr der Vater zürnet, je mehr Muthwillen sie treiben, Lachen und Schreyen. Nun thun wir das. Je mehr Gott über uns zürnet, je näher und mehr uns dise Kriegslast trucket, je mehr und naher uns Pestilenz und Hunger kommt, je mehr lachen, banquetiren, fressen, sauffen, schreyen, jauchzen, fluchen und Gottslästern wir, Wie kan das ein gut End nemmen! I 413 ff.

Dann was Gott thut, das ist da, vnd was er thun will, das muß werden. Dann er tracht vnd jagt ihm nach. Ebenmässig, damit ich auch auf vnsere Zeiten komme, hat Gott beschlossen, Teutschland wegen seiner übermachten Sünden zu straffen. Das muß geschehen. Ob schon männiglich sich darwider leget vnd den Schluß hindern will, kan doch niemand nichts darzu, noch darvon thun, so gar, daß wir Teutschen selbst zu solchem Verderben helfen, damit dieser Schluß bestehe. I 579

A BIRLINGER

ABERGLAUBEN

1 Segen

a Der Herr behût dich, der herr sig din beschiermung vber die gerechte hand! Die Sunn werd dich nit brennen durch den tag, noch der mon durch die Nacht! Der herr behût dich vor allem übel; der herr behût din sel; der herr behût din ingang vnd din vßgang uß dem nun vnd ewigklich!
Villinger Handschrift XV Jhd.

b *So einem das Zepflein im Hals herabgefallen, sprich 3 mal also:*
Fleisch, Gesper[1]) vnd Blat: so unmehr[2]) sey die Stat, als unserem Herren Gott der Mann, der die falsch Vrtheil spricht vnd die rechten wohl kan. Im Namen Gottes des V. u. s. w. bet 3 Vat. U. 3 Ave M. und 1 Glauben.
AB[3]) *125ª*

c *So einem Vieh die Blatter wext, sprich diesen Segen:*
Sanct Osanna war Sanct Anna Muetter, S. Anna war Maria Mutter vnd Maria gebar unsern Herrn Jesum Christ. Alß war das ist, als war die blöß Blatter bricht. Im Namen Gottes des Vatters u. s. w. 3 Vat. Unser 3 Ave M. 1 Glaube.
AB 108

2 Für wütende Hundts Biß an Viehe vnd Leuthen, ob auch die Wut schon ausgebrochen

a Nimb Entzion, gegraben zwischen beeder vnser Frawentag; denselben dörr, snüdt vnd stoß in einem Mörser zur Pulver; deßgleichen nim Eysenkraut, auch zwischen Unser Frawen tag gewunnen, dörrs, snüdt, stoß alß den Entzion. Weiter nimb ein bewehrten Tyriacs. Sodann nimb einen Yltes, der auch entzwischen beeder vnser Frawen tag gefangen sey, thue den also ganz mit haut und har in ein neuen erdinen haffen u. s. w.
AB 115 ff.

b Ein ander Kunst. Man sol schreiben uf einen Keß oder ander ding, das man nießen kan, und einem Menschen geben und es laßen 3 Vat. U. 3 Ave M. und 1 Glauben betten der Aller-

---

1) *Hüfte, und nicht Herzgesperr, cordiaca, cordiana. Diefenb. Gl. Schmell. II² 681 Blancard. Lex. 1756 S. 195 oben „Herz-Gesperrn'.*
2) *unlieb: unmaere.*
3) *AB bedeutet Arzneibuch, handschriftlich, von Unteraichen 1673; im Besize des Dr v. Renz in Wildbad.*

heiligsten Dreyfaltigkeit zu Lob, daß jhm wolle ein Buß seyn vndt der es ihnen gibt, solls auch also beten † Yron † Kyron † Kyron † Gafron † Gadafron † Stracon †. Aber einem Thier darf man nicht beten.
AB 117ᵃ

3 Für die Durchfeule¹) im Mundt

nimb drey zweig gegen Aufgang der Sonnen von einem Felben und zweich sie in einen stark, daß es einer Reiß Im Nahmen Gott deß Vatters, Sohns vnd heiligen Geist durch den Mundt nach einander vnd laß darnach die zweig an der Sonnen oder Rauch dirr werden, so dorrt die Durchfeule auch. (sic!)
AB 20ᵇ

4 Für die Wartzen

Gehe auf der Kirchen hof vnd wa ein Löchle ist auff dem kirch hoff, das mach trieb mit den Henden vnd wesch dein hend darein, so vergeht die für war vnd wer es, die hennd gar vberzogen, es hilft.
Arzneib. 1616. Der Kirchhof, das Grab, der Sarg spilen bei den Warzenkuren die Hauptrolle. Aus Schwaben I 445.

5 Wer Fehl in Augen hat

der nehme ein Schwartz Katzen haubt, verbrenne es, blaß die Asche darvon mit einem Federkiel: genist sauber vnd schön darvon.
AB

Vgl. welcher ein *Zungen* bey im tregt von *einem Fux* der wird nimmer erblinden.
Arzneib. 1616

6 Für Gelsucht

Nim ein lebendige Spinnenwetten an einem Freytag vor Vffgang der Sonnen, thue sie in 2 Nußschalen, nehe sie dann in ein fetzlein, henck an Halß und am Sonntag darnach gang vf ein Steg über ein fließiges Waßer, kher den Rücken abwarts deß Waßers vnd reiß das fetzlein mit allem vom Halß, wirf sie mit der linckhen handt hinter dich ins Waßer und siehe dich nicht darnach umb: es hilfft.
AB 47

Henk einen Biberzahn an Halß und trink vast darab.
A.B. 1673

---

1) *Mundfäule DW III 1606. Aus Schwaben I 446.*

7 Wegwurswaßer

ist gut für vngeschafft röten vnder dem Augesicht Ein gut stuck für den fröhrer, das hat mir karlin von Haßlen geben zu Speir.

abra † tulata, abra tulat, — † tula, — tul u. s. w.

Leg den Zedel zusammen vnd leg ain franckfurter pfinning darein vnd neh es zusammen vnd hinck jm den Zedel an den Halß biß in das Herzgriblin, 9 tag darnach dus herab vnd gib den Pfinning vmb Gottes Willen vnd wirf den Zedel in ein fließend Waßer. Amen.

Arzneib. 1616

8 Ain Blut zu verstellen

Item nim walwurtzen oder Schwarz Wurzen, grab sie im *Dreissigsten* wann der Mân schier voll ist, am abnemen freyttig ehe die Sonn auffgeht, hincks an den Halß, das sie denn blosen lib an regen, so verstatt das Blutt oder nim sie inn die banndt das sie denn blosen Lyb anregen, so verstett dier das plutt.

Arzneib. 1617

9 Ain salb für das Pottengran

Nem ain ganß, die ain Mennlin sey vnd 2 jerig, vnd je faister sie ist, je besser sie ist vnd nem sie ab, als ob man sie essen wolt, vnd nem dan ain junge Katzen, die 6 oder 8 Wochen alt sey vnd schneid sie vff vnd nem sie auß vnd haw jr den kopff, schwanz vnd fieß ab vnd thue sie in ain Morsel vnd zerstoß sie zu ainem muß; darnach so nem 6 lot schweine rainberge speckh vnd drei lot new wachs vnd 3 lot weiß bech vnd 2 lot weissen Weyrach, den zerstoß klain zu bulver vnd zerlaß dann den Speck, Wachs vnd bech vnd thue dann die zerstoßne Katzen vnd den Weyrauch drein vnd thue es als in ein Morsel vnd zerlaß es alles vnder ainanderen vnd nem dann das als vnd thue es in die ganß, vill sie mit vnd steck sie an ain saubern spiß vnd braht sie vast sittiglichen vnd sez ain rain geschirr darunder vnd fach die faiste drein vnd brat sie wol vnd sitlich bis kain faiste mer heraußgang, so behalt sie dann jnn ain gelescht Geschirr vnd binds wol zu vnd behaltz, so ist es lang gut und gerecht. Und wenn dich das Wee ankompt, so nem der salb vnd salb dich in ainer warmen stuben an demselben Orth, der Schmerz gat himwegg.

Arzneib. 1616

10 Gegen Tobsucht

Der N. ist ganz onsinnig geworden. Ein Hirt aber ist zu ihm kommen und hat 3 schwarze Hünner begehrt, der einen den Kopf abgeschnitten, das aus dem Schnabel laufende Wasser in ein Gläßlin tropfen lassen; der andern auch den Kopf abgeschnitten das daraußlaufende blut zu dem vorigen Wasser laufen lassen. Der dritten hat er auch den Kopf abgeschnitten, das aus dem Schnabel laufende Wasser zu dem vorigen beiden lauffen lassen, hernach hat er diese vnter einander geschwenget, das Glaß auf den Tisch gesetzt, die 3 Hünner in den Rantzen gestecket und mit darvongangen, sagende, Er begehrt von ihnen auf dieses mal nichts, wann er aber ehestens zurückköhme, wolle er seinen Arztlohn fordern. Darauf es sich mit dem Mann zur Besserung angelaßen vnd wieder alsobald gesund worden. Der Hirt hat die Krankheit von hexerei herrührend vermeint.

AB von einer düringischen oder hess. Stadt berichtet.

11 Ain bewert stuckh für den scherhauffen oder Muoltwerffen vertreiben

An Sant Gertrauten tag, am Morgens ehe die Sonn aufgeht, gebe hinaus vnd fach an von Aufgang der Sonnen vnd zerstoß die hauffen all gegen vndergang; nem ain strich für dich hinauß, das du wol wissest dardurch laufest sonder allweg wieder hinder sich aim andern strich für dich nemen vnd thue jm wie vor dasselb Jar, auf demselben Mad wirfft dir kein Multwerf auf. probatum est.
Arzneib. 1616. Es ist talpa, hochd. Maulwurf.

12 Für den bösen Gaist oder das man ains nit verrebúas (?)

Nem ingruene, die trag bei dir, so hat der Lefiet kein gewalt über dich.
Arzneib. 1616

13 Etliche Neuere loben ohne Unterschieds männlichen und weiblichen Geschlechts die *Hirnschalen* von einem Menschen *so mit dem Strang gericht worden.*
Gufer 71. Alem. XI 150

14 Das Schmär belangend, wird meistens mit demselben das Queksilber getödtet, welches die Soldaten, Landfahrer und Bettler in die Falten der Kleyder, auch die Bauren dem Vieh in einem wullenen Lumpen eingenäht, für das Unzifer an Hals henken.
Gufer 190

15 Nim ein hanen, als alt du in gehabt magst — ain roter Han wer am besten —, den soll man jagen als lang, das er fast engstig ist, so soll man em von stund an den kopf — sieden u. s. w. (zu allerlei)
Arzneib. 1616

16 Wo aber *zauberische Beulen* aufwüschen, sol man nemen Wecholderseltz.
Arzneib. 1616

17 Das dir einer sagt im schlaff, was du in fragst

Nem den rechten Fuß der eilen vnd das hertz, legs vf ain schlaffenden menschen, so muß er dir sagen was du ihn fragst.

Arzneibuch 1616

18 Gegen das Bäume binden

Der gemeine Mann hat auch seine gemeyne Regeln vnd observationes. Der Bawren Superstition, wenn sie *Stroseyl vmb die Bäume binden*, denn Baum in' seiner fruchtbarkeit zu erhalten, denn was kann ein Stroseyl zur fruchtbarkeit thun? (Es geschieht am hl. Weihnachtabend und in der hl. Nacht 12 Ur.) 1609

19 Wo böse Luft regieren

Deßgleichen soll *S. Sebastianum* und *S. Rochum* ehren, ein Meß halten laßen undt denselbigen Tag jedermann Jung und Alt in die Kirchen gehen vndt umb ihr trewes Fürbitt anruffen. Kan es nit in einem Tag geschehen, soll man 2 Tag darzu nemen; den einen Tag die einen aus dem Hauß in die Meß gehen, den andern Tag die andern, damit also jung und alt darin gehen.

AB 83 [b]

20 Zauber mit Kindsfingern 1586

Ein gewisser Georg Bulenei aus Hiltzisdobel bei Ravensburg, der im Kleckgau auf einem Diebstahl mit Einbruch ertappt und dann wegen Mord, Raub, Notzucht u. s. w. geständig und hingerichtet worden war, gestet: daß er und seine zwei Gesellen *ein vom Mutterleib ausgeschnittenes Kindhändlein* bei sich gehabt und dasselbe an seinen fünf Fingerlein *angesündet* hätten, um zu sehen, ob Niemand in dem Hause, in das sie eingebrochen, wach sey. Denn als sovil fingerlein nicht gebrannt hätten, so vil Personen hätten im Haus gewacht. Das Händchen hätten sie auch für ein bewärtes und unfelbares Mittel gehalten, um Schlösser von selbst aufgehen zu machen.

Um solche Kindshändchen sich zu verschaffen, hatten die Bösewichter mermals schwangere Frauen überfallen und ermordet, inen den Leib aufgeschnitten und der Frucht die Händchen abgeschnitten, doch seien dazu nur männliche Embryonen zu brauchen gewesen.

Vgl. Mein Aus Schwaben 1874 S 115

21 Diebszauber Am 16. Febr. 1714 enthält das Strafbuch von Schwendi folgenden Eintrag: Georg Bozenhard, der Bletterseger zu Schwendi, trinkt am hl. Aschermittwoch tieff in die Nacht hinein. Und nachdem der Taffern-Wirthin eine silberne Haubenrosen entkommen, darüber zerschiedene Disputen entstanden, hat er, Bozenhart, einen Craiß oder Cirkel mit der Kreiden uff den Tisch machen wollen, daß alle darein tupfen sollen, so anwesend gewesen; der aber solches nicht thun wolte, den solle der Düffel holen und ein Zeichen sein, daß der der Dieb seye — ist also billig, daß er für solches Scandalum zahlen solle 3 fl.

22 Ein sonderbahres *Marygrafen oder Kinder-Pulver*: dieses wird gebraucht, wenn die Kinder gantz keine Ruhe haben, und offt Tag und Nacht zu schreyen pflegen, so wird ihnen Abends beym niederlegen 1 Dofis gegeben in Mutter-Milch, darauf sie wohl zu ruhen pflegen: ferner wenn sie große Hitze, Reissen und Kneipen in Därmen, dabey garstige und grüne auch wohl zu viel Stuhle und starckes Erbrechen haben, ingleichen wenn sie Zähne bekommen, und sich darbey allerhand Zufälle äussern, so weichen nicht nur obige Zufälle, sondern es erfolget auch eine augenscheinliche Besserung. Sechs Wochen-Kindern wird der 6. Theil eines solchen Pulvers in Mutter-Milch oder Muß, die von einen Jahre der vierdte, sind sie etwas älter der dritte Theil gegeben; ist der Zufall allzuhefftig, so kan Morgens und Abends 1 Dofis gerichet werden, sonsten ists nur Abends genug, und sollte billich keine Haus-Mutter, welche GOtt mit Kindern segnet, ohne diesem Pulver in ihrem Hause seyn.

Christ. Gottl. Medicus, der Mensch s. eigener Medicus Leipz. 1728 Alem. III 174 ff. V 60. 6. A BIRLINGER

SPRICHWÖRTER

I AUS CONRAD DIETERICH [1])

Ein jeder Krämer lobt sein Wahr die er beith zu verkauffen dar. I 17

Je grösser Ehr, je grösser Gefahr und Beschwer 11. Verba sunt, Es sind Reden 17.

Eim guten Wein darff man kein besondern Wisch außstecken, er verkaufft sich von und an sich selbst 19.

Den Geschicktesten gehets gemeiniglich am allerkrumbsten 29.

Dann es trägt sich oft zu, daß einer ein schöne guldine Cythar hat vnd vbel drauf schlägt, ein anderer auff einer gemeinen Cythar wol schlägt 44.

Dannenher (Gebresten im Gesichte, nur 1 Auge) das Sprichwort erwachsen, ein Auge schänd ein Backen 91.

Lust vnd Liebe zu einem Ding Macht alle Müh vnd Arbeit gring 92.

Dann man darf die Leuse nicht in Beltz setzen, sie kommen wol selbst darein 109, und die Flöhe nicht in Kittel setzen 231.

---

1) *Sih Alem. XI 276.*

Es floge ein Gans vber Rhein vnd kam ein Gack, Gack wieder 132.

Wo das Geräusch am grössten, da ist das Wasser am seuchtesten I 78.

Krumm wird auff der Welt seyn vnd krumm bleiben, so lang die Welt wird seyn vnd bleiben 138.

Soll eins dem Andern im Hause ein Wort zu gut halten vnd dencken es sey ein Wort kein Knebelspieß 490.

Da das Camel wolt Hörner haben, verlohr es auch die Ohren 547. (Erasmus)

Das gemeine Sprichwort: *Gott richt* wann niemand spricht 601.

Strenge Regenten leben nicht lange sagt der Teutsche 633.

Je grösser Kind, je grösser Sorge 637.

Für Fürstenhöfe gibts hohe Thürme, aber auch hohe Sprünge 676.

Große Leut begehen keine geringe, sondern grosse Thorheit 683.

Bistu weiß, so bistu besser als ein alter Narr 684.

Narr, nimb dich selbst bey der Nasen vnd stecke sie in dein Krummes, ehe dann dein Nasen in anderer Krummes stecken will 139.

Dan es kann keiner besser den andern hinder dem Ofen suchen als der selbst dahinden gestocken 147.

Ein Schalk kan dem andern ins Herz sehen (ebenda).

Bey hohen Stiegen gibt es viel Stapfeln, gibt viel steigens, gibt aber auch hohe Sprünge 156.

Allzeit naschen macht leere Taschen 163.

Ich lache mich schier zum Narren 167.

Wer die Hüner haben will, der muß das Gätzen vnd Gescherr auch haben vnd leiden 156.

Kompt Tag so kompt Rat 177.

Auf ein gut Bißle gehört ein guter Trunck 169.

Dann wie man den Esel an seinen Ohren, den Vogel an seinem Gesang, den Krebs an seinem Gang, die Glock an ihrem Klang, den Bock an seinen Hörnen vnd Bart erkennet — also die Narren am Lachen 171.

Vnnötiger Baw bringet Raw 402.

Ja, je grösser Vogel einer ist, je grösser Nest muß er haben 184. Ein grosser Vogel, sagt man, muß ein groß Nest haben 403. Worzu nutzet dem Stiglitz ein groß Storckennest? 403.

Wer starcke Bäum vmbhawen will, dem springen die Spelten gewiß ins Gesicht   225.

Ein vnnöthiger Diener zu Hoff vnd Ehehalt zu Hauß, der ist ein heimblicher Dieb im Hauß   230.

Eine gute Melckkuhe im Stall ist ein verborgener Schatz im Hauß vnd decket dem Herrn seinen Tisch zum oftermalen 235.

Trinck und iß, Gottes nit vergiß   250.

Mit der Ehr vnd Gut wächst der Mut   260.

Große Leuthe begehen keine geringe Thorheit   259.

So gehört mehr zum Dantz als rote Hosen: es müssen auch starcke Bein darinn seyn   282.

Was jung ist frewet sich, was alt ist krewet sich   426.

Das Glück hat böse Tück   290.

Die Häfen, so lär sind, geben ein grossen Resonantz, die voll seyn klingen bedumpen   299.

Gott richt wann Niemand spricht   601.

Die beste Tung ist, die der Haußvatter selbst an den Schuhen auff den Acker trägt   387.

An Hunds Hinken vnd Weiber Pinckel vnd Kramer Schweren soll sich niemand kehren   412.

14 Handwerck 15 Unglück   555.

Dann es ist diß ein alte Hanßregel: Wann ein Ding am aller unwerthesten ist, so solle mans am ersten vnd fleißigsten aufheben   461.

Vergönnten Brots wird am meisten gegessen   643. 651.

Den Stall zumachen, wann das Roß weg ist, ist viel zu spat   461.

Kein Geld wird besser angewendet, als daß man wendet an Kinder die wol studiren   463.

Gute Freunde nemmen mit Bonen und Salz verlieb   655.

Dahin die alte Teutsche gesehen, da sie im gemeinen Sprichwort sagen: Man soll die alte Schuh vnd alte Hosen nicht hinwerfen, man habe denn ein Par newe   480.

Die größten Narren bekommen das beste Stück   867.

Lappe weil du zu lappen hast vnd lappen kanst. Es ist einmal ein Nath besser als ein Riß, ein Lapp besser als ein Loch 483.

Wer zum Pfenning genügt, wird nimmer ein Batz   868.

Grosse Herrn reden kurz, begreifen aber mit wenigen Worten viel   713.

Schweigen macht Gunst, viel Reden macht Vngunst. O es stehet übel wann die Henne vor dem Hanen kräen 728.

Nichts war jemal so klein gesponnen
So nicht wer an die Sonne kommen
sub nive quod tegitur, cum nix perit omne videtur 757.

Wer da am besten rathen kan
Der ist der best Wahrsager Mann
si bene conjectat vates, hic optimus extat 763.

Träume sind Schäume und bleiben Schäume. Getraumet Manchem von guldenen Fischen, soll er zusehen, so ists ein Kuhefladen 763.

Iß, trinck, spiele, buhle: das übrig ist nicht *einer Schnallen* wert 789.

Kennst du einen, so kennstu sie alle 794.

Wo viel Erwerber, sind auch viel Verderber. Was der Pflug ernährt, dasselb er auch wieder verzehrt 800.

Wo viel Haar sind, da will jedermann rupfen 818.

Es muß ein rawer harter Winter seyn, daß ein Wolf den andern freße II 82 ff. 644.

Vntrewe Hand schendt und blendt in allem Land 106.

So viel vntrewe Freund vnd Gesind im Hauß, so viel Dieb im Hauß 110.

Vnrecht Gut faselt nicht. Gestolen Brot schmeckt zwar wol, aber es wird ein zum Kißstein im Maul 110.

Weistu nit das Sprichwort: Geringe Vortheil machen grosse Diebe 117.

Das alte Sprichwort: Du must selbst außfressen was du eingebrocket 128.

Weit davon ist gut fürs Schiessen 145.

Wann die Katz auf dem Gatter sitzt, last sich die Maus wol nicht mercken 148.

Dann es gehet aller Orten nach deß Alten Johann Francken Sagwort: die Menschen halten bey der Warheit wie der Haß beim Drommenschlager 173.

Es hilft keines Werfens nicht: wann der Apfel reiff ist, so fellt er von sich selbst 199.

Unglück schlägt sein eygen Mutter 309.

Wenn man den Narren mit Kolben lauset, wird er klug und witzig 397.

Dann die Haut ist kein Narr, wie das alt Sprichwort lautet, sie weiß wol wann sie runtzeln soll 479.

Je grösser, je ungesünder. Je kleiner je gesunder, kernhafter und geräder 587.

Dann viel Eyd schwören machet viel Eydbrechen 736.

Wann die Mauß satt ist, so schmecket das Mehl bitter 826.

Gott bescheret über Nacht (v. Friedrich III in Cöln: Uebermenge Brot).

Gott siehet nicht nach dem so fleucht, sondern nach dem das kreucht (v. nidern Urprung herauf arbeitenden Leuten) 1085.

Verheissen ist ehrlich, halten ist schwerlich. Schwören ist edelmännisch, halten ist bäwrisch 734.

Mit gesündiget mit gebüßt, Wirtb. Herzogsspruch 814.

II SPRICHWÖRTER UND REDENSARTEN AUS EINER NERESHEIMER HANDSCHRIFT [1])

Die dienst vnd fraindtschaft seind verloren
An den Menschen die nach bösser art seind geborn.

Freind in der not thund XII ein lot.

Caliga maximini est der ist ein grobel Piffel. Res ad triarios redyt es geet an die dremer. Fores cares, non amplius anthisteria, auff, auff es ist nit alweg faßnacht!

Stateram ne transgrediaris haw nit yber die schnur, ybermachs nit, trit nit yber das zil.

Qui quem vult dicit, quem non vult audit, sag mir nit wer ich bin, so sag ich dir nit wer du bist.

Par pari referto gleich vmb gleich, koren vmb saltz.

Bos lassus fortius figit pedem an alten Kößlen romiget man sich.

Die müe macht ich mir selbs, sprach der *Esel*, do fürt er seinen mist auß (suo iumento sibi malum accessere).

Coturno versatilior der ist auff all setel gericht.

Cascus cascam duxit vel ducit, ainem alten man gehört ain alt weyb, grob und grob zusammen Stro, gehört in ain Khumat.

Ubi timor ibi et pudor: wo forcht ist, da ist auch eer.

Musicam docet amor Lieb lernet reden.

Celestes omnia possunt was die hern thon ist als recht.

---

[1]) Ich verdanke sie Herrn Heß in *Ellwangen*, sie gehört dem 16/17. sec. an.

Muneribus vel dij capiuntur, wer schmirbt der fert, geben macht kein feindtschafft.

Dauus sum non Edipus red das ichs verstee, ich kann nit behmischs.

Nec obulum habet unde restim emat er hat nit ain heller vmb brot, er het nit ain hundt auß ainem offen zu locken.

Welche Nessel wol will, die prent frue.

Tunica pallio propior Pfaydt ist neher dan der rock.

Procul a Jove atque fulmine: es ist böß kirsen mit hern essen.

Er kan weder singen noch pfeiffen, weder gatzen noch ayr legen.

Asinus ad lyram, er verstet sich darauf wie ein küw auff dem bretspil.

Nil gracila (?) cum fidibus, der ist nit unsers fugs, der reymbt sich nit daher.

Nihil cum amaricino sui, was sol ainer küw muscat.

Ad restim res rediit: er hat verzagt, er hat sich verhenckt.

Ignava est opulentia reich leit haben nerrische kinder.

Es ist alles vmbsunst, du tregst wasser in die Tonaw.

Momo satisfacere quis potest? wer kan alle ding zu boltzen dröen?

Ad calendas graecas zu Pfingsten auff dem Eyß.

Sepe etiam est holitor valde opportuna locutus est Eß fündt auch ain blinder ain huffeyssen.

Das gemain geschrey leugt nicht gar.

Nec mel neque apes wiltu das süß mußt du das saur auch wöllen.

Cornicibus viuacior elter dann ain wilde Ganß.

Notum lippis et tonsoribus im bad vnd bey den balbierern erfärt man allweg news meer.

Verzer nach deinem Aufheben.

Was bey dem Wein geschicht, sol nit gedacht werden.

Du schreyst ihu! ee du yber den Zaun khumbst.

Böß gewunnen, böß verzert.

Una hirundo non facit ver Ain man macht kain dantz.

Gleich als du arbaittest, also hast du.

Für und für gmechlich gat man auch weyt.

Virum improbum vel mus mordeat: Ain zeyttigen, die erlaufft ain hincketter Scheerg oder both.

Merx ultronea putet angefaylt Gut verdenckt man.

Vulpes haud corrumpitur muneribus gescheydt seind böß zu laychen; vulpes non iterum capitur laqueo du laychst mich nymer.

Vinum caret clavo wein hat nitt rhatt.

Quo prognatus eodem Eß ist eben des holtz.

Hat dir Got ethwas geben so schweig.

Multa docet fames, Katzen kündt lernet wol mausen.

Terra amat ymbrem, was einer bedarf, das hat er gern.

Cantilenam eandem canis du singst für und für ain *tanhuser*.

Mopso nisi datur Narren haben meer glick dan recht synnig.

Fames et mora bilum in nasum conciunt der hunger macht ainen entig.

Incus maxima non metuit strepitus: er hat das wol gewont oder der mag harnasch leiden.

Du must vil künden, das du den laychst. Was die herren sünden, das biessen die paure oder muß ainer bezalen der die schuch mit bast bindt.

Die klaynen dieb henckt man, gegen den grossen naygt man sich.

Sine pennis volare haud facile: Es ist böß kauffen on gelt.

Mortui non mordent Totter Mensch machet kein krieg.

Salem lingit der ist ain schaben Köß.

Fortuna reddit insolentes Gut macht mut.

Heb nit mer an dan du wayst außzurichten.

Festina tarde füder dich vnd thů im recht.

Austrum ego pertuli ich hab den Wind geschliffen.

Selig ist der, der mit ander Leut schaden witzig wird.

Man sol willige roß nit übertreiben.

Geld macht edel und hüpsch.

Alle ding sendt narren voll.

Mammotreptus der ybers jar sauget, ein grosser alter Lulle.

Cupiditatem ambitio invenit vulgo der adel kumpt von der schneden ergeytzigkayt her.

Vom Dieb: curiosus est, er ist fürwitzig, was die Augen sehen, das wellend sein hend haben.

De gaudio spirituali religiosorum letamini in Domino teuto, ein guten Klabsbraten (sic) mit nein rippen.

Contra dicacitatem:

Man muß gut schwenck treiben, man wirfft aber gern vmb nach solchen schwencken.

Zehen jar ein Kind, XX jar ein jünglin, XXX jar ain man, XL jar stil ston, L jar wol gethon, LX abgan, LXX jar dein seel bewar, LXXX iar der welt thor, XC jar der Kinder spot, C jar nun gnad Dir gott. Sic dicunt Sapientes mundi.

A BIRLINGER

ZU DEN VOLKSBÜCHERN

Zur Heldensage 1 Deß *Hörnern Seifrids Grab* wirdt in deß Reichsstat Wormbs gezeigt, so 14, mehr oder weniger, wils Wahl haben, Schuchlang.
Cunrad Dieterich II 584.

2 Um die Zeit als der *theure Held Seyfried* lebte, der den grossen Riesen *Ruperam* (lis Kuperam) getödtet, wie auch einen ungeheuren verfluchten Drachen umgebracht und dardurch eines Königs Tochter, *Krinhulde*, ihre Ehre und Leben errettet hatte — um diese Zeit sag ich, wohnte im Elsaß ein frommer Mann usw.
Der in allen Wissenschaften erfahrne und wohlstudirte Pickelhering — von Johann Paul Waltmann. Gedruckt zu Röthenbach 1731 S. 9.

3 Was von deß Achillis Magischem Schwerd, von deß grossen *Rolands Degen, Durental* genannt, von deß *Hörner Seyfrids Degen*, von Kayser Maximiliani deß I Magischen Degen und Tranck der Großmütbigkeit, von Kaysers Rudolphi II Rappier und Ring, von des tapfern Böhmischen Obristen Zißkä Trommel zu halten seyn, davon will ich anjetzo nicht judiciren, dem verstäudigen Leser seyn freyes Urtheil darvon überlassende.
Hauß-Apothek, Ende 17. Jhd. S. 345.

Zu den Volksbüchern 4 Die Eltern aber, da sie vermeynen, daß sie gelehrte Söhne gezogen vnd Ehr an jhnen erleben wöllen, so erleben sie nichts an jhnen als Spott und Schand. Viel, wann sie studieren, geben sie sich nur auff Thorheit, auff Narrenkünste, liegen über dem *Gargantua, Amadyß, Schimpff vnd Ernst, Clauß Narren* usw. Lernen allerley Zotten und Possen reissen, damit sie sich belustigen oder auff artem Lulli andere magische vnd zauberische Künste usw.
Cunrad Dieterich I 149.

5 Solle vns zu fleissiger Anhörung dieser Predigen der Prediger selbst bewegen. Wer ist der? Er ist kein Rabula oder Zungendrescher, der da etwa stünde vnd für die lange Weile ein *Dicentes* oder Schwätzwerk machete, höfliche oder garstige Fratzen oder Fatzen daherschnitte; *dergleichen beym Gargantua, Froschmäusel, Gußmann,* andere dergleichen Fatzmännern zu finden seyn.
Derselbe I 21.

6 Hören nichts liebers, als *von Amadis*, *von der schönen Juliana, vom Rollwagen, Gartengesellschaft, Ritter Pontus, Froschmeuße, Gargantua, Eulenspiegel, Clauß Narren* usw. Da höreten sie einem Tag vnd Nacht zu.
Derselbe I 105.

7 *Clauß Narr:* So findet man, wann man die Geschichte *Clauß Narren* mit Bedacht liset, solche Sachen darinn, darüber die Hochweisesten, Verständigsten in die Schul geführt werden.
Derselbe I 867.

Von Narren weiß jederman mehr vnd länger als von Gelehrten zu sagen — Von *Clauß Narren* weiß jedermann zu sagen vnd gedenkt sein zum oftermahln.
Derselbe I 297.

Diß (Verantwortung bei Gott) hat wohl erkandt *Clauß Narr*, der in allem Teutschland berühmte Chursächsische Hofnarr. Als er sterben sollen, habe er geseufzet und gesagt: Ach du getreuer Gott, du wirst ja mehr. nicht von mir fordern als du mir gegeben hast! Ja mein lieber Clauß, das wird dein Herr und dein Gott nicht thun, weder von dir noch von einem andern.
Derselbe I 869.

8 Die Alten haben dem erdichteten *Fortunato* einen göttlichen Huth zugeeignet; wann er damit bedeckt gewesen, hätte er Alles, was er gewünschet, erhalten können, auß welchem Gedicht *des Fortunati Wünschhütlein* entstanden.
Hauß-Apothek, Ende 17. Jhd. S. 304.

9 Waren nicht Hannibal und Scipio unvergleichlich tapfere Helden-Geister? Wo ist aber Hannibal iemahlen auf einen Hasen angestanden? Wo ist Scipio auf eine Schwein- oder Löwenhaz ausgangen? und dennoch seynd sie keine *Fincken-Ritter* gewesen.
Königliche und Kayserliche Jagtgeschichten von Venantio Diana.
Cölln a. Rh. *1749 XLVI.*

Tiersage 10 Dr. Jacob Heerbrand, ein wohlbekannter und benanuter Professor zu Tübingen, schreibt, als er naher Pforzen, daselbst das Papstumb zu reformieren, erfordert, hab er in der Kirchen zu St. Michael neben dem Altar ein solches Gemäld funden: Ein Wolf sey auf der Canzel gestanden in einer Münchs-Kutten, hab mit den vordern Füssen ein Buch in Händen gehabt, las wann er etwas drauß lese; inn der Kutten, so ihm ob dem

Rucken gehangen, habe er ein Ganß stocken gehabt, vnter der Kanzel hab Reinecke Fuchs gestanden vnd die Wacht gehalten, vor ihm ein ganzer Haufe Gänse, so alle Pater noster in den Mäulern gehabt und dem Wolf im Predigen zugehöret, bey welchen ein Narr gestanden, als wann er ihr Hüter wäre, seyn diese Wort darbey geschrieben gewesen.

Ich will euch wol viel Fabeln sagn
Biß ich fülle alle meinen Kragn.

Cunrad Dieterich II 551, der es aus Joh. Wolfii Lectionum memorabilium et Reconditarum usw. Lauingae 1600 fol. Bd. II 2908 genommen, wo ein Holzschnit dabei; ebenda 909 stet mit Holzschnit die folgende Geschichte:

11 Zu Straßburg im Münster stehet noch auf den heutigen Tag neben der Canzel an der Säulen in Stein zierlich abgehawen diß Bild. Ein Beer trägt den Weyhkessel mit dem Weyhwedel, auf ihn folgt ein Wolf, der trägt das Creutz, der Haß gehet vorher und trägt ein brennend Licht, darauff folgt ein Saw und ein Bock, tragen das Heyligtumb, welches ist ein schlaffender Fuchs, der Esel stehet vorm Altar vnd helt Meß, neben ihme stehet ein anderer Esel, der hält ein groß Buch in Händen, hat aber doch keine Leffzen, solch Buch hält ein Katze.

Was haben die lieben Alten hierdurch, als der Münch und Pfaffen Triegerey, Büberey und Ungeschicktlichkeit andeuten und über deren Grewel hiermit offentlich zeugen vnd seufftzen wollen!
Derselbe II 551.

12 So stellen sich auch etliche mit *Reinecke Fuchse*, indeme sie den Schlüssel suchen, wann sie ihn aber finden, da lassen sie bald den Wolf herfürblicken.
Derselbe II 165.

Tokosage Ach will der Todt einen Schützen abgeben, thete er sich zum wenigsten verhalten, wie jener *Göttische Soldat Tocho*: dieser berümhte sich bey einer vornemmen Mahlzeit seiner Gewisheit im Schiessen, insonderheit, daß er einem einen Apfel auff den Kopf stellen vnd ohne Verletzung der Person selbigen treffen vnd herabschiessen wolte vnd probirt solches an einem Knaben, seinem eigenen Sohn. Thäte sich also, sag ich, der Todt verhalten, daß, wo er sein Absehen nach dem Menschen hat, nicht nach dem Menschen, sondern nach dem Apfel seinen Pfeil richtete.

Wir, wir seyn dieser Knab, dieses Kind, welchem Adam den verbotenen Apfel auffgesetzt; nicht nach uns, sondern nach dem Apfel, das ist nach der Sünd, welche dieser Apfel verursacht, solte der Tod zihlen.
Leich- u. Lobpredig der bayer. Fürstin Maria Anna in Straubing v. P. Michael a SS. Angelis Ord. Carmel. Salzburg c. 1730.

A DIRLINGER

TIERSTIMMEN *)

Motto

Wann die Thier schon auch Zungen vnd Mund haben, müssen sie jmmerzu stumm vnd thumb seyn. Eine Stimm können sie wol, ein jedes seiner Art gemeß von sich geben, reden aber können sie nicht. C Dieterich I 486

ANGEUZEN: wann Geschwister einander sich kratzen vnd fatzen wie Hund einander *angeutzen*, kieffen, zancken. Dieterich II 85. Zu *gauzen*, Wackernagel Voces 63; zu der — z Bildung 83. Sih *gauzen* unten.

ANPFEISEN swv. Drachen, die mit aufgesperrtem Rachen einander *anpfeiseten*. Albertinus der Welt Schaw- vnd Tummelplatz S. 320.

AUSGAXEN: ja ihre Ruhmthaten zu ihrem Lob wie die Henn das gelegte Ey, der Haan das gefundene Gerstenkörnlein selbst *außgaxen* u. offenbahren. Kempt. Leichenrede auf P. M. von Schönberg aus Riedlingen a. D. v. Kögl, Kempten, c. 1734.

GAGACK: wie die Gänß, wann sie vbers meer fliehen, pflegen *gagack* zu schreyen vnd wenn sie wieder herüber kommen oder fliehen, gleichfalls *gagack* schreyen usw. Albertinus der Welt Schaw- und Tummelplatz S. 475.

GAGACKEN swv. desto größere Narren, Bachanten vnd Gänß seind sie so nur *gagacken* und nichts rechtschaffens verrichten, auch weder *gicken* noch *gacken* können S. 476.

GAUZEN: Dann die Ganß kan mit jhrem Mund anders nichts als schnattern, der Vogel pfeiffen, der Hund *gautzen*, die Katz raunen, der Ochs brüllen, das Roß wieren, das Schaaf blecken D I 486.

GEPHIRSE: Insekta oder wilder Immen Art, so sich in der Wildnuß mehrentheils auffhalten, böse giftige Stacheln — und mit jhrem umbfliegen ein *ghumbs*, *zirren* und *gephirse* machen (von Hornussen, Wespen, Brämen oder *Brumse*). D II 391; felt bei Wackern. Voces 71. Ich halte das *r* für unorganisch, dann stet dises Wort zum bekannten *pfisen*, Wackern. 71.

GEPIEF: Schlangen und Nattern, die machten ein solch *Gepieff*, daß die ganz Gegend darvon erschall. II 315; zu *pfeiffen*: Der Baslisk, wenn er *pfeift*, so fliehen die Schlangen vor ihm. 322. Die Lockschlang des Teufels, die Sünde, locket, zischet, *pfeiffet* vnd lieblet, biß daß sie in das Herz sich eingeschmieret 995.

GIRREN swv. allda (vor der Höle) die Hunde still stunden, belleten, *girreten*. Königl. und Kayserl. Jagtgeschichten von Venantio Diana 1749 S. 18, Druckort Köln, Verf. ein Oberdeutscher.

---

1) *Vgl. Alem. IV 160. XI 45 ff.*

Uebertragen: in einem Totencarmen des Gunzenhaus. Dechanten Zenker, Weissenburg 1802 Ausgabe von 1777: Denk, wundes Herz, denk diese frohe Stunde, | Wenn du nach *Ihr* in öder Stelle *girrst*.
Ebend. a 1789:
Einen Monden *girr* ich schon wie eine Taube, Und begehre einsam und verlassen Dein.

GLUZEN: sehet nur die *Gluckhenne* an, wie sie kratzet, *glutzet*, schreiet, beisset, schläget, wenn man an ihre junge Hünlein will. D II 386.

GREINEN: ein Saw hat ja Mitleidens mit der andern vnd lauft ihr zu, wann sie *greynet* ihr zu helfen. D I 634. Noch wann der Basilisk ein Ferckel oder Saw *graynen* höret, wird er toll II 322.

GRUNZEN *swv.* Momus *gruntzete* wie eine alte Sau und lieff davon. Van Duysburg, Legation in Parnassum, Leipzig 1648 S. 46. Neulich hörte ich, die keine Schäffer waren, über das Schmiergeld *gruntzen*. Nagelneue Bauern-Anatomia 1674 S. 70. *Herumgrunzen*, bildlich, vom Schweine hergenommen: und damit wir in diesem weiten Meere des Aberglaubens nicht so sehr *herumgrunzen*, wollen wir nur die verschiedene Arten und Kunststücke der Christen sich fest zu machen auf die Bahn bringen. Untersuchung ob es eine Festigkeit gebe usw. München 1775 S. 6.

GURREN n. gleichwie ein Turteltaub dürre Bäum usw. ihr außsucht, wo ganz verborgen sie ihr Einsambkeit mit ihrem traurigen *Gurren* bethaure usw. Groll, Leichenrede auf eine von Stauffenberg, Regensb. 1701.

HEULEN *swv.* Wie die Taub anstatt des Singens *heulet*, also hat Christus anstatt des Lachens vielmals geweint. Ferner wie die Turteltauben allzeit *heulen*, wann sie an ihre verlorne Gesellschaft gedenken. Der Welt Schaw- und Tummelplatz von Albertinus 448. 457.
I A: weil nun dieser Esel einer von den ältesten und gelehrtesten, darneben bei den andern in hoher aestim war, als haben sie ime einhälliglich mit einem *starcken I A* beygestimmet. Van Duysburgk Legation der Esel in Parnassum Leipz. 1648 S. 12. Zu Wackernagel Voc. 17.

KOAX: haben die Egypter darnach zur Straf der Frösche *Coax Coax* hören müssen. D II 1151. Ihr Froschgeschrey (Kuttenfrösche) *Coax* und *Brekckerex* 1153.

CRAS, CRAS! Nit sollen wir vnsere Almusen immerdar vierschieben auff morgen vnd *das Rabenlied Cras, Cras!* singen. Albertinus der Welt Schaw- vnd Tummelplatz S. 829.

PFUFGEN: tretten (die Weltkinder) so hoch daher wie die Calicutische Gockelhanen jmmer tretten können, *schnieffen*, *pfufgen*, speutzen D I 261.

PFUZEN: wann einer nur etwann ein Mäußlein laufen oder zischen, eine Katze mauuen oder *pfutzen* — wird er angst und bang D II 992.

QUAKEZEN: Rana oder die Frösch werden also genannt wegen ihres Geschwätzes oder vngestümmen Geschreyes oder *quacke-*

zens. Albertinus der Welt Schaw- vnd Tummelplatz S. 358.

QUINTILIEREN: dann ein Vogel singe so wol vnd lieblich, als er wölle, *quintilierie* so kraus vnd artig durcheinander usw. Dieterich I 248. Folge dem Vögelein, die sind frölich, *quintilieren* Gott mit jhrem Gesang daher, machen Nest, tragen zu Nest, was sie können I 573. Dancken ihm doch die unvernünftige Vögelein mit ihrem lieblichen stimmlein vnd *quintilierenden* Zünglein, sobald die Sonne aufbricht; warumb wolten wir es nicht viel mehr thun? II 664. Sind gleich eim Zeißlein, Hänfling oder *Schößle*, was man dem für ein Vogel vorhencket, dessen Gesang und Melodey *quintelieret er nach* 671. Noch ist die Lerche vnter allen Vögeln der Erste, so uns mit seim *Quintilieren* den Sommer und alle Morgen den Tag andeutet 951. Höre der Lerche zu, wie mit der Morgenröthe *quintiliere* 952. Von Menschen 255.

REREN swv. Der Stier (im Stiergefechte) scharrete mit seinen Füßen im Sand, brüllete, *röhrte* und sprang auf dem Platz als ein Hirsch herum. Venantius Diana 1749 S 574.

RÜHELN, RIHELN swv. bei Geiler v. K. Wann ein roß *rühelet*, so hörest du wol, das es kein esel ist. Evangel. Buch f. 64ᵇ. Und thuen gleich als ain sawe, die vnnder ainem Aichell pawm kumbt, so *rüchlet* sy on vnderloß vnd ist nichts dester mynder die aichelle auff — sie *richelt* nun vnder dem pawen vmb: also thuen auch die viechischen menschen. Augsb. Predigten handschriftl. in m. Besize. Cunrad Dieterich von Ulm in s. Predigten über Salomon II 1041 hat *rocheln*: das (Gespenst) gieng in der Kammer herumb und *rochelt* wie ein Saw. Wackernagel, Voces, verweist stets auf Schmeller, alem. schwäbische Belege felen.

SINGEN von den Grillen: haben aber eine sehr laute Stimm und je klärer vnd haiterer der Tag im Sommer ist, je läuterer und heller *singen* sie. Albertinus der Welt Schaw- und Tummelplatz S. 536.

STAZGEN: es (goldener Zaum, das Ross) macht es wol stolzer vnd muthiger, *statzget umb sich*. D I 258.

TIERINTILIEREN: dancket Gott jedoch die Lerch den ganzen Tag, biß inn die Nacht mit ihrem *tierintilieren*. Warum so wolten wir es nicht viel mehr thun? II 664.

A BIRLINGER

JAKOB WIMPHELING UND DIE SCHWABEN

Wimpheling hat in neuerer Zeit zwei Biographen gefunden, die mit sorgfältiger Ausbeutung seiner Schriften und der gleichzeitigen Literatur sein Leben dargestellt und seine Bedeutung, namentlich als Paedagog, ausführlich behandelt haben, *von Wiskowatoff*[1]) und *B. Schwarz*[2]). „Nach beiden Biographen hat W 1468 die Universität Erfurt besucht, und es ist daher höchst warscheinlich, daß er mit dem in die Erfurter Studenten-Matrikel Ostern 1468 aufgenommenen *Jacobus Coci de Sleczstad* identisch ist (vgl. Acten der Erfurter Universität. Herausgegeben v. d. Historischen Commission der Provinz Sachsen. Bearbeitet von J. C. H. Weißenborn. Halle 1881. S. 328). Sein Familienname wäre demnach *Koch*. In der Bacalaurienmatrikel wird er als *bacularius Friburgensis*[3]) aufgeführt"[4]).

Aus seinem litterarischen Leben teile ich hier eine Episode mit, die an sich von geringerer Bedeutung ist, aber nicht one Interesse, weil sie denselben in Streitigkeit mit den Schwaben verwickelte. Wimpheling hatte, wie Wiskowatoff S. 116 meint, ungefär um die Mitte 1503 auf Wunsch seines Freundes, des Bischofs von Basel, Christoph von Uttenheim, seinen Wonsiz nach Basel verlegt. Von dort richtete er am 11. Okt. 1503 einen Brief an Jakob Boll, worin er sich tadelnd aussprach über die Gewonheit vieler Prediger, besonders solcher aus Schwaben, die nach Elsaß hinübergekommen waren, stat der einfachen Verba Auflösungen mit dem Hilfsverb und dem Infinitiv zu gebrauchen, z. B. stat „der herre sprach" zu sagen „der herre was sprechen". Mit dem Tadel über dise von im heftig angegriffene Redeweise verband er noch die Polemik gegen eine unpassende Methode die Hostie zu segnen und gegen das Streben der Orden sich der Jurisdiktion der Bischöfe zu entziehen. Hierdurch erregte er Unwillen in Schwaben. Doch, bevor ich auf die weitern Folgen seines Schritts eingehe, teile ich zunächst die betreffende Schrift mit.

---

1) *Jacob Wimpheling. Sein Leben und seine Schriften. Ein Beitrag zur Geschichte der deutschen Humanisten. Von Dr. Paul von Wiskowatoff. Berlin. Mitscher & Röstell. 1867.*

2) *Jacob Wimpheling, der Altvater des deutschen Schulwesens. Von Bernhard Schwarz, ev. Prediger an St. Petri in Freiburg i S. Gotha, Friedrich Andreas Perthes. 1875 (Erster Band der Sammlung: Pädagogische Reformatoren vor der Reformation. In Biographien dargestellt von Bernhard Schwarz).*

3) *1466, vgl. Wiskowatoff S. 29.*

4) *Mitteilung des Herrn Dr. Gillert in Barmen.*

Epistola Ja. wymphelingi
de inepta et superflua verborum resolucione incancellis; et de abusu exempcionis in fauorem omniū episcoporū et archiepiscoporum.

Oratio Ja. wympfelingi
ad deum pro peccatorum remissione

Epithafium Wolfgangi de vlenhem

Didimus Au. argen: contra
barbariem quorundam predicancium
Aduena sueue solo cupiens hic viuere nostro
Alsatici dulcis captus amore meri
Queso tua nostram voli corrumpere terram
Lingua. sed patrio desine more loqui

Holzschnit: (Die Verkündigung Mariae).

Jacobus Wimphelingius Jacobo Bollo ecclesie dive regine celi extra muros larensces decano venerando, confratri carissimo.

Colloquebamur nudius inter convivandum de nonnullis sacerdotum precipue concionatorum ineptiis, quas tu pro magnitudine zeli tui cupiebas (si fieri posset) aboleri. Sentenciam ego tuam non solum probavi et hodie probo, sed etiam ex animo tecum desidero barbariem omnem et quitquit indecorum est a Cristi ministris avelli. Detestabaris (sicut et ego semper detestatus sum) quod magna pars predicatorum, precipue vero qui ex Suevia ad utrumque Rheni littus advolant, atque ipsi stacionarii et divinorum quidam adiutores, immo et qui theologi dici volunt inepte, supervacue, gelide interpretantur verba ipsa, que adiectiva grammatici vocant, in nostram germanicam linguam. Omne enim pone adiectivum verbum resolvere solent in suum participium et verbum substautivum sum, que quidem resolutio apud dialecticos locum habet, qui tum verba ipsa resolvunt, dum proposicionum predicata et copulas investigant. Grammaticus vero et presertim in germanico ideomate frustra id et supervacue facere videtur. Sic etenim dicunt illi illepidi concionatores: Dixit Jesus, ibat, ambulabat, sanabat, docebat, respondebat. Der herre was sprechen, er was gon, er was wandelen, er was gesunt machen, er was leren, was antwurten, sicque de innumerabilibus: Ubi simplex verbum Germanicum sufficeret: Der her spruch, Er gieng, Er wandelt, Er macht gesunt, Er leret, Er antwurtet. Ille enim modus est germanicus, presertim in Helvecia id est Alsacia, et in Germania ultra rhenana, quarum partes sunt Ortonavia et Brisgavia, forsitan apud Suevos et Salassas atque Memmygenses ista barbaries et inconcinna traductio observari solet. Nam ex Suevis et Memmygensibus ista audivimus. Mihi antem apud Rhenum Rhenensium more loquendum esse videtur. Cum enim uno solo verbo apte explicari possit sentencia germanica, que et proprie latino vocabulo quadret et respondet, quid opus est absque omni necessitate cumulare verba? quid opus est resolvere absque fructu et aliqua efficaciori sonoritate? Audivi ego ipse populares quoque nonnullos, qui a sacerdotibus illis rusticanis seducti sunt, similiter loqui cepisse, quod mihi stomachum movebat, et audienti mihi dentes stridere videbantur. Vellem omnibus illis ineptis expositoribus persuaderi posse, ne sic germanicam linguam depravarent, neve talem abusum patrie nostre inferrent. Et profecto, mi Jacobe, audivi ego quosdam doctissimos et profundissimos theologos nobiscum consentire, qui et ipsi abhorrent et fastidiunt hanc rusticissimam resolutionem et supervacuam rusticitatem. sepe et multum id detestatus est Pallas et Jo. Keiserspergius uterque et prestantissimus theologus et concionator, et observandissimus mihi preceptor, quorum sentencie plus tribuo quam illis ineptis insulsis depravatoribus latine et germanice lingue.

Altera quam detestabaris inepcia est in caracteribus aut crucibus, quas nonnulli in re divina faciunt super hostiam salutarem, non ab oriente directe vel recta linea manum ad se vel occidentem versus ducentes, deinde a sinistra vel septentrione ad dexteram aut meridiem intersecantes, sed retrogrado et torvo incessu a dextera incipientes et involutis manibus digitisque quisque pro suo libito contra ecclesiasticam institucionem, non absque levitate et inconsideratione crucis figuram effingunt. In quo (sicut et in aliis) vellem universum clerum se ipsum castigare et in meliorem statum redigere, ne (deo permittente) tandem a popularibus castigetur, quod Sigismundum imperatorem in Constanciensi concilio sepe commonuisse ferunt: Reformetis vos ipsos, inquiebat, aut a populo reformabimini tandem.

De clero seculari loquor, quid enim ad nos de aliis, qui a seculari doceri nollent? qui disciplinam episcoporum fugiunt, qui se exemptos gloriantur in ecclesiastice hierarchie deordinationem. Nam a summo pontifice per medios rectores legitimus ordo regiminis et correctionis administracionem derivari petit in subiectos, atque eorum libertas, qui extra hunc ordinem seorsum separatos se iactant, non nihil Cristiane nocet discipline. Possent enim vicia multa corrigi ab episcopis, quibus innotescunt, que quia perpetuo sedem apostolicam latebunt, manent incastigata et a nullo prohibentur. Non enim summus pontifex in omnibus locis, que exemptionem profitentur, habere potest procuratores fisci, qui ad suam sanctitudinem notorios et enormes plurimorum excessus referre possint atque denunciare. Vide, mi Jacobe, quam difficilis sit Cristifidelium reformatio, quam difficile sit episcopos gregi suo superintendere et officio suo satisfacere. Si volunt episcopi religiosos ad honestatem inducere, iactant se esse privilegiatos et exemptos. Si volunt magnos abusus quorundam in assecucióne et possessione multarum prebendarum iustificare, allegant suas dispensacionos. Reliquus clerus partim subicit se dicioni laycorum, ille fit civis, ille socius monopolii, iste sub umbra alicuius potentis contra sanctissima iura et contra omnem legem excutere se nititur ab auctoritate sui pontificis, sui iudicis, sui patris. Timent virgam pastoris et non timent incidere in dentes infernalium luporum. Quia nolunt esse in vero ordine et corpore ecclesiastico sub episcopis et capitibus suis, quid nisi spuria vitulamina merito sunt censendi? Ideo etiam Sanctus Bernhardus abbas huiusmodi exemptiones vehementissime detestatur epistola XLII. Dicit enim: Miror quosdam abbates humilitatis regulam odiosa contenciono infringere, et sub humili habitu et tonsura tam superbe sapere, ut cum ne unum quidem verbulum de suis imperiis subditos pretergredi paciantur, ipsi propriis obedire contempnant episcopis. Spoliant ecclesias. Spoliant ecclesias, ut emancipentur, redimunt se ne obediant. Non ita Cristus. Item et paulo post respondens huiusmodi abbatibus, qui monasteriorum suorum se dicunt, non suam querere libertatem, subdit divus Bernhardus: O libertas omni servitute servilior! Pacienter ab huiusmodi libertate abstineam, que me pessime addicat superbie servituti. Plus timeo dentes lupi quam virgam pastoris. Certus sum enim ego monachus et monachorum qualiscumque abbas, si me quandoque pontificis a propriis cervicibus excutere iugum temptavero, quod Sathane mox thirannidi me ipsum subicio. Hanc Bernhardi sententiam possent nostri pontifices suis quandoque inobedientibus abbatibus inculcare. Aut enim Bernhardus male scripsit (quod absit) aut illi abbates male faciunt, qui episcopos non recognoscunt. Et si peccant abbates, quid de aliis, qui episcopos et suos officiales spernunt, sentire hodie (si in terris superesset) Bernhardum diiudicares? Laudo, mi domine decane, tuam sollicitudinem, tuam integritatem, que me coegit, quid de hiis ineptiis sentirem, tibi tumultuario sermone et festinantissimo calamo perscribere. Si mecum sentis, gaudeo. Sin a mea sentencia es alienus, hec mea Vulcano tradas velim.

Ex aula mansuetissimi pientissimique antistitis Basiliensis octavo Idus Octobris Anni salutis nostre Millesimi quingentesimi tercii.

(Es folgt „Elegiacum iacobi. w. Sletst. ad xpm pro Remissione omnium et gravissimorum peccatorum". 26 Distichen).

   Epitaphium Wolfgangi de Utenhem
  Wolfgangi corpus iacet hic, qui flore iuvente
   ingenio forma sanguine clarus erat.
  Ipsa licet sit ad omne nephas procliva iuventus,
   unus erat vitii nescius ille tamen.

Nam male nil fecit nisi quod sub flore iuvente
decedens patruo tristitiam peperit.
Dum Lachesis tenere rupisset stamina vite,
extemplo virtus iussit inire polos.

Patruo respondet Wolfgangus Conradus Leontorius.
Quid gemitu et lachrymis, quid singultantia rumpis
pectora, o vita charior ipse mea?
Nil Lachesis potuit, solvit mea stamina Christus
et tibi perpetuo leticiam peperi.
Servavi niveum tenero cum flore pudorem,
o patrue, et vitiis liber ubique fui,
ne sanguis, forma, ingenium et lasciva iuventus
Wolfgangum inficerent, fata benigna vetant.
Ergo tibi supero presens sum cardine missus,
ut lachrymas tergam tempus in omne tuas,
meque tuo penitus memori sub pectore linquo
ornaboque tuum pontificale decus.

(Holzschnit: Maria und Joseph im Stall zu Bethlehem mit dem neugeborenen Christuskind).

Auch im Isidoneus machte Wimpheling vilen Pfarrern, „quorum ad nos multi ex aliis terris et pro magna parte ex Suevia veniunt", Vorwürfe wegen schlechter Aussprache des Lateinischen und weitschweifiger Redeweise. Hierüber entstand großer Unwille auf der rechten Rheinseite. Namentlich erregte das Epigramm von Didymus, das auf dem Titel der Schrift abgedruckt ist, Erbitterung. Der Verfaßer desselben, welcher a. a. O. *Didimus Au. Argen.* genannt wird, ist *Thomas Aucuparius* aus Straßburg. Derselbe nennt sich *Dydimus Ornitothyras* d. h. ’Ορνιθοθήρας in einer s. l. et a. herausgekommenen Schrift „Concordia curatorum et fratrum mendicantium", wo fol. B. 5b ein „Carmen elegiacum deplangens discordiam et dissensionem christianorum cuiuscunque status dignitatis aut professionis" von im abgedruckt ist. Die Identität der Personen beweist ein Brief von Wimpheling an Erasmus, der im Namen der Mitglieder der Straßburger Gelertengesellschaft abgefaßt war, zu welcher auch unser Thomas gehörte.

Ich teile disen aus dem alten Drucke [1]) mit:

Desiderio Erasmo Roterodamo Iaco. Vuimphelingus Selestadinus
nomine Sodalitatis literariae Argentinensis S.

Iumento nonnunquam ineptiori manticae et sarcinae imponuntur, sic et mihi veterano minusque idoneo sodalitas literaria

---

1) In: *Desiderii Erasmi Roterodami, de duplici Copia, Verborum, ac Rerum commentarij duo* (s. l. et a., um 1514), Blatt 123b.

apud Argentoracum id oneris imposuit, ut te omnium nomine salvum iubeam, tibi bene esse exoptem, tuas literas, quae status tui certiores nos efficiant, ad nos propediem mittendas expostulem. Credimus te quoque a Basiliensi gymnasio humaniter exceptum atque perbenigne foveri inter doctos doctissimum. Praecipue vero in convictu philosophico nihil tibi, quod incunditatem praestare possit, Beatum Rhenanum, qui te alioquin colit, amat, observat, speramus negaturum. Commendat sese tibi universa nostra Sodalitas literaria Sebastianus Brantus, Iacobus Sturmus, Thomas Rappius, Thomas Aucuparius, Matthias Schurerius, Iohannes Rudalphingius, Stephanus Tielerus, Ioannes Guida, Petrus Heldungus, Hieronymus Gebuilerus, Ioannes Ruserus, Ottomarus et caeteri, quorum nomina me fugiunt, et ego im primis. Vale. Ex Argentoraco, prima Septembris. M. D. XIIII.

In dem Antwortschreiben des Erasmus hierauf (Basileae, undecimo Calendas Octobres 1514) [1]) läßt diser alle die genanten einzeln grüßen und rümt dabei von *Th. Aucuparius*: Thomam item Aucuparium, quem ego sane vel ob hoc laurea dignum existimo, quod ab omni fastu longe sit alienissimus, cui morbo fere genus hoc hominum videmus obnoxium. Hunc cum plurimi faciam, tamen quo parcius laudem, ipse fuit in causa, qui me suo carmine laudarit, non dicam quam vere, sed prorsus amantissime. Ne quis illud in nos iaciat: Mutuum muli scabunt.

Das erwänte Gedicht ist am Schluß der Schrift [2]) abgedruckt nebst einer Antwort von Erasmus; hierbei nennt sich der Verfaßer in der Ueberschrift Thomas Didymus Aucuparius, Poeta Laureatus. Hiernach ist also an der Identität von Didymus und Thomas Aucuparius nicht zu zweifeln. Der Doppelname gründet sich auf Ev. Joh. 20, 24: „Thomas, der Zwölfe einer, der da heißt Zwilling".

Ueber die Schrift Wimphelings und insbesondere das Epigramm des Aucuparius scheint zuerst *Jacob Locher* in *Freiburg* seinen Unwillen geäußert zu haben, wie wir aus handschriftlichen Zusäzen in dem Exemplar der Epistola J. Wymphelingi ersehen, das in einem Sammelbande der Wolfenbütteler Bibliotbek sich findet. Unter disen stehet an erster Stelle ein Epigramm, das Locher 1505 am Collegium zu Freiburg anschlagen ließ. Es lautet:

Contra tetrastichum in principio precedentis epistole positum Philomusus haec carmina Friburgi ad collegium affixit 1505.

Jacobi Locher Philomusi Poetae et oratoris laureati inter nobiles Suevos primi Epigramma Ad quendam Didimum Argentinensem.

   Nescio quis Didimus muliebri voce Suevos
    carpit et insano pectore verba spuit.

---

1) *A. a. O. Blat 127a.*
2) *A. a. O. Blat 130b. f.*

> Admiror Didimi vecordes pectoris ausus,
> qui glossam ridet, docte Sueve, tuam.
> Quum patrium ructas verbum, tu foemina mollis
> censeris, at nos dicimur esse viri.
> Non mihi fert animus claros memorare Suevos,
> quorum non parcis laudibus et loquio.
> In Tribocum terra non est vix unus et alter,
> qui sine barbarie libera verba canat.
> Nec voces patrię calles, quia sibila buccas
> Gallica confundunt turbaque mixta tuas.
> Excipe doctiloquos, nihil est quod carpis ineptos:
> carpe tuos etiam carmine presbiteros.
> Si placet et grecas lacias musasque suevas
> auscultare tibi, me pete, disce loqui.

Hierauf folgt eine Entgegnung von einem mir nicht weiter bekannten Dichter Ister:

> In Jacobum Locher Philomusum Responsio
> Istri poetae pro Didimo.
>
> Nescio quis rauco Philomusus gutture carmen
> expuit et scombris preparat inde togam,
> cum Didimi argutos carpit temerarius ausus,
> qui notat incompti verba Sueva soni.
> Ructantem patrio verbum sermone putabis
> montibus Archadie rudere triste pecus.
> Et tamen is Didimum muliebri nomine taxat
> seque virum censet barbara verba sonans.
> Non mihi fert animus Tribocum doctissima gentis
> pectora et eterna tollere laude viros.
> Sed Didimo, Locher, stomachum si moveris, hic te
> fine Licambeo coget adusque necem.
> Tum demum tibi vana tuę mendacia linguę
> pro meritis misero premia digna ferent,
> nec Tribocum spernes Musas sed garrula cornix
> factus ad infernos constituere lacus
> stridulaque inflatis disperdens carmina buccis
> ridiculus miseris Manibus usque canes.
>   P. D. E. T. C. R.

Hinter den Distichen von Ister ist ein Brief Wimphelings, gleichfalls handschriftlich, beigefügt:

I. W. Thome Rhododendrio Jureconsulto S. p.

Audio Philomusum contra me vehementissima ira accensum ex epistola quadam contra malam latine lingue traductionem in germanicum contraque exemptiones manifeste nocivas impressa, quod illic Suevos nominarim, cum non de omnibus sed de quibusdam Suevis fecerim mentionem et nec solos Suevos notarim. addidi enim stationarios, adiutores, immo theologos. Quare ergo homo ille inter nobiles Suevos primus plus in me insanit, quam stacionarii, quam adiutores, quam theologi, quam exempti? Ante viginti annos sollicitatus fui ut aliquid scriberem in illam perversam lingue latine translationem, de qua epistola expresse docet. Distuli tamen scribere, donec ante triennium iterum in praudio cuiusdam Bavarie ducis sacerdotis et prelati (precipue unus prelatus qui et ipse Suevus est) instantissime me rogarunt, ut quicquam contra hoc scriberem, et ipse per se dux. quomodo tantis viris negare potui? nec in animo meo fuit, Suevis in minimo detrahere, quorum mihi innumerabiles fraterno nexu coniunctissimi fuere. Immo pro Suevis, pro duce Wirtenbergensi, pro toto foedere Suevico defensionem focci, quam nulli in hoc oppido nisi soli Philomusọ communicavi. tanta fuit mea in illum fides. et nuper Basileę cum viderem novem quaterniones contra Suevos a Suitensibus impressos cum maximo Suevorum contemptu et irrisione, ego pro Suevis pie scripsi, propter quod hodie in metu corporis mei sum. nec scripsi Suevos male proferre vel latinum vel germanicum, sed quod quidam ex eis (cum aliis multis non Suevis) male traducant latinum in germanicum. Ideone Philomusus in me sua cornua erigere debuit? et tu me barbarum et balatronem appellare? iureconsultus es, iura didicisti, iura nosti, et Philomusus se gloriatur leges non ignorare, sicut ad Zasium scripsit. ideo iure mecum agite, iure negocia vestra mecum tractate, et non ita subito ex furore ad ianuas (sicuti canes ad parietes mingunt) carmina phame mee vel alterius cuiuscunque lacerativa palam affigite. levitatem enim id quandam atque animi furorem pre se ferre videtur. An non credit Philomusus vel aliquos sacerdotes ex Suevia ad Alsatiam hactenus adventasse, qui non omnium rerum scientiam habeant, qui non de aliqua imperfectione argui possint? nondum novit Philomusus id quod ego plane expertus sum. Possem ei mille sacerdotum Suevicorum et Westranoorum aliarumque terrarum ineptias quas triginta circiter annos in pagis Argentinensibus audivi enarrare. neque tamen dico neque sentio, quod nec inter ipsos quoque sacerdotes Argentine vel in Alsatia natos non inveniantur eque barbari, eque indocti. Quare ergo homo ille nos vocat omnes (uno vix aut duobus demptis) molles, foemineos, blessos, elingues. Heccine est gratitudo in Sebastianum Brandt, qui de nave narragonica, a Philomuso primum in latinum carmen versa, non male meritus est. quem J. in apologia [1]) inter reliquos preceptorem suum fuisse gloriatur. Si nulli

---

1) *Gemeint ist die „Apologia Jacobi Locher Philomusi: Contra poetarum acerrimum Hostem Georgium Zingel Theologum Ingolstadiensem*

Alsaticorum parcere voluit, quin nos omnes carperet, parcere saltem debuit Paulo Malleolo, quem vix minus resonantiorem eloquentiam Philomuso opinor habere. immo si inter hos duos in quacunque doctrina certamen futurum esset, vix crederem Malleolum succubiturum. Taceo de Jacobo Delphino. Taceo de Keysersbergio. Taceo de Wolphiis. Taceo de Wurmsiis et aliis innumeris, quibus nature et ingenii doua deus optimus non invidit neque denegavit: de quibus Philomusus pro se vel pro suis Suevis admodum gloriari videtur. Novi ego Suevum philosophie magistrum: quem multa hominum millia mecum noverunt, qui voce neque r neque l sed neque s per nature defectum eloqui poterat: propterea nemo Suevos omnes contemptu aut irrisione dignos iudicabit, sicut Philomusus cunctos Alsaticos contempsit et irrisit. Vale. Ex edibus meis Friburgi 1505.

Inzwischen hatte H. Bebel von Tübingen aus den Wimpheling brieflich über die Erbitterung benachrichtigt, welche seine Auslaßungen in Schwaben verursacht hätten. Da suchte der leztere dise durch folgende Schrift zu beschwichtigen.

Epiſtola excuſa- | toria ad Sueuos
Alſates infenſos ne gens tibi Sueuica credas,
Quos Rhenus ſeparat Herciniumque nemus,
Nec facile eſt adhibenda fides rabido nebuloni
Foedera qui violans vulnerat innocuos

H. Bebelius poeta Wimphelingo S.

Percrebuit in gymnasio nostro rumor, te parum liberaliter ne dicam humaniter et sentiro et loqui de Suevis. Unde multorum, qui apud nos literis et ingenio valent, animi sunt in te commoti non mediocriter, adeo ut in te calamos armatamque Minervam distrinxissent, nisi cohibuissent, qui de te hactenus optime sonserunt. Ego vero cum existimem Suevos non tam abiectos esse aut afflictis moribus nec item eruditionis, animi reliquarumque virtutum ita egere, ut a quoquam contemptum vituperatumve iri debeant, non facile induci possum, te pro singulari tua humanitate, modestia et prudentia commissurum unquam, ut inmerito

---

Xynochylensem", wo Bl. Ba. zu lesen ist: „O Philippe Beroalde — Ioannes Calphurni, Francisce Niger, Conrade Celtis, Sebastiane Brant, et tu Ioannes Vetter, reliquos taceo, docuistisne me tanta scelera, tam insanam doctrinam, ut me Zingel theologus tantis conuitiis oneraret?

et iniuria convitiareris illis quibus minime conveniebat, quique te singulariter observaverunt et lucubrationibus tuis sunt plausibiliter (ut ita loquar) suffragati semper. Quare precor ita facias ut malis Suevos tibi esse amicos quam inimicos.

Wimphelingius Bebelio S.

Quod male non sentiam de Suevia dudum a maximis historicis celebrata neque de Suevis, quorum multi et Heidelberge et Spire amicissimi mihi fuere, si non legisti Hecatostychon meum ad ducem vestrum Eberhardum, si nondum venit in manus tuas Epithoma in historiam evangelicam, in qua nitor innocentiam vestratum ostendere contra quendam Jacobum Pergamensem, qui de Suevis et duce Mediolani fallacissime scripsit, si nondum vidisti Epithomatis Germanorum caput LXI, in quo inter quinque gentes Thurcum debellaturas Suevos secundo loco posui: cognoscas saltem ex Epistola que sequitur.

Quod autem quorundam sacrificulorum, qui inter concionandum omne verbum adiacens in suum participium et verbum sum more dyalecticorum copulam aut conversionem indagantium vulgaribus verbis resolvunt, ineptam superfluitatem taxavi, non id Suevie, non id Suevis elegantibus atque doctis detrahit. Ego Suevos non tam bonis litteris, quam virtutibus preditos et amavi semper et amabo quoad vixero. quales vero unius saltem Suevi mores probare non possim, quos neque ethnicus probaret, in calce epistole sequentis visurus es. Itaque me coram tuis gentilibus excusato, apud quos hunc de me rumorem suspicor exortum a quodam ignoto, qui se Franciscum Schatzer de Rotwila doctorem appellat, qui in me crudeliter invehit, qui sanguinem meum sitit. Is si ex probis parentibus natus est, prodeat tandem et certiorem me faciat ubinam habitet, quo in statu sit, cuius facultatis insignia gerat, ut ei ad oculum demonstrare possim, quod vel meum de integritate libellum non sane intellexerit, vel de vita et religione christiana minus sobrie sentiat, quodque coram quibusdam laicis falsus fuerit contra me delator, impius proditor et iniquus accusator. Vale.

De Suevis.

Thomas Wolphius iunior et Jac. Wimpfelingius, ceterique tersiorum litterarum amatores apud Argentinam Joanni Pruß Civi Argentinensi S.

Gratulamur famigerate Suevie, illustri patrie tue, que uti olim bellicosissimos duces ac imperatores Conrados Henricos Spire sepultos et duos potentissimos Fridericos et nuper Eberhardum iustissimum ducem habuit, et hodie Ulricum victoriosum habet: sic etiam alit viros in omni scientiarum genere prestantes, nostrum precipue Conradum Peutingerum, cuius sermones convivales prudenter impressurus es, quem et vehementer propter summam doctrinam laudamus et propter maximam integritatem singulari amore complectimur, sicut et ceteros quoslibet Suevos, qui bonis litteris inherent, virtutes amant et vitia detestantur.

Floruerunt olim in Suevia preclarissimi viri in omni artium professione insignes.

, Albertus magnus, quo in philosophia et sacris litteris vix doctior alter.

Nodegerus sancti Galli abbas auctor sequentiarum.	Theologi
Henricus Susius, auctor horalogii eterne sapientie.	et acuti
Johannes de lapide cartusiensis.	et devoti.

Nicolaus Dinckelspuel.
Ulricus Crydenwiß.
Cristianus ex Giengen.
Conradus Sommerhardus.
Joannes de Turpheim episcopus Argentinensis.
Otto Sunnenbergensis episcopus Constantinensis.
N. de Rechberg decanus Augustensis.

Martinus Prenninger Constantiensis.	Sacrarum litterarum
Joannes Keselin Cartusiensis.	et canonum doctissimi.

Jo. Steyn de Schorndorff.
Conradus Degen.
Jodocus Eichmann de Calbo.

Sunt etiam etate nostra superstites adhuc, de quibus Suevia non immerito gaudere laudemquo mereri possit.

Jacobus Liebensteinus Archiepiscopus Maguntinus.
Henricus Liechtenavius Episcopus Augustensis philosophie et sacrarum litterarum studio insignis.
Duo Naucleri prepositi.

Petrus Liber provincialis predicatorum.	Theologi
Gregorius Rieschius Cartusiensis, auctor margarite philosophice.	excellentes.

Georgius Northoffer.
Georgius Meigerhoffer.
Georgius Hoffman Eßlingensis.
Joannes Geysser concionator Augustensis.
Jo. Consteck de Geppingen.
Caspar ludimagister in Esselynga.

Ulricus Krafftus Ulmensis legum monarcha.
Udalricus Zasius legum et humanitatis litterarum interpres.
Erhardus Knab ex Zwifalten.
Joannes Wydman.   medici expertissimi

Joannes Reichlin trium linguarum doctissimus, quem nescimus, si maiorem Grecum an Hebreum, maiorem philosophum an theologum aut iureconsultum debeamus iudicare. adeo in omnibus his excellere videtur.

Sunt et oratores atque poete Suevi, qui carmina et prosas
terse scribunt et ceteros docere possunt.

Conradus Leontorius.
Henricus Bebelius.
Joannes Caseolus Gyßlingensis, olim auditor Wimpflingi.
Hyeronimus Empser.
Leonhardus Clemens Ulmensis.
Nicolaus Gerbellius Musipbilus.
Jo. Renatus Wylensis sacerdos.

Tacemus de aliis innumerabilibus nobis incognitis et de eis
qui hodie Friburgi et in Tubinga spem prebent futuri profectus.
hos et horum similes amamus et extollimus atque unumquemque
sigillatim fraterna charitate conplectimur:

Qui poetas castos et pudicos pudice interpretatur. Cuius os blasphemia non scatet.
Qui teneram iuventutem impudicis lectionibus non inficit.
Qui sanctam innocentiam ante tempus non vulnerat nec extinguit.
Qui fragiles ophebos ad libidinem et luxuriam non incitat.
Qui alios quoslibet lingua aut versu non pungit.
Qui aliorum bene scripta rabido ore non maculat.
Qui nos Helvetios (id est Alsaticos, Marco Anthouio Sabellico
teste) spurcis carminibus suis non lacerat nec infamat.
Qui Iuvenalem Cristo parem non facit.
Qui poetarum dicta evangelio comparare non audet.
Qui contra probatissimos viros nullas invectivas scribit aut inprimi facit.

Qui publicam et autenticam personam iustum suum officium iuste
exercentem aut alios quoslibet non vulnerat nec trucidare conatur, velut crudelis homicida, furore plenus, ratione carens, nullam legem curans, nec deum neque homines timens.

Qui non alios quosvis in certamen provocat nec vincere eos contendit exercitiis partim ad bellicosos partim ad molliculos histriones potius quam ad philosophos spectantibus, ut puta in arte
dimicandi, luctandi, configendi, preterea et saliendi choreasque
circumducendi.

Qui pium tenerum modestum ingeniosum et doctum adolescentem
Italiam propter litteras petentem ex solo furore vel invidia per
insidias ut siccarius et latro in via regia, que utique tuta esse
debet, non invadit, non in eum terribiliter irruit, non impie obruit,
non inhumaniter capit, non captum et humiliter sese dedentem
sacrilege humi sternit dirisque verberibus afficit, nec postremo
ad iusiurandum cogit, nec de tam egregio facinore gloriatur:
magna profecto gloria quod homo ire plenus et vindicte appetentissimus, de propriis viribus diffidens, assumptis octo gentilibus, ex industria ita in unicum adolescentulum Helvecium grassatus est, quem apud se facillime detinere potuit, in ius vocare

et iuris ordine aut scholastico certamine, non latronis et siccarii more superare.

Hoccine fuit officium eius qui se oratorem, qui se poetam, qui se philosophum, qui denique se theologum gloriatur: qui ne contra omne ius, omnem legem, omnem honestatem, contra bonos, precipue philosophorum, mores ageret, si quid actionis habuisset, optimum adolescentem coram iusto iudice convenire potuit, et non seipsum in causa propria, ex furore, ex invidia, ex ambitione crudeliter et temere ulcisci, et infamem seipsum reddere iuxta l. Hac lege ff. ad l. Juliam de vi privata et l. i. Beati sint et beatos futuros optamus omnis Suevos bonarum litterarum et nobilissimarum virtutum in diversis gymnasiis, Friburgensi precipue, cultores atque amatores, quos rogamus ut meminerint Argentinenses et ceteros Helvecios id est Alsaticos de sua Suevorum patria numquam male meritos fuisse nec se sinant quorundam perversorum osorum pacis et quibus lucrum est lites spargere, discidia fovere, concordem rem litterariam discordare, et quia bene dicendo non possunt, morsibus et latratibus in peritos quosque conviciantes, famam querere: non se inquam sinant, rabularum huiusmodi felleis suasionibus permoveri, sed inviolabilem nobiscum pacem et charitatem, que cum Christianos tum philosophos decet, servent et amplectantur: qua omnes simul ad vitam perveniamus sempiternam.

Ringmannus Philesius Gregorio Reitschio carthusiensi Friburgensi patri.

    Reitschi celebrium virorum gloria
    Apexque summe litteratorum omnium
    Pridem docens Philesium altitudines
    Metiri et ipsas longitudines rerum,
    Quid non docebas machinamenta hostium
    Qui more latronum rubis absconditi
    Magna caterva in unicum severiter
    Mox irruerunt. cur docebas non simul
    Philesium: Sed nemo praescire hec potest.
    Quam cordium scrutator: eternum vale
    Oresque sedulo velim pro me deum.

Petrus Bolandus Ad Jo. Dalb. Episcopum Wormaciensem pro filiolo cuiusdam sacerdotis absque fertone et testamento mortui cuius bona episcopus acceperat.

    Orphanus en cuius miserendum est, optime presul,
      Divite prespitero natus, at ipse miser,
    Cui tua subveniat pietas, a patre relictis
      Rebus ut in tenero corpore nuda tegat,

Erudienda eius, dum dictilis ipsa iuventa est,
   Artibus. unde famem pellere possit erit,
Ne genitura ipsum spurca atque ignavia tandem
   Latroni reddant furciferoque parem
Et clero natus clerum grassetur in ipsum
   Instar multorum quos numerare pudet.
Vive, vale foelix longum cornicis in evum
   Atque pius miseris omnibus esto pater.

In ecclesiis non esse spatiandum nec confabulandum.

Hec domus est domini, proprio quam sanguine Christus
   Signavit moriens, esset ut hic requies.
Is vitulos et oves sacrandas atque columbas
   In templo vendi noluit ac pepulit.
Hic nos Christicole (sed falso saepe vocamur)
   Turpia verba damus, ne mala facta loquar.
Mox quia non punit Christus, dormire putatur,
   Sed tamen hinc crescit debita pena reis.

Robertus Gaguinus
Arnoldo Bostio in Carmen Wimphlingi De triplici candore beate Marie virginis.

Tune unquam mecum, Bosti, certare quiesces,
   Raucus ut ad divos dissona verba feram.
Ecce tibi resonat argutus arundine Renus
   Et passim vates educat altiloquos,
E quibus assurgit Sophoclea voce Jacobus
   Dicere quam pura sorde Maria nitet.
Tam procul est nostrum, mi Bosti, carmen ab illo,
   Quam lentam anticipat concita cerva bovem.
Vox illi excelsa est, mihi pulmo torpet anhelus
   Et medio cursu vox semifracta cadit.
Dic vati numeris curet monumenta parare,
   Me tenet ignavum pigra senecta domi.

Petrus Eberbachius Ertphordiensis Adolescens Jacobo Wymphelingo S.

Humanissime preceptor, noli, obsecro, merere aut animo tabescere, quod ab emulis libellos famosos contra te spargentibus et a levissimis nebulonibus versus et rithmos barbaros contra te imprimentibus calumniam et detractationem sustines. passi sunt etenim ante te huiuscemodi morsus invidorum Julius Augustus, Christus et apostoli, Crisostomus, Fran. Petrarcha, Jo. Gerson, Nicolaus Cusa, Joannes Crucerus, Galliottus, Johannes Wesalianus magni

apud nostrates nominis, Johannes Picus Mirandulanus Comes, et hodie ex fratre nepos eius Franciscus. Quid dicam de priscis et exteris? Exemplo tibi sit T. Wolphius iunior, quem scis gravi morbo laborare, et ab eis, qui iure sanguinis amici esse eiusque misereri deberent, circumventum indigne vexari, et tamen nosti eum virum esse innocentissimum, in hospites humanissimum, in omnes litteratos largissimum, divinarumque litterarum lectorem frequentissimum, ut in psalmo suo miserere videre licet. Is est etiam qui Francisci Pici Mirandulani opera per Ringmannum Philesium a latrone quodam obrutum et cesum ad nos perferri curavit, ut prope diem imprimantur. eum credo a deo diligi et ad eternam vitam delectum esse, quod hic innocens castigatur. Huius et aliorum exemplo teipsum consolare. Scis Iuvenalem olim dixisse
    Aude aliquid brevibus gyaris et carcere dignum
    Si vis esse aliquid, probitas laudatur et alget.   (1, 73 f.)
quamvis id de romana civitate dixerit, nunc tamen ad alia etiam loca transferri posse videtur. immo cum venia, iam vix probitas laudatur, sed culpatur potius aut saltem subsannatur. Quippe ubi nunc peccata regnant, peccat qui recte facit. beatos scis a Christo nostro predictos esse, qui persecutionem paciuntur propter iusticiam, et tu propter iusticiam pateris atque propter integritatem, qui in tuo de integritate libello paterne suades syncereque cupis, et omnem pro viribus tuis operam impendis, ut in pueris et adolescentibus virtutes plantentur, relligio floreat, castimonia vigeat, sanitas conservetur, sacrarumque propagentur studia litterarum. Vale XII kl. februarias Anno quo me dira lues ex mea in tuam patriam fugavit.

    Ringmannus Philesius Nobili Jacobo Sturmo S.

In antiquissimam statuam, quam nuper in pago genitoris tui Wickerschemo te presente invenimus, ex impudica nuditate Veneris, ex clipeo et galeo Palladis, ex pavono Iunonis effigiem in ea sculptam esse diiudicantes, senarios hos subito a me effusos tibi mitto dicoque, dulcissime Jacobe, sperans te cum iucunditate lecturum. Statuam ipsam pater tuus dono dedit T. Wolphio maximo vetustatis amatori. Vale.

A	ntiquitatis, O Viator, pre sit	U
N	on nota visentes simul vestigi	A
T	res esse dixerunt deas concordite	R
I	acobus ipse Wimphelingus et su	I
G	allinarius, Sturmus, Philesiusque ab	I

Ubi legitur in tetrasticho post titulum Quos rhenus etc. legendum est Et si interiaceat rhenus et hercinia.

Mathias Hupfuff imprimebat. M. D. VI.   Foedus discordia solvit.
                                                       W CRECELIUS

ZU DES KNABEN WUNDERHORN

Neu bearbeitet von

A BIRLINGER und W CRECELIUS

X

I 72 f. *Faßnacht, vgl. I 520 f.*

Str. 2, 4 hat die Ausg. der Bergkreyen von 1536 *woltst;* 3, 1 *Hinder;* 3, 3 *d. m. dich weder sicht noch spürt* (nicht *sieht,* wie S. 521 angegeben ist); 4, 2 *vber — her floß;* 4, 3 *kein mal;* 4, 7 *lebet;* 5, 2 *her brach;* 6, 3 *und gehe dus hinn* biß etc. — Die Mel. bei Nicolai ist von disem komponiert.

I 75 *Tambursgesell, vgl. I 522*

Str. 2, 2 und 3 *furchtsam.* Str. 2, 5 f. Weil i weiß, daß i g'hör daran, daß i g'hör daran :,: Str. 3, 5 f. Tambour von der Compagnie, Von der Leibcompagnie.

I 76 f. *David, vgl. I 522 f.*

Str. 4, 4 ist zu interpungieren: Als ich nur David war dir fein.

I 77 f. *Ich soll und muß ein Buhlen haben*

In einem zu Nürnberg bei Hans Kholer gedruckten fliegenden Blatt steht als Endsprüchlein:

> Einen stetten Bulen muß ich habn,
> demselben auff der Lauten schlagn.
> solchs sind eytel Gottes Gaben.   G. Grynwald.

I 80 f. *Geht dirs wol, so denk an mich*

Für das eine der Lieder, welche zu disem Gedichte verarbeitet wurden (s. I 523), benuzten die Herausgeber ein fliegendes Blat, worin die 3 Str. folgendermaßen lauten:

1 Ach in Trauern muß ich schlafen gehn,
  Ach in Trauern muß ich wiedrum früh aufstehn,
  In Trauern muß ich zubringen meine Zeit,
  Dieweil ich nicht kann haben was mein Herz erfreut.

2 Geht dirs wohl, so gedenke du an mich,
Geht dirs aber übel, so kränket es mich,
Wie froh wollt ich schon sein, wenns dir und mir wohl geht,
Wenn schon mein jung frisch Leben in Trauern steht.

3 Ach ihr Berg und tiefe, tiefe Thal,
Heut seh ich meinen Schatz zum aller letzten mal,
Die Sonne und der Mond, das ganze Firmament,
Die sollen mit mir trauren bis an mein End.

I 86 *Misheirat*, vgl. I 525

Str. 2 steht als 2 Str. bei Büsching und v. d. Hagen Sammlung deutscher Volkslieder (Berlin 1807) S. 18. Ferner findet sie sich als Str. 4 und 5 bei Erk und Irmer Volkslieder I Heft 2 in dem Liede No. 47. (Ich hab mir mein'n Weizen am Berg gesät), wo sie folgendermaßen lauten:

> Wenn ich einmal ein Jäger wär,
> schöne zwei Flinten schafft' ich mir;
> Schöne zwei Flinten und 'nen Hund,
> ein hübsches Mädchen kugelrund.

I 113 *Das Bäumlein*, vgl. I 529

Str. 1, 10 lautet: und nit begehrn ein Frucht davon? — 2, 3 Bäumlin — 2, 11 denn — 3, 11 macht den Schluß.

I 125 *Süße, liebe Friedenstaube*, vgl. I 530
Str. 4, 1 seufzts.

I 193 *Es wollt gut Jäger jagen*

Auch in folgendem Einzeldruck: „Drey Geistlich gesang das Erste der Geistliche Jäger. Das ander, Es Flog ein Vögele Leise, zu einer Jungfraw rein, etc. (Holzschnitt, Gabriel erscheint der Maria) Das dritte, Aue Maria Klare, du liechter Morgenstern. Jedes in seiner bekandten Melodey. Zu Ynßprugg bey Johann Gåchen". 4 Bl. 8.

Abweichungen: 1, 2 wolt jagen ins Himmels Thron. 3, 1 f. Der Engel bließ sein Hörnelein, es lautet also wol. 4, 1 Biß gegrüßt Maria. 6, 3 f. dann sie bath Gott von Himmel, sein Will gescheh alhie. 7, 4 in jhrem Jungfråwlichem Hertz. 8, 1 f. Der vns diß Lied new sange, alhie zu diser stundt. 8, 4 mach vnser Seel gesund.

Desgleichen in folgendem Einzeldruck: „Drey schöne Geistliche Lieder Das Erste: Geistlich Jäger Das Ander: Auß hartem

webe klagt Menschlich Geschlecht, etc. Das Dritte: Ich hab so
vil von Gottes Wort, etc. (Holzschnitt, Gabriel erscheint der Maria)
Getruckt zu Lucern, Bey David Hautt, Im Jahr, 1637". 4 Bl. 8.

Abweichungen: 1, 2 jagen in Himmels Thron. 2, 3 Es ist ein
Engel reine. 3, 2 „sich" fehlt. 3, 4 „du" fehlt. 5, 2 ohn ein Mann.
6, 3 f. dann sie bat Gott vom Himmel, sein will gescheh an mir.
8 ff. Der vns diß Lied hat gesungen, wol hie zu dieser stund,
er bitt das Christi wunden, vnser Seel machen gesund.

I 362 *Es fielen drei Sterne vom Himmel herab*

E. M. Arndt (Alemannia XI S. 52) teilte das Lied in ganz
änlicher Faßung Bouterwek mit:

Es fielen drei Sterne vom Himmel herab,
Sie fielen wohl auf des Königs sein Grab,
Dem König dem starben drei Töchterlein ab.

Die eine die starb, als der Morgen anbrach,
Die andre die starb, als der Mittag anbrach,
Die dritte die starb, als der Abend anbrach.

Die erste die ward mit Rosen geschmückt,
Die andre die ward mit Nelken bestickt,
Die dritte die ward mit Nadeln gespickt.

Sie faßten sich alle drei wohl an die Hand
Und gingen den grünen Wald entlang;
Da begegnet ihnen ein weißer Mann,
Der hatte des Herrn Christus seine Kleider an.

Der weiße Mann sprach: wo wollet ihr hin?
„Wir wollen zu der himmlischen Ruhe hin".
Geht ihr, geht ihr ein wenig baß zu,
Da werdet ihr wohl finden die himmlische Ruh.

Und als sie kamen ein wenig baß zu,
Da kamen sie wohl an die himmlische Ruh,
Sie klopften leischen leischen an —
Sankt Petrus kam, es ward aufgethan.

Die zwei die gingen in den Himmel hinein,
Die dritte blieb draußen davor stehn.
„Ach! Jesus was hab ich dir zu Leide gethan,
Daß ich muß vor'm blauen Himmel stahn?"

Geh du, geh du ein klein wenig baß zu!
Da wirst du wohl finden die höllische Ruh.

Und als sie kam an die höllische Ruh,
Da klopfet sie so gräulich an;
De Teufel kam, es ward aufgethan.

Sie setzten sie auf einen glühenden Stuhl,
Sie gaben ihr einen glühenden Becher in die Hand,
Daß ihr das Blut aus Händen und Füßen rann.

„Ach! Jesus, was hab ich dir zu Leide gethan,
Daß ich muß im höllischen Feuer stahn?"

Wann die andern sind in die Kirche gegangen,
Prangtest du, mit Federn und Blumen behangen;
Wann die andern haben gebet't und gesungen,
Bist du rund mit den jungen Kavalieren gesprungen.

Durch Wiederholung von Versen müßen vierzeilige Strofen gebildet werden.

I 374 *Es reist ein Pilgermann nach Morgenland hinaus.*
Vgl. Simrock S. 372; Hoffmann v. F. Schles. Volksl. S. 45; Kretschmer I 297; Erk und Irmer I, Heft 2 S. 16. EM Arndt teilte das Lied in folgender Faßung Bouterwek mit:

Es bettelt' sich ein Bettelmann aus Ungerland her
Fal-lal-lal-deri-del-dida
Sein Bettelsack und der ward ihm so schwer
Fal-lal-didum-didum-didum-deridel-dida.

Er bettelt' sich wohl auf, er bettelt' sich nieder,
Und was er gebettelt, verlor er wieder.

Er bettelte sich vor eins Edelmanns Haus,
Der Edelmann und der war nicht zu Haus.

Ach! Edelfrau, ich wünsch euch das ewige Leben,
Und bitt', ihr wollt eine Gabe mir geben.

Ach! Bettelmann, ich gäbe dir gern eine Gab,
Doch ist alles verschlossen, was ich hab.

Sie gab ihm, sie gab ihm wohl dieß und wohl das
Und was ihr ganzes Haus besaß.

Sie faßt ihn rundum wohl um seinen Leib,
Daran soll er haben seine Lust und Freud.

Sie schliefen bei einander die lange liebe Nacht,
Sie schliefen bis der helle Tag erwacht.

Ach Bettelmann, steh auf! es ist schon Zeit,
Die Vöglein singen im Walde erfreut.

Laß du sie nur singen von nah und von fern,
Bei einer schönen Dame da schlafe ich gern.

Und als der Bettelmann wohl auf die Brücke kam,
Da begegnete so früh ihm der Edelmann.

Ach Edelmann, ich wünsch euch das ewige Leben,
Eure Frau die hat mir eine Gabe gegeben.

Sie hat mir gegeben wohl dieß und wohl das
Und was sie kostbarstes am Leibe besaß.

Ach Frau, was hast du dem Bettelmann gegeben,
Daß er mir wünscht das ewige Leben?

Ich hab ihm gegeben wohl dieß und wohl das
Und was das ganze Haus vermag.

Ach Frau! ach Frau! thu mir das nicht mehr!
Es bringt dir Schand und mir keine Ehr.

Der Edelmann der ließ Brief' ausgehn,
Es sollten keine Bettler im Lande mehr gehn.

Der Bettelmann der ließ auch Brief' ausgehn,
Es sollt sich keine Hur' mehr im Hause laßen sehn.

Fal-lal-lal-deridel-dida —
Fal-lal-didum-didum-didum,
Deridel-dida
Dum-deridel-didum-didum.

I 404 *Dorothea und Theophilus*

Wir haben in den Nachträgen bemerkt, daß dies Gedicht eine Bearbeitung von dem Lied des Nicolaus Herman ist, welches anfängt: „Es was ein Gottsförchtiges und Christliche Jungfrewlein, Gotts wort und Catechismus hat sie gelernet fein." Dises findet sich auch in einem Einzeldruck von 1635 aus Innsbruck: „Drey gar schöne newe geistliche Lieder. Das Erste: Von der heiligen Büsserin Magdalene. Im Thon: Ach Hertzig Hertz, mit schmertz, etc. Das Ander: Von der H. Junckfraw Barbara. Im Thon: Wie man den Maister Hilleprandt singt. Das Dritt. Von der H. Junckfraw Dorothea. In seiner aignen Waiß. Getruckt zu Ynßprugg, bey Daniel Paur. 1635". Hier lautet der Aufang: „Es war ein Gottsförchtige vnd züchtige Junckfräwlein, in dem Christlichen glauben auch vnderrichtet fein." Diese Aenderung war nötig, um den protestantischen Ursprung zu verdecken. Sonst ist das Lied ziemlich getreu wiedergegeben. In 9, 1 ist „jammert" anders konstruiert: „Theophilo dem Cantzler die Junckfraw jamert sehr". 11, 4 ff. lautet: „schick mir auch Apffel vnd Röslein, auß Christi Gärtelein, ja sprach sie das soll war sein, will dir sie schicken fein." 15, 4 lautet: „vnd mehrt deß Himmels Paß".

II 1 *Ermunterung zur Fröhlichkeit*

1 Lustig sein im herzen
kan unß niemand wehren,
   Ey last unß lustig sein!
Lustig sein ohn sunden
sind die beste funden.
   Ey laßt unß lustig sein!

2 Last alle sorgen fahren:
waß hilft doch daß sparen?
   Eß mueß verzehret sein!
Last all trubsal sincken
und ein gläßlein trincken. Ey usw

3 Wovor ist daß sorgen?
Hie will man unß noch borgen,
   Hie alles ist gemein.
Hie die kannen rauschen
und die gläßlein brausen. Ey usw

4 Hie leidet man kein maulen,
Hie höret man kein buelen,
   Hie mueß man frölich sein.
Melancolisieren
ist die zeit verlieren. Ey usw

5 Fort mit eurem knurren,
Hie leidet man kein murren,
   Hie mueß man friedsam sein.
Wer hie viel will balgen,
weist man nach dem galgen. Ey usw

6 Last die geigen stimmen
und die cyther brimmen!
   Ey last unß frölich sein!
Last die laute klingen
und die stimmlein singen. Ey usw

7 Last die trommen rubren
und schalmeyen hören
   im feld und auch da heimb.
Last trompetten schallen
und kanonen knallen. Ey usw

8 Freundlich conversieren,
lieblich musicieren
   soll unser arbeit sein,
alles doch in ehren,
umb gotts lob zu mehren.
   Ey last unß lustig sein!

Hölschers Hs. S. 194 f.

II 226 *Es war einmal ein junger Knab*

EM Arndt teilte folgende Faßung des Liedes an Bouterwek mit (Alemannia XI S. 52):

  Es war einmal ein junger Knab,
Der liebt ein Mädchen von achtzehn Jahrn.
  Der Knabe zog ins fremde Land,
Derweil ward sein Feinsliebchen krank,
  So krank, so krank bis in den Tod,
Drei Tag', drei Nächt' sprach sie kein Wort;
  Drei Tag', drei Nächt, drei Viertelstund
Sprach sie kein Wort aus ihrem Mund.
  Und als der Knab die Botschaft kriegt,
Daß sein Feins-lieb so kranke liegt,
  Verließ er all' sein Hab und Gut,
Und schaut, was sein Feinsliebchen thut.
  „Behüt dich Gott, lieb Schätzchen mein!
Wie liegst du so in Angst und Pein?"
  „„Ich dank dir schön, fein junger Knab;
Mit mir wirds heißen bald in dem Grab.""
  „Nicht so, nicht so, lieb Schätzchen mein!
Die Lieb und Treu muß länger seyn."
  Er nahm Feinsliebchen wohl in den Arm,
Sie ward ihm kalt und nicht mehr warm.
  „Geschwind! geschwind! bringt mir ein Licht!
Mein Liebchen stirbt, daß niemand sicht.
  Ist nun die Lieb und Treu vorbei,
Und ich muß tragen ein schwarzes Kleid,
  Ein schwarzes Kleid und noch viel mehr,
Mein Trauren nimmt kein End nicht mehr."

II 354 f. *Der gute Zecher* (vgl. *Alemannia* IX S 53 u. 165)

1 Jung hergen (Herrchen) ich hab euch wol mehr gesehen,
  seind wir nit nachbaurs kinder?
 Ich mueß euch einen bringen zu:
  à votre santé, si vous plaist!
  seind wir nit nachbars kinder?

2 Der wein der ist ein funckelgen, seind usw.
  Der wein ist ein guts trunckelgen: à votre usw.

3 Mein nechst gebühr ich bring es euch, seind usw.
  Auß grund des hertzen minn ich euch: à votre usw.

4 Setzt daß gläßlein an den mund, seind usw.
  Und trinckt eß auß biß auf den grund: à votre usw.

5 Er hat sein dingen recht wol gethan, seind usw.
  Daß unders[t] daß mueß oben stahn: à votre usw.

6 Schenck ein, schenck ein den kühlen wein,
  Der wein der mueß getruncken seyn,
  Eß mueß ein fröhlich gesellschafft sein.

7 Nun gebt mir dan daß käntelein, seind usw.
  Dar zu daß gläßlein mit dem wein: à votre usw.

Hölschers Hs. S. 193

II 366 *Ein Narrenkappen zimt ihm wol, Das sol sein Gugel sein*

Narrate Sodales, wer zu unß kompt herein
und trincket von unserem wein,
der mueß mit närrisch sein:
et nos narravimus omnes :,:

Narraverunt Patres, wir habens ja erfahren,
daß schon von vielen jahren
die alte närrisch waren: et nos etc.

Narrarunt juniores, die jungen folgen nach,
die sitzen gar auf tach
und narren zehendfach: et nos etc.

Narrat Pater Papa, Herr Bischoff und Prior,
Pfaff, Münch und Senior,
ihrer ist ein gantzer Chor: et nos etc.

Narraverunt Principes, Fursten und Herren hoch,
die ziehen auch am joch,
der baur bezahlt eß doch: et nos etc.

Narraverunt Nobiles, der Hoff und Edelman,
mueß allzeit vornen dran,
weil er mit narren kan: et nos etc.

Narrat Eques, Servus, der Ritter und der Knecht,
ihr beider gantz geschlecht
haben daß narren recht: et nos etc.

Narrat Dux et Miles, Soldat zu roß und fueß,
krigt ein Chartaunen schuß
und narrt mit überfluß: et nos etc.

Narrat Studiosus, waß mit der [feder] zielt,
Studenten, Schreiber viel
seind mit im narren spiel: et nos etc.

Narrat et Magister, Gelehrten ins gemein,
die halten eß vor feyn
zu narren bey dem wein: et nos etc.

Narrat et Jurista, Juristen und Ambtsleuth,
die narren auf unser weyd,
wir narren geben die saydt: et nos etc.

Narraut Medicus, Apotecker, Doctor und Barbier,
die toben allen vier,
seind narren, wie auch wir: et nos etc.

Narrat omnis Cantor, daß nasse Singers gesint,
seind einer schwester kind,
auch alle narren blind: et nos etc.

Narraverunt musici, Componist und Organist,
Violist und Lautanist
der narrheit nit vergist: et nos etc.

Narraverunt Tubicen, Trompeter und Pfeiffergesind,
verblasen alle ihre sinn,
seind närrisch und sehr blind: et nos etc.

Narrat et Mercator, die Krämer und Kauffleuth,
die seind ohn underscheid
halb närrisch vor der zeit: et nos etc.

Narrat omnis Pictor, Mahler und Künstler doll,
Baechbruder und Trucker voll
zahlen der narren zoll: et nos etc.

Narrat Sartor, Sutor, die stinkich Schneider zahl,
Schuebletzer überall,
sie narren allzumahl: et nos etc.

Narraverunt Virgines, Jungfrauen, Weiber fein,
die Mägde groß und klein
auch sehr offt gar närrisch sein: et nos etc.

Narrat et Poeta, spricht der so dieß gedicht;
wan nur nichts böß geschicht,
so schadt daß narren nicht: et nos etc.

Narrat omnis homo: drumb schließ ich keinen auß,
er zahl der narren schmauß
oder raum unß daß hauß: et nos etc.

Narrat nolens volens jung alt man weib und kind
knecht magd und hauß gesind,
sämptlich geschossen sind: et nos etc.

Narrate Sodales, der nit will närrisch sein
der zahl unß unsern wein
und pleib ein narr allein: et nos etc.

Aliter

Narraverunt Patres et nos narravimus e. n. n. e. n. n. omnes:
der zu unß kompt herein
und trinckt von unserm wein,
der mueß mit närrisch sein: et nos narravimus omnes.

Narraverunt Principes et nos ut supra
man darffs nit wol sagen,
waß man ietzt thuet klagen,
daß fürsten narren kappen tragen: et nos etc.

Narrant et Episcopi etc.
Bischöff und Prälaten
und die hochweise Rahten
thun auch närrische thaten: et nos etc.

Narrat Comes, Baro etc.
die Graffen und Freyherrn,
sie seind nah oder fern,
narren auch doch woll gern: et nos etc.

Narrat Seignor Nobilis etc.
die Edelleuth gehen ihren trapp
in der narren faßnachtskapp
und meinen eß steh gar knapp et nos etc.

Narrat Monsieur Miles etc.
der Soldat zu fueß und roß
bekompt auch manigen groben stoß,
darauß wächst ein narren schoß: et nos etc.

Narrant Praedicantes etc.
Cochius und Haberkorn
haben alln ihren witz verlorn
und seind grobe narren wordn: et nos etc.

Narrat et Paphnutius etc.
der Pfaffen seind gar viel,
man sichts woll ohne brill,
ziern auch daß narren spiel: et nos etc.

Narraverunt Virgines etc.
der Junfferen seind gnug,
vermeinen sie sein klug,
hören doch inß narren buch: et nos etc.

Narrant et Doctores etc.
Eß ist ja offtor wahr,
der Doctor und der Narr
seind nur ein halbes par: et nos etc.

Narrant et Cellarii etc.
der Kellner mit seim geschir,
der Koch ungleich viel mehr
seind narren für und für: et nos etc.

Narraverunt Musici etc.
Trompeter und Componisten,
aller hand Instrumentisten
seind alle närrische Christen: et nos etc.

Narrat Senex Juvenis etc.
jung alt man weib und kind,
knecht magd und haußgesind
man sämptlich närrisch findt: et nos etc.

Narrat omnis Artifex, etc.
ihr Schneider kombt gar recht
und alle handwercks knecht,
ewr witz ist auch gar schlecht: et nos etc.

Narrat omnis homo, et nos narravimus omnes e. n. n. o. et nos etc.
drumb schließ ich keinen auß.
Es wird nichts anders drauß
hören all in narren hauß: et nos n. o.

        Hölschers Hs. S 195—200

 II 369 *Nun bis mir recht wilkommen, du edler Rebensaft!*

  O vinum, o vinum, o vinum salve :,;
  excitas, laetificas, recreas, exhilaras
   o vinum salve.
  O vinum etc. ut supra
  dicere nil amplius possum, iam sum ebrius
   o vinum salve.

        Hölschers Hs. S 67

 II 380 *Fuge*

   Qui cantare cupit Bassum
   apud petasonem crassum
   discat scalam musicam. :,:

   Nostrae claves, claves cellae
   hae sint vobis notae bellè,
   non habent suspiria.

Re, la, mi est epulari
de, la, re debacchari
fa, fa, ut farcimina.

Istas notas in momento
potes sine atramento
vino mero scribere.

Sed dum albas cretae notas
hospes facit, quando potas,
debes sol, sol, solvere.

Tunc la lachrymae, mi miseriae,
tunc fa fames familiae,
si non est tibi utile
debes re relinquere

Hölschers Handschrift S 67 f.

II 381 *Der rechte Kuckuk*

In der Hs. Bb in Achims von Arnim Nachlaß (s. Alemannia X S. 146) lautet das Gedicht:

Der Guguck auf dem Birnbaum saß, Guguck!
Wans regnet oder schneit, so wird er naß,
Der Guguck, der Guguck wird naß.

Der Guguck flog über dem Nachbar sein Haus, Guguck!
„Mein Schätzle, bist drinnen? komm zu mir heraus!
Der Guguck, der Guguck ist draus."

„„„Ich geh nicht hinaus und laß dich nicht hinein, Guguck!
Du möchtest mir der rechte Guguck nicht sein,
Der Guguck, der Guguck nicht sein.""""

„Der rechte Guguck der bin ich ja schon, Guguck!
Ich bin ja meim Vater sein einziger Sohn,
Dem Guguck, dem Guguck sein Sohn".

„„„Bist du deins Vaters sein einziger Sohn, Guguck!
So geh rein zum Thürchen, 's kann anders nicht sein,
Du Guguck, Du Guguck bist mein."

Mit Melodie aus dem Bergischen bei Erk-Irmer Die deutschen Volkslieder I Heft 3 No. 53; Erk Liederhort 376; Müllenhoff 480.

II 382 *Kuckuks Ablösung*

Da Görres die Heidelberger Hs ungenau abgedruckt hat, so geben wir das Lied nach dieser (Hs. 343 No. III Bl. 95a):

Der Gutzgauch hat sich zutodt gefallen
Von einer hohlen Weiden;
Wer soll uns diesen Sommer lang
Die Zeit und Weil vertreiben? :,:

Das soll sich thun Frau Nachtigall,
Die sitzt uf einem Zweige,
Sie singt, sie springt, ist freudenvoll,
Wann andere Vögelen schweigen.

Mein Buel hat mir ein Brief geschickt,
Darin da steht geschrieben,
Sie hab ein'n andern lieber dann mich.
Darauf hab ich verzigen.

Hastu ein'n andern lieber dann mich,
Das acht ich warlich kleine,
Da setz ich uf mein apfelgraues Pferd Roß
Und reit wohl über die Heide.

Und do ich über die Haiden kam,
Mein feins Lieb trauret sehre:
Laß fahrn, laß fahrn, was nit bleiben will,
Man findt der schön Jungfräulin noch vill.

Der uns das Liedlen neu gesang,
Von neuem hat gesungen,
Das haben gethan zween Reuter guet,
Ein alter und ein junger.

L Erk

II 383 *Kuckuk als Virtuose*

Varianten von Jac. Regnart (1580): Str. 2, 2 ein Richttr erwählt; 5, 1 hastu; 5, 2 du singst gut Choral; 6, 2 welch von der M. U. f.; 6, 3 künnten. Das Lied findet sich auch in: Joh. Staden Venus Kräntzlein Nürnberg 1590. 4°. Abgedruckt: Docen I 284; Herder Von deutscher Art 1773 S. 54; Herder II 149; Seckendorf Almanach 408.

II 383 *Das Wasser ghört dem Fische Der Wein dem Menschen frische*

More Palatino bibitur ne gutta supersit,
  unde suam possit musca levare sitim.
Sic editur, sic bibitur in aulis principum.

Evacuare scyphos nostri potuere parentes,
  possumus et nostros evacuare scyphos.
Sic editur etc.

Vina bibant homines, animantia caetera fontes,
  absit ab humano gutture potus aquae.
Sic editur etc.

    Eya, laß unß trincken
    wol auff die teutsche Manir,
    daß da nit ein pleibe :,:
    ein tröpfflein im geschirr.

                    Hölscher Hs S 66

II 885 *Der geschossene Kuckuk*

„Sieben Neue Schöne Lieder. Gedruckt in diesem Jahr"
(1757), ein fliegendes Blatt in 8⁰ (Achims v. Arnim Sammlung)
enthält das Lied, als fünftes, in folgender Faßung:

Ich hör ein wunderliche Stimm: gu gu!
So viel im Echo ich vernimm: gu gu!
So oft ich diese Stimm anhör,
Macht mir allmal der Freuden mehr:
  Gu gu gu gu gu gu!

Den Vogel muß ich treffen an: gu gu!
Weil er so lieblich singen kann: gu gu!
Sollt ich die Wälder allerseit
Und auch die Büsch auslaufen heut.

Was seh ich dort im grünen Gras? gu gu!
Ist es ein Fuchs? Ist es ein Has? gu gu!
Ich weiß nicht, soll ich schießen drein,
Oder soll ich es nur laßen sein?

Ich bin zwar ein gut Jägersmann: gu gu!
Und traue mir doch nicht daran: gu gu!
So gar ein junges schönes Thier
Hab ich noch nicht angetroffen hier.

Nun bist du schon getroffen hier: gu gu!
Komm nimmer mehr in mein Revier: gu gu!
Wann ich dich nur im Wald erblick,
So schieß ich dich durch Dünn und Dick.

Der Vogel hat mich recht erfreut: gu gu!
Ums Pulver ists mir gar nicht leid: gu gu!
Wann ich ihn nur vermerken thu,
So schrei ich ihm den Namen zu:
  Gu gu gu gu gu gu gu.

II 386 *Die Schuh waren sehr zerbrochen Da lief ich auf den Socken*

Sanct Urban, lieber herre,
man ehrt dich weit und ferne
und preißet deinen nam.

Den weinstock machstu grönen
die bawren machstu köhne [1]
und fülles ihn daß faß.

Ey, wyngen, en du gang ein!
Waß helffen unß 1000 noblen,
[wann] wir begraben sein.

Außbündig süeß :.:
haben wir dan die schue versoffen
so halten wir noch die fueß.

Hölscher Hs S 205

II 386 *Kuckuks Liebesleben*

Str. 1, 2 stet in Arnim's Hs „selbsten"; 4, 3 singt; 5, 1 Kömmt; 5, 3 mein. — Das Lied ist ser unvollkommen aufgezeichnet. Die Strofe ist achtzeilig, nicht vierzeilig. Es existieren noch merere fl. Bl. aus der Zeit 1780—1800 usw., wornach sich das Lied wider herstellen ließe. L Erk. — Vgl. E Weyden Cölns Vorzeit S. 254; K Weinhold Weihnachtsspiele und Lieder (Gräts 1853) S 339.

II 455 *Das geistlich Vogelgesang.* Vgl. *Alemannia VII* S 219 ff.

In Hölschers Hs. findet sich auch ein niederdeutsches Gedicht, welches in äulicher Weise die Stimmen und den Gesang der Vögel zu moralischen Ermanungen benuzt.

Ad peccatorem
Het is genoch geschlapen,
u weckt die na-na-na-*nachtigal*,
o mensch van gott geschapen
in deso li-li-li-li dal,
maer boven alle dingen
lofft ewren gott en heer,
en hort dat *duyfken* singen:
o sunder tuck-tuck-tuck nit mehr.

---

1) *Hs köhnen.*

Dat *swalfsken* hoh geflogen
û ock verwyt-wyt-wyt het quaedt
en seyt û ock met oogen,:
ey wacht doch niet-niet-niet to laet!
wilt û nah der arcken kehren
well mit het *duyfken* raes
en van den *raef* niet lehren,
o mensch, cras-cras-cras.

Niet in den dreck der sonden
blift met den hop-hop-*hop*;
maer flietig alle stonden
fliegt mit den le-le-*levrick* op,
als ghy die sonn siet stralen —
die werelt ist my fuil,
ey laet u hert niet dwalen

— — — — — — —

De vogel wirdt betrogen,
wanner het flaut-flautgen gaedt;
het nett haest nahr getogen,
op erdt het vincks- vincks- *vincksgen* ¹) schlaet.
So gaedt „flees u verleynen
en sathan û betoerdt.
Ey, laet u niet ver .. ynen,
nit nah die were-weredt hoert.

Gedurich na het raden
met de *exter* geck-geck niet haer,
en blyft niet in û quaden,
maer singt den *kuck-kuck* nahr,
alleen singt naer û gudtgen ²).
u flees altydt betwingt,
en met het papegeiken
int end victori-tori-tori singt.

II 484 *Aufklärung*

Zwei fliegende Blätter in meinem Besiz, eins mit der Jareszal 1808 one Druckort, das andere „Leipzig in der Solbrigschen Buchdruckerey" one Jar, anscheinend gegen 1811 gedruckt, geben das Lied in folgender Faßung:

Was soll ich thun, was soll ich glauben? —
Und was ist meine Zuversicht?
Will man mir meine Zuflucht rauben,

---

1) *Hs vinckien*.   2) *Hs gudtien*.

Die mir des höchsten Wort verspricht?
So ist mein Leben Gram und Leid
In dieser aufgeklärten Zeit.

 Ein jeder schnizt sich nach Belieben
Jezt selber die Religion,
Der Teufel, heißt es, ist vertrieben,
Und Christus ist nicht Gottes Sohn:
Und nichts gilt mehr Dreieinigkeit
In dieser aufgeklärten Zeit.

 Der Aufgeklärte folgt den Trieben,
Und diese sind ihm Glaubenslehr.
Was Gottes Wort ihm vorgeschrieben,
Das deucht ihm fabelhaft und schwer:
Dem Pöbel ist es nur geweiht,
Und nicht der aufgeklärten Zeit.

 Die Taufe, das Kommuniciren
Ist für die aufgeklärte Welt
Nur Thorheit, wie das Kopuliren,
Und bringet nur den Priestern Geld.
Der Kluge nimmt ein Weib und freit
In dieser aufgeklärten Zeit.

 Der Ehebruch ist keine Sünde,
Noch weniger die Hurerei;
Und ob's gleich in der Bibel stünde,
Stünd doch der Galgen nicht dabei.
Drum ist's galante Sittlichkeit
In dieser aufgeklärten Zeit.

 Das Stehlen und das grobe Lügen
Vermeidet man zwar öffentlich,
Allein das heimliche Betrügen
Das treibt ein jeder meisterlich;
Und wers nicht treibt, ist nicht gescheid
In dieser aufgeklärten Zeit.

 Die Tugend sucht man zwar zu preisen,
Als die alleine selig macht;
Doch nur, den Glauben zu verweisen,
Weil der uns unsre Laster sagt;
Und Laster suchet man nicht weit
In dieser aufgeklärten Zeit.

 So liegt nun in dem Sündenschlafe
Das ganze aufgeklärte Land,
Weil auch die ew'ge Höllenstrafe
Ist glücklich aus der Welt verbannt:
Denn jeder hofft Barmherzigkeit
In dieser und in jener Zeit.

— — —

So schreiben alle Antichristen,
Weil es dem Leichtsinn wohlgefällt;
Denn diese sind als Kanzelisten
Vom [1]) Satan selber angestellt:
Durch sie gewinnt der Teufel mehr,
Als wenn er selbst zugegen wär.

O wenn das alles Wahrheit wäre,
Was jeder Aufgeklärte sagt!
Was wäre meine Glaubenslehre?
Ein Zweifel der mich ewig nagt:
Denn lügt die Schrift in einem Fall,
Lügt sie gewiß auch überall.

O laßt mich doch bei meiner Bibel:
Sie gibt mir Seelenheiterkeit! [2])
Denn ohne Hoffnung wird mir übel
Bei dieser aufgeklärten Zeit!
Und ohne Hoffnung bin ich hier
Ein elend aufgeklärtes Thier.

Drum Thoren schweigt! Ich mag nichts hören,
Verschonet mich mit eurem Gift!
Gesezt, daß es auch Fabeln wären,
Das, was ich lese in der Schrift;
So macht mich doch dies Fabelbuch
Zum Leben und zum Sterben klug.

Es lehrt mich Gott und Menschen lieben,
Gehorchen meiner Obrigkeit;
Und widerstreben bösen Trieben,
Als: Wollust, Rache, Stolz und Neid.
Und leid ich wider meine Schuld, [3])
So lehrt michs Sanftmuth und Geduld.

Und muß ich krank darnieder liegen,
Wie ruhig kann ich dann erst seyn? [4])
Dann wird mein Glaub an Jesum siegen,
Und ihm weicht auch des Todes Pein;
Statt daß der aufgeklärte Geist
Mit Angst und Quaal von dannen reist.

Die unter dem Texte aufgeführten Lesarten gehören dem Leipziger Druck an. Es ligt die Anname nah, daß aus den obigen fliegenden Blättern der Text des Wunderhorns von den Herausgebern hergestellt worden ist.

REG. RAT MITTLER

---

1) *Von*
2) *Laßt mich in meiner Dunkelheit.*
3) *Und leid ich wieder meine Schuld.*
4) *Dann noch, wie ruhig kann ich sein?*

II 611 *Schlachtlied von Weckherlin*

Zur Vergleichung folgt aus derselben Zeit ein Soldatenlied, welches durch ein fliegendes Blat verbreitet wurde:

1 Ach wann wirdt unser auffbruch sein,
   Das (daß) wir ziehen in Feld hinein,
   Ziehen gegen unserm Foindt,
   Dieweil wir da beysammen sein.

2 Ach wo seindt unsere Officier,
   die das Volck alda regieren,
   stellen ein ieden an sein orth,
   damit wir bald marschiern forth.

3 Laß plasen und die Trummel rieren (rüren),
   wir müssen ietzt allein marschieren,
   Ziehen unserm Feindt entgegen,
   thun ihm den Paß also verlegen.

4 Also sprach unser General:
   Ihr lieben Soldaten alzumal,
   befelcht euch dem lieben Gott,
   er wird uns helffen auß der noth.

5 Also ruckt der Feindt heran,
   wir müssen mit ihm wol auff den Plan,
   scharmitziern und auch turniern,
   und vertreiben sein praviern

6 Da ruckt ein praver Gabelier
   mit seinem Regiment herfür,
   thut sich dem Feindt an praesentirn,
   seine Curaschi thet man da spiern.

7 Der Feindt auch ebenmäßig gestalt
   schickt ihm entgegen auch also bald
   ein Regiment sehr wolgemondiert,
   alda wird mancher archebusiert.

8 Schlachtordnung die wirdt angestelt,
   alle Trummeter bliesen im Feldt.
   Hå hå, så så, sprach mancher Held
   kein besser leben ist in der Welt.

9 Also sie gantz unverdrossen
   mit Mußgeten gegen einander schossen,
   mit großen Stucken auch flangiern,
   die Reuter in dem Feldt scharschiern.

10 Es weret allzeit ein halben tag,
   eh das man ein sterben sach.
   Ach wee, ach wee, sprach mancher Heldt,
   der da thut ligen in dem Feldt.

11 Der da will erlangen Ehr und Gut,
   der muß sich nicht fürchten vor dem Todt,
   es muß einmal gewaget sein,
   kompstu darvon, das Glück ist dein.

Zwey gar schöne, Newe, Prave, frische, auß der massen lustige, Soldaten Lieder, welche vor niemals in Truck kommen. Das Erste Lied, Vorhanden ist die zeit, etc. Das Ander Lied. Ach wann wird vnser Auffbruch sein, (Holzschnit: ein Soldat) Gedruckt Anno 1635.

Von dem ersten Liede sind, weil ein Blat ausgerißen ist, in dem vorligenden Druck nur 3 Strofen erhalten:

1 Vorhanden ist die Zeit,
   das sich erhebt manch Streit,
   das manchem Soldaten sein Hertz erfrewdt,
   welcher will daran,
   der komm bald an,
   der Krieg ist voll auff,
   doch nicht zu einem iedem lauff.

2 Manch wackerer Gabelier
   sich da thut praesentiern,
   und suchen manchen Praven bloßiern,
   nach aller ehr,
   mit ihrem gewehr,
   gegen dem Feind
   ein ieder praver Soldat erscheint.

3 Keinem wirdt die zeit lang,
   bald hört man offt einen klang,
   ein ieder versteth solches gesang,
   bald geth es daher,
   Reuter zum Pfert,
   auch gantz behend,
   ein jeder zu seinem Regiment.

II 616 *Soldatenglück*

Nun trincket, trauret nit,
   weil ietzt der abzug in daß feld gericht.
Die trommen brommen schon
   und der trompetten thon
ermuntert die soldaten
   zum neuen krieges lohn.

Gefällt dir dieß dan nit
   so bist mein allerliebstes kindlein nit.
Eß soll dir dießes sein
   von gantzen hertzen dein,

sa! donner blitz und hagel!
  nur lauter lachen sein.

So soltu dich, mein kind,
  gewohnen zu deß waren krieges wind:
Bißweilen gehet eß doll,
  bißweilen wiederumb woll,
bald ist die tasche ledig,
  bald ist sie wiederumb voll.

Ein woll montiertes pferdt,
  ein par pistolen und ein blanckes schwerdt
ist all mein hab und gutt,
  darauf setz ich mein bluth
und diene meinem herrn'
  mit unverzagtem muth.

Geh ich dan auf partey,
  so such ich, wo die beste beute sey,
bekomme gutt und geld,
  damit zieh ich zu feld
und steh vor meine feind,
  und streite wie ein held.

Komm ich dan ins quartier,
  so mueß der baur mir schaffen wein und bier,
verkaufen seine kuhe
  und laufen ohne schue:
will dan der schelm nit schaffen,
  so schlag ihn noch dar zu.

Da hab ich meinen spaß
  und liege in dem laub und grönen graß.
Und hab ich dan die wacht,
  so nehm ich mich in acht
und sich auf meinen posten
  biß daß die sonne lacht.

So leb ich tag und nacht,
  biß daß zum offizier ich werd gemacht.
Ist daß nit gutte zeit
  und lauter frölichkeit?
Drumb lob ich die soldaten,
  sie leben ohne leidt.

A Hölscher Hs S 201 f.   DIE HERAUSGEBER

SPRACHLICHES UND ABERGLAUBEN AUS HEINRICH SANDER [1])

I

1 Ross

Wir sagen auch von einem bey uns einheimischen Thier bald *Pferd*, bald *Roß*, bald *Gaul*; aber keiner unsrer Sprachforscher hat noch den Unterschied zwischen diesen drei Namen aufgesucht. Wenn einer oder der Andre in einer Gegend der Name des alten, des abgerittenen und schlechten Thiers geworden ist, so gibt es gewis wieder andre Gegenden in Deutschland, wo gerade der Freund und Liebhaber des Thiers, der gewis die Idee des verächtlichen nicht erregen will, jenen Namen immer im Munde führen wird. Ritter Michaelis liebte das Wort *Roß* nicht, er meinte, es wäre unedel und schlecht, aber Luther hat es oft in der Bibel gebraucht, und scheint gerade das *kriegerische Pferd* den equum acrem, bellicosum, armis et tubae sono adsuetum, fortem, intrepidum auszudrücken. Cramer braucht es auch in seinem Gesang über die Schöpfung: das Roß, das Schaf, der Stier, Gott! Was ist nicht von Dir!

Ueber die Kunstsprache der Naturforscher von H. Prof. Sander. Aus den oberrheinischen Mannigfaltigkeiten. Basel, bei C. A. Serini, Buchhändler 1781. 8⁰. 43 S.

Widerabdruck in H. Sanders „Kleine Schriften nach dessen Tode herausgegeben von Georg Friedrich Götz, Dessau und Leipzig II 784 I Bd. S. 1—42".

2 Gaiss

Das Weibchen vom Ziegenbock heißt bei uns *Gaise* und dies Wort ist auf dem Schwarzwald — das eigentliche Vaterland der deutschen Ziegen — allein üblich und ist in Oberdeutschland viel bekannter als *Ziege*. Man hört nie vom Baur *Ziegenbok*, er sagt, immer *der Gaisbok*. Was man in Ober- und Niedersachsen für ein Recht hat, von uns in Schwaben, am Rhein, Neckar, Mosel und von dort bis an die Donau, Lech, Inn, Iser, zu verlangen, daß wir unsre gewöhnliche Benennungen gegen die Sächsischen vertauschen, wenigstens in Schriften sie nicht brauchen sollten,

---

1) *Geb. in Köndringen (Baden) 1754 25. Nov. Professor am Gymnasium Illustre zu Karlsruhe. † 1782 5. Okt.*

kann ich nicht einsehen. Es sind Provinzial-Ausdrücke. Davon nachher, hier nur soviel: die Sächsischen sind es für unsre Eingebohrne auch. Hinter Frauenalb und Herrenalb, bei Duttlingen, Doneschingen, im Prechtthal verstände mich kein Mensch, wenn ich Ziegenmilch, eine junge Ziege zum Braten oder Ziegenhaar verlangte.
Ebenda.

3 *Düppel*

Wenn man in Schwaben, sonderlich in der Gegend nach dem Schwarzwald und der Schweiz einen Menschen sieht, der sich unvernünftig beträgt, so räth man ihm, Jemanden zu suchen, *der ihm den Düppel bohre* d. h. *der ihn zurecht weise und ihn von dem Eigendünkel heile*, womit er oft widersinnige Dinge behauptet. Die eigentliche Rechtschreibung des Wortes Düppel lässt sich nicht bestimmen. In der Sache selber gab ein ungefährer Zufall ein unerwartetes Licht. Ich hörte nämlich oft, dass die Redensart auch vom Vieh gebraucht wird und dass würklich unter den Bauern manchem Stück Rindvieh der *Düppel* gebohrt wird. Ein Mennonit war Pächter eines adelichen Guts und zog einen jungen Ochsen auf, der, als er bald jährig war immer den Kopf nach dem Boden hielt und meistens auf die rechte Seite lief. Ganz ungewöhnlich ist dieser Zufall nicht und man sagt von einem solchen Vieh, es sei *umläufig*".

Man sah sich nach einem *Düppelborer* um. Ein junger Schwarzwälder lief durch das Land und diser übernam die Operation; klopfte subtil an der Hirnschale herum, am empfindlichen Orte schnit er die Haut eines Laubtalers groß rund heraus; borte mitten in disem Plaze eine Hölung. Da draug eine weiße Blater aus der Oeffnung, kaum eines kleinen Finger dick und zog die Blater heraus worin nach dem Volksausdrucke kleine Körner, wie Hirsekörner lagen, warf alles weg, schüttete Repsöl in die Oeffnung, tat die Haut hin mit einer Kompresse. Nach 10 Tagen ward die Kompresse abgenommen und das Loch war vernarbt. Im Schwarzwald giengen immer Düppelborer herum. Auch Schafen ward der Düppel gebort.

Von Blasenwürmern des Rind-Viehs. Kl. Werke II 198—201.

4 Von den *Hechingern* sagt S. *Die Sprache ist schlecht* aber die Leute sind höflich, wohlgesitteter als man vermuthen sollte. Reisen II 252.

Die Sprache, die Mundart des Landes am Bodensee ist viel verständlicher und angenehmer als im Herzogthum Würtemberg. Ebenda 262.

Auf der Reise nach Braunschweig machte S. Mittag in Witzendorf: Ihre Sprache ist schlecht, *Beier* statt *Bier* sagen sie. 223.

II

1 In Ulm (Baden) sezt man am Neujahrstag in vielen Häusern die Rosa Anastatica ins Wasser: das ganze Haus kommt zusammen, und, wenn die Pflanze sich nicht recht schön aufschliesst, so meint der Aberglaube, dass im Neujahr unfehlbar eine Person aus dem Haus sterben müsse.
Sanders Naturhist. Bemerkungen. Kl. Werke I 370.

2 Verständige Hauswirthe versichern mir, dass sie keine Ratten mehr merken, sobald sie einen *Stumphahn* auf dem Hofe halten. Selbst in großen Mühlen hat man die Notwendigkeit, diese Art von Hähnen zu halten, aus Erfahrung gelernt.
Ebenda I 370.

3 Die Kindbetterinnen wollen von der Haut des Aals (Muraena anguilla L.), als Gurt am Leibe getragen, besondere Kräfte verspüren.

4 Die närrische Sage ist auch noch unter dem Landvolk, daß er sich mit den Schlangen paare. Vermuthlich hat man die kleinen jungen Aale für Schlangen gehalten.
H Sander, Beiträge zur Naturgeschichte der Fische im Rhein.

A BIRLINGER

EINE ALEMANNISCHE UND EINE BAIRISCHE GEBRAUCHSANWEISUNG ZU DEN PSALMEN AUS DEM XII XIII JARHUNDERT [1])

I

Eine aus dem Kloster [2]) *Irsee* stammende Handschrift (*Perg. 4⁰ 136 Blätter*), jezt Eigentum der k. Kreisbibliothek Augsburg, enthält die 150 Psalmen und als Anhang die übrigen psalmenartigen Gesänge des alten und neuen Testamentes samt dem Pater noster, Credo, Symbolum Athanasianum, der Allerheiligenlitanei und Tedeum in lateinischer Sprache. Verloren sind Bl. 102—109, welche Psalm 118—138 Vers 4 enthielten. Dise Lücke wurde aber von einer Hand des 15. Jhdts. ergänzt. Dem eigent-

---

1) *Den Text No. I verdanke ich Herrn Dr. L.Baumann, Fürstl. Bibliothekar in Donaueschingen.*
2) *Im bairischen Allgäu. Alem. XI 220 ff.*

lichen Texte get von derselben Hand angelegt ein Calendarium voran, welches uns die Zeit der Anfertigung dises Psalteriums bestimmen hilft. Am ersten April ist nemlich in disem Kalender der Tod des Markgrafen Berhtold von Ronsberg, und zwar von einem andern Schreiber verzeichnet; folglich wurde das Psalterium, da diser Markgraf 1212 verschiden ist, spätestens 1211 geschriben. Die schönen Schriftzüge selbst bestätigen diß, denn sie zeigen den Karakter der Schrift des ausgehenden 12. Jhdts. Auf den Kalender folgen zwei mit dem Texte offenbar gleichzeitige Bilder: die Kreuzigung und Christus in der Glorie, von denen ich ersteres in meiner Geschichte des Allgäus I 460 habe nachzeichnen laßen. Auch einige bemerkenswerte Initialen zieren die Handschrift. Selbst sprachlich ist die leztere nicht ganz one Belang, denn ir Anfertiger hat zu jedem Psalme am Rande eine deutsche Glosse beigesezt, welche entweder den Dichter namhaft macht oder angibt, in welcher Lebenslage der betreffende Psalm mit Nuzen gebetet werde. Es ist zu bedauern, daß die Handschrift durch vile Benüzung und ungeschicktes Beschneiden bei einem dem 15. Jhdt. angehörigen Neueinbande stark beschädigt ward, insbesondere dise deutschen Randglossen. L BAUMANN

Ps. 1 Sprich dem heilige*n* geiste. Dv solt öch wi*ſ*zen, daz Dauid tihte ze div daz er den got*es dieneſt* mit rihte.

2 Sprich de*n* ubir rovbare vnde ubir diebe, daz sie got bechere odir die cristenheit der rö*b*ere lediege. er ist öch von unseres herren geburte. er ist öch göt umbe alle not.

3 Sprich obe dir *din* gůt iemin mit gewalte welle abesprechen; lis in öch *unsers* herren martir vnde der angest, die *unsir* fröwe hete do *sie* ir trut sun an .. cruce sach. Er öch .. göt umbe alle not.

4 *Sprich den* so du den niwen manen sehest, so *wirstn* saelic.

5 Sprich den *selen.*

6 Sprich den siechen.

7 Sprich obe du *h*abest einnen weltli*chen* frivnt, daz in got bechere von sundi*gen* dingen.

8 Sprich obe dv iemen wellest wunschen heiles unde eren, lis in öch unsers herren ant*l*utte, daz er alliv (sin) antlute gein *die* chere, mit triwe vnd mit warcheit, die dich sehen.

9 Sprich .. daz dir got helfe *genedec*licher urteilde *so din* sele von dinem liebe *scheide.*

10 Sprich daz got die sele (*radiert*).

11 Sprich obe dich imin mit vngenaden beste daz *in* got bechere.

12 (*radiert*).

13 *Sprich* obe dechein din *f*riunt in *vr*lôg welle riten, daz im got göt gebe vnd daz er in gesunt sende hein.

14 Sprich so du ze *der* chirwihen gest. Da solt in öch dem heilgen geiste lesen, so *ist* saelich din leben.
15 Sprich so du gotes lichamen nemest; sprich in öch den bihtaren vnde den marteren.
16 Sprich allen *gotes* marteren; an dem salter stant siben exaudi. des soltu uil gewis sin obe swie getane not dv sie lisest daz du genade daran sichest. Du mat sie öch lesen umbe sele unde umbe lip vnde umbe man vnde umbe wib.
17 Den sprich, daz dir got helfe daz du enphahest sinen heiligen lichamen.
18 Sprich den ze . . zwelfboten, daz sie . . . helfe umbe got.
19 Sprich dem briester, so er spreche orate. lis in öch dem ewarten so sie die *messe* singen so wirstu ir teilnuftich.
20 Sprich dem chuninc ze troste, daz er daz riche rethe berathe, Lis in öch am sunnuntage umbe din ere.
21 Sprich unseres herren martir, wan er in do sprach do er an dem cruce erstarp.
22 Sprich den luten die in der karrin gant.
23 Den sprach vnser herre, do er die helle zerbrach; den lis du darumbe, *daz* dv der helle vhere wirdest.
25 Sprich so dv in *die* chirchen gest *vur* den altare.
26 Den sprich unseres herren erbermde und siner martir umbe alle *d*ine not. Sprich in öch, so dich boser di*nge* gezem, ê dir der tieuil dinen engel beneme.
27 Sprich daz des tieueles wille iemir an dir erfullet werde. [Vgl. V. 3]
28 Sprich so ez ze uil *ge*regene, daz got bezzer we*t*er gebe. Er ist öch gůt umbe alle not [Vgl. V. 4]
29 Sprich mit sorgen, daz dich got niumer verdame in *sinem* zorne. [V. 2. 14. 18]
30 Sprich daz dich got beware vor höbethaftige sundin unde vor weltelichen schanden. Lis in sancto Nicolao umbe die ere. Er ist öch von vnseres herren martir der sprach in selbe vnde dan in manus tuas.
31 Sprich, daz dir got vergebe dine missetat, daz er dir sie iht uirwízze, alse er manger sele . . . uor dir getan hat. [Bußpsalm.]
32 *Spri*ch allen heiligen ze lobe, daz sie dir nern sele unde lib.
33 *Spri*ch den zwelfboten, daz sie dir helfen *o*mbe got.
34 Sprich des tages, so du sulist uasten, daz got din naste genaeme si. [V. 13]
35 *Swer* livt unde vihe ze bewarne habe, der lese disen salmen alle tage. [V. 7]
43 Den sprich ubir *t*ögene not. Daz ist der salme, den Dauid ubir sine nôt sprach, vnze in got erhorte, do er in becherte.
47 Den sprich, so dv do bihte getvst. Lis dem heiligen gei*ste*, daz er dich ze dem guten bechere.

48 *So* du habest einen weltlichin frivnt, dem lis *d*isen salmen, daz ime *g*ot gebe sin vnde ri*h*tům.
52 *So* din lieber frivnt werde geuangen, so lis *im* disen salmen.
55 *Sp*rich, so dich din naister (*sic*) er drucben welle, daz dich got bescirme vor sinem gewalten. Sprich in *och* den phaffen, die die misse singen, daz mit ir lere . . div cristenheit werde becheret.
57 Sprich zöbereren unde spotteren unde lvgeneren vnde höreren, daz sie got bechere, daz sie ernereu lib unde sele. [V. 3. 8. 13]
59 Den sol der sprecchen, der dechene ungemut habe.
60 Swer girich si unde unreten gewin minnet, der sol disen salmen lesen. [V. 6]
62 Den sprich alle morgene frv, so get dir heil zv.
63 Disen salmen solt dv sprechen, so dich daz livt mit nide b . . .
64 Sprich den selen.
65 Sprich ze den berthnæten [1]).
67 Den sprich in ere allir gottheiligen unde sancti Laurencii unde allen gotes marteren.
68 Sprich unseres h*erren* erbarmde vnde si*ner* mvtir umbedaz . . Lis in och dinen frivnden, so er uber wazer welle uarn. [V. 2]
70 Den solt du sprechen umbe dine sunde. Er ist och der salme, den Dauid sprach uber sine sunde, unze in got irhorte.
72 *Den* sprich hôrren, daz sie got non sogetaneme gewerbe bechere.
73 Den sprich allen gotes marteren.
76 Sprich den lvten, die uber mer wellen uarn. [V. 17 18]
77 *Swe*m div spise tivre si, der lese disen salmen wizze ze Crist. Lis in och unsrem herren unde siner mvter so din lieber frivnt . . ge si.
80 Den sprich den lů*ten*, die in arbeiten sint. [V. 7]
81 *Den* sprich den alteren, der ze gerihte sol gan, der spreche disen salmen . . . [V. 1—3]
82 Den sprich den widerwartigen luten. [V. 37]
83 *Den* sprich, swa dv ze chirwiben gangest. [V. 1]
84 *Den* sprich umbe den ertwâcher, lis in och der aernde unserre urowen, daz siv dich bischirme von grozzem herzelaide an *d*inen eren unde an dinen frivnden.
86 Den lis den heiligen mageden, lis in och unseres herren ærnde umbe din ere.
88 Den lis, daz sich got erbarme uber die uil armin.
103 Den lis uber dine sunde dem heiligen geiste, so ne wirstu iemer gescendet. *Lis* in och so dv den donnerer horest unde den blichse sihest [2]) [V. 30. 35. 4. 7]

---

1) *Meine Alem. Sprache S 118 ff.*
2) *Bei disem Psalm schrib eine Hand des 14. Jhdts.* Ach Maria bit für mich armen schuler *S 81.*

104 Den lis uf unseres herren genade, daz du nit engeltest der sunden Adames, dv nechomest in daz scoze Abrahames. [V. 6. 9]
107 Den sprich unseres herren zesuwen, daz er dich behûte [1]).
108 *Den* sprich sancto *Gabriel*[2]), daz er din geuerte sie, daz ist der funfzehende salme, damit ist der tiefel uerflûchet unde sine genoze alle.
110 Confitebor, beatus vir dio sprich uber tôgene not unde sunde.
113 Den sprich unseres herren tôffe.
118 Absaz: Bonitatem fecisti: Sprich den lerne chinden.
140 Den sprich ze troste, daz dir der helfe, der dich uon der helle erloste.
144 Den sprich, so dv ein vasttag zebrechest, den dv vor siechtôme niht gev*asten* mvgist, daz es got vergeze.
145 Den lis allen selen.
146 Swelch menesch vmberaten si, daz lese disen salmen, wizze crist.
147 Den lis sancte Petres ere, daz er dir helfe, daz din vrtheilde genadecliche erge.
148 Dirre salme ist dem gotes gewalte ze einem vrchunde gehalten, den soltv darumbe sprechen, daz din vrtheilde genadecliche erge.

Ps. Confitebor tibi domine, quod iratus es mihi: Den sprich vnde . . . vnseren herren dvrch siner marter ere, daz er sinen zorn vber dich twinge.

C Ezec. (*Ego dixi in dimidio*): den sprich allen selen ze troste.

C Moysi (*Cantemus domino gloriose*): den sprich trvkenen lvten, daz got daz . . welle, daz ir sele iemer iht brunne in der helle.

C Abacuc (*Domine audivi auditionem*): Ich weiz wol, daz Adam disiv wort sprach, do er daz gotes wort zebrach, darvmbe soltv disen salmen *lesen*, daz got den selben zorn an dir iht reche.

Benedicite omnia opera domini domino: Benedicite sprich, so dv den nivwen manen sehest, so bist dv sailic.

Benedictus dominus deus Israel: Den sprich dem gôten sancte Johanni Baptiste vnde den vier evangelisten vmbe di . . kosgi. Sprich in öch vertigen lvten, daz in got heil gebe.

---

1) *Ebenso bei Psalm 109.*
2) *Vgl. W. v. d. Vogelweide im Ausfartsegen. Wilmanns S 159 (2. Aufl. 1883) bes. die Anm. Auch hier Gabriel st. Raphael. Im röm. Missale und Brevier sten Gebete zum Beschüzer des Tobias, was seinen Reiseschus vollkommen erklärt.*

Tedeum: den sprich vmbe din heil, damite erst vnseren herren allez himelesge her. Fides Anastasii pape (*quicumque vult salvus esse*): Den soltu gerne minnen, er ist ein anegenge aller gvter dinge. Swem do wilt wnsen *heiles* vnde eren, *dem* soltu da mite . . gensn sone . . wirtet ime niet.

Vile von den Anweisungen über den Gebrauch der einzelnen Psalmen sind mir unverständlich. Manche finden ire Erklärung in dem Inhalte des betreffenden Psalmes überhaupt, oder in einzelnen Versen desselben, oder in der Verwendung, welche der Psalm in der Liturgie (im Messbuche oder namentlich dem Brevier) findet.

2 von unseres herren geburte — der Psalm stet im Brevier für Weihnachten und der Introitus der 1. Weihnachts-Messe ist Ps. 2, 7.

3 Die ersten Verse passen auf das Leiden Christi und Mariae.

14 Kirchweihe; V. 1: Domine, quis habitabit in tabernaculo tuo?

15 Communion; der Psalm stet im Officium Corporis Christi. Martyrer; er stet auch im Officium plurimorum martyrum.

18 stet im Offic. Apostolorum.

21 stet im Offic. des Karfreitags.

23 7—10 wird von den Kirchenvätern oft auf die Höllenfart Christi bezogen, der Ps. im Karsamstags-Officium.

25 6—12 wird in der Messe beim Händewaschen gebetet.

26 im Karfreitags-Offic.

28 Regen: vgl. V. 3: Vox Dei super aquas . . . Deus super aquas multas.

29 vgl. V. 4: Domine, eduxisti ab inferno animam meam, salvasti me ex descendentibus in lacum.

30 vgl. V. 2: non confundar in aeternum; V. 14: quoniam audivi vituperationem multorum; V. 19: muta fiant labia dolosa, quae loquuntur adversus justum iniquitatem.

unseres Herr Martyr, der da sprach: In manus tuas commendo spiritum meum, V. 6, vgl. Luc. 23, 46.

31 ist einer der 7 Bußpsalmen.

32 im Off. plur. martyrum.

33 im Off. Apost.

34 vgl. V. 13: Humiliabam in jejunio animam meam.

35 vgl. V. 7: Homines et jumenta salvabis Domine

55a vgl. 2: Miserere mei Deus, quoniam conculcavit me homo.

— b V. 11: In Deo laudabo verbum, in Domino laudabo sermonem.

57 vgl. V. 3: Etenim ex corde iniquitates operamini, in terra injustitias manus vestrae concinnant
60 vgl. V. 6: Dedisti haereditatem timentibus nomen tuum
62 stet in den Laudes täglich.
64 stet im Off. defunctorum in den Laudes, V. 2 im Introitus der Missa pro defunctis.
67 V. 4 ist ein Versiculus im Off. plur. mart.
68 vgl. V. 2: Salvum me fac, Deus, quoniam intraverunt aquae usque ad animam meam.
76 vgl. V. 17. 18: Viderunt te aquae, Deus, viderunt te aquae, et timuerunt et turbati sunt abyssi, multitudo sonitus aquarum.
80 vgl. V. 7: Divertit ab oneribus dorsum ejus, manus ejus in cophino servierunt.
81 vgl. V. 2. 3: Usquequo judicatis iniquitatem et facies peccatorum sumitis? Judicate egeno et pupillo, humilem et pauperem justificate.
82 vgl. V. 3 ff: Quoniam ecce inimici tui sonuerunt, et qui oderunt te, extulerunt caput etc.
83 in Off. Dedicationis Ecclesiae.
86 in Off. B. Mariae Vg.
103 a. vgl. V. 30: Emittes spiritum tuum et creabuntur. Der Ps. im Off. Pentecostes.
103b. vgl. V. 4: Qui facis angelos tuos spiritus et ministros tuos ignem urentem. V. 7: Ab increpatione tua fugient, a voce tonitrui tui formidabunt.
104 vgl. V. 6; Semen Abraham servi ejus. V. 9: Quod disposuit ad Abraham
108 Die Bemerkung würde eher zu 90, 11 passen: Quoniam angelis suis mandavit de te, ut custodiant te in omnibus viis tuis.
113 vgl. V. 3: Jordanes conversus est retrorsum.
145 im Off. Defunctorum
Ps. Confitebor ist kein Psalm mer, sondern das Canticum Isaiae (Is. 12), welches in den Laudes feriae 2 zwischen den Psalmen stet; der Inhalt passt zu der Anweisung.
C. Ezec. ist das Cant. Ezechiae (Is. 38) in den Laudes der feria 3. und im Off. defunctorum.
C. Moysi ist das Cant. Moysi (Exod. 15) in den Laudes der feria 5.
trunkenen? villeicht Anspilung auf V. 15: Tunc conturbati sunt principes Edom, robustos Moab obtinuit tremor, und V. 5: Abyssi operuerunt eos, descenderunt in profundum quasi lapis.
C. Abacuc des Cant. Habacuc (Hab. 3) in den Laudes der f. 6.
Adam. V. 1 heißt: Domine, audivi auditionem tuam et timui, das wird combiniert mit den Worten Adams Gen. 3, 10: Vocem tuam audivi in paradiso et timui.

Benedicite etc. ist das Canticum trium puerorum (Dan. 3) in den Laudes des Sonntags, darin: Benedicite sol et luna Domino.

Benedictus etc. ist das Cant. Zachariae (über die Geburt des Johannes Luc. 1, 68 ff.), täglich in den Laudes.

den Evangelisten; vgl. V. 77 addandam scientiam salutis plebi ejus. vertigen luten; vgl. V. 79 Illumiuare his, qui in tenebris sedent, ad dirigendos pedes nostros in viam pacis.

Te deum bildet den Schluß der Matutin.

Fides Anastasii Papae ist das Symbolum S. *Athanasii*, welches in der Prim des Sonntags stet.

II

Der Codex Alderbacencis 111, der folgende Zeilen enthält, stet im Catalogus codic. lat. bibl. reg. Monacensis (ed. Halm) tom. I pars II pag. 18 als Psalterium Davidicum verzeichnet „singulis psalmis in marginibus *monita germanica* adscripta sunt, quae Schmellero judice sermonem seculi XIII redolent". Jezige Bezeichnung Clm. 2641. Cimel. 163c. Vile der Gebrauchsanweisungen sind sicher in Reimprosa geschrieben, insbesondere scheint das, ‚wizze Krist' f. 70b und 133a nur angebracht, um den Reim zu haben. — Der cgm. 2311 enthält ebenfalls Randbemerkungen zu den Psalmen, abgedruckt in Germania 27, 345 ff. (Bartsch) Bruchstücke gleiches Inhaltes ebenda 350 (Keinz). Schmellers Stelle aus unserem Texte „perhtnähten" hat mich auf die richtige Färte geführt, wie überhaupt in seinem Wörterbuche noch viles gefunden werden kann. Der Schazbehalter ist noch lange nicht ergründet [1]).

8b [Ps. 1] Du folt wizzen. daz dauit difen falme tihte. vnd daz gotesdinft da mit rihte.

8a [Ps. 2] *Quare* Difen falm fprich dv vber rovber vñ diebe. daz fi got bechers oder die criftenheit von in erlofe.

9b [Ps. 3] *Domine* Du folt difen falme fprechen ob dir iemen din gût mit gewalt welle abe fprechen.

9b [Ps. 4] *Cum* Difen falme fprich fo du den niwen manen feheft.

10a [Ps. 5] *Uerba*. Den falm fprich, den felen.

10b [Ps. 6] *Domine* Difen fprich öch den felen.

11a [Ps. 7] *Domine deus* Ob du habeft einen werltlichen vrivnt fo fprich im difen falm. daz in got durch finer marter ere von finen funten bechere.

12a [Ps. 8] *Domine dominus* Den falm fprich einem gewaltigen herren dem du heiles welleft wüschen.

12b [Ps. 9] *Confitebor* Sprich den falm daz dir got helfe genedichlicher vrteil fo div fele von dem lichnamen fcheide.

---

[1]) Ich verdanke die *sorgfältige Abschrift H. Wilhelm Meyer aus Speyer.*

14a [Ps. 10] *In domino.* Difen fprich daz dir got div fele ernere vñ dich des hellevivres vberheue.

14b [Ps. 11] *Saluum* Den fprich ob dich iemen mit vngenaden welle beftan daz in got bechere.

15a [Ps. 12] *Usque* Den fprich vůr den gnehen eute.

15a [Ps. 13] *Dixit* Den fprich fo din vrivnte in vrlivge wellen riten.

16a [Ps. 14] *Domine* Den folt tu fprechen zechirchen. den warten daz dir got genade.

16a [Ps. 15] *Conserva* Den fprich fo dv gotis lichnamen nemeft.

16b [Ps. 16] *Exaudi*[1]) An dem faltor ftent fiben exaudi def folt dv. gvis fin vmbe fvelhe not dv fie vber lifeft ein. vmbe gencez iare. daz dv genade dar an fiheft. du maht fie fprechen vmbe fele vnd vmbe lip. vmbe man vnd vmbe wip.

17b [Ps. 17] *Diligam* Den fprich daz dir got helfe. daz dv finen lichamen euphabeft. der ift genedich vñ gvt

19a [Ps. 18] *Celi* Den fprich den zwelf boten ze eren daz fi dich von den fvnten becheren.

19b [Ps. 19] *Exaudiat* Den falm fprich dem prifter, fo er fpreche in der meffe orate

20a [Ps. 20] *Domine* Den fprich dem kvnige zetroft daz er daz riche rehte rihte.

20b [Ps. 21] *Deus deus* Mit dem falme lob den almæhtigen got. want en felbe fanch do er zv der martir gie.

22a [Ps. 22] *Dominus regit* Difen falm fprich den livten fo fi in der kærrein gan, vñ fich fchuldich geben.

22b [Ps. 23] *Domini eft* Difen falm fprich. want in got fprach. do er die helle zebrach.

23 [Ps. 24] *Ad te* Difen falm fprich ofte vůr din fvnte.

24a [Ps. 25] *Judica* Difen falme fprich. daz dich got vber heue werclicher fchande vñ hovpthaftiger fvnte. oder fo dv in die chirchen geft. vñ vor dem alter gefteft.

25a [Ps. 26] *Dominus illumin.* Den fprich fo dich. bofer dinge gezeme. daz dich der tievel dinem engel iht benem.

25a[2]) [Ps. 27] *Ad te* Den fprich daz def. tievels wille an dir. iht ervollet werde.

25a b [Ps. 28] *Afferte* Den fprich fo iz zevil regen daz iz bezzer werde weter

26a [Ps. 29] *Exaltabo* Den fprich mit sorgen. daz dich got nimmer verdampne in finem zorn.

27a [Ps. 30] *In te* Difen fprich daz dich got vberheve werclicher fchanden. vñ hovpthaftiger fvnten.

28 [Ps. 31] *Beati* Sprich daz dir got vergebe din miffetat daz er fie nieht verwi33e als er leider maniger fele tut.

---

1) *Unten an der Seite.*
2) *nach f. 25 ist ein Bl. nicht gezält.*

29 [Ps. 32] *Exultate* Die zwen falm nach ein ander exultate. vñ [Ps. 33] benedicam. fprich allen heiligen zeren. daz fi dir fele vnd lip neren.

31 [Ps. 34] *Judica* Sprich difen falm des tages so dv fchvlift vaften.

32b [Ps. 35] *Dixit* Der livte vñ vihe habe zewaren. der lefe difen falme.

33 [Ps. 36] *Noli* Difen falme fprich den livten. die ze vrteil fchvlen rihten.

35 [Ps. 37] *Domine ne* So du ze bihte chomeft diner. fchulde vñ durch menfchen brode verge33eſt diner bihte. vñ diner bvzze fo wünfche gotis hulde mit difem falm.

37 [Ps. 38] *Dixi* Den fprich fo du den gotis. lichenamen nemeft vnd fprich in öch dinem engel.

37b [Ps. 39] *Exspectans* Difen falm fprich fo dv gro3e angeft habeſt.

39a [Ps. 40] *Beatus* Difen fprich den fiechen.

39b [Ps. 41] *Quemadmodum* Swenne ein menfche an dem tode lige vñ niht gvter finne habe fo fprich difen falm got zelobe daz er im verliehe gvten gelöben.

40b [Ps. 42] *Judica* Difen falm fprich fo dv vvr den alter geſt.

41a [Ps. 43] *Deus auribus* Daz ift der ander falm. den danit fprach. vnze in got an finem fvn rach.

42a [Ps. 44] *Eructauit* Den falm fprich fend Marien.

43a [Ps. 45] *Deus noster* So din lieber vriunt vber mere vert fo life difen falm alle tage.

43b [Ps. 46] *Omnes* Difen falm fprich ze vnfers herren öfvart.

44a [Ps. 47] *Magnus* Den fprich fo dv din biht tuſt.

44b [Ps. 48] *Audite* Swer einen vriunt habe der alle finne habe gewendet ze werclichem rvme der fprech den falm. daz im got gebe finne vnd wifbeit.

45b [Ps. 49] *Deus deorum* Den fprich in adventv domini.

46b [Ps. 50] *Miserere* Der falm ift gvt mannen vñ wiben. zefele vñ zelibe.

48b [Ps. 51] *Quid gloriaris* Difen falm fprich daz dir got verliehe dinen gefvnt daz im mit trivwen antwurteſt wider fin kvnſt die er dir do gap do er dir die fele enphalch.

49a [Ps. 52] *Dixit insipiens* So din vrivnt werde gevangen fo lis difen falm.

49b [Ps. 53] *Deus in* Sprich den falm daz dich got erlofe von des tievels banden.

50a [Ps. 54] *Exaudi* Den fprich fo dv gro33en gewalt lideft von diner meifterfchepfte er ift der fiben exaudi einer.

51b [Ps. 55] *Miserere* Den fprich fo dich din nehftin drucben wellen. fprich in öch den phaffen daz in got helfe daz fi mit ir lere die criftenheit becheren.

52a [Ps. 56] *Misercre* m. d. mis.: Daz ift der falme den dauit fprach da in got an finem fun rach.

52b [Ps. 57] *Si uere* Difen falm folt tu fprechen vber zvberer fpotære lugænere daz fi got bechere daz fi erneren lip vñ fele.

53a [Ps. 58] *Eripe* Den falme fol der fprechen der herce liebe vriv̄nt habe.

54a [Ps. 59] *Deus repul.* Der herze vrivnt habe der lefe den falm alle tage.

54b [Ps. 60] *Exaudi deus* Daz ift der fiben exaudi einez.

55a? [Ps. 61] *Nonne do* Der mordich fie vñ vnrehten gewin minne der fol difen falme minne.

55b [Ps. 62] *Dilectus* [Deus Deus] Den falm fprich fo dv des morgens vf fteft frv fo gat dir heil zů.

56b [Ps. 63] *Exaudi deus* Den falm fol der fprechen den die livte mit nide haben. beftanden er ift der fiben exaudi einez.

57a [Ps. 64] *Te decet* Den falm fprich der fele.

57b [Ps. 65] *Iubilate* Sprich dem falme ze perhtnahten.

58b [Ps. 66] *Deus miser.* Den fprich von chrvzen vnz gefniten werde der ertwuchere.

59 [Ps. 67] *Exurgat* Den falm fprich in ere aller gotis marbereren.

61a [Ps. 68] *Salvum me* Den fprich dinen vrivnten fo fi vber mere varn.

63a [Ps. 69] *Deus in* Den fprich fo dv ze dinem werche grifeft.

63b [Ps. 70] *In te* Dirre falm fol dir wefen trv̄t er ift gv̄t fvntigen livten er ift der fvnfte falm den dauit fprach.

65a [Ps. 71] *Deus iudicium* Den fprich zeperhtnæhten.

66a [Ps. 72] *Quam bonus* Den fprich den hv̄reren daz fi got von fo getanem geverce bechere.

67a [Ps. 73] *Ut quid* Den fprich inere aller gotis marterer.

68b [Ps. 74] *Confitebimur* Den fprich einer fele div dir wol getröwe.

69b [Ps. 76] *Uoce mea* Den fprich den livten. die vber mere wellen varn.

70b [Ps. 77] *Attendite* Den ir fpife tivre ift die fvlen lefen difen falm wi33e krift.

74a [Ps. 78] *Deus uenerunt* Den fprich den kindelin daz fi vns helfen daz wir befitzen daz himelriche.

75a [Ps. 79] *Qui regis* Den fprich dem heiligen geift vmbe becherede.

77a [Ps. 80] *Exultate* Den fprich den livten. die hervart varen. daz fi die fele bewaren.

77b [Ps. 81] *Deus stetit* Den fprich den æhteren.

78a [Ps. 82] *Deus quis* Den fprich dinen widerwarten.

78b [Ps. 83] *Quam dilecta* Den fprich zechirwie.

79b [Ps. 84] *Benedixisti* Den fprich zv dem ertwchere.
80a [Ps. 85] *Inclina* Dirre falm ift nvcze fvntigen liuten.
81a [Ps. 86] *Fundamenta* Den fprich den heiligen meiden.
81a [Ps. 87] *Dominum* [Domine] Den fprich vnfers herren vivnf ẘnden.
82a [Ps. 88] *Miscricordias* Den fprich daz fich got erbarme v̊ber dich vil arme.
84b [Ps. 89] *Domine refugium* Den fprich daz dich got vrifte vnz dv im geribteft.
85b [Ps. 90] *Qui habitat* Den fprich vertigen livten.
86b [Ps. 91] *Bonum est* Den fprich vnfers herren erbarmunge daz er verliche daz dv mu33eft loben vnz an dinen tot mit diner zvnge.
87a [Ps. 92] *Dominus regnavit* Den fprich den heiligen cruze ob du iht verlifeft da du iz vindeft.
87b [Ps. 93] *Deus ultionum* Den fprich den æhteren.
88b [Ps. 94] *Venite* Den folt du minnen er ift ein angenge aller guten dinge.
89a [Ps. 95—98] *Cantate* Div zwei cantate vn̄ div zwei dominus regnauit als fie nach ein ander ftent div fprich miner vrǒwen. fande Marien daz fi dir helfe an diner iungiften wile.
91b [Ps. 99] *Jubilate* Mit difem falm lobe vnfern herren daz er dich genedechliche enphabe da ze der porte da er die fele fvnderet mit kurzen worten.
92a [Ps. 100] *Mifericordiam* Swer habe vber mv̊t dem fprich difen falme daz im got geb gedulte vnd dimv̊t.
93a [Ps. 101] *Domine exaudi* Daz ift der fiben exaudii einez.
95a [Ps. 102] *Benedic* Difen fprich allen gotis heiligen.
95b [Ps. 103] *Benedic anima* Difen falme fprich fo dv donren oder bliekzen horeft.
97b [Ps. 104] *Confitemini* Den fprich uf vnfers herren genade daz dv nicht engelteft der fvnten adames dune chomeft in die fcho33e abrahames.
99b [Ps. 105] *Confitemini domino quo.* Den fprich in adventu dni daz er din vrchvnde fi in iudicio domini.
101b [Ps. 106] *Confitemini* — *2. V. Dicant* Der mit gro33em leide fi bevangen der fpreche difen falme er ift troftfam mannen vn̄ wiben zefele vn̄ zelibe.
103b [Ps. 107] *Paratum cor* Den fprich unfers herren zefem
104b [Ps. 108] *Deus laudem* Daz ift der fvnfzehende falme da mit der tieuel vervluchet wart vn̄ alle fin genozen.
107a [Ps. 109] *Dixit* Den fprich vnfers herren zefem zeerem.
108b [Ps. 112] *Laudate* So dir vnfer herre helfe daz din wille erge fo lob in mit difem falme.
108a [1]) [Ps. 113] *In exitu* Den fprich vnfers herren tovfe

---

1) *1 Bl ist übersehen*

109a [Ps. 114—116] *Dilexi* Dilexi, credidi laudate. dife drie falm fprich allen felen zetroft.

110a [Ps. 117] *Confitemini-Dicat* Den fprich daz dich got vrifte vñ vberheve valles von flůchen vñ von gebete.

111b [Ps. 118] *Beati inmaculati* Dife ainlif falm die nach ein ander ftent fprich dem heiligen geift zeeren. dv maht fi ŏch fprechen allen felen fprich fie miner vrowen fande Marien zeeren. Swelhes heiligen dulte fi den mahte da mit eren daz fi dir helfen duz dv da werdeft genennet da got die gvten fele erchennet.

117a *Mirabilia* Swa ein kinde fie lange vnfprechende dem fprich difen falme daz im got finne vñ rede gebe da iz mit genefen mv̊ge.

119a [Ps. 119] *Ad dominum* Daz wiȝe wol zeware daz dv mit difen fvnfzehen falmen maht den felen erwerben růwe vñ genade.

119b [Ps. 120] *Leuaui* Den fprich dinen. lieben vrivnten vnd ŏhc vertigen liuten.

120a [Ps. 121] *Letatus* Die brvderfchaft von dir haben enphangen den lis difen falm.

120a [Ps. 122] *Ad te* Den fprich tovgen. vnfherren bilde vnder die ŏgen.

120b [Ps. 123] *Nisi* Difen falm fprich diche daz der tienel mit finen liften niht geftriche.

121a [Ps. 124] *Qui confidunt* Swer finer herfchefte entrinnet der fol difen falm fingen daz in got rihte zefiner herfchefte.

121a [Ps. 125] *In conuertendo* den fprich allen heiligen zeeren.

121b [Ps. 126] *Nisi dominus* Daz wip fol fprechen difen falme div fich verfihet daz fi fwanger fi worden.

122a [Ps. 127] *Beati omnes* Mit difem falm fol man daz wip gefegen fo fi genefen ift.

122b [Ps. 129] *De profundis* Den fprich allen felen.

123a [Ps. 130] *Domine non* Den fprich da ein lich werde.

123a [Ps. 131] *Memento* Den fprich ŏch da ein lich werde beftatte.

124a [Ps. 132] *Ecce quam* Sprich den falm von dem dv die brvderfchaft habeft enphangen.

124b [Ps. 133] *Ecce nunc* Sprich den fo dv geft flafen daz dich got bofer dinge erlaȝȝe.

124b [Ps. 134] *Laudate* Den folt tv darumme fingen daz dich geweren vnze an dinen tot din viunf finne.

125b [Ps. 135] *Confitemini* Sprich den daz dich got gebe die fpife der dv bedvrfeft zefele vñ zelibe.

126a [Ps. 136] *Super* Sprich den livten die fich verfundet haben durch ir miffetat daz ir fele werde rat.

126b [Ps. 137] *Confitebor* Den fprich inere aller engel.

127a [Ps. 138] *Domine probasti* Den folt tu fprechen zeden ofteren dv maht ŏch den felen der mit helfen.

129 [Ps. 140] *Domine clamavi* Den fprich dir zehelfe vñ zetroft daz dir der helfe der dich von der helle erloft.

129b [Ps. 141] *Uoce mea* Den fprich vnfern herren pilde vnder die ôgen.

130a [Ps. 142] *Domine exaudi* Daz ift daz fibent exaudi.

130b [Ps. 143] *Benedictus* Den fprich dinen vrivnten fo ir vinte mit in vehten.

131b [Ps. 144] *Exaltabo* Den fprich fo dv zebrecheft einen vaftage den dv vor fihtv̊me niht gevaften maht.

132b [Ps. 145] *Lauda* Den fprich allen felen zetroft.

133a [Ps. 146] *Laudate* Swelhe menfche vmberaten ift der fol lefen difen falm wiȝȝe crift.

133b [Ps. 147] *Lauda Jerusalem.* Den fprich fent peter daz er dich beftê. daz din vrteil genedechlibe erge.

134a [Ps. 148—150] *Laudate dominum* Der falm ift dem gotis gewalt zevrchvnde behalten wart.

135a *Confitebor* Den fprich vñ pit vnfern herren daz er durch finer muter minne. finen. zorn vber dich getwinge.

135b *Ego* Den fprich allen felen.

136a *Exultavit* Dem got von armůt helfe zerihtvm der fpreche difen falm.

137a *Cantemus* Sprich den trunchen livten daz des got iht enwelle daz fie immer brinnen in der helle.

138a *Dominus audiri* Den trunchen livten. daz des got iht enwelle daz fie immer brinnen in der helle.

138b Am Rande der Verse *Pro iniquitate vidi* Daz weiȝ ich daz adam. difiv wort fprach. do er daz gotis bot zebrach. Darumbe folt tv in fprechen daz got denfelben zorn an dir niht reche.

139b *Audite celi* Der falm ift gefcriben von dem vrteil. darumbe fchvl wir biten got. daz er vns helfe daz wir darwirdar chomen reine werde wir fchuldich. vůr in braht. sone. vnfer nimmer rat.

142a Benedicite omnia opera (hymnus trium puerorum) Den fprich fo dv niwen man fehelt.

143 Benedictus (Canticum Zachariae) Den fprich vertigen liñten

144 Te deum laudamus. Hymnus S. Ambrofii. Der falm ift lobefam damit lobent vnferu herre elliv himelifchiv herfchaft.

145a *Quicumque vult* Difen falm folt dv minnen. er ift gůt zemanigen dingen.

Fol. 147a von einer andern Hand, doch wol noch saec. XIII ist vor die Litanei geschrieben:

minen rat fvlt ir haben ir fvlt in sancti Johannis ewangelifte namen ein daht zů wverem manne mezzen oben von dem höpte vnze vf die meiſten zehen ſo daz ergo ſo fvlt ir ivch der mit gvrten vñ in dri ſtvnde

151b got wart in der erſten etc. der Anfang des *Johannesevangeliums.*

In dem 2. Texte sind alle Psalmen verzeichnet; nur sind 29 die Psalmen 32 und 33 zusammengefaßt; 68b felt Ps. 75; 89a sind die Psalmen 95—98 zusammengefaßt; 107a felen Ps. 110 und 111; 109a sind die Psalmen 114—116 zusammengefaßt; 122a felt Ps. 128 und 127a Ps. 139; 134a sind, wie im Brevier die Psalmen 148—150 zusammengefaßt. 135a beginnen die in den Laudes des Breviers stehenden Cantica.

Es laßen sich auch in disem Texte noch einige Anspilungen deutlicher erkennen:

14a, Ps. 10; vgl. V. 7: ignis et sulphur . . . pars calicis eorum.

15a, Ps. 12; vgl. V. 4: ne unquam obdormiam in morte.

16b, Ps. 16: siben Psalmen beginnen mit Exaudi.

23, Ps. 24; vgl. V. 7: Delicta juventutis meae et ignorantias meas ne memineris.

25a, Ps. 27; vgl. V. 3: Ne simul trahas me cum peccatoribus, et cum operantibus iniquitatem ne perdas me.

35, Ps. 37 ist einer der 7 Bußpsalmen.

39a, Ps. 40; vgl. V. 4: Dominus opem ferat illi super lectum doloris ejus.

40b, Ps. 42 bildet den Anfang der Messgebete.

42a, Ps. 44; vgl. V. 10: Astitit regina a dextris tuis etc.

43a, Ps. 45; vgl. V. 4: Sonuerunt et turbatae sunt aquae.

43b, Ps. 46 im Brevier am Feste Christi Himmelfart; vgl. V. 6: Ascendit Deus in jubilo.

44a, Ps. 47; vgl. V. 10: Suscepimus Deus misericordiam tuam in medio templi tui.

44b, Ps. 48; vgl. V. 7: Qui confidunt in virtute sua et in multitudine divitiarum suarum gloriantur; V. 4: Os meum loqu'tur sapientiam et meditatio cordis mei prudentiam.

45b, Ps. 49; vgl. V. 3; Deus manifeste veniet.

45b, Ps. 50, der gebräuchlichste Bußpsalm.

55a, Ps. 61; vgl. V. 10: mendaces filii hominum in stateria.

70b, Ps. 77; vgl. V. 18 ff.: Et tentaverunt Deum in cordibus suis, ut peterent escas animabus suis etc.

74a, Ps. 78; „Kindelin" werden die ermordeten Kinder von Bethlehem (Matth. 2, 16) sein, deren Fest 28. Dec. gefeiert wird; vgl V. 3: Effuderunt sanguinem eorum tanquam aquam in circuitu Jerusalem.

81a, Ps. 87; vgl. V. 10: expandi ad te manus meas.

89a, Ps. 95 und 97 beginnen mit Cantate, Ps. 96 und 98

mit Dominus regnavit. Ps. 95—97 sten im Officium der Marienfeste.

99b, Ps. 105; vgl. V. 4: visita nos in salutari tuo.

104b, Ps. 108; vgl. V. 6: et diabolus stet a dextris ejus; cum judicatur exeat condemnatus etc.

109a, Ps. 114—116; Ps. 114 stet im Off. Defunctorum.

111b, Ps. 118. Diser lange Psalm ist im Brevier in 11 Teile geteilt und auf die vier kleinen Horen verteilt, mit Mirabilia beginnen die 3 lezten teile, die in der Non sten.

119a, Ps. 119. Diser Psalm ist der erste der sog. Cantica graduum (Gradual- oder Stufenpsalmen).

120a, Ps. 121: Laetatus; vgl. V. 8: propter fratres meos etc.

120a, Ps. 122: Ad te levavi oculos meos; V. 2: oculi nostri ad Dominum Deum nostrum.

121b, Ps. 126; vgl. V. 3: Ecce haereditas Domini filii, merces fructus ventris.

122a, Ps. 127; vgl. V. 3: uxor tua sicut vitis abundans; V. 6: videas filios filiorum tuorum.

122b, Ps. 129 stet im Off. defunctorum.

124a, Ps. 132: Ecce quam bonum et quam jucundum, habitare fratres in unum.

124b, Ps. 133 stet im Completorium (Abendgebet).

125b, Ps. 135; vgl. V. 25: qui dat escam omni carni.

126b, Ps. 137; vgl. V. 1: in conspectu angelorum psallam tibi.

129b, Ps. 141; V. 2: voce mea ad Dominum clamavi; V. 3: effundo in conspectu ejus orationem meam.

131b, Ps. 144; vgl. V. 15: oculi omnium in te sperant, Domine, et tu das escam illorum in tempore opportuno.

133b, Ps. 147; vgl. V. 13: quoniam confortavit seras portarum tuarum.

134a, Ps. 148—150 sind, wie im Brevier (in den Laudes) zu Einem Psalm vereinigt.

135b, Ego ist das Anfangswort des Canticum Ezechiae,

136a, Exultavit des Canticum Annae (1 Sam. 2) in den Laudes feria 4.,

137a, Cantemus des Canticum Moysi,

138a, Domine audivi des Cant. Habacuc,

139b, Audite coeli des Canticum Moysi (Deut. 32) in den Laudes des Samstags.

138b, Pro iniquitate vidi stet. Hab. 3, 7. Die Randnote wird aber zu V. 2 gehören (s. v. S. 88, Z. 3 v. u.).

145a, Quicumque vult ist der Anfang des Symbolum S. Athanasii.

In dem Cod. lat. monac. 2640, einer zu 2641 gehörigen Handschrift, die natürlich ebenfalls für Frauen bestimmt war, fand ich folgende 3 Anweisungen.

1) 66a nach der Nona „Disen ymnum folt du fprechen von der heiligen drivaltikeit an dem funnentage nach Venite exultemus fo div mettin an vâhet. Ymnus de S. Trinitate: Primo dierum" etc. 2) am Schlußo dises Hymnus Fol. 67a Difen ymnum folt dv fprechen def nahtef fo dv dich nider legeft. vnde in der vaften zecomplete. Ymnus: Chrifte qui luxes. 3) Fol. 244b (Vespern in Sabbato) ā. Benedixit Filiis tuis in te. Hic nach ift von fancta trinitate ein ander vefper gebrievet. ā. Gloria tibi trinitas.

W Meyer   A BIRLINGER

FINDLINGE

1 *Luthers Tischreden* Die Tischreden sind von Luther nicht gemachet, nicht gesehen, nicht approbiert, gebillichet und gutgeheißen, sondern von andern hin- und wieder zusammengetragen, erst nach seinem Tod in Truck außgangen und für seine Reden ausgegeben. Hat also leicht geschehen können, daß in solcher Rapsody vnd Zusammenraspelung viel ohn einigen Verstand und Discretion beschrieben, so weit anders als es Dr. Luther Sel. gemeinet oder vorbracht hat, sollen und können aufgenommen werden.
Conrad Dieterich I 7.

2 *Deutsche Sprache* Aber diß Verdienst müssen wir doch unsern Zeiten zugestehen, daß unsre deutsche Muttersprache verbessert worden ist. Gottscheds, Heynazens und andrer Sprachlehren; Adelungs Wörterbuch; Klopstoks Fragmente in der Gelehrten Republik; Stoschs Synonymen; Fuldas Grundregeln der deutschen Sprache und seine Preißschrift über die beiden Hauptdialekte der deutschen Sprache usw. zeugen darvon. Bey allen disen patriotischen Bemühungen haben wir weder eine genaue bestimmte Sprachlehre, noch ein vollkommenes Wörterbuch [1]). Daß einige Neologen unsre Sprache durch den pöbelhaften oder eccentrischen Ton mehr verderbt, als verbessert haben, ist bekannt genug. Zum Glück dauerte dise affectierte Empfindungsperiode sehr kurz; und wir wünschen, daß sie nie mehr beginne. Wenn wir Geschmack und Philosophie mit Sprachstudium verbinden, wenn wir unsern Eifer nicht ermüden lassen, das angefangene grosse Werk fortzusezen, so wird uns die kommende Welt Dank wissen.

---

1) *Anmerkung „Ich kann hier nicht unerinnert lassen, daß der 1768 zu Basel verstorbene Professor Spreng ein weitläufiges Wörterbuch der deutschen Sprache in Manuskript hinterlassen habe. Die Arbeit des um unsre Muttersprache so sehr verdienten Mannes verdiente wohl benutzt zu werden."* (Basel, öffentl. Bibl.)

3 *Poesie.* Auch hier haben unsre Zeiten den Vorzug. Ich rede aber blos von der deutschen Dichtkunst. Der Dichter sage seine Gedanken in seiner Volkssprache, die ihme die geläufigste ist. An solchen deutschen Gedichten fehlt es uns gewiß nicht, die zu allen Zeiten werden gelesen werden. Wer bewundert nicht die leichte fließende Versification eines *Wielands* — das erhabene Epos eines *Klopstoks*, den freilich viele nachäfften, ohne seinen Kopf zu haben. Und der sanfte gutherzige *Gellert* — So lang Menschen leben, werden sie seine Gedichte lesen und empfinden. Die übrigen will ich übergehen; nur Denis und Mastalier kann ich nicht verschweigen, die unter ihren Religionsverwandten Epoche machen. Möchte man bey unsern Dichtern [1]) das Originalgenie in Zweifel ziehen, weil sie etwa nachahmten, so muß man selbst den Altvatter Homer nicht gelten lassen, der gewiß nicht der erste Dichter war und gewiß nicht den ersten Sprung gegen den Lauf der Natur auf seine erhabenen Epopöen gemacht haben — und Virgil nicht, der einen Theokrit, Hesiodus und Homer nachahmte. Und darf der Dichter weniger seyn, als Nachahmer der Natur?

Sudler, Affen, seyn wollende Schöngeister, die etwa ein unsinniges Schauspiel außgebrütet haben, die dem Ossian nachlispeln, Barden- und Volkslieder hinsudeln und da sie keinen Geschmack, keinen denkenden Kopf haben, allen Geschmack verderben — machen unsrer Nation Schande, wenn sie anders gern gelesen werden.

C. J. Bouginés Progr. des Gymn. Illustre, Karlsruhe 1779 „Sind unsere Zeiten die erleuchteten?"

4 *Zum Werther* Daß die hochwürdige theologische Fakultät zu Leipzig kürzlich die Leiden des jungen Werthers confiscirt habe. Dazu bemerkt unten: Wenn wir indessen die Morale in diesem Roman tadeln, so hinderts uns keineswegs, die Kunst und das Genie darinn zu bewundern. Der Text fährt fort: In der That ist es ebenfalls Schwermerei, wenn Werther wegen des Verlusts seiner Lotten sich selber ermordet.

Ebenda S. 14.

5 *Die Göttinger sog. Hainbündler* Auch noch heut zu Tage befindt sich *in Göttingen ein Haufen getauffter Poeten*, welche voll bardischer Begeisterung sich mit heiligem Eichlaub krönen und im Dunckel des Haynes mit Hymnen und Tänzen den Wodan oder die Freya verehren. — — Jedermann hat von den kindischen Ausschweiffungen gehört, wozu der Enthusiasmus für die ciceronianische Latinität einige Gelehrte verführt hat usw.

Ueber die Schwermerei. Eine Vorlesung von Leonhard Meister, Prof. in Zürich. Bern 1775 S. 11.

6 *Klopstocks Gelehrtenrepublik* Auch ist bisher, Danck sey es den Göttern, der Klopstockische Entwurf einer gelehrten Re-

---

1) *Ich rede hier blos von wahren Dichtern.*

publick noch nicht ausgeführt, noch ist kein Gerichtsstul fest gesezt worden, wo man holperichte Verse mit dem Karren und wässerigte Prosa mit Ersäufung bestraft.
Ebenda S. 156.

7 *Klopstocks und Voß Sprache.* Römische Wendungen habe ich mir sparsam nur da gestattet, wo ich mir entweder Gewinn für unsre Sprache selber dadurch versprach oder durch *Klopstoks* poetische Sprache — ich möchte hinzusezen durch *Voß*, wenn ich nicht selbst dächte, daß dieser zu weit darinn gagangen wäre, die Leser daran gewöhnt glaubte.
Seneka an Helvia und Marzia, von Carl Philipp Conz. Tübingen 1792. Vorbericht S. VIII.

8 *Aus Zenkers Gelegenheitsgedichten, Weissenburg (in Franken) 1802.* Aus einem Hochzeit Carmen 21. Juni 1768. Vom Bräutigam:

> Er lebt so fort im ehelosen Stande
> Pflegt *seinen* Leib;
> Lebt eh'los fort *im lieben Schwabenlande*
> Und denkt kein Weib usw.

Von 1778, 20. Oktober:

> Da wäre nun der beste Rath für dich gewesen,
> Du hättest zu Pozzuolo
> In einer Stadt am Berg Vesuvio
> Dir eine Gattin auserlesen.
> Dort, sagt man, daß es trotz Protest der Clerisey
> *Sowie an einem andern Ort in Schwaben* Mode sey,
> Daß jedes Mädchen sich dem Jüngling den es liebt
> Drey volle Jahre auf die Probe gibt!

Zu den ersten Zeilen ist citiert: Misens Reisen I 531. Es sind hier die misverstandenen Kiltnächte der Schweiz gemeint.

1781 5. Juni:

> Daß er nicht, als in Chroniken steht,
> Wie das *Schiessen zu Hornberg ausgehet*.
> Wo die Scheiben ins Wasser gekommen
> Mir nichts, dir nichts davongeschwommen usw.

9 *Rheinfall bei Schaffhausen* (*Alem. XI 98 ff.*) a Je höher das Wasser von den hohen Felsen herab fället je mehr Geräusch und Gedöße es machet; ist aber nichts als ein groß Geräusch vnd Gedöße vnd bleibt ein Geräusch vnd Gedöße, darunter nichts dann Stein vom Felsen, Klötze vnd Stöcke, wie dann der *Rhein am Lauffen*, ein viertel meil unter *Schaffhausen* durch etzliche stafliche Felsen vnd Schrofen etwa in zehen oder zwölf Klaftern hoch, mit großer, er-

schröcklicher Vngestüm herunter fällt, daß er zu einom ganzen Schaum vnd weißen Rauch wird. Dein Stoltz ist anders nichts, dann ein Felsen, steinen, plockicht stockicht Wässergeräusch vnd Gedöße.
Conrad Dieterich I 78.

b Den andern Tag mußt du nach dem *Rheinfall* gehn, dort bleiben und erst spät zurückfahren. Laß dich wenn das Wasser klein ist, bis an den mittelsten Felsen fahren und da steig aus, vnd schreib mir, wenn du kannst, was es dir für einen Effekt gemacht hat.
Briefe Herzog Karl Augusts von Sachsen Weimar-Eisennach an Knebel (hier an Knebel Brief 2) ed H. Düntzer. Leipzig Wartig 1883. S. 9.

10 *Von den Weinen* (*Alem.* X *274 ff.* XI *148 ff.*) Nach vollbrachter Mahlzeit führte man den Gesandten Onager in Keller, welcher wol über alle masse statlich und mit tausend Fuder Wein gespicket, also daß er es auch deme zu Aschaffenburg fast bevorthat. Allerhand Weine als Bacheracher, Rinkawer, *Neckerweine*, Gänsefüsser, Dreckshäuser, Klingenberger, Wertheimer, Miltenberger, Würzburger und andere ließ man den Gesandten und seine bei sich habende kosten und versuchen, worzu sie sich gerne und ohne Schläge gebrauchen liessen. Deßgleichen wurden allerhand Spanische, Französische und Italienische Weine, wie auch Ungerische, Böhmische, Mährische, Meißnische und Thüringische auffgetragen. Des Biers wurde hier nicht gedacht, weil man es dieser Orten nur außlachte und vor ein bloß Menschengedichte hielte. Darinnen war ein Tisch mit allerhand gesalzenen Speisen, so den Durst erwecken: als westphälischen Schincken, rohe und gekocht, Knackwürsten, Serveladen, Sardellen, Heringen, Bücklingen usw. Van Duysburgk 41. Ein Glaß Bacheracher her, ruft Bachus S. 60.

11 *Bulenbücher* Vnd demnach wann sie hören und vernehmen, daß sie zu leichtfertigen Sachen Lust vnd Zuneigung tragen, gern von garstigen vnflätigen, vnzüchtigen Sachen, Zotten, Bossen, Narrentheidungen reden hören, mit leichtfertigen *Buhlenbüchern* vnd *Liedern* sich belustigen, darinn lieber als in der Bibel vnnd Psalter lesen vnd darauß Schnacken erzehlen hören.
C Dieterich I 109. A B

VOLKSTÜMLICHES AUS DEM ELSASZ
1 SAGEN

1 *Gott straft die Vertreibung des h. Deodatus*

St. Deodatus faßte einst den Entschluß, sich in eine wilde Gegend der Vogesen zurückzuziehen. Er wälte dazu ein kleines Tal in der Nähe eines Ortes, den man Wilra nannte (wol Weiler bei Schlettstadt: Wilro 829), gegen den Flecken Mariville oder Villars hin (Markirch). Dort erbaute er seine Hütte. Bald aber vertriben in die umwonenden Bauern. Denn als sie sahen, daß einige reiche und gottesfürchtige Leute dem heiligen Deodatus Gut und Eigentum zuwanten, fürchteten sie aus irem Erbgut nach und nach vertriben zu werden. Gottes Zorn traf sie aber bald. Alle Kinder, die nach der Vertreibung des Heiligen das Liecht der Welt in disem Orte erblickten, hatten einen Kropf. Um diser Strafe zu entgen, begaben sich die Frauen, die irer Entbinduug gewärtig waren, über einen Bach, der vor der Stadt floß. Die Kinder, die jenseits des Baches geboren wurden, waren frei von diser Zugabe der Natur.

Chronique de Richer, moine de Senones, publié par Jean Cayon Nancy 1863. liv. I cr. V (vrgl. Ruy J. recherches des sainctes antiquitez de la Vosge Province de Lorraine. Epinal. 1634. liv. I c. VIII.

2 *Ein Hexenmal bei Heiligenstein* [1])

Von einer Magistratsperson aus Barr, gleich unfähig sich einer Täuschung hinzugeben, als auch audere zu täuschen, habe ich folgendes vernommen. Am 16. October 1716 ward ein Schreiner, Bürger des benachbarten Dorfes Heiligenstein, um 5 Ur des Morgens in Barr auf den Speicher eines Küfers aufgefunden. Der Küfer war hinaufgestigen um Werkholz für den Tagesgebrauch zu holen. Als er die Türe öffnete, die von außen verrigelt war, erblickte er einen Mann, der auf dem Gesichte ligend lang hingestreckt in tiefem Schlafe dalag. Geweckt und gefragt, was er da mache, antwortete der Schreiner, den man übrigens kannte, mit größtem Erstaunen, daß er nicht wiße, weder durch wen, noch wie er hierbergelangt sei. Nicht zufrieden mit diser Auskunft und in der Meinung, der Mann wäre da, um etwas zu stelen, ließ er den Küfer vor den Amtmann füren. Im Verhöre sagte er offenherzig aus: er habe sich um 4 Ur des Morgens von Heiligenstein nach Barr auf den Weg gemacht. Unterwegs habe er plözlich auf einem schönen Rasenplaze ein prächtiges Fest gewart, eine reich geschmückte Gesellschaft habe sich bei glänzender Beleuchtung an reich besezter Tafel und an ausgelaßenem Tanzen vergnügt. Zwei Frauen aus Barr hätten in eingeladen, sich unter die Gesellschaft zu mengen. Er sezte sich an die Tafel und ließ sich das leckere Mal wol schmecken. Nach kaum einer Viertelstunde rief einer der Gäste: Rasch, rasch! Er fülte sich sanft in die Höhe gehoben und one zu wißen wie auf den Speicher des Küfers versezt. —

Diß war die Aussage vor dem Amtmann. Sonderbar dabei war, daß die beiden Frauen, die in zum Feste eingeladen hatten, sich nach kaum beendeter Aussage des Schreiners jede in irem

---

1) *Brief des Herrn G. P. R. vom 5. October 1746.*

Hause erhängte. Auf weitere Nachforschung verzichtete die Obrigkeit, da in die Untersuchung villeicht die Hälfte der Einwonerschaft verwickelt worden wäre.

Dom *Augustin Calmet, Dissertations sur les apparitions des esprits et sur les vampires ou les revenans de Hongrie de Moravie etc. Einsidlen. 1749. p. 142.*

Anmerkung. Der Hexenglaube ist auch jezt noch tief eingewurzelt im Elsäßischen Volke. So ist mir in Hägen bei Zabern eine alte unverheiratete Frau bekannt, die im Rufe einer Hexe stet, und allgemein gemiden ein trauriges Leben füren muß.

3 *Versinkender Schaz*

Vor einigen Jaren fragten mich (Dom Calmet) zwei Geistliche, ser aufgeklärte und wol unterrichtete Männer, über einen Vorfal um Rat, der sich in Urbeis, einem Dorfe des Elsaßes, bei der Abtei Pairis zugetragen hatte. Zwei Bürger dises Ortes hätten in irem Garten einen Kasten aus dem Boden heraussteigen sehen, den sie voll Gold wänten. Wie sie in ergreifen wollten, sei er iren Händen entschlüpft und wider in die Erde versunken. Dis wäre sogar mermals vorgekommen.

Calmet I p. 210.

4 *Ein schazfindender Venediger*

Hier folgt der Auszug eines Briefes, der von Kirchheim aus an Herrn Professor Schöpflin, Professor der Geschichte in Straßburg, gerichtet ist. Vor ungefür einem Jare wollte ein Herr Cavallari, Musiker und Venediger von Geburt, gern Ausgrabungen zu Rothenkirchen machen, einer ehemals ser angesehenen Abtei, die etwa eine Stunde entfernt lag und in der Reformationszeit zerstört worden war. Die Anregung dazu war im eine Erscheinung, die die Frau des Püchters von Rothenkirchen mer als einmal und am hellen Tage sah, so auch am 7. Mai an zwei auf einander folgenden Jaren. Sie beteuert und könnte es beschwören, daß sie einen erwürdigen Priester in bischöflichem mit Gold verbrämtem Ornate gesehen, wie er vor ir einen Haufen Steine hinwarf. Die Frau, die lutherisch ist, folglich in disen Sachen vorurteilsfrei, ist dennoch überzeugt, daß alle Steine zu Gold geworden wären, hätte sie die Geistesgegenwart gehabt ire Schürze darüber auszubreiten. Cavallari bat um Erlaubnis dort nachgraben zu dürfen, was im um so eher gestattet wurde, als ja ein Zehntel des Schazes den Landesherren zukommt. Man schalt in aber einen Träumer und betrachtete die ganze Schazgeschichte als unerhört. Hingegen kümmerte sich der Venediger wenig um die öffentliche Meinung und frug mich, ob ich mich daran beteiligen wollte. Ich besann mich keinen Augenblick zuzusagen, war aber doch überrascht als wir kleine irdene Töpfe angefüllt mit Goldstücken auffanden. Alle

Münzen, feiner als Dukaten, stammten aus dem XIV oder XV Jarhundert. Auf mein Teil kamen 600 Stück, die zu drei verschidenen Malen gefunden wurden. — Ich (Calmet) habe selbst zwei diser Goldstücke bei Herrn Schöpflin gesehen.
Calmet I p. 217.

5 *Der Hausgeist in Walscheid*

Den 25 August 1746 erhielt ich (Calmet) einen Brief von einem achtbaren Manne, dem Curé der Pfarrgemeinde von Walscheid, einem Dorfe der Grafschaft Dagsburg in den Vogesen. In disem Briefe teilt er mir mit, daß er am 10 Juni 1740 um 8 Ur Morgens in der Küche in der Gegenwart seiner Nichte und Magd plözlich einen eisernen Topf zur Erde fallen sah, der drei oder vier Umdrehungen machte, one daß man bemerken konnte, daß in Jemand in Bewegung sezte. Einem Augenblick später wurde ein ziemlich schwerer Stein aus dem benachbarten Zimmer geworfen, one daß man sehen konnte, wer in warf. Am folgenden Tage um neun Ur Morgens wurden einige Fensterscheiben zertrümmert, durch welche mit einer fast übernatürlichen Geschicklichkeit Steine in das Zimmer geworfen wurden. Der Geist fügte keinem ein Leid zu und ließ sich nur des Tages hören. Der Curé gebrauchte die im Ritual vorgeschriebenen Gebete, um das Haus zu segnen. Seit diser Zeit warf der Geist keine Fenster mer ein, aber er fur fort die Leute des Curé mit Steinen zu werfen, one sie jedoch jemals zu verlezen. Eines Tages als die Magd im Garten Kol pflanzte, riß er die Sezlinge nach und nach aus und trug sie auf einen Haufen zusammen. Die Magd hatte gut wettern, zu drohen und *auf deutsch* zu fluchen, der Geist fur fort mit seinen Neckereien. — Eines Tages fand man eine Schaufel ungefär zwei Fuß tief in die Erde gegraben, one daß man eine Spur erkennen konnte von dem, der sie so tief in die Erde eingerammt hatte. Auf der Schaufel fand man ein Band und daneben zwei Sousstücke, die die Magd am Abend vorher in einem kleinen Kasten verschloßen hatte. — Manchmal gefiel er sich darin, das Zinn- und Steingutgeschirr herabzunemen und es im Kreise in der Küche oder in der Kirchenhalle, ja selbst auf den Gottesacker aufzustellen und diß alles am hellen liechten Tage. Einstmals füllte er einen eisernen Topf mit Unkraut, Kleie und Blättern, goß Waßer darauf und trug in in den Laubengang des Gartens, ein andermal hieng er in über das Feuer an den Keßelhacken. Als die Magd einmal für das Abendbrot des Curé zwei Eier aufgeschlagen hatte, zerbrach der Geist hinter irem Rücken, als sie sich umdrehte, zwei andere. Als der Curé eines Tages vom Messeleson zurückkam, fand er sein ganzes Geschirr, seinen Hausrat, Brot, Milch und viles andere im ganzen Hause zerstreut. — Manchmal bildete der Geist auf dem Pflaster, bald mit Steinen bald mit Körnern oder Blättern Kreise und in einem Augenblicke war vor den Anwesenden Alles durcheinander geworfen.

Dises Treibens überdrüßig ließ der Curé den Bürgermeister herbeirufen und erklärte im, daß er entschloßen sei das Pfarrhaus zu verlaßen. Inzwischen kam die Nichte des Pfarrers mit der Nachricht herein, daß der Geist die Kolpflanzen ausgerißen und in ein Erdloch Geld gelegt habe. Man gieng in den Garten und sammelte die Geldstücke; dabei stellte es sich heraus, daß diß eine Geldsumme sei, die der Curé an einem unverschloßenen Orte aufbewart hatte. — Einen Augenblick später lag das Geld vermischt mit fast wertlosen Kupferstücken in der Küche.

Als die Beamten des Grafen von Leiningen nach Walscheid kamen, giengen sie zu dem Curé und überzeugten in, daß diß alles Werk einer Hexerei sei, sie rieten zwei Pistolen zu nemen und sie in der Richtung abzufeuern, in der er irgend eine Bewegung bemerke. Zur selben Zeit steckte der Geist in die Tasche einer der Beamten zwei Silberstücke. Seit dieser Zeit aber ließ der Geist nichts mer von sich hören.

Der Umstand mit den beiden Pistolen, die dem Treiben ein Ende machten, ließ dem Curé vermuten, der Kobold wäre kein anderer als ein gewißes misratenes Mitglid seiner Gemeinde, den er notgedrungen aus derselben ausgeschloßen hatte und der aus Rache dises Gaukelspiel veranstaltet hätte. Wenn dem so ist, so hat er sich unsichtbar gemacht oder besaß die Macht an seiner Stelle seinen Schuzgeist zu schicken, der wärend einiger Wochen den Curé quälte. Aber wenn er nicht körperlich in dem Hause war, wie hatte er die Pistolenschüße zu fürchten, die man auf in abzufeuern drohte und wenn er körperlich da war, wie konnte er sich unsichtbar machen?

Calmet I p. 194.

6 Der Küfer von Egisheim

In einer Stadt des Elsaßes Hegotesen (Egisheim) lebte ein Mann, der angezogen von dem Rufe des heil. Deodat im ein Stück seiner Güter abtrat. Darunter war ein Stück Rebland, das der Geber besonders hochschäzte, da dort ein vortrefflicher Wein reifte. Nach einiger Zeit reute in das Geschenk und er heimste für sich die Ernte des Wingert ein. Den gewonnenen Wein ließ er in ein Faß füllen und bewarte in sorgfältig im Keller auf. Eines Tages als er seinen Freunden eine Gasterei gab, befal er heiter gestimmt dem Küfer, im von disem Wein, den er für den köstlichsten seines Kellers hielt, zu bringen. Der Küfer eilte in den Keller und wollte aus dem Faße den Wein ablaßen. Es kam nur wenig Wein, plözlich aber mit lautem Getöse ein ungeheurer Fliegenschwarm aus dem Faße. Der Küfer ließ seine Kanne erschreckt fallen und sprang hinauf um das Wunder zu erzälen, gefolgt von dem Fliegenschwarm. Hier fielen nun die Fliegen mit iren giftigen Stacheln über den entsezten Gastgeber her und zerstachen in jämmerlich. Schmerzlicher aber als ire Stiche war der Stachel der Vorwürfe, den der Mann im Herzen fülte. Er gab reuig das Rebstück den Brüdern des Deodatus zurück und bat um ire Verzeihung. So blib das Rebstück biß in die jezige Zeit den Stiftsherren von St. Dié zu eigen.

Richer I cap. IX.

7 *Das Dorftier von Tannenkirch*[1])

In Tannenkirch soll sich zwischen dem Oberdorf und dem Zimmerplaz in der Zeit um Weihnachten ein Gespenst bald in der Gestalt eines Lammes, Hundes oder Hasen zeigen. Ein Mann, der noch angesehen in Tannenkirch lebt, erzälte, daß als er einst um Mitternacht des Weges gieng, er plözlich ein Lamm am Wege sten sah. Da im nächsten Hause noch Liecht war, gieng er hinein und sagte den Leuten, sie sollten hinaus gen und ir Lamm hineinfüren. Die Leute erschracken, sagten es wäre nicht ir Lamm, sie wollten auch dasselbe nicht und leschten augenblicklich das Liecht aus.

8 *Die Hexe von Tannenkirch*

Derselbe Mann, damals Scharwächter des Dorfes, sagte oft, er fürchte nichts, weder den Teufel noch Gespenster. Als er einst wider pralte, meinte eine alte Frau, sie würde es fertig bringen, daß er sich fürchte. Der Mann lachte und vergaß bald die Drohung. Als er eines Nachts nach Hause gieng, sah er plözlich an seiner rechten Seite eine große Kaze, die im beständig folgte. Mere andere schloßen sich nach und nach an. Der Mann hatte einen schweren Stock in der Hand, wagte jedoch nicht zu schlagen, da *es Unglück bringt, wenn man eine Kaze mit der rechten Hand schlägt.* Erst als er eine Haustür erreicht hatte, wandte er sich um, den Hexentieren einen Schlag zu versezen, doch diese waren augenblicklich verschwunden. Der Mann gestand, daß er doch genug Angst und Furcht wärend des Ganges empfunden habe.

9 *Der zauberkundige Widertäufer im Münstertale*

Im Münstertale lebte ein Widertäufer, Namens Steiner, der Jare lang die Steinbachhütte am Lauchenkopf in Pacht hatte und allerorten im Rufe stand, zaubern zu können. Er starb hochbetagt und allbeliebt 1830 auf seinem Hofe Faseneck am Fuße des Solberges bei Münster. Wie er in den Ruf des Festbannens kam erzälte einer seiner Nachkommen, der jezt einen kleinen Hof am

---

1) *Vgl. über die Gespenstertiere im Elsaß Aug. Stoebers Abhandlg. in dessen Neujahrstollen f. 1850. S. 34 ff.*

Fuße des Staufens besizt. Dem Steiner wurden von einem Acker beständig Rüben gestolen, troz alles Aufpaßens gelang es nicht die Täter zu fangen. Da ersann der Alte folgendes Stücklein. Er versprach einem Mädchen eine kleine Summe Geldes, wenn sie des Morgens in aller Frühe auf seinen Acker gienge, Rüben ausziehe und regungslos sten bliße biß er komme und sie fortgen hieße. Das Mädchen gieng auf den Vorschlag ein und des Morgens sahen Vorübergende ein Mädchen mit einem Korbe offenbar gestolener Rüben regungslos troz alles Anrufens auf dem Acker sten. Als der Steiner kam und eine hastige Handbewegung machte, einige Worte murmelnd, entfloh das Mädchen. Seitdem wurden dem schlauen alten Mann keine Rüben mehr gestolen und stand sein Ruf als Zauberer fest.

10 *Das Dorftier von Dagsburg*

In den Straßen von Dagsburg zeigt sich zum öfteren eine Erscheinung, die die Bewoner „das Dorftier" nennen. Auf einem Misthaufen oder irgend einer Stelle flammt plözlich ein kleines Liecht auf, das nach und nach wächst. In seinem Scheine sieht man ein kleines Tier, das mit der Flamme wächst und meistens die Gestalt eines Ochsen annimmt. Man darf das Tier nicht stören, sonst trift einen Unglück. Bei ruhigem Zureden verschwindet Tier und Flamme allmälich wider.

11 *Der Herrenfelsen bei Dagsburg*

Am Tale der weißen Zorn auf dem Bergrücken, der von Altdorf nach dem Hengst hinzieht, ragt ein mächtiger Fels auf, überhängend bildet er eine Art Grotte. In derselben sieht man noch jezt eine rohe Anhäufung von Steinen, einem Altar nicht unänlich. Und in der Tat soll in der Revolution der Pfarrer von Dagsburg („der Herr"), der den Eid nicht leisten wollte, hierher geflüchtet sein, den Altar errichtet und Messe gelesen haben. Doch schon nach kurzer Zeit war er verraten und als er einst auf der Spize des Felsens stand, sah er zwei bewaffnete Männer sich seinem Verstecke näheren, um sich seiner zu bemächtigen. Da vermochte sein Gebet, daß einer der beiden, als sie nahe waren, tot zusammenstürzte, der andere floh entsezt. Doch auch der Pfarrer verließ das bekannt gewordene Versteck und nur der Name Herrenfelsen erinnert noch an das Ereignis.

12 *Das graue Männlein von Altdorf*

Dort wo die beiden Zornarme, die gelbe, die Walscheider, und die weiße, die Dagsburger, zusammenfließen, am Enteneck, ligt auf dem umflossenen Bergrücken Altdorf. Nach den vorhandenen Spuren eine alte Dorfanlage, die wol in den Erbstreitigkeiten bei Aussterben der Dagsburger Grafen zerstört wurde. Die Umwoner schreiben dem Orte jedoch ein vil größeres Alter, ein heidnisches, zu. Zu unterstüzen scheint diß der Name Enteneck[1]), der nabe ligende Ort Dreiheiligen, ein gallorömisches Grabfeld und die uralte Befestigung das Heidenschlößel. Für die Umwoner ist der Ort auch unheimlich. — Ein Schwesternpar gieng einst auf Altdorf, um Bucheln zu sammeln. Die eine fand an einer Stelle die Bucheln haufenweise ligen. Freudig raffte sie dieselben zusammen, als plözlich ir ein schwarzer kleiner Hund über die Hände lief. Erstaunt schaute sie auf und sah unfern ein kleines graues Männchen sten. Auf iren Angstruf kam die Schwester herbei. Auch dise erblickte das Mänuchen, das die Schwestern ernst und schweigend ansah. Die Schwestern wagten sich nicht zu rüren und standen lautlos und zitternd da. Zufälligerweise kam ein Bursch hinzu, der, als er die Erscheinung sah, mutwillig ausrief: Was tust du hier, du Nichtsnuz! — Da rief das Männchen zürnend zurück: Was fragst du mich, hab ich dich gefragt, du bist nichts nutz und so sollen deine Kinder sein biß in das 7. Glid. Nach diser Verwünschung verschwand das Männchen. Die Verwünschung traf aber ein. Die Familie, die früher wolhabend gewesen war, kam zurück und auch iren Nachkomen gelang es nicht vorwärts zu kommen, sie sind, wie allgemeine Meinung in der Gegend, verwünscht.

13 *Ein Straßburger Warzeichen*

Ein wenig bekanntes Warzeichen Straßburgs befindet sich in der Bruderhofsgasse Nr. 35. Siht man die Gasse vom großen Seminar ostwärts hinab, so erblickt man auf einem Dache ein Männchen, das neugirig in den Schornstein hinabblickt. Die Sage meldet, daß in dem Hause einst ein Bäcker wonte, der es meisterhaft verstand, die Leute zu betriegen. Der Teufel, so oft er vorbei kam, blickte mit Vergnügen durch den Schornstein auf seinen gelerigen Schüler hinab. Zum Andenken wurde sein Bildnis später in Stein hinaufgestellt.

14 *Der unbequeme Mitbürger*

Am Ende des vorigen Jarhunderts lebte in *Bockenheim* (Saarunion) ein Mann, der seines bitterbösen Wesens wegen allgemein gemiden wurde. Die Bürger des damals noch unter Leiningischer Herschaft stehenden Städtchens beschäftigten sich vil mit im, wagten in aber nie zu reizen, da er im Geruche stand, geheime Künste zu wißen. Es war daher keine Trauer, als es eines Tages hieß, der unbequeme Mitbürger sei plözlich gestorben. Der Pfarrer beorderte die Schulknaben am Tage der Beerdigung vor das Haus des Verstorbenen, um der Leiche das Geleit zu geben und am

---

[1] *Ueber den Namen vrgl. Mone: Anzeiger 1836. 1 ff.* Grimm *Myth. 3. Aufl. S. 430.*

Grabe zu singen. Als der Zug sich ordnete und der Sarg hinabgetragen wurde, sah plözlich einer der Schüler den Verstorbenen mit seiner Zipfelmüze zum Fenster hinausschauen und im hönisch zunicken. Auf den Schreckensruf des Knaben sahen alle auf und starrten die Erscheinung sprachlos an. Die lächelte, nickte und sprach gelassen in irer hönischen Weise: „Habt wol geglaubt, ir wäret mich los, ja, so weit ist es aber noch nicht!" Der Pfarrer erholte sich zuerst und rief: „Fort mit dem Sarge". Und so bewegte sich dann der Zug mit etwas ungewönlicher Eile dem Kirchhofe zu und bald schloß sich die Erde über dem ruhelosen Mann.

Er sollte die Ruhe auch jezt noch nicht finden. Die Umwoner des Fridhofs beklagten sich bald über fortwärendes lautes Lärmen, das sie auf das äusserste ängstigte. Sie ließen in irer Bedrängnis zwei Kapuziner kommen, die bei dem Volke in dem Rufe sten, alle Geister bannen zu können. Dise gruben den Polterer wider aus und bannten in unter eine Brücke. Aber auch hir neckte und ängstigte er die Vorüberziehenden. Es sprang den Bauern, die zum Markt in die Stadt wollten, unsichtbar auf den Rücken und ließ sich als schwere Last biß zur Stadt schleppen. Nochmals wurden die Kapuziner gerufen und dißmal bannten sie in in den tiefen Brunnen seines eigenen Hauses, der dann vermauert wurde. Von jezt an ließ er nichts mer von sich hören. Das Haus, ein weitläufiges Gebäude neben dem Schloß gelegen, kam in den Besiz zweier alten Damen, die dasselbe gern verkaufen wollten. Doch kam kein Verkauf zu Stande, da die alten Damen zur Bedingung machten, daß der Brunnen vermauert blibe. Erst nach irem Tode ließ der Erbe den Brunnen aufdecken. Der Geist zeigte sich im Widerspruche mit der Stadtmeinung nicht mer.

15 Weshalb die Börscher Esel heißen

Bekannt ist, daß fast jedes Dorf und jede Stadt einen Spiznamen bei den Nachbaren hat. So auch im Elsaß. Die Bewoner des kleinen Städtchens Börsch, das unweit Oberehnheim schön an den Vorbergen der Vogesen ligt, füren den wenig erenden Beinamen Esel. Sie teilen dises Geschick mit den Bewonern von Epfig, Wangen und Westhalten. In disen Orten ist noch jezt ein Grif an die Rockschöße gefärlich, da diß für eine Anspilung auf die Eseloren gehalten wird. — Wie die Börscher zu dem Namen kommen, davon erzält man folgendes.

Der Gemeinderat von Börsch fand, als er einst den Gemeindewald abgieng, um die Holzschläge zu bestimmen, einen Kürbis. Keiner kannte den Fund und allseitig wurde angenommen, daß es ein Ei eines unbekannten Tieres sei. Man ließ aus dem Städtchen eine alte Frau kommen und bewog sie durch Zureden sich auf das fremde Ei zu sezen, um dasselbe auszubrüten. Als dise jedoch einmal aufstand, stieß sie an den Kürbis und dieser rollte den

Berghang hinab. Die Bürger in voller Angst um iren kostbaren Fund eilten hinterher. Durch den Lärm aufgeschreckt sprang plözlich ein Hase aus dem Gebüsch hervor. Die Verfolgenden glaubten nicht anders, als daß das Tier soeben aus dem Ei geschlüpft sei und riefen einander eifrig zu: Haltet den Esel auf! — was inen jedoch nicht gelang. So kamen sie zugleich um iren Fund und zu einem verdächtigen Beinamen. —

II TAFELN AUS DER EHEMALIGEN BANNWARTHÜTTE DER REBLEUTZUNFT ZU MÜLHAUSEN [1])

Nammen und Wappen der Jenigen Herrn und Bürger, so für das Jahr 1761 von unserm G. Herrn zu Wintzer sind erkannt worden.

Wir sechsen die vast ganz an stand und alter gleichen
Sind dieses Jahr vor Rath zum wintzer-amt erwehlt,
Han offt des Tags und Nacht, den Bahn mit fleiß durchgangen
Das alles gewichen ist was wir nicht han gefangen.
Fragst Leser wer wir sind, sich nur auf seiten ein
Da findst du ein Schild und Nahm vom glaß bedecket fein
Han unser Dienst und Amt in Treu und Fleiß verricht
In wahrer einigkeit, wie wir darzu verpflicht,
Des Rühmen wir uns nicht, es mögens andre sagen.
Nur daß vermelden wir, wir hören nichts als klagen
Es griffen einst ihr drey, den Wintzer an mit wuth
Gleich wahr der andre da und fühlt seinen muth,
Es klagt des Bauren magt, kaum wahr es in dem krapp
So wahr der Wintzer da, und hatte es ertabt.
Es klagt der Baur im Wald, als er band thäte hauen
So stünd der winzer da und thäte ihm zu schauen
Es klagt des Bauren Ochs, als er fraß in dem kornn
Gleich war ein andrer da und nahm ihn bei dem Horn.
Es klagt des Bauren Pfert, als mans entführt von haus
Kaum schmeckt es in der Bahn, führt mans ins wintzerhaus
Auch thät des Hirten Schwein, diß alles auch empfinden
Kaum laufft es in den Bahn, man thäte es anbinden
In Summa alles klagt, hoch über unser thun.
Ist das nicht zeugnuß g'nug, deß grossen fleisses nun
Dann hätte wir die Zeit mit müssiggang verzehrt
Hätt man dergleichen klag, Niemals von uns gehört
Da aber so man klagt, Ja spottet Schmäth und wüth
Erweißt diß bündiglich, daß wir den Bahn gehüt.
Man mag hier mit uns gleich loben oder schelten

---

[1]) Jezt im Museum zu Mülhausen. Vgl. Alemannia XI 246 ff.

Uns ligt nicht viel daran, Gott wirds uns wohl vergelten
Was wir in gelt und fleiß, an unseren Bahn gewand
Gott walte stäts ob uns, ob unser Statt und land.

    Hans Michael Benner.   Jakob Brüstlein.
    Anthony Hartmann.   Johannes Franck.
    Heinrich Schmerber.   Johannes Benner.

    Hier siehet man diejenigen Herren und Bürger so von U. G. H. A. 1778 zu Wintzern seyn erwehlt worden. Schild und Wappen aber derjenigen sechs, welche freywillig in das Feld gezogen und mit grossem ruhm den Bahn gehütet haben.

    Jakob Hübner   Georg Weiß
    Conrad Rack   Jakob Christen
    Jacob Kegler   Peter Landsmann

Nikolaus Schlumberger, Friedrich Zuber, Johann Michael Schwarz, Nikolaus Hofer, Georg Jacob Schlumberger, Johann Heinrich Huguenin, Jonas Thierry, Heinrich Grumler, Jonas Jehlensperger, Friedrich Heinrich Mathias Weiß, Daniel Dietsch;

    Dis ist das zweite Bild
    von unserm Wintzer-stand
    wen unser erster Schild
    mit samt der hütt verbrand
    ach wie betauren wir
    das schöne alterthum
    kein plätzlein fund man hier
    im gantzen Zimmer rum
    da nicht ein schön gedicht
    gleich jedem rufte zu
    kom her und lis auch mich
    von dem der schon in ruh
    das schöne Protocol
    war auch ein freud zu lesen
    jetz ists verbrannet schon
    doch bey uns nicht vergessen
    ihr Freunde dieser brand
    wars Jahr nach uns geschehen,
    wem dieses nicht bekant
    kans an der Jahrzahl sehen.

    Nahmen und Wappen derjenigen Herren und Wintzer, so vor dieses Jahr von Unserem Gnädigen Herren, zu Wintzeren, sind erwehlt worden, den 18. April anno 1774.

    „Nichts auf der Erd' kan schöner seyn,
    „als wan Brüder einig seyn,
    „Diß ist je, bey uns geschehn,
    „Man kans an der Taffel sehn.

Mit grosser Freud und recht vergnügen,
Fangt damals Bruder Hübner an.
Wir wollen jetz als Brüder Leben,
weil uns ist anvertraut der Bahn,
der Schmerber war auch so gesonnen,
und that auch darmit stimmen ein,
Mir soll kein müh je seyn zuwider,
das Diebs-Volk muß gepfändet seyn,
Wir wollen los-gehn auf die Diehen
ruft auch zugleich der Bruder Schön
wan wir den Eyd und Bahn betrachten,
so wird uns Gott zur Seiten stehn,
dem Benner war seyn Hertz erfüllet,
mit Bruder-lieb und redlichkeit,
wann alle lustig und vergnüget,
macht dieses Ihm die größte freud,
der Glöck auch alles thut beytragen,
was Brüder-lieb vermehren kan
bei Tag und Nacht Ihm nichts zuwieder,
Und thät auch hütten recht den Bahn.
der Dollfus war auch so gesonnen,
und wünscht all denen, die nach uns kommen
so viele Lieb und Redlichkeit,
wie wir gehabt in dieser Zeit.

Johann Georg Hübner.	Johann Benner.
Rudolf Schmerber.	Johannes Glöck.
Johannes Schoen.	Adolf Dollfus.

Namen und Wappen der Wintzern im Jahr 1779 [1]).

Alhier erscheinen zwar
nur dreyer Brüder Nahmen,
doch waren Ihrer Sechs
Einmüthig stets beysamen.
Wenn jemand wissen möcht
wer die drey andre waren.
der kans im Protocol
der Wintzer schon erfahren.

Vivat es lebt der Wintzer-stand.

Andenken derjenigen 8 Bürger, welche im Jahre 1780 zu Wintzern sind erwehlt worden, worunter die 6 mit Wappen bezeichnete, freiwillig in das Feld gezogen und mit allem fleis den Bahn gehütet haben.

---

1) *drei Namen und Wappen unleserlich.*

Wir Brüder zogen voller Muth, ins Feld mit Lust und Freude,
Den Bahn zu hüten also gut, nach theur geschwornem Eide.
Auf, Brüder! lasset uns jetz und gerne jeden Rain besteigen,
Und hüten eines jeden Guth, als wär es unser eigen;
Den Frettern selbsten wie bekannt, soll keiner nicht verschonen,
Und fordern Einung oder Pfand, um unsre Müh zu lohnen.
Wann wir sodann der ganze Bahn, durchkreuzt mit munterm Schritte,
Dann kehrt ein jeder so vorth an, mit Lust zur Wintzer-Hütte,
Da schmeckt nach ausgestandner Müh uns wohl der Saft der Reben,
Ein Bruder bringts dem andern zu, Vivat sie sollen leben,
Wir sehn zwar schon sie kommen an, die Wintzerschwestern alle
Bewundern unsern Wirthschaftsplan, im schönen Wintzer-Saale.
Nun ruft der muntre Bruder Koch, wann alle gegenwärtig,
so setzt euch frisch zur Tafel hin, die Mahlzeit ist schon fertig,
Ja eßt und trinkt seyd guter ding, durchaus mit Lust umgeben
Stimmt an das werthe Wintzerlied: „Wer redlich denkt soll leben
Laßt Music darzu thönen gut, mit Clarinet und Geigen
Und jauchzet all bei frohem Muth, der Tag ist unser eigen,
Also passieren wir mit Fleis, die Zeit im Wintzerstande,
Zum Angedenken thun wir kund, die Tröcknung in dem Lande,
Von Pfingsten an bis Herbstzeit war, fiel weder Thau noch Regen,
Das Feldgewächs war theur und rahr, thut Freund auch dies
                                                                            erwägen,
Daß wir bey dieser herben Zeit, stäts ehrbar und behende
Den Stand vollbracht mit Lust und Freud, nun hat der G'spas
                                                                            ein Ende.

Jakob Wagner,	Johann W. Schlumberger,	
Jakob Weiß,	Johann Heinrich Dietsch,	
Johannes Schlumberger	Jakob Schlumberger,	
Isaak Frauwiger,	Ph. Jakob Bloch,	Jakob Läderich,
Johannes Heilmann,	Heinrich Großheintz,	D. Sollenberger,
Dr. Georg Schwarz,	Dr. Bernh. Schwarz,	Peter Brüstlein.
Johann Reichardt,	Heinrich Benner,	Jeremias Rißler.

    Nur Schild und Wappen sind vorhanden, von denen so mit Ruhm im Feld gestanden:
    Dr. Joh. Mich.   Dr. Johann   Dr. D. Michael   Dr. Johannes
       Lederich.   Heinrich   Lemann   Läderich.
       Dr. Johannes Sengelin und Dr. Heinr. Mansbendel.

Erinnerungs-Verse sämtlicher Herren und Bürger so im Jahr 1783 den 2. Aprill von unsern gnädigen Herren zu Wintzern sind
                                       erwehlet worden.

Achtzehn Bürger waren es die die Obrigkeit jetz wollten,
Daß sie wechselweise stets diesen Berg bewachen sollten

Doch weil nach altem Brauch und Wissen, nur jährlich 6 gewesen seyn
So haben wir auch ohn Verdrießen wir sechs uns resolviert allein,
Ins Felde zogen wir mit Freuden dem Winzerstand zu Ehren,
So ehrbar rühmlich und bescheiden, kein Klage that man hören.
Wir haben ohne uns zu loben, als Männer in dem Berg agiert
und abgelegt verschied'ne Proben, viel Weider aus dem Bahn geführt.
Zwar gab es auch Verdrießlichkeiten doch unter uns 6 Brüder nicht,
Ein jeder war stets bescheiden und kannte immer seine Pflicht,
Wir machten Eynung viele Pfänder, Wir straften in dem Wintzer-
Haus
Wir jagden Frevler ab den Länder und Dieben zu den Reben aus.
Auch so vergnügt in allen Ehren, daß wir die ganze Zeit gewesen
That uns der Himmel Guts bescheren, Hier Freunde könnet ihr
es lesen;
Das Erdgewächs von allen Sorten ist überaus gerathen wohl,
Feld und Bäum an allen Orten, von Gottes Segen waren voll,
Und obgleich St. Georgen Nacht, der Weinstock hart verfrohren,
Hat man noch einen Herbst gemacht, nicht alles war verloren,
Dann kaum war St. Michälis Fest, der Tambur mußt austrommeln
Daß d' Obrigkeit gebiethen läßt, man soll den Herbst einsammeln;
Und so verschwand die Winzers-Zeit, sehr schnell und sehr behende,
Nahm dieses Amts Beschwerlichkeit, ein Freuden volles Ende.

    Johann Jakob Kohler,   Rudolf Benner,   Dr. Peter Weber,
    Jakob Arlenspach,   Peter Schön,   Hans Georg Engel,
Johann Jakob Schmerben,   Peter Richard,   Gottfried Heilmann,
    Johannes Marc Gaston,   Johann und Peter Rißler.

KURT MÜNDEL

ZWEI LIEDER

BAIERISCHE KIRCHENFART

1 So stellen wir ein Kirchfort an.
   Jo wo di ho Alleluio.
   Herr Pfaringer in die Kirchen kom.
   Jo wo di ho Alleluio.

2 Er trat woll in die Sacristei [1]),
   der Mesner stundt ihm wödlich bey.

3 Er legt ihm an ein weissen pfoet,
   damit er für den alter trett.

4 Herr Pfaringer sang das Raithom,
   da sprangen die Bauren umb den alter rum [2]).

---

1) Hs Sacristi.
2) *beim Beschneiden ist der gröste Teil des m, villeicht auch ein b dahinter weggefallen.*

5 Do legt ein ieder ein pfening druf,
  darumb her Pfarer ein branten wein kauf¹).

6 Her Pfaringer auf die Cantzel trat
  und das Evangelion sot.

7 Er sagt nit vill von ewigen leben,
  er sagt nur vill von zehenden geben.

8 Her Pfaringer trat zur Kirchen auß:
  Ihr Burger und Bauren truken wodlich trauff.

9 So gangen wir den oberen weg,
  der vnder ist gantz voller koet.

10 Han wir ein schöne Kirchfart ghört,
  hat mancher baur sein gelt verzehrt.

Aus Birlingers Liederhandschrift des 17. Jh.

Str. 2, 2 *wodlich*, vgl. Schmeller II 854 waidlich d. i. hurtig, munter, brav. — 3, 1 *Pfoet*, Schm. I 443 die Pfait = Rock (got. pnida); da das Wort weibliches Geschlechts ist, so ist oben „weissen" die schwache Form des Feminins oder der Schreiber hat sich in der sonst für *en* gebrauchten Abkürzung der Endung, die in der Hs. stet, geirrt. 3, 2 und 4; 2 *Alter* Altar Schm. I 72. — 4, 1 *Raithomb* — bair. Form für raitung, hier humorist. für „kommt her, zalet, opfert"; raitung also Lied v. der Opferung — 6, 2 *sot* ist wol das verdunkelte „saad" für sagt Schm. I 233. Die dialektischen Formen kommen merfach nur in den Reimen vor. — 8, 2 *truken* hinausdräugen. — 9, 2 *Koet* Kot kaad Schm. I 1311.

EIN SCHWEIZER VOLKSLIED VON DER AUFERWECKUNG DES LAZARUS

L Tobler hat in den Schweizerischen Volksliedern (Frauenfeld 1882) S 86 f. nach drei Vorlagen ein Lied über Lazarus und seine Schwestern herzustellen versucht. Eine vierte Faßung, die wenigstens für die erste Hälfte gute Hülfe leisten kann, findet sich in Birlingers Liederhandschrift aus dem 17. Jh. Da ich nicht beabsichtige, eine abschließende Rezension des Liedes zu geben, so drucke ich dasselbe möglichst genau nach dem Original ab (nur das ß am Ende habe ich öfter mit · s vertauscht, und das denende h auf unsern heutigen Gebrauch beschränkt)

---

1) *k* ist nicht ganz deutlich.

Lazarus Dormiens Musica Sueuica excitatus.

1 Lassarus und sein Schwester
bauten ein hauß . . . . ¹) beste,
und alß das hauß aufbawen war,
da lage Lassarus nider und starb.

2 Da Lassarus wolt stierben,
traurete alß auf Aierden [*Erden*],
und seine Schwester Madale ²)
umb ihren Bruoder Lassare.

3 Maria gieng uber ein weite heidt,
begegnet ihr Herr Jaisus:
„He ³), Maria, wer hett dir laidt gethan ⁴),
daß du so sehr gan ⁵) weinen mußt gan" ⁶).

4 „Au, Heir [*Herr*], das weinen thuot mir nauth'
mein Bruoder Lassare der ist taudt ⁷).
Au etc. ⁸) der grossen nauth,
Au, Her, hilff mir es ist schau spauth ⁹).

5 Herr Jesus namb den stabe,
gieng zuo des Lassaris grabe:
„Ho, Lassare, du solt auferstau,
Solt heim zuo deiner Schwester gau".

6 „Au, Heir, nu la mi ligen,
i han so seir gestritten,
ich hau erlitten grauß angst und nauth,
hau ¹⁰) vberwunden den bittern taudt".

1) Es ist in der Hs. wol *fcyr* zu lesen: die 3 lezten Buchstaben sind sicher; der erste könnte b sein ist aber wol ein misratenes f. Daher möchte ich *feuerfeste* vermuten Tobler hat *zum besten*. 2) Das vorliegende Lied kennt nur eine Schwester (s. Str. 1, 1 und 5, 4), sie wird hier Madale, sonst Maria gemeint. Es ist also Maria Magdalena gemeint. Auch die Vorlagen Toblers haben nur *eine* Schwester. Es ist demnach bedenklich mit disem zwei einzufüren. Das Lied weicht auch sonst von der biblischen Erzälung ab; so unterbleibt nach der von mir mitgeteilten Faßung die Auferstehung offenbar auf den Wunsch des Lazarus. Nach der von Tobler versuchten Restitution erscheint er wol der Schwester, aber in der Gestalt des Toten, also one eigentliche Erneuerung des Lebens. 3) Statt *He* kann auch *Ho* gelesen werden. 4 Da n nicht selten one den Haken geschrieben wird, so kann auch *gethau* gelesen werden, ebenso 5) *gau* (es stet hier ein Punkt darüber) und 6) *gau* (hier ist der lezte Buchstabe weggeschnitten). 7) *dt* ist weggeschnitten. 8) In der Hs. stet dreimal p. 9) *th* ist weggeschnitten. 10) Es stet da *han*, aber s. oben 4.

7 Der Man (*Mond*) der scheindt so dunkel,
  er schint ¹¹) woll durch die wolken,
  er scheint woll biß den heitern tag
  dem fromen Lasaris auf sein grab.

11) *Erschint* Hs.   W CRECELIUS

TIBIANS GOLDENE SCHMIDE¹)

Encomia B. Mariae Semper Virg. durch Joannem Tibianum 1595.

Aij Praefatio, oder Vorrede, an Hochwürdigen in Gott Fürsten und Herren, Herren Hvldrichum, Abte deß weit brümten Fürstlichen Gotteshauß Eiusidlen seinen gnädigen Herren

Praefatio Dieweil (Gott sey im Himmel lob)
  Der heylig Geyst mit seiner gab
  Nit außbleibt, wa man sein begehrt,
  Gar bald er von der höhe fehrt
  Und in ein saubers Hauß thut kommen,
  Wann man jhm thut den Platz einraumen:
  Drum sey Gott in dem Himmel lob,
  Das vor Jahren auff Ewer Gnad
  Die Wal gern gebeu ist von allen,
  Wie billich wol daher gefallen,
  Daß sie das Gottshauß soll regieren
  Und dise Praelatur soll füeren.
  Das Gottshauß auch zu diser Frist
  Wol widerumb versehen ist
  Mit einem Haupt vnd auch *Amptheren*,
  So globt werden jetzt weit vnd föhre usw.

Folgen die Namen der H Vätter und anderer fürnemmen Scribenten, auß welcher Bücher vnd Schrifften dise volgenden Epitheta B. Mariae genommen worden, zum Schluß die 12 Sibyllen.

Bij Ter longe maxime venerandae Deiparae virgini Mariae:
  Salve sacra parens, veteris salveto salutis
  Permira inventrix: ſtella MARIA maris.
  Quos homines tumidum pelagus demersit ad undas.

M Nun volgen die zwölff Freuden der vbergebenedeiten Jungkfrawen Mariae, so sie von den Menschen allhie auff Erden empfahet, wann sie mit sonderm Andacht sie begriessen mit dem Englischen Gruß Ave Maria. Aus dem Pomerio Sermonum oder Pelbarto genomen und in teutsche Rhytmos gestellt.

1) *Titel sih Alemannia X 116 Anmerkung*

Ciij b Wanns' möglich wer daher zu stellen
Vnd volgendt Sachen all zerzellen,
So kündt man warlich sicherlich,
Maria, nit gnůg loben dich.
Wann so vil Zungen wern vorhanden
Als vil im Möhr deß Grieß und Sande,
Als vil Tropffen in Wasser Flüssen,
Ja sovil auch in andern Güssen,
Als vil Rosen vnd Edelgstein,
Als vil Gilgen sind in gemein,
Als vil Feurflammen werden zehlt
Vnd Schne und Regen wirdt gestelt,
Als vil Lüfft sindt vnd Element,
Als vil Menschen werden gnendt,
Als vil der Vögel Fädern sindt,
So vil man Vich erzellen kindt,
So vil Näst in den Wälden schallen,
Als vil Laub von den Bäumen fallen,
So vil Graß, Taw vnd Sternen sind,
So vil man Fisch in Wüssern findt,
Als vil der Schlangen oder Atbern
Auff dem Erdboden seindt gerathen,
So vil der Aeher vnd der Stein,
So vil der Berg vnd Thäler sein,
Ja, wenn ich sovil Zungen hett,
So wurd ich dannocht mied und sät.
Ihr Lob kindt ich nit gnug vollbringen,
Ich wölt gleich reden oder singen:
Kein Buchstab kundte das auff Erden,
So kindt ich auch so alt nit werden,
Dieweil dann Petrus das nicht kan,
So muß ich freilich auch ablan
Und ihr Lob auff ein gwisses stellen,
Weil mir vnmüglich als zerzellen.

D
Vincentius Bellov.
Von Lassenz lesen wir auch vil,
Daß ein Böswicht in einem Spil,
Ohn zweifel ein sehr nasser Knab,
Der Mariam gelestert hab,
Da jhm der Würffel nichts wolt geben,
Verspottet er jhr heiligs Läben,
Fung an flůchen dem heylgen Weib,
Maledicieret jhrem leib.
Der hat ein schäntzlichs endt genommen
Vnd ad infernum gleich drauff kommen.

L

Caesarius v. H. Mutus surdusque liberatur

 Es war vor Jarn in einer Statt,
 Ein Pfarrherr, der ein Stummen hat
 Neben seim andern Haußgesindt,
 Der weder hort noch reden kundt.
 Es kam darzu in kurzer Zeit,
 Daß sich der Stumm zu Bette leidt,
 Da nun die Zeit seins Todts vorhanden,
 Ist jhm die Mutter Gotts beygstanden usw.

Eiŋ a b

 Maria, aller Welt bekandt,
 Wirdt wol Hortus conclusus gnandt,
 Dann jhr Gart jhrer Jungkfrauschaft
 Ist also verbütschiert vnd gmacht,
 Das niemandt auß vnd ein kan gohn
 Als eben s höchsten Gottes Sohn.
 Ein Gart des Wollusts bist genennt,
 Dergleichen auch das Firmament,
 Das oben an dem Himmel stath
 Und d'Sonn damitten darumb gath.
 Du bist der rechte Dattel Bom,
 Ein grioner Gart ja dir zu Rům,
 Ein schöner Gart, der fruchtbar ist,
 Deß Wollusts Gart zu jeder Frist.
 Ein hoher Stamm, der sich außspreit,
 Der Gilgen aller Reinigkeit.
 Ein Roß deß Felds Göttlicher Liebe,
 Die in dir täglich wird geiebet.
 Ein Blum vnd Roß von Jericho
 Bistu o edle Jungfraw schon.
 Ein Roß den Gylgen zugefůegt,
 Gantz schön im Früeling außgeblůet.
 Ein Roß wirst gnant zu diser Frist,
 Weil das der Rosen arte ist:
 Je mehr man die Rosen anriert,
 Jo mehr jhr guter Gruch wirdt gspeirt;
 Also je mehr man dein begehrt,
 Je mehr man auch dein Hilff erfehrt.
 Du bist aller Jungfrawen Blům,
 Der Stern des Möhrs, mit allem Rům.
 Denn so sie weitter ist bekannt,
 Dom wird sie auch Oliua genant,
 Weil der Oliven Bom ganz kien
 Bleibt Sommer vnd den Winter grien.

So solls billich im Teutschen Landt
Werden der recht Oliva gnandt.
Dann jhr Gnad grünet allzeit werdt,
Bey dem der jhrer Hilff begert usw.

Gij ff.

Sie wirdt auch gnennt der *Abendstern*,
Der glanzet vber dandern fern,
Zur Sonnen ist er hefftig gach,
Drum eilt er jhr zu Abent nach[1]):
Also glantzet Maria gern,
Dann sie ist der recht Abendstern,
Der die Sonn der Gerechtigkeit
In allweg nachziehend beleit.
Dann wa die Sonn da ist der Stern,
Da findt man jhn wer jhn sucht gern.

Oiij

Kein heylgerer Tag, kein heylgere Nacht
Ist, als die uns den Gruß gebracht.
Inn diser Nacht, da das Heyl kommen,
Hat d'Frewd im Himmel zugenommen

— — — — — — —

Die Elementa haben gaudiret,
Das Gstirn am Himmel iubiliert,
Das Fewr hat seine Frewd erzeigt,
Der Lufft war zu dem Jubel gneigt,
Das Waßer ward lautter vnd rein,
Die Erd ward grün, frewdt sich ingmein.
Inn summa was auff Erden lebt,
Das alles sampt in Frewden schwebt usw.

Oij[2]

Pelbartus[2]) schreibt von einem Man,
Der täglich s Ave Maria
Gesprochen hat, ja alle Stundt
Sey jhm der Grüß glegen im Mundt.
Als nun diser mußt vber Feld
Vnd ohngefahr gehn durch die Weld:
In dem er also gangen wallen,
Da sey er vnder d'Mörder gfallen,
Die habn jhn durchs Teuffels angeben
Zu todt geschlagen mit den Kneblen
Vnd jhn vergraben an die stat.

---
1) *Vgl. Hebels Abendstern: und laufsch der Sunne weidli nó usw.*
2) *Von Temeswar.*

Weyl er ein Stecken bey sich ghabt
Oder ein gmeinen Bilgerstab,
Haben sie den gsteckt auff sein Grab.
Nun tregt sich zu, wie man erfahren,
Der Stab schlecht auß in kurzen Jahren
Vnd wirdt ein schöner Bom darauß,
Gibt Blätter, grünet und schlecht auß.
Es tregt sich demnach föhrer zu:
Ein Geistlicher begehrt der Rhu.
Der vnder gemeldtem Bomme rast,
Der luget auff, ersicht den Nast,
Da sicht er, daß die Blätter oben
Allsampt die Gschrifft an jhnen haben:
Aue Maria, voll der Gnaden,
Der Herr mit dir. das stund drauff oben [1]);
Da er nun fragt, was das bedeut?
Da sagten jhm d'Histori d'Leut.
Das machet, das man jhn erhůb
Vnd eylends seinen Leib außgrůb.
Da fandt man in derselben Stundt
Deß Boms Wurzel in seinem Mundt,
Und seinen Leib ganz vnverletzt,
Als hett man läbig ins Grab gsetzt.
Da ward von jedermanne Gott
Vnd Maria sein Mutter globt.
Das Ort war auch in Ehren ghabt,
Weil es mit Wunderwerk begabt.
An etlich Orten wird geleut
Das Aue Maria, Bedeut
Ein besonders Mysterium,
Wie uns berichtet Pomerium usw.

Wanns Heyl auff Erden werde kommen
Vnd d'Menschen z'Gnaden auffgenommen,
So werden widerumb besetzt
Die neun Chör, so zuvor verletzt;
Drum leut man nach des Salues Gsang
An etlich orthen nur neun Klang.
Ein jeder Klang bedeut wie ghört
Deß Engels Red, ein jedes Wort.

---

1) *Thomas Cantiprat. S. S. Theol. Doctr. lib. II c. 29 erzält von einem Cisterzienser Mönch der starb:* „sihe so ist bey dem Haupt gewachsen ein wundersames zierliches schönes Bäumlein, dergleichen man zuvor nie noch darnach gesehen hatte, auf welchen Blättern mit Goldbuchstaben ganz zierlich geschrieben waren dise Wort: gegrüßt seist du Maria!"

Zudem auch die noun Monat glat,
Die Gottes Sohn geruhet hat
Im Leib Maria hie auff Erd,
Als seiner lieben Mutter werd usw.

                                                           A BIRLINGER

FRYHEITEN DER VNNIVERSITET ZE FRIBURG

Wir Albrecht von gottes gnaden erzhertzoge zu Österreich, zu Steyr, zu kernden vnd zu chrayn, herre uf der windischen margk vnd zu Portnowe, Graue zu Habſpurg, zu Tyrol, zu Phirt vnd zu Kyburgk, Marggraue zu Burgow vnd Lantgraue zu Elsaß, bechenne offenlich mit dem brief, für den allerdurchlüchtigsten fürsten vnd herren, herrn *Fridrich* römischer keyser, zu allen ziten merer des richs etc., vnsern gnedigen herrn vnd bruder, vnd den hochgepornen fürsten vnsern lieben vetter Hertzog *Sygmund*, ouch Hertzog vnd herre der vorgenannte fürstenthum vnd herschaft, der beider wir gantzen gewalt hierinn habn vnd gebruchen, ouch für vns selbs, vnser erben vnd nachkomen. Diewil vnd wir von sundern gnaden des ewigen almechtigen gottes vnsers schöpffers, vber ander gemein menschen in adell, mit vil landen vnd grosser fürstlicher gwalticheit dieselben zu regiren vnd zu versehen, hochgeporn begabt sind, deſhalb wir dester mer siner almechticheit schuldig werden an der rechnung vnsers ambts dartzulegen vnd zu bezalen, vnd doch durch d plödicheit menschlicher natur gebrüchlich vnd sümig an den geboten desselben ewigen gottes offt erfunden werden, vmb des willen vns billich gebürt nach vnderdeniger erchantnuſ vnser schulde mit demütigem hertzen so gros wir mögen abzulegen mit solchen wercken, so wir allerchrefftenlichest vermeynen widerumb demselbigen ewigen gott vnserm schöpfer, vns in erbarmhertzikeit zu ermilteren vnd zu hulden, damit wir ouch der küschen vnberürten iungfrowen muter gottes, allen in gott geheiligeten wolgefallen, vnd der gantzen kristenheit trost, hilff, stand vnd macht, wider die viende vnsers glaubens vnüberwintlich geberen, durch welche werck wir nüt minder hoffen, allen vnsern vorfarn vnd nachkomen sölich heil zu buwen, ouch vnserm loblichen hus Oesterrich, allen vnsern landen vnd lütten, vnd in sunderheit vnser statt Fryburg im Brisgow lob nutz vnd ere inzunemen der tugend zu erberben, desglichen mit andern kristenlichen fürsten helfen graben den brunnen des lebens, darus von allen enden der welt vnersihlich geschöpft moge werden erlüchtens, waß trostlicher vnd heilsamer wiſheit, zu erlöschung des verderblichen füwers menschlicher vnuernuft vnd plintheit: das wir darumb haben vnder allen andern guten wercken vns vferwelt ein hohe gemein schule vnd vniuersitett, vnd dieselben in vnser statt Friburg im Brißgow, Costentzer bisthumbs, fürgenomen ze stiften vnd vfzerichten, vnd darüber von dem heiligen stul zu Rom bapstlichen volkomen gewalt erworben, des alles aber nit gnug were zu bestendikeit, wir begabten denn dieselben hohen schul, ir maister, schuler, vnd alle die zu in hören mit sundern gnaden vnd fryheitten, vmb des willen, das sy in allen vnsern lannden vnd sunder in vnser statt Fryburg, dester fridlicher vnd geruweter mogen bliben, von allenmenglichen vnbekümbert, vngelediget vnd vngehindert, vnd dester mer ouch von allen lannden geneiget werden in dieselben hohen schul zu ziehen, so sy mit grossen gnaden sicher funden miltiglich gefrigt sin vnd begabt. Dann wer wolde inen nit gnade vnd sunderheit fryheit mitteilen vnd bewisen, die so sy verlassen ir eygen fründe vnd vatterland mit guten willen, in bilgerinß wise nach mengerley betrüpniß erlitten, vnder vns gastlichen geben an der frömbde in dem ellend ze bliben, vnd das so ir eltere mit grosser arbeit in schweis ires antlüzs gewunnen, by den vnsern, vmb lere, vernuft vnd wißheit zu enphaben, früntlich darlegen vnd vfgeben.

Darumb wellen wir von vns, allen vnsern nachkomen stett vnd vnerzerbrüchlich, ouch von allen, die vns zusteen, vnd besunder die da wonent in vnser statt Friburg, sy synd edel oder vnedel, geistlich oder weltlich, niemands vfgenommen, ouch veste zu ewigen zitten gehabt haben vnd vfrecht gehalten werden, alle vnd jeglich fryheit, gnade, stück vnd artickel, so hie nach geschriben stat, an alle intrag, widorrede oder fürwort, getrúwlich vnd on geuerde.

Zu dem ersten wollen wir allen meistern vnd schulern, die yetzo hie in vnserm studio zu Friburg sind oder hienachkomen, vnd alle die hinweg ziehen, in was statt, würden oder wesen die sind, in allen vnsern lannden, stetten, dörffern vnd gebieten, zu schirmen vnd zu hanthaben, in allen den gnaden vnd friheit, von den durchlüchtigen hochgepornen künigen fürsten vnd herren, künigen von Francrich zu Paris, fürsten von Beyern vnd Pfaltzgrauen bj Rin zu Heidelberg, vnd auch von vnsern vorfarn löblicher gedechtnús, fürsten von Oesterrich zu Wien iren schulen vnd vniuersitetten, vnd in allen iren landen, den meistern vnd schulern derselben gnediglich gegeben sien vnd verlichen in allem fug, als ob solich gnad, friheit vnd recht der vorgenanten drier hohen schulen, Parys, Heidelberg vnd Wienn, hierinn alle vnd jeglich, in sunderheit von wort ze wort gantz eigentlich verschriben vnd vergriffen werden.

Wir geben ouch gantzen vollen gewalt vnser vniuersitett gemeinlich, vnd einer yeglicher facultett insunderheit für sich, alle ir meister vnd schulere, vnd alle die in zusteen eygen, zymlich vnd redlich gesetzten vnd statut, zu merung, zu nutz vnd bestenlichem wesen vnd bliben, als dick in nott würt, zu ewigen ziten vffzusetzen vnd zu statuiren vnd wider abzuthun, wenn es si zimlich vnd ein notdurft sin bedunckt, vnd alle die in zugehören mit penen, wie in eben ist, söliche statutt vnd ordnungen zu halten, vnd wider die nit zu thun zu verpinden. Doch das durch dieselben statut vnd gesetzen der gemeinen vniuersitett, deheiner faculteten in sunder, keinerley intrag, irrung, zwytracht oder schadens enstee, oder zugefügt werde.

Sölichen gesetzen vnd statutt wie die gesetzt werden, globen wir für vns vnd alle vnser nachkomen vnd erben, bj vnsern fürstlichen würden lassen vngeletzt, vnd gantz vest vnd stett zu beliben, ouch die nyemer zu ewigen zitten zu verwandeln, abzethun oder zu reformiren gantz noch in teil, on derselben vniuersitett vnd aller ir facultet wissen vnd guten willen. Vnd ob wir oder vnser nachkomen, oder sust yemands von den vnsern oder vnsern wegen sölichs tetten, das doch nit sin sol, oder etwas in der vniuersitetten oder iren facultetten, an derselben wissen vnd willen, als vorstatt, vnderstuuden vfzesetzen, zu ordenirn, zu handeln, zu verwandeln, zu reformiren oder zu statuiren, in welcher wise oder form das beschee, sol alles gantz kein kraft haben noch gewinnen niemer zu ewigen ziten, dann wir vns vnd vnsern erben, sölich vniuersitett vnd hohen schul haben fürgenomen, allen dieselben ewiglich mit fürstlichen loblichen gnaden, schirm vnd friheiten, vnd nit mit regiren, mechtikeit oder eincherley gewaltsamy an sy zelegen, gott zu lob vnd einer lieben muter Marien etc., als vor in anfangks dis briffs geschriben stat, in vnser obgemelten statt Friburg im Brißgow vestenlich zu hanthaben, vnd gnediglich zu schirmen, vnd ze halten.

Darumb nemen wir in vnser vnd nachkomen vnd erben sunderlichen schirm, geleitt vnd behüttung alle doctor, meister vnd schuler, dye yetzo hie sind, hienach komen mögen oder hinweg ziehen. Defhalben gepieten wir ernstlich, so wir mögen, allen vnser vndertanen, edelen vnd vnedelen, grauen, herren, frien, rittern vnd knechten, burgern, autwerchslaten vnd allen dye vns zugehörn, oder in vnsern lannden wonen oder wandelen, als lieb in vnser hulde sye, das ir keiner, kein meister noch schuler, die hie sind, hernach komen oder hinweg ziehen, keinerley gewalt, schande, smacheit, leid, letzung oder vnrecht, ouch keinerley betrübnüß, mißhandlung oder übels thů oder zufůge, mit worten oder wercken, durch sich selbs oder ander, oder schaff gescheen werden, von sinen oder ander wegen, an lib, an gut, an glimpf, oder an ere, in welcherley wise oder waß das gesin mag, heimlich oder offenlich, mit radt, oder hilflich zuschüb, sunder dis nit gestat von yemants gescheen, als verre er darvor gesin möge, alles on geuerde. Vnd wer der oder die weren, die sölich vnser gepot brechen oder überfüren, dye oder der solten zu stund vnser huld verlorn haben, vnd dartzu hundert rinischer guldin, dio vns halb vnd vnser statt Friburg halb, on gnade zu pene geuallen sollen, zu der pene, die er ouch sust verloren hett, nach der statt Friburg vnd des lannds recht vnd gewonheit. Vnd dennoch nit mynder sol derselb, oder die also vnser gepott übertreten, dem derselbe schad oder smocheit gescheen were, ouch bessern nach dem rechten vnd gantz ablegen. über sölichs vnd anders, so maister vnd studenten zu schaffen gewinnen mit den vnsern, sollen ouch vnser amptlüt vnd schultheis in vnser statt Friburg, oder an andern enden, da sichs gebürt, in vnsern landen zu stund kurtz, vßtreglich recht sprechendt on alles vertziehen oder vfschieben, alspald sie sölichs veruemen, oder in fürbracht würdt, von wem das sige, bi vnsern hulden zu behalten, vnd die verlieren aller ir embter, vnd an obgemelten penen nichts schencken noch faren lassen, als lib in selbs sig, solich pen zu vermiden. Denselben vnsern amptlüten, allen vnd yedem insunderheit, wir hie in kraft dis briffs vollen gewalt geben, als dick des not ist, über sölichs recht zu sprechen, vnd erberlich zu entscheiden, alles getrüwlich vnd an alle geuerde. Were aber yemands vnder den, die sölich gepott brechen, vnd der doch nit mit gůt möcht gnůg thun, den vorgeschribenen penen oder den rechten, derselb sol sölich mit sinem lib erarnen, bessern vnd gantz ablegen.

Wir wellend ouch vnd gepieten ernstlich allen vnsern burgermeistern, vnd rätten, schultheissen, ambtlüten, statknechten, gepütteln vnd andern vnsern vndertanen, als lieb in vnser huld sy vnd ir embter, das sy keinen meister noch schuler dem studio zugehörend fahend oder fahen lassen, noch yemands gestatten, handt oder gewalt an sy zulegen, in keinerley wisse vmb keinerley schuld, missetat oder verwürckung, sunder diß lassen gescheen von dem rector der vniuersitett, oder den die von der schulen empfollen würt, nach irem willen vnd geuallen. Wer aber, das ir einer gefangen würt, das wir doch verbieten, on redlich vrsach oder vmb sölich sach, darumb ein ley mit kleinem fromen möcht, oder das sust die missetat nit gros wer, so gebieten wir als vor allen vnsern vndertanen, das sie denselben meister oder studenten zustund ledig lassen on engelten. Wer aber die vrsach also gros, das er pillich solt straff liden, so gebieten wir doch by obgemelter penen, denselben meister oder studenten zustund irem rector oder obresten, an allen widerrede vnd mißhandelung, erberlich vngeletzt, auch vngeschendt mit worten oder wercken zu antwurten, demselbigen in sin straf zu geben vnd zulassen. Vor dem selben sol er bürgen setzen, gnug zu sin dem rechten, vnd mocht er auch nit bürgen haben, sol er globen, das zu thun vnd darnach auch von dem rector gelassen werden. Wer aber ein

sölicher als lichtvertig gehalten, das im uff sölich gelübde nit wol
ein rector getrüwen, so mag in der rector sust inhalten vntz zu
vßtragen der sachen. Ob auch einer als grolilich wer verlümet,
vnd mit warheit schuldig worden vmb übeltat, den sol doch ein
rector zu ziten oder dy vnsern, ob sie das von eim rector wurden
geheissen vnd sust nit, nach dem vnd sy in dem rector in sin ge-
walt geantwurt hetten vnd vorhin nit, erberlich vnd bescheidenlich,
an alle mißhandlung gefonglich halten. Vnd wan er würt vsgelassen,
sol er nit me geben noch betzalen, dann was er in gefengknüß
verzeret hat an geuerde.

Wurde aber einer an sölicher frischer tatt funden, darumb
er einem bischoff ze antwurten wer billichen, so sol derselb doch
vorhin dem rector, vnd demnach mit eins rectors geheiß vnd
willen, vnd sust nit eim bischoff geantwurt werden, erberlich vnd
on alles letzen oder ledigen, oder einem der des bischoffs gewalt
in vnser statt Friburg by obgemelter penen. Den selben sol ouch
ein bischoff gnediglich, vnd nach der vniuersitett ratt vnd willen,
straffen vnd halten, das wir ouch mit sundern gnaden wellen vmb
ein yeden bischoff erchennen.

Sölichs söllen auch alle jar vnser dry stettmeister, das sind
burgermeister vnd die ander zwen obrest stettmeister, auch vnser
schultheis vnser statt Friburg, einem rector oder der vniuersitett zu den
heiligen sweren, nach dem alspald sy erwellt werden, alles redlich vnd
vffrecht gehalten, wie vor geschriben stott, on all geuerde, vnd
sich bj verlierung ir embter vnd hundert rinischer guldin, dye ir
yetlicher zu pene, als obgeschriben stott, veruallen sin sol, wider
sölich sweren nit stellen, noch sich des widern in kein weg, als
pald sy vnd ir yeder das ze thund von dem rector oder vniuer-
sitett ermant vnd eruordert werden, on all geuerde.

Item das sölich vnd vnser hohe schule, vnd all die inen zusteen,
auch die vnsern in vnser statt Friburg dester mynder schadens
enphaben, vnd dester fridlicher bj einander bliben, so wellen wir
vnd gepieten ernstlich allen vnsern amptlüten vnd vndertanen,
vnd besunder der statt Friburgk, das sy kein juden, auch sust
keinn offen fürköuffer oder wucherer, oder der die der vniuersitett
meister oder schuler, oder die vnsern vngepürlichen schetzen, mit
lehen oder vfkouffen bj in zu Friburg, oder in der statt Friburg
zwingen oder bennen lassen wonhaftig bliben, als lieb in sy vnser
swere vngenad zuuermiden. Sunder bestellen, das niemans vnge-
purlich von keinem verkouffen, es sig an win, brot, fleisch, visch,
tůch oder andern dingen, die zu der notturft gebrucht müssen
werden, geschetzet oder vnzymlich übernomen werden. Darumb das
menglich dester mer gelang zu vnser statt Friburg, vnd dester
pas mög einer mit dem andern sich erneren vnd pliben.

Wir wellend ouch, das niemand kein studenten oder sust kein andern vſ bůcher lihe, die kouf oder verpfende on sunders (vrloub) eins rectors zu zitten, vnd ob einer das überfüre, der sol zu stund veruallen sin viertzig guldin, vns halb vnd der statt Friburg halb, vnd nit mynder die bücher on engelten widergeben; würd ouch ein buch oder mer bj yemans funden, das gestolen oder sust abtragen wer heimlich, das sol zu stund dem des es gewesen ist, wo er das mit siner trüw behalten mag, widerkert werden, on engelten bj yetz gemelter peen.

Item das vnd meniglich wol versorget, vnd keinerley vnere vnser vniuersitett oder iren facultett zugezogen werde, gebieten wir, das die amptlüt vnser statt Friburg keinen libartzet, frow oder man, der von der facultett der artznye nit gewert oder zugelassen sy, lassen enicherley artznie zu Friburg triben oder üben, als lieb in vnser hulde sig, es si mit wassersehen, reynigung geben, oder in welchen wege sich das fügt. Desglich wellen wir mit den appenteckern, wildwürtzlerin, vnd mit den, die man nempt empericos, gehalten werden. Wir setzen ouch vnd wellen, das kein wundartzt, scherer oder ander, in was stats der sig, libertzney zetriben, er sy dann bewert von der facultett der artzuie, vnd zugelaßen von den meistern derselben facultett, noch über kein wunden, daran etwas sorg vnd schadens gelegen, oder dy in houpt, hals, brust, puch, gemecht, oder sust mißlich ze heilen ist, über das erst vberwinden, on rat vnd willen eins bewerten meisters in der artznie, als verre er den mag haben, gange, die salbe, verbinde oder heile, in vnser statt Friburg bj verlierung dryssig guldin, vns halb vnd halb vnser stat Friburg, dartzu alles lones der im von den wunden solt zutheil werden. Da bj sol auch von derselben facultett der artznie bestellt werden, das niemands versumpt, oder durch ir abwesen verkürtzt, noch sust mit lon vnzimlich beschetzt, sunder die alles redlich vnd on geuerde vffrecht gehalten werde.

Ouch wellen wir, das alle meister vnd schuler die hie sind, herkomen mögen oder hinweg zichen, an iren personen vnd ouch an allen iren gütern, wie die sind genant, es sige tůch, win, korn, visch, fleisch oder anders, so in zugehort, vnd des sy bedürfen, aller schatzung, vngeltes, zol, stür, gewerf, tribut oder ander beswerung, wie die genant werden, zu ewigen ziten, in allen vnsern landen, vff wasser oder in stetten, wo oder an welchen enden sy die kouffen, füren, tragen oder bestellen, gantz frj vnd ledig sin sollen, vnd von allen vnsern zollnern, amptlüten vnd andern, den dis zu euordern vnd inzunemen zustet, ledig getzallt vnd gelassen werden, on widerrede bi sölchen penen hundert guldin, so oben geschriben stant, vßgenomen, das in vnser statt Friburg meister vnd studenten, welch für sich selba zu bachen oder zulegen vnuerdingt zu ir selbs notturft kouffen vnd bestellen, von einem jeglichem scheffel korn sechs rappen pfenning, vnd von eim jeglichem sowm wins ouch als vil, zu zoll vnd vngelt geben sollen, vnd sust nit mer gedrungen zu ewigen zitten sunder, als vor berürt ist, gantz fri (bliben) vnd ledig gezallt sollen werden, doch ob jemands vnder in bi vns in vnser statt Friburg verpfröndt were, der sol win vnd korn zoll geben, als das von alter harkomen, vnd mit der briesterschafft zu Friburg vntz vff dis zit gehalten ist. Daneben sol nit minder von der vniuersitett nottürfftiglich, gewonlich vnd ernstlich gestellt, geordinirt vnd versehen werden, das in sölchem kein geuerde mit andern den vnsern gebrucht, sunder diß erberlich on vffsatz vnd redlich gehalten werde.

Ouch wellen wir ernstlich, das alle meister vnd schüler, oder die in zusteen, solichs obgeschriben güt, win, fleisch, korn, prott, visch etc., vnd anders, wo vnd wenn vnd von wenn sie wellen bestellen mögen oder kouffen, ou menigliche hinderniß vnd intrag, oder sölich win, brot, korn, visch, fleisch oder anders, so sy sin bedorfen, als dick das in verkouffens wise gelegt oder zu verkouffen offenlich herfür geton würt, selbs nemen, vnd heim tragen vnd nach gemeinen koufgelt, nach des margkts vnd der statt Friburg gutt gewonheit vergelten vnd betzalen. Vnd ob das jemand welt weren, in welicher maß das geschee, wellen wir denselben ouch solich vorgesatzt peen hundert guldin rinischer vnd dartzu vnser huld verloren han. Vnd ob zwytracht erstünde über sölichs, den studenten von vnsern amptlüten, schultheissen aber den leyen von dem rector vnuerzogenlich kurtz recht gesprochen werde, alles on geuerde.

Wir wellen auch, vmb das nyemands vntzimlich geschetzt werde, das der rector zu ziten vnd vnser statt Friburg burgermeister, als dick sy eruordert werden, geben zwen man, die by guten trüwen, vorhin darumb gegeben, schetzen die hüser, darin studenten ziehen wellent, nach billicheit vnd guter gewonheit vnser statt Friburg, daby auch die, der die selben hüser sind, bliben sond, als lieb in der hus zinf desselben iars ist, vnd vnser vngnade ze myden. Vnd wo auch meister und studenten erfinden ein hus, das der eigen huswirt, des das selb hus ist, nit wil selbs nützen oder persönlich jnnwonen, mögen die selben schuler lassen also schetzen vnd darin ziehen, vnd des iarszins halb zubetzalen, nach guter gewonheit vnser statt Friburg vnd der vorgerürten schetzer geheis vnd willen, gnug thun vnd verzinsen, daran sol nyemand sich sumen noch irren, by vorgemelter peneu.

So geben wir auch eim yeglichen rector zur zitten, oder dem der sin stathalter ist, gantzen vollen gewalt vfrichtung vnd recht zu sprechen vnd zu thun, überall vnd yeglich sachen, die meister vnd schuler vnder ainander vstragen haben, in welchen wege oder masse sich die erheben oder machen. Ob aber ein ley mit einem studenten zu schaffen hette, sol im der student antwurten vor sinem rector, vnd wurde ein student für vnsern amptman gebotten, sol in der amptman wider wisen für sin rector, vnd wo der amptman das zu stund, dis an in geuordert wurde, nit tätte, sol er sin ampt vnd dartzu hundert guldin, als oben geschriben stat, zu pen verloren haben. Also das die studenten vnder in, vnd die studenten den leyen, vnd leyen den studenten recht geben vnd nemen, sye all vnd ir yeglicher, vor sinem geordenetem richter, nach innhalt gemeiner geschriben rechten. Welte aber ein meister oder ein schuler denselben rector oder sinem stathalter nit gehorsam sin in zimlichen dingen vnd redlichen gepotten, wann denn der rector begert hilf, zu solichem gebieten wir allen vnsern amptlüten, in hilf vnd bystand zu thun mit iren knechten, als dick des not würt, by vorgemelten penen hundert guldin, alles ongeuerde.

Wir haben ouch alle friheit geben den meistern vnd schulern vnsers studiums zu Friburg, ouch gnediglich gegeben in kraft diß briefs, allen iren elichen wiben, kindern, die sie verwalten, knechten, megden, diern, pedellen, vnd wer zu in vnd allein in ir verbot gehörig ist vngeuerlich.

Darumb gepieten ouch wir ernstlich vnd wellent, das alle vnser amptlüt, statthalter, lantvogt, marschalck, hofmeister, vitzthum, houptman vnd alle vnser lehenlüte, gaistlich vnd woltlich, in was stats die syen, burgermeister, oberstmeister, stetmeister schultheissen, schepfen vnd richter in allen vnsern landen, in vnser gegenwerticheit vnd in vnserem abwesen, by den eiden, so sie vns getan haben, vnd by allen vorgesetzten penen nach allem irem besten vermögen hanthaben, schirmen vnd schützen vestiglich, zu ewigen ziten an widerrede vnd fürwort, in gemein vnd sunderheit, so wir den meistern vnd schulern, vnd allen die in zu versprechen stend, des vorbenempten vnsers studiums vnd hohen schulen zu Friburg im Brißgow mit gutem willen geben vnd verlihen haben mit disem brief vnd bestellen, wo das an sy oder ir yeden gelanget, stet, vest vnd vngeletzt gehalten werden, vffrechtlich vnd redlich von allermeniglich in allen vnsern landen, alles getrülich vnd an alle geuerde.

Vnd vmb das soliche gnade vnd friheit, pene, gepot vnd satzung allermeniglich offenbar werde, vnd sich der niemands möge entschuldigen in vnwissenheit, wellen wir by vorgemelten penen hundert guldin etc., das sy alle iar, am negsten (suntag) vor dem vffertag vnsers herren, so man die gros kilchwie begått, in vnser lieben frowen münster, vor allem volk, von dem statschriber vnser stat Friburg, in biwesen zweier ratherren vnd der statt gepütel, die vorhin von dem burgermeister darzu sollent geordenet werden, vf der kantzel von wort zu wort vnderscheidenlich gantz zu end vß zu verlesen vnd verkündt werden. Die selben alle vnd yeglich, also für vns, vnd alle vnser nachkomen vnd erben, by vnsern fürstlichen wûrden vnd trüwen, vestiglich vnd vnzerbrüchlich, an allen stucken vnd artickeln, zu ewigen ziten ze halten, globen wir vnd versprechen in craft diß briefs nach vnserm besten vermögen, alles getrüwlich vnd on alle geuerde.

Wellen wir ouch solichs in glicher wise von einem yeglichen vnsern erben vnd nachkomen, dem vnser statt Friburg würt zu regiren, in anfangk sines regiments versprochen vnd gelobt werden, als lieb im sig des ewigen gottes hulde, vnser vnd siner selen heile, vnd alle vnser vorfarn vnd nachkomen, vnd des gantzen hus Oesterrich ere vnd lob zu behalten. Des zu warem vrkunde haben wir derselben vnser vniuersität vnd hohen schul zu Friburg obgenant disen vnsern brieff mit vnserm grossen maiestat ingesigel gesigelt. Geben daselbs zu Friburg an sant Matheus tag, des heiligen zwelfpotten vnd evangelisten, nach Cristus gepurt viertzehenhundert vnd in dem siben vnd fűntzigstem iare.

Vnd wir burgermeister, schultheis vnd gantzer rat der statt Friburg im Brisgow, bekennen ouch für vns, vnser gemein vnd alle vnser nachkomen, das diß alles wie vor hie geschriben stat, nichts vfgenomen, mit vnserm guten willen vnd wissen gescheen ist. Darvmb loben wir auch für vns vnd alle vnser nachkomen der statt Friburg, by guten trüwen an oydes stat, alle vorgeschriben gnad, friheit, stuck vnd artickel, zu ewigen ziten vest vnd stet zu halten, wider die nyemer zu tun, noch schaffen oder verhengen, als verrr an vns ist, getan werden, alles erberlich, trüwlich vnd vngeuerlich, allein vns vnd vnsern nachkomen hierinn vorbehalten, ob wir über kurtz oder lang, vmb die obgeschriben stuck, puncten vnd artickel, einen oder mer, yemer mit der vniuersitet, oder sie mit vns strittig, oder die gar oder ein teil ye nach löuffen der zit vnd gestalt yeglicher sach vmb yehtzig keinerlei besserung, endrung, merung oder minderung notdürftig würden, des sollen wir mögen vßtragen; wo wir aber vnd sy des nit gütlich vnd früntlich einig werden möchten, so sollen wir vnd sie, des ye durch vnsern gnedigen herren von Oesterrich etc., oder siner gnaden lantuogt vnd rat miteinander, vf notdurftig verhörung noch gestalt anligen yeder sach, noch löuffen der zit, vfgetragen, entricht vnd entscheiden werden, on alle argelist vnd geuerde. Vnd des zu warem vrkunde, haben wir vnser stat grosses insigel getan hencken an disen brieff, der geben ist an sant Matheus tag, des heiligen zwelf potten vnd ewangelisten, nach Cristi gepurt viertzehenhundert vnd in dem siben vnd fünfftzigsten iaro.

Item praesentia privilegia sunt primum ex originali publicata decima quarta die May anno 1458 quae fuit proxima dominica post ascensionis Domini in Ecclesia Friburgensi ante initium Summae Missae per Notarium Civitatis eiusdem praesenti omni populo atque Turing de Halwil, Milite, Marscalco Petro de Mörsperg, Milite, Salvio Matheo Humel de Villingen, artium medicinae ac Canonum doctore consiliariis archidücis Alberti Austriae fundatoris primi Universitatis praedicti oppidi atque pluribus aliis fide dignis nobilibus.

Papierhandschrift im Stadtarchive zu Thann im Oberelsaß.
Vgl. Schreiber UB v. Freiburg II 447 ff.

A BIRLINGER

VON DER PASSAUER KUNST ODER VOM FEST- UND GEFRORENSEIN
ZUR SITTENGESCHICHTE DES DREISZIGJÄRIGEN KRIEGES

Motto:
Er ist gefroren, mit der Teufelskunst behaftet,
Sein Leib ist undurchdringlich, sag ich dir.
Macdonald in Schillers Wallenstein.

Erzherzog Leopold I war von 1598—1626 Inhaber des Passauer Bischofstules. Kaiser Rudolf II wollte im Böhmen sichern. Leopold warb das unter dem Namen „*Passauervolk*" bekannte Kriegsher, das verherend und brennend Oesterreich und Böhmen durchzog; nam tätigen Anteil an der Liga und verhalf dem Bayerfürsten mit zu der Hauptmannschaft über dieselbe. Von disem *Passauervolke* her schreibt sich die berüchtigte *Passauer Kunst*. Von dem Herhaufen, den wir eben nannten, verbreitete sie sich ins Oesterreichische hinüber, wo die Bauern in hellen Haufen damals Rebellion machten und sogar Fülung mit den misvergnügten Passauern anstrebten, aus deren Beutel mit gröster Härte die Geldsummen für die Liga gepresst wurden. Wir haben also ein österreichisches und passauisches Volk als Träger der Kunst, von der gehandelt werden soll. Das genügte zum Volkstümlichwerden. Ein Nachrichter *Kaspar Neithard* und ein Student *Kristian Elsenreiter* verschluckten Zettel mit Zaubersprüchen beschriben und gaben vor *hieb- und kugelfest* zu sein. Sie betriben das Verkaufen solcher Schuzzettel mit ungewönlichem Erfolge, und andere Henker machten es nach. Auch auf dem Leibe trug mans und soll die Wirkung dieselbe gewesen sein. Die Verbreitung war in jener krankhaften Zeit eine derartige, daß die ganze Welt davon sprach. Ja der bairische General von Pappenheim war auch so überzeugt von der Wichtigkeit des Aberglaubens, daß er beim Vorrücken gegen die aufrürerischen Bauern Pulver und Kugeln weihen ließ. A. 1626 waren die Bauern in Oberösterreich alle *gefroren*. Im Treffen bei Efferdingen sezte ein Bauer dem Pappenheimer gewaltig zu; er zog eine Pistole, schoß den Bauern vor den Kopf „es hat aber nicht gebissen", biß er im mit dem Kolben das Hirn einschlug. Der Pappenheim sei also selbst von der schwarzen Kunst beherrscht gewesen, habe sie aber schon frühe auf Zureden seines Beichtvaters abgelegt. Sein Bericht nach München 1631 beweist seinen Glauben aus Gefrorensein hinlänglich. Die Soldaten in der Magdeburger Schanze „Trutz Pappenheim" wären alle schußfest gewesen und hätten mit Flintenkolben totgeschlagen werden müßen. Der schwarzen Kunst war auch Tilly verdächtig. — Der Rothenburger Superintendent J L Hartmann hat dem Aberglauben seiner Zeit scharf auf die Finger gesehen und in zu unterdrücken gesucht. Sein kleines Büchlein „Neue Teufelsstücklein usw." gibt uns den Hergang der Sache also. Die Zettel waren talersgroß aus Papier mit wunderlichen Charakteren und unbekannten Wörtern, abgedruckt an einem messinen Stock. Die muste man verschlucken. Darnach habe man dises Unwesen *fest*- und *gefroren*machen genannt. So drückt sich Abraham à St. Clara in seinem „Reimb dich oder ich Liß dich" Salzb. 1684 S. 10 aus: die Welt pflegt zu sagen wann einer Schuß-frey, Stich-frey, Hieb-frei und weder Gabel noch Säbel eingehet: *er sey gefroren*". Hartmann färt weiter fort „von disem *hart*- und *gefroren*machen nun wird soviel und mancherley discuriret und ausgesaget, daß schier nicht alles möglich zu erzehlen und zu beschreiben ist. Als erstlich, so könne wider das grobe Geschütz und wider die Bengel noch Brügel, keine Kunst und Vestmachen helfen. Darnach so könne man nicht alle Glieder bevestnen und bewahren, für allen aber die Augen nicht. Drittens sagt man, daß einer nicht allein sich selbst, sondern auch andere hart und fest machen könne. Ja etliche seyen der Kunst so wohl berichtet, daß sie auch das Schmalz oder, wie wir es nennen, einen Anckenballen also verhärten können, daß man mit keinem Messer, Schwerd oder Axt dieselbige anschneiden oder von einander theilen möge und das noch mehr ist, so können sie auch einen andern, der nichts drum weiß, wider Gewehr und Waffen befestnen und verhärten." An Heringen (Jena), sogar an Mücken sei die Kunst probiert worden. Laut der Magia Naturalis, Straßb. 1714, kannte deren Verf. einen Soldaten, der im ein gewisses Kraut vorwis, mit dem er sich fest machen konnte. Er legte das Kraut in ein Glas, nam eine Pistole und schoß darauf, es klingelte, er hatte getroffen, aber das Glas verblib ganz. Die zweite Probe geschah zu Leipzig an einem Hunde, der gleichfalls fest war, der Verf. war dabei. Nun spezifiziert H. die oben allgemeiner geschilderten Zettel. „Etliche haben gewisse Charakteren, Buchstaben, Wörter und Zeichen auf unterschiedliche Zettul geschrieben bey sich oder lassens in Messing, Zinn oder Silber graben, hangens an den Hals, oder binden es un den Leib, tragens auch wol als ein Fingerring an der Hand: Andere haben in kleinen Beuteln ihre Kunst und laßen sie oft sehen, zumalen wenn sie bezecht sind. Etliche schreiben solche unbekannte Figuren, Buchstaben und Wörter nur einfältig in Papier und hencken dasselbig auch an den Leib; und schreibt man von einem, daß er desgleichen einen von Papier geschriebenen Zettel seinem Hund angehenckt, und nach demselben geschossen, ihn aber zwar getroffen, aber nicht verletzt habe." Etliche hätten abergläubische Gebete deren Beisichtragung schon vor Todeswaffen schüze. Die ein Kunststücklein seien auf Postpapier, andere auf Jungfrauenpergament, auf Oblaten, sonstigen subtilen Sachen geschrieben mit † Signeten, arab. syr. chaldaischen Wörtern usw. „Viele pflegen ein besonders zugerichtetes kleines geschmeidiges Chartel in des Teufels Namen in sich zu verschlucken, die vermeinen alsdann auf 24 St. lang vor Schiessen, Hauen und Stechen usw. allerbestens verwahret und gesichert zu sein. Dazu nemen sie oft Worte der hl. Schrift als Ausschmückung. Etliche solcher Gesellen lassen St. Johannis-Evangelium subtil und geschmeidig auf zartes Papier schreiben und bringen solches an Papistische Orten unter die Altar-Decken, lassen verstohlnerweise eine oder auch wol 3 Messen darüber lesen, steckens alsdann in einen Besen oder Federkiel oder in eine gelöcherte oder ausgehohlte Haselnuß, verlutirens mit spanischem Lack oder Wachs und laßens einfaßen in Gold und Silber, hangen es an den Hals und tragen es bey sich. Ja, meint H. weiter, es ist mit diesen Teufels-Vest- und Kunstsachen so weit kommen, daß ihrer viel sich gar dem Teufel ergeben, auf daß, und damit er sie recht *stahl-* und *eisenfest* mache, welche Gesellen dann auch etliche essende Dinge, als Butter, Käß, Aepfel, Birn und dergleichen also zu verkünsteln wissen, daß sie von andern Leuten mit den allerschärfsten Messern und andern Waffen weder geschnitten, gehauen oder gestochen werden können. Etliche gottsvergessne Gesellen mißbrauchen des hl. Brods im hl. Abendmahl Christi, also daß sie bei Empfahung desselben die Hostien, welches schröcklich zu hören, in des Teufels Namen in ihren Mund, aber alsbald heimlich wieder herausnehmen, solche verbergen und alsdann in sich verheilen! So hat man auch Nachrichtung, daß etliche Ort des Leibs und Gliedern derjenigen Personen, welche sich der erwehnten *Passauischen Künsten* gebrauchen, nicht hart oder vest seyn, als nemlich der Nacke oder Hals, das zwischen den Schuldern, unter den Armen und an den Knien und dergestalt, wann der jenigen Gefrohrnen einer an der vermeldten Oerter einer mit Schiessen, Hauen, Stechen getroffen, derselbige daselbst also verletzt oder gar nidergemacht und getödtet werde, gleich als ob er solcher Kunst sich gar nicht gebrauchet hätte. Es wird ferner

Bericht gethan, daß der vermeldten hart- und vesteste Künste Würkungen nicht auf allerlei, sondern allein auf die gemein gebräuchige Metall, als Bley, Eisen und Stahl Bestand habe, die andere Metall aber verblieben ausgenommen. Ferner wird fürgegeben, dass die erzehlte Vestkünsten von der andern Parthey durch etlicherley dargegen gebrauchende Sachen wieder aufgelöst und vernichtet werden können, als wann man entweder gepülverter Waytzen Körner, Spießglaß, Donnerkeil und mehr andere Sachen unter die Bley-Loth oder Kugeln eingieße, massen man in Beschreybung der Magdeburg. Blockquirung lieset a. 1626 an den 29. Tag Augusti, dessentwegen von beyden Partheyen Klag und Antwort usw. fürgegangen seyen. Oder es werden auch die zu Loth in etlicherley Gifte, Seelsuchtborn abgekühlet oder vor dieselben zu gewissen Zeiten und in den Mitternachtstunden zu gießen vorgenommen. Auch werden die Degen- oder Rappir-Klingen oder andere Waffen an deren Schärpfen mit Brodrinden und andern Sachen gerieben." — "Etliche formiren runde Kügelein, legen sie heimlich unter ein Altartuch, laßen an bestimmten aber unterschidlichen Zeiten 3 Messen darüber lesen und verschlucken dann derselben eines an einem Morgen und das alles thun sie mit gewissen Worten und Zaubergebetlein und also sollen sie desselbigen Tages frey und sicher sein vor Hauen, Stechen, Geschütz und andern Schaden. Andere nehmen das Moos von einem erhenckten oder mit dem Rad gerichteten Menschen, das an ihren todten Körpern wächset, auch mit gewissen Zauberworten, binden es unter die Achsel und das soll gleichermassen denselben Menschen auch *gefrohren* machen. Andere schneiden ihre Haut auf, schieben eines mit unbekannten Figuren und Buchstaben geschriebenes Zettelein hinein und heilen die Wunden wieder zu, abermahl mit gewissen Beschwehren und besegnen und dergleichen Ding noch viel brauchen die arbeitselge Leut vor Stich und Schuß sich zu verwahren!"

Was die abergläubischen Gebete anget, so hat unser Gewärsmann ein Büchlein voll von einem Soldaten aus dem Land ob der Ens bekommen; darin seien ser vil böse Stücklein gestanden! Ein anderer alter Soldat habe im erzält, im Türkenkriege hätte er keine Kunststücklein gebraucht, weil er keine gelernet, aber sein Obrist-Lieutenant, so oft er mit Völkern commandirt worden, habe vil Stücklein Brots auf einen Teller geschnitten und jedem ein davon gegeben, wodurch sie sollten *schußfrey* sein!

„Jedennoch hat diß abscheuliche Wesen erst in diesem Seculo am meisten überhand genommen, daß jetziger Zeit sehr viel, nicht nur allein unter den Soldaten, sondern auch unter den Edlen, Bürgern und Bauern gefunden werden, welche sich vest machen, damit, wann es zum Zancken und Streiten kommt, sie für Stich und Wunden desto gesicherter seyn, da immittelst hierdurch das Gewissen höchst schädlich verwundet wird usw."

Das *Schuß-* und *Hiebfestsein* ist schon in der altgriechischen, nordischen und deutschen Götter- und Heldensage begründet; die Passauerkunst ist nur die lezte Fraze des alten Glaubens von der Hornhaut, Sicherheitspanzer, gläsernen Rüstung usw. Aus Homer wißen wir, daß die herliche Thetis iren Son Achilles gegen die Gewalt der Waffen zu schüzen in den Styx tauchte, und nur die Ferse, wo sie in gehalten, blib verwundbar, so daß Paris Pfeilschuß in auch nur hier treffen konnte. Cygnus, von seinem Vater Neptun also bewart, konnte von keinem Pfeile verwundet werden (Ovid Metam.) und als die Griechen sich darüber verwunderten, erzälte der weise Nestor denselben die Geschichte von der in einen Mann von Neptun verwandelten Cäneus, welcher so vile Centauren erschlug, die mit einer auf sie geworfenen Holzast erstickt werden musten, weil sie nicht verwundet werden konnten. Ajax, der Telamonide, wurde von Herkules in seine Nemäische Löwenhaut gehüllt und ward unverwundbar biß auf den Ort, an welchem Herkules seinen Köcher trug, wo sich ein wol eingeribenes Loch befand. Kaiser Konstantin M. ließ Nägel, vorgeblich vom Kreuze Christi in seine Helme und Pferdezäume einschmiden um gefroren zu sein. Dem nordischen Helden Balder sicherte die Gunst der Frigga die Unverwundbarkeit. Auch Ringe wie der des Gyges (Lukian) machten fest. Die Sigfridmären sind bekannt.

Nemen wir dise verschidenen Emanationen der Passauerkunst zusammen, so treffen wir des Aberglaubens vil, der schon früher in den deutschen Landsknechtsheren in Blüte geschoßen war. Die Berürung mit den nordischen Völkern, den Schweden, unter denen vile gewesen sein werden, die der Hochschule der Zauberei Finnland und Lappland näher standen oder gar daraus abstammten, die Berürung mit Irländern, mit iren düstern schwermütigen Gespenstersagen und mit einer Leichtgläubigkeit für derartige Dinge wie sie nie dagewesen; — die Berürung mit zauberkundigen betrügerischen Italienern — all das half zusammen den 30järigen Krieg mit Teufelsstücklein zu beleben und auszuspicken. Der gemeine Mann glaubte fest daran, weil die Gebildeten ja auch daran glaubten; vile vermochten nicht einzusehen, daß keine natürlichen Mittel ausreichten, um sich gefroren zu machen. „Diese Narren, heißt es bei Conlin 4, 316 ff., sagen zwar daß natürliche Ursachen und sonderbar das Gemsenkraut die Thiere, von welchem es den Namen, so erharte, daß ihnen der Jäger nicht beikommen möge". Es sei die Wurzel doranicum, sagt Hartmann, welche die Gämsthier, wo sie dieselbe finden durch den Trieb der Natur aus der Erden reissen und essen, damit sie ihnen den Schwindel benehmen, wann sie die hohen Felsen besteigen, ingleichen die haarichte, vermoserte Gämskugel, welche in etlicher Gämsthieren Magen soll gefunden werden, welche von keinem Jäger, ohne mit einer die Vestmachung auflösenden Kugel geschossen und gefällt werden können, dahero solche Gämskugeln theuer verkauft werden." Es sei im aber wie im wolle, meinen Conlin und Hartmann, so tut doch des Teufels Verblendung mit unterlaufen, durch welche er seine Künstler betrüget und in zeitlich und ewig Verderben zu ziehen pfleget. Daß ein großer Erfolg in Schlachten mit der Passauerkunst erzilt ward, ist klar, denn die Gefrornen stürzten wie Teufel auf den Feind und ward der über den Haufen geworfen, so war das Gefrorensein schuldig daran.

A BIRLINGER

STADTBUCH VON SENNHEIM, OBER-ELSASZ

Sennheim, französisch Cernay, ligt eine Stunde von der Kreisstadt Thann im Oberelsaß, am nordwestlichen Ende des ungefär 1000 HA großen unfruchtbaren Ochsenfeldes, auf dem nach Ansicht einiger Gelerten die Entscheidungsschlacht zwischen Caesar und Ariovist 58 a. Chr. statfand. Nach der Revue d'Alsace 1853 pag. 157 wird Sennheim zum ersten Mal im Jare 1144 genannt in der Gründungsurkunde des Klosters Feldbach (bei Mülhausen, Kanton Hirsingen), das von dem Grafen Friedrich von Pfirt und der Gräfin Stephanie gestiftet ward. Sennheim gehörte damals den mächtigen Grafen von Pfirt. Die auch jezt noch vil gebrauchte französische Form Cernay get biß in das Jar 1251 zurück: apud Sereney. Schon im Jare 1271 erscheint Sennheim als Stadt: Curtem in Senneheim cum attinenciis tam infra oppidum quam extra[1]*. Im Jare 1324 gieng Sennheim mit Thann, Masmünster, Altkirch, Landser in den Besiz Oesterreichs über. „Am 18. Merzen genannten Jares ist Fräulein Johanna die jüngere Tochter des verstorbenen Grafen Ulrici (von Pfirt) vermählt worden mit Hertzog Alberto II von Oesterreich, mit dem Zunamen Sapiens der Weise, oder wegen seiner schwachen Complexion und bekommenen Gift, das in die Glieder etwas eingestrupft und verstaltet, Contraktus oder der Lahme genannt, dem jüngsten Sohn Kaysers Alberti I von Oesterreich. Also kam die mächtige Graffschaft Pfirt an das Haus Oesterreich"*[2]*. Im XV Jarhundert hatte Sennheim durch die Einfälle der Armagnaken und der Schweiser, die mit den Oesterreichern in beständigem Kampfe lagen, vil zu leiden; nicht*

---

1) *Trouillat. Monuments historiques de l'ancien évêché de Bâle.* Tome III p. 205.
2) *Thanner Chronik I 313.*

weniger in den lezten Zeiten des 30järigen, als Bernhard, Herzog von Sachsen Weimar, mit der Absicht umgieng im Oberelsaß ein eigenes bedeutendes Fürstentum zu erwerben. Als im Westfälischen Friden 1648 Oesterreich seine Rechte und Besizungen förmlich an Frankreich abtrat, kam auch Sennheim unter dessen Herschaft.

ORDNUNG VND EYD DES ROTZ VND AMPTLÜTEN ZU SENNHEIM

(1552) Anno etc. quinquagesimo secundo uff donrftag nach liechtmess so ift der rot mit verwilgung vnfers gn. h. des Marggrafen vnd der rot mit hilf etlicher der gemein gemindert vnd diffe ordnung gemacht, doch alles vff widerruffen vnfers gnedigen herren.

Item follen IX ret vß der ftatt vnd III vß Steinbach fin, die follen hinfur sitzen vnd richten vnd regieren mengklich nach ir beften verftentniss.

Ein *Buwmeifter* fol imer warten dann uor zu allen ziten vnd dingen der ftatt notturft ift, es sy in buwen oder andern dingen. darum git man im X lb

Ein *Kilchmeiger* vßwendig des rots, den fol man im rot in allen dingen fürdern, des git man ijlb vnd git man im ein pfleger vß dem rot, dem er fin mengel anbringen mag.

Ein *Stürmeiger* sol im rot sitzen und sol bed stürn uffheben, die zinnß richten (rechnen?) do git man im davon X lb und sollen die winlader im beholffen sin wan die win verkoufen vom ersten gelt zalung ze nemen

Juden eid item fy follen die rechte hant biß uff daz gleich [1]) legen in die 5 bücher Moffes vnd fweren der ftat ze haltend by dem got, der die X gebot geben hat vnd die er in Moffes hant vff dem berg Synai vnd wer es, daz fy vnrecht swerent, daz dan inen vnd irem somen alles dz ein fluch werde, dz in den X geboten gefchrieben ftot.

Alfo swert ein Scheffen der Stat vnd dem Rot minem Herren trüw vnd worheit, finen nutz ze fürdern vnd schaden wenden, dornoch der ftat vnd dem dorf vnd den gotzhüfern dofelbs vnd dem spittal ouch trüw vnd worheit, jren nutz ze fürdern, schaden wenden, by iren alten rechten vnd gewonheiten ze schirmen vnd ze halten, vnd was fy by irem eid erkennen, sy do by ze schirmen vnd do by laffen ze bliben vnd zu rechten gewonlichen zitten vngefarlich rat vnd gericht ze haltende vnd ouch jederman, dem armen als dem richen, lossen widerfaren alzit, do zu er recht hat

---

1) *Handgelenke.*

vnd ein rechter glicher vnd gemeiner richter ze find mengklich, rich vnd arm, vnd ouch den reten vngefarlich ze find vnd heimlich ret ze verſwigende als dz von alter harkomen ift: alles vngefarlich.

Alſo swert der Rat den Scheffen an mins Herren ſtatt Mine Herren dem Marggraffran vnd finen fcheffen zu finem namen vnd an finer ſtat trúw vnd worheit, finen nutz fúrdern vnd ſchaden wenden vnd gehorsam ze find; item finen ſcheffen vnd amptlúten zu allen zitten aller rechter zittlicher vnd múglicher ding vnd ouch der stat vnd dorf, den gotzhúſern vnd dem spittl mit trúwen by ze finde vnd allzit jren nucz ze fúrdern vnd jren ſchaden ze wenden, vnd gerecht vrtel zeſprechend dem armen als dem richen, niemand ze lieb noch zeleid als verr ſy jr eid vnd ere wiſet vnd minen herren ſin amptlút die ſtatt, dorff vnd die gotzhúſer vorgenant by jren alten harkomen, rechten vnd gewonheiten zeſchirmen, hanthaben vnd halten vnd wo ſy ſchaden ſehent oder hören, heimlich oder offenlich, jemand dem andern zu fúgen oder tun das beſſrung oder búß wirdig iſt minen herren oder der ſtat, das zerúgend vnd fúr zebringen vnd heimlicheit des rat ze verſwigend ſin leptagen: alles on geuerd.

Alſo swert der Schriber. Item der ſchriber ſol ſweren minem herren trúw vnd worheit, vnd der ſtat vnd dem dorff doſelb jren nutz fúrdern vnd jren ſchaden ze wenden, als verre er kan vnd jn ſin eid vnd ere wiſet vnd minen herren finen gnoden amptlúten vnd dem rate gehorſam ze finde aller zittlicher múgklicher ding vnd dem gotzhuß vnd dem ſpittol vnd den andern gotzhúſern jr zinßrecht ze verſchribende vnd am gericht vnd jm rat zefinde, ſo man ſin bedarff, vnd die ſtúr, vrtel brieff vnd ander ding, ſo im bevolhen wirt, getrúwlich vnd recht zeſchribende vngeverlich vnd heinlichen rat ze verſwigen vnd jedermans recht wer zefind [1]).

Alſo swert der Meiger vnd der Weibel vorab minen herren vnd der Stat vnd dem dorff trúw vnd worheit jren nutz fúrdern vnd ſchaden zewenden vnd dem ſchaffner finen amptlúten an mines herren statt vnd dem rat gehorſam ze finde aller zittlicher múglicher ding vnd den gotzhúſern hie vnd ze Steinbach mit trúwen biſtendig ze find, dozu ſy recht hannt vnd allzit jren nutz fúrdern vnd ſchaden wenden vnd minen herren die stat vnd dz dorff vnd die gotzhúſer by jren rechten vnd harkomen ze hanthaben vnd ze ſchirmen nach finem vermúgen vnd ein gemeiner richter ze finde vnd iederman laſſen widerfaren, dazu er recht hat vnd jedermans recht wer ze finde vnd zu rügen, da er sehe vnd [2]) hörte das minen herren oder der statt buß oder beſſerung

---

1) *Bürgschaft, gewere.*
2) *stand darüber „oder"*

wirdig were vnd heimlichen rat ze verſwigen ſin leptag vnd ſo vil me ſúrter der weibel die wacht ze rechten zitten zebeſorgen vnd ze gebietten vnd dazu all nacht zelugende getrúwlich vnd desglich gemein wergk ze gebiettende vnd die tor hütend wol zu verſehen vnd die zu beſtellen mit der hut.

Alſo swert der Kilchmeiger [1]). Item der kilchmeiger swert Sannt Steffann frommen vnd nutz zeſind vnd ſinen schaden ze wenden, wo er den vernem vnd horte jme mit trúwe by zeſind jn aller kilchenschatz vnd wo es not dúrftig jſt ze búwen: das ſol er an ein rat bringen vnd was jme die befellen, dem ſol er ernſtlich vnd getrúwlich nachgan vnd jme ſine zins vnd gilt vffheben vnd dorinn einen rat alle jor ein rechnung tun, als das von alter harkomen iſt.

Alſo swert der Spittalmeiſter Sannt Erhart fromen vnd nutz zetund vnd ſinen schaden ze wenden, vnd den armen lúten getrúwlich zetunde nach dem beſten vnd die zinſe getrúwlich vfzeheben vnd vſzegeben vnd was ze notturſt ze buwen iſt, ſol er an einen ratt bringen vnd was jn die heiſſen, das ſol er fúrderlich tun jn gutter zit vnd ſol darum dem ratt alle jor ein rechnung tun, als das von alter harkomen iſt vngeuarlichen.

Alſo swerent die Brotschower das ſy alle wuchen am ſonntag, zinſtag, donnſtag das wißbrot an den brottbencken vnd húſern schowen vnd sust an dem andern tagen wenn ſy das sehen vff den laden, oder jn ſúr kompt, das es zeclein gebachen iſt vnd nit pfenwert, als denn das ye des korns lauff iſt, so ſollen ſy das im rat oder vfferthalb ein vogt oder buwmeiſter rúgend vnd darum erkennen, was die búchs ſige, vnd wenn es gancz bollen [2]) weren, ouch fúrzebringen vnd ze rúgen, wie das von alter harkomen iſt vngeferlich.

Alſo swerent die Fleischſchower. Die swerent das fleisch in der metzig, jm schinthuß [3]) ze ſchowen alle tag jn der wuchen, so dick vnd vil das notturftig iſt vnd ſy darum geſúcht werden; doch ſint ſy schuldig am zinſtag, donrſtag vnd sampſtag doruff zewarten vnd yedes fleisch schowen vnd heiſſen geben nach ſinem wert vnd zu den ſiechen rinder, ob es dorzu keme, vnd anderm fleisch ernſtlichen ze lugen vnd do vor zeſinde, das ſollichs nit geschowet werde, vnd wo ſy sehen, das ein mezger anders tette, denn jm empbollen wer, so ſollen ſy das rúgen vor einem rat, wie das von alter harkomen iſt vngeuerlich.

---

1) *In des Teufels Nez*: *Von den „Kilchenmaigern" S. 374 ff. Sie ziehen das Kirchengut an sich, gießen Wasser ins Oel der Kirchenlampe*
2) *Hier schlechtes Mel.*
3) *Schlachthaus; Mezig, wo das Fleisch ausgehauen und verkauft wird.*

Alſo ſweren die Bannwart. Die sweren über zweng vnd bann ze Sennheim vnd Steinbach ze hütten, zegond vnd vffzelugen, wo ſy ſehen oder hören ſchaden tun oder das vernemen, es were in holz, reben, matten, ägker, gerten, zinß gúter, nútzit vßgenommen wie ſy das finden, das ſollen sy im rat rügen. Wer auch das yeman mit geferden schaden tun welte, dem mögen ſy ouch mit geverden nachgan, tag vnd nacht, vnd ſollen ouch jr knecht vor herbſt haben vnd in der bannwarten hüten nachts ligen vnd hüten in den reben vnd an allen enden, wo ſy beduncken wölt, do schad möchte geſcheen vnd alles ze tund, wie das harkomen iſt vngeverlich.

Alſo swert der Wechter vff dem Kilchturn. Der wechter swert, das er nachts ſo man zu bette lütet vff den turn on liecht gan ſoll vnd wachten vnd die nacht vnd tag mit ſinem horn zeblosen vnd das minder glöcklin alle nacht zelúten vngeuerlichen vnd nachts ſigen ermunderen vnd vß ſehen ob yeman ſúr vßgieng oder vigen (Feinde) hörn, so ſol er darúber ſtúrmen zu yeglichem, als ſich das gebúrt vngeverlich.

Alſo swert der Werckmeiſter der Zimermann. Der stat zimermann swert minem gnedigen herren vnd der gemein stat trúw vud worheit, jren nutz ze fúrdern vnd schaden ze wenden vnd zu allem dem zelugen, was das beſt ayge vff den letzen[1]), vmbgengen, brucken vnd thoren, wo do breste were in welhem weg der ſige, sol er dem buwmeister vff ſtund ſagen, das ſolcher brest vnd schad vorsehen werde vnd dem fúrderlichen mit trúwen vnd ernſtlichen nochgan.

Alſo swerent die Thorwechter. Item die thorwechter ſollen vorab minem herren vnd der ſtatt sweren trúw vnd worheit vnd jren nutz fúrdren vnd jren ſchaden wenden vnd den zoll getrúwlich zeannmnen vnd den niemand zeschencken noch zelaßen vnd den (auch) nit[2]) jn ſinen segkel zetund, denn zeſtund jn die búchſen. vnd wa er ſicht gebreſten oder ſchaden, es ſy an brugken oder an andern dingen, oder da er ſicht iemand schaden tun oder iemand den anderen slahen oder schelten, das ze rügen vnd ouch die thor zu rechten zitten vff vnd zu zetund vnd ouch die *grendel* vnd *ſweibel*[3]) zu zehaben vud getrúwlich ze húten vnd niemand frembder, den er nit kennt, der der stat schedlich möcht ſin, jnzelaſſen vnd ouch iedermans recht wer zeſind vnd ze nacht vff

---

1) *Mainzer Kroniken II S. 53.*
2) *auch stet darüber.*
3) *Seit Haupts Herausgabe des „übelen Wibes" vil besprochenes Wort. Es ist jedesfalls hier ein Querholz, das die Tore unaufbrechbar macht: Rigel, Schieber heute.*

dem thurn ze ligen vnd ze warten, do by angender nacht umgangk von dem obern tich vncz an vßgangk des ychts zethunde, des glichen am oberthor ouch den garding zetunde.

Alſo swerent die Winlader. Sollen sweren minem herren der stat vnd rich vnd armen jren nutz fürderen vnd schaden wenden, als verr sy könnent vngeverlich vnd minem herren sinen zoll getrúwlich ze ſamnen vnd vffzeheben vnd den vff ſtund in die búchß zetunde vnd den niemand durch lieb, durch frúntschaft zeschenckende vnd ouch den wirten vnd den aberwirten jr win eigenlich ze *beylen*[1]) vnd den verschriben zegebende alle acht tag vngeverlich vnd ouch in der statt vnd vor dem thor der geſten ze wartende vnd die fürderlich vnd getrúwlich ze fúren vnd vßzewisende vnd dem armen vnd richen gehorſam vnd gemein ſin win ze verkauffen beſunder dem armen als dem richen (hs. wol als dem richen,) da man sy denne gebette, hat wo sy denne bedungkt, das es allernottúrftigest sy vnd ouch jegklichem búrger ze ſagende was denn je der louff ist ze verkouffen vnd och jederman recht abzelaſſen, recht dem ſy verkauffen jn ze verkerben die vaſ, die maſſen vnd ander geschirr, so man jn git zevechten[2]) die recht zefinnende[3]) vnd ze vechtende vnd auch jedermans recht wer ze ſinde vnd ir lon zenemende als das von alter harkomen ist, alles on geverde vnd nit wúrfel, karten, bretſpil vnd anders usw.

Der Killwart swert[4]) Sant Steffan vnd dem gotzhúſ trúw vnd warheit, sinen nutz ze fürdern vnd schaden zewenden vnd der kilchenschatz so jm an ein zedel vbergeben ist, das zegehalten vnd zu bewaren vnd jn eren zehalten, so verr er kan vnd mag vnd was mer jn dem jor an das gotzhus geben wurde, das ouch ze gehalten vnd anzegeben dem kilchmeiger vnd all jor darum ein rechnung vnd erzkügen zetund vogt vnd rat mit sinen burgern das da syg nach jnnhalt ſins zedels.

Alſo swerent die do die ſtúr legent. item vor rat vnd vor der gmein. Item die 9 man ſollen sweren die ſtúr zelegen nieman ze lieb noch ze leid, denn allein vff das aller beſt nach jr verſtentniſſe vnd vff abzelegen wa sy sehen das ſollichs nottúrftig iſt, als das denn von alter herkommen iſt vngeverlichen vnd ſol ouch nieman den andern efferen[5]) noch rügen vnd das by ime ſelbs behalten.

---

1) *1 Amtlich markieren, verpetschieren mit Wachs (Lindau)* bes. *Fäßer, 2 kerben Meine Mittlg. Kuhns Ztschrft 19, 150. 20, 387 ff. Meine Sprache des Rottweil. Stadtr. I 70a. II 358.*
2) *Alem. Form*; mhd. *phehten z. phaht, pactum.* Mhd. Wb. rgl. *Straßb. Studien II 149.*
3) eichen (nicht aichen) Alem. I 150 ff. ausfürlich.
4) *Kilwarte 1339. Straßb. Studien II 183 Münstertal.*
5) *avaron ahd. äfern, rächen eigentl. widerholen.*

Alſo ſweren die do beſchowent das fürr vnd das beſetzde [1]). Die fürschower ſwerent alle acht tag oder 14 tag vngeverlich jn der stat jeglicher houptman in ſinem vierteil in allen húsorn das fúr zebesehen vnd wo sy sehend, das man schedlich fúrte, das jnnen ze gebieten abzetunde vnd zebeſorgen fúrer kein schad davon vfferſtande vnd wer das follich gebott von jnnen nit gehalten wurde, ſo erſt ſy dann wider darin komen, do das noch nit abgetan vnd gebeſſert were, ſo ſollen ſy das eim vogt oder dem buwmeiſter der ſtatt ſagen; wenn ſy das getan, ſo haben ſy jrem eide genug geton. Die follen es darnach vff ſtund verſehen.

Alſo ſwert der Kornmeſſer. Die Kornmeſſer ſwerent minem gnedigen herren vnd der ſtat fromen vnd nutz zetunde, vnd jren schaden zewenden vnd zewarten am zinſtag des kornmargks vnd jr fecht recht zebalten vnd einem jeglichen burger vnd vß burger, frembd vnd heimisch, recht zemeſſen vnd zegeben yeglichem, was jm zugehört vnd die metze ze nemen vnd die niemau ze schengken, weder durch fruntſchaft oder mieth, wan noch anders vnd in der wuchen, wo ma ze meſſen hat die ſollen ſy ouch gehorſam ſin vnd die metze nemen vnd ze antwurten in mins herren casten wo jnnen daz der iniemer emphilt vnd wie das harkomen zem beſten iſt.

Alſo ſwert der Salsmeſſer. Der ſwert jn den ſalzcaſten den getrúwlich zehalten vnd domit vmb zegand, saltz inzekouffen mit wiſſen des buwmeiſters vnd das wider vßzemeſſen nach der ſtatt nutz vnd das gelt zebehalten vnd in den trog zelegen vnd das nit herufzenemen, denn mit wiſſen eins buwmeiſters vnd was ſalz ime ein buwmeiſter an ein kerbholz herufgit, dorvon ſol er dem vogt vnd buwmeiſter vnd dem rat rechnung geben, wenn er das verkoufft vnd vfgemeſſen hat, vmb das man sehe, was der zenutz kompt.

Die Wintrager ſweren, das ſy jr botten vnd vecht gerecht haben ſollen vnd den heimiſchen vnd frembden jren win zetragen, wo man ſy erfordert vnd darumb ankompt vnd follen kein win tragen, ſy haben jn denn ê verſucht vnd das ſy beduuck, das nit werschafft [2]) weren, den ſont ſy nit tragen, sonder den tragen, in einer kannen oder schüſſel dem vogt vnd rot zeuerſuchen vnd was jnnen dovon emphollen wirt, dem follen ſy nachgon getrúwlich vnd vngeuerlichen. vnd follen jederman recht were ze finde vnd kuntschafft, ob yeman die von jme begert jn jor friſt dorumb ze ſagen, ſo vil an ſy gezogen wirt vnd ſy darum wiſſend ſint.

Alſo ſwert der Knecht jm Kouffhuſ am zinſtag des kouffhúſes zewarten vnd in der wuchen wenn man fin notturftig iſt

---

1) *gepflasterte gemauerte Fläche.*
2) *Zuverläßig, echt.*

vnd zu wegen den frembden vnd heimischen glich vnd gemein ze finde vnd dorum das weg gelt von jnnen zenemen vnd der ſtat das ze ziehen vnd yederman daz ſine ze behalten vnd wider ze antwurten vnd getrúwlich vnd vngeverlich damit vmbzegonde vnd dorum jm jor dem vogt vnd rot ein rechnung des jnnemers von der fronwage ze tunde.

Die Nachtwechter sweren alſo, hie noch geschriben ſtatt. Die nachtwechter ſweren meinem gnedigen herren, vnd der ſtat trúw vnd worheit jren fromen vnd nutz ze fúrderen vnd jren schaden ze wenden vnd so erſt man das wartglöcklin lútet, ſo ſollen sy by iren gesworen eiden zu der wachſtuben gan vnd ſich teilen ye vier die halb nacht vnd ye zwen mit enander ſtragks vff den *letzten* vnd zegonde gegeneinander oder etzwenn nach einander dornoch ſy sehen oder hören des notturfftig ſyge ze wachen, zulugen vnd beſehen vſſer vnd jnnerthalb der muren vnd ob sy útzit gewar wurdent, das ſy beduncken wolt das minem gnedigen herren vnd der ſtat schedlich were, ſollen ſy das vff ſtund durch jr einen dem vogt oder ſinen ſtatthalter oder dem buwmeiſter das kunt vnd ze wiſſen tun vnd nit deſter minder ſollen sy die wort doſelbs verſorgen nach aller notturſt. Wer es ouch, das die löuff im land weren ſo treffenlich, das man jnnen ſthüble ganz necht eineſt oder zwürend zewachen, das ſollen ſy ouch tun vnd ſol ouch kein wechter einen anderen an ſin ſtatt ſtellen nachts noch tags, es ſyg denn mit vrlaP, wiſſen vnd willen des vogts, ſins ſtatthalters oder eins buwmeisters ob der vogt nit in der ſtatt were. Dozu ſollen die wechter nit ab den muren komen die ander ſygen denn vor vffgangen an jr ſtatt. Das ſollen ſy alle halten vnd thun getrúwlich vnd vngeverlich.

Alſo swert der Killwart [1]). Der killwart swert sannt Steffans fromen vnd nutz ze tunde vnd ſinen schaden zewenden, was er denn verneme vnd horte vnd jm in trúwen by zeſinde vnd allen den kilchenschatz, ſo man jm an einen zeddel gibt vnd ſunß dran keme, der nit darinn geschriben ſtunde, den getrúwlich ze verſehen vnd zehehalten tag vnd nachts vnd ob er einigerley gebreſten ſehen an dem gezierd des kilchenschatz, wie der were, den ſol er vff ſtund vnd fúrderlich einem kilchmeiger ſagen, das der darnach mit rat verſehen werden vnd ſol ouch zu den glocken lugen vnd ſehen das ſy mit ſalb vnd was dazu gehort, verſorget werden, das kein breſte ſinen halb dauon vfferſtande vnd ſol die kilchen in guter gewarsamin halten vnd verſorgen wie das von alter herkomen iſt vnd ſol dorum alle jor dem vogt vnd rat oder wen ſy dozu schiken, ein luter beſehen von dem kilchenschatz, das der nach jnhalt ſins zeddels bey einander ſige vnd behalten

---

1) *naophilax Vocab. 1482. Unsere alem. Form ſih Lexer I 1587.*

vnd ob do zwúschen jm jor útzit an das gotzhus jme geben vnd empholhen wurde, das fol er dem kilchmeiger fagen vnd das vff ftund jn den zeddel gefchriben fol vnd fol das halten vnd tun getrúwlichen vnd vngeverlichen. Dozu fol er den lútpriefter vnd finen Caplan gehorsam fin zu aller zitt, fo sy fin notturftig fint.

Alfo swert der Stubenknecht [1]) minem gnedigen herren vnd der statt fromen vnd nutz zutunde vnd schaden zewenden, wo er das fehe oder verneme, dozu des vogts vnd des rats zewarten vnd darnach des gerichts vnd aller der gemein zu Sennhein vnd Steinbach vff der ftuben fine geschier, das man jn vnderhanden git, an ein zedel, das fufferklich ze halten vnd zebruchen mit allem dem fo dozu gehört vnd alles das er dargit vff die tische, es fige brot oder win oder anders, das getrúwlich zerechenen vnd mit einem búwmeifter oder einem des rots die vrten zemachen vnd die ze rúffen durch den weibel oder durch fich felbs vnd jederman fin gefchirr, was do herufkäme zebehalten, so verr er kan vnd mag, das yederman das fin wider geantwurt werde durch fine botten vnd ob dem vogt oder der ire schússel verbliben vnd die botten die nit holten, so fol er fy behalten vnd jnnen die heim antwurten durch fine botten, dozu was er oder fin wip hört von dem vogt oder vom rot mit einander yemem yeglichen befonder reden es were heimlich oder offenlich das fúrrer nit zefagen vnd by jm felbs loffen bliben.

Die Thorfchlúffler [2]) *swerent* an das thor vnd die schlússel getrúwlich tags vnd nachts zebehalten, das fy vouerendert bliben vnd dem vogt vnd ratt gehorfam figen, die tor tags den morgen vff zetund, nachts nach der bette glocken zu befchliessen vnd die nachtz nit vff zetund, es fy dann mit des vogts oder rats wiffen vnd willen oder zwen vom rat, so es not ift, die vffzetunde jn guter gewarsami getrúwlich vnd vngeuerlichen.

Der Zoller vff dem Vichmarck fwert vnd der Vnderkóuffer. Der zoller mins gnd. herren fwert, am mendtag nach mittag vnd am zinftag den mercktag ze warten vnd am mittwuch bif mittag der kouffluten vnd menglichs frómbd vnd beymsch die do ze marck triben vnd veillhaben vnd die fust in der wuchen fúrtriben wolten, dovon den zoll ze nemen vnd den niemen zefchencken, weder durch frúntschaft noch dheiner ander fach willen vnd den getrúwlich jn die búchsen ze tunde: es fig von vihe, fwin, fchaff vnd ross zolle vnd den alle wuchen dem innemer ze antwurten, alles vngeuerlichen. Dozu fwert der vnderkouffer was zolls er vffhebt oder do er merck gemacht hett oder einen andern fehe machen, den ouch von eim yeglichen ze höschen [3]), wo der zoller

---

1) *Sonst nur belegt wo von der Zunftstube die Rede ist.*
2) *felt Mhd. Wb.*
3) *ahd. eiscôn, heischen.*

nit were zegegen vnd den felben zol ouch nieman ze fchencken, als vor ftat denn vff ftund den zoller ze antwurten vnd alles das zetunde vnd zeloffend wie das von alter harkommen ift.

Die knecht follen sweren minem gn. Herren von Öfterrich vnd der ftat fromen vnd nutz zetunde, jren schaden ze wenden vnd allen geboten geborfam ze finde, vnd wa fy in der Statt wandelten, ze ftatt, ze dorff, ze veld vnd allenthalb, wo er were do er hört mins gn. Herren vnd der ftatt, dem dorf Steinbach schaden zuziehen, das fol er by demselben eid durch fich felbs vnd ob ers nit felbs tun mag durch einen botten das warnen vnd kundthun vff mines gn. Herren vnd der Statt coften vnd was fich hie, die wil er dienftknecht ift, begebe vmb fchuld vnd widerfchulde vnd alle wort, fy figend fründlich oder vnfründlich, darvm fol er recht zu Sennhein geben vnd nemen vnd nieman andere; vnd wenn er nit mere hie dienen will vnd hingat, fo ift er des eides vnd gelöbdes lidig, der geborfam denen alten vnd die anfprach fo fich hie begeben hat, fol er darum recht [1]) nemen vnd geben als vor ftat alles vngevarlichen, vnd wenn man ftürmet, es fy tag oder nachts, fo follen fy zu der banner louffen mit jr gewer vor gaffenhus vnd do fol ften vnd niemen anders loffen nachgon, die bouptlüt empfelhen jnnen denn zu gonde vnd war man einem yeglichen hin wifet oder heiffet, darinn fol er fich getrüwlich bruchen vnd erbotten, es fig zu weren oder wie fich die löuff begeben wurden.

Alfo fol einer, der burger will werden, minem Herren vnd der Statt sweren Minem gnd. Herren von Öfterrich vnd der Statt S vnd dem dorf Steinbach trúw vnd worheit, jren nutz ze fürderen vnd jren schaden zewenden, wo es were, ze ftat, ze dorf, oder vff dem Lande vnd mins gn. Herren der ftatt vnd dem dorff St. oder den burgern schaden hort zu ziehen mit worten oder mit anschlegen, wie fich die begeben wurden, das jn bedunken wolt, das follichs nit wer anzebringen, das folt er vff ftund mit finem lib oder durch ein gewiffen botten warnen, das vff mins Herren vnd der ftatt coften vnd fol allen amptlúten aller zimlicher gebotten geborfam fin vnd hat er nach volgen herren oder ift er ein vnverrechter amptmann derfelben fachen, beladet man fich mit dem, fo vil man jme juft beholffen mag fin, das tut man vff fin coften vnd was fachen fuft begit, dorinne ift man jm beholffen als einem andern burger vnd von altem harkommen ift alles vngeuerlich vnd was fich hie begit mit fchulde vnd widerschuld, do fol er recht geben und nemen zu Sennheim vnd nieman anders.

Alfo sweren die knecht winknecht [2]), *trottknecht vnd furknecht*

---

1) hs. *rufft.*
2) hs *birgknecht 2 mal, Weinbergknechte? auch oben schon so.*

so den zehen im herbft samlen, füren vnd trotten follen. Des erften minem gn. Herren von Bafel, minen gn. Herren von Murbach jren gnaden den winzehen ze famlen vnd Steinbach inzebringen nach aller notturfft wie das von alter harkomen ift vngeferlich vnd ob die knecht bedunoken wolt, das etlicher wer, der nit gnugsam zehendt, das follen die winknecht demfelben güttlich fagen vnd in warnen vnd ob er von irem warnen das nit tun wolt, fo follen fy das an ein vogt oder ftatthalter bringen der fol jn darum in ftraff meins gnedigen herren nemen vnd nit defter minder fol er den zehen knechten für den zehen gnug tun als das billich ift vngeferlich vnd follen den zehen all nacht dem gefwornen ftattschriber angen in geschrift.

Item fo fwert der Karrer Knecht demfelben winzehend getrúwlich, wo er den ladet in die zehen trotten zefúren vnd vff die trott ze antwurten und nieman anders alles ungeverlich.

So fweret der Trottknecht denfelben win getrúwlich zetretten vnd zetrotten vnd den jn der beder herren nutz vnd fromen zetragen war, do jr schaffner das heiffet vnd alles das zetund wie das von alter herkomen vnd gebracht ist alles vngeferlich.

Papier-Handschrift im Stadtarchive zu Thann im Ober-Elsaß.

A BIRLINGER

AUS DEM ABLASZBUCHE VON THANN, OBER-ELSASZ

Die Papierhandschrift Fol., im Stadtarchive, bestet aus dem Titelblatte, zur Hälfte abgerißen, und 27 beschriebenen Blättern. Die Einträge sind von éiner Hand, es sind Kopieen von Urkunden, Ablaßbriefen von 1340—1499. Titel: *Ablaß vnd gnâd so geben sint der Kilchen Sant Diebolt vnd vnser frowen Kilch zu Altentann.* Ich gib hier nur einige Proben. Die Sprache ist natürlich hochdeutsch-elsäßisch. Für den Wortschaz ist einiges gewonnen. Ich füge noch bei, daß der Bischof von Basel in geistlichen Sachen für Thann ein „*Versäher* vnd Statthalter der Kilch" heißt. Wider heißt es: „wenn wir die fründ gottes erent, das fye vnnfer *andeck* ficnt". In einem Ablaßbriefe heißt es: jn jerem gebúw vnd *gehufe*, was dem mhd. Wb. einzuverleiben wäre. *Bereitschaft* wird weiter unten mit *buw* gebraucht für Baulaft, Unterhaltung der Kirche. Pilgerschaft vnd *ferthe tun* ist stender Ausdruck.

Hat ouch der obgenńt anndechtig vatter vnd Ertzbischoff gesäzt vnd gewellen die hochzit der Kilchwyhung vnd des erften altars vff den nechsten Suntag nach vnnfer lieben frowen himelfart löblichen zebegon verfolgen. — Des andern altars wihung ann dem Feft der *Verenderung* ¹) des lichnams sancti Nicolai. — Des dritten vnd mittels altar am mendtag noch dem Oftertag usw. Des fünften vnd letften an dem tag der wyhung der mutter Kilchen zu Basel.

Erft wyhung des gerners. Ze wiffen fy allen chriftglöubigen menschen, das der Erwirdig vatter von Gotz Gnaden Bischoff Grossentanus usw. 1440 an dem suntag, so man in der heiligen Kilchen singt zu anfang der meß misericordia domini, den núwen gerner oder beinhuß genannt mit ettlichem teil oder ftuck daran ftoffenden kilchhoff zu erwittren ordenlich noch römischen fitten gewyhet vnd allen vnd jettlichen chriftglöbigen menschen, die vff den tag dyfer wyhung, ouch der pfarkilchwyhung vnd jre achten ²) tagen begeeniß, ouch Sannt Thiebolt vnd aller vnferer lieben frowen hochzitten vnd alle Sambftag vnd Suntag dife cruffpt oder gerner, ouch kilchhoff andechticlich suchen oder vifitieren, jr stúr oder hanntreich daran geben zu jetlichen tagen vnd so dick viertzig tag dötlicher vffgefetzter buß abloß in Krifto dem herren barmhertziclich ze erholen verlihen. Hatt der Ersam vatter Hermannus predier ordens geben vnd verlyhen von des almechtigen Gotz gnod vnd barmhertzikeit vnd heiligen zwölfbotten Petri vnd Pauli gewalt getrúwen allen chriftenlichen menschen worlich gebichtet vnd gerúet, welche jnn den nochgeschribnen hochgezitten, nemlich der cappel vnd altar, Kilchwyhung deß vorgenannten altar vnd cappellen, sunderlich patronen tag, ouch winnacht tag, achten tag, heiligen dryen kúnigen tag, Palmtag, Carfritag, Oftertag, vffart vnd pfingftag, heiligen dryvaltikeit vnd vnfers herren fronlichnamstag ³) vnfer lieben froweutag, als fy fuchet Elifabet, vnfer frowen himelfart, geburt vnd als fy empfangen wart, vnfer frowen der liechtmeß vnd als jr der engel verkünden waß, ouch aller zwölfbotten vnd ewangeliften tag, Sant Steffan, Sant Johanns des döuffers, Sant Barbara, Sant Kathrin vnd aller octaven oder *achten* der fest oder heiligen, deren achten begangen wirt, die dann die Cappel vnd den altar andechticlich fuchen vnd drú pater nofter vnd so vil ave maria zu troft den glöubigen felen, so in der kilchen oder kilchhoff rúwen fint, ouch allen glöubigen feligen zu hilff andechticlich betten fint, ouch die fo zu der ftiftung derfelben pfrúnd stúr vnd hantreichen dunt, ouch die an Kelch, bûcher oder ander ornat hilf thunt, so dick vnd vil fölichs dunt

---

1) *Translation, die Orden entwickelten dabei die grüstmöglichste Pracht.*
2) *Zum mhd. Wb. sonst antac, der bißweilen eben so, sogar noch höher gefeiert ward, als das Hauptfest.*
3) *Vom Gründonnerstag hören wir nichts, der Fronleichnamstag dagegen ist ser betont.*

erholen fy XL tag dötlicher vnd ein jor theglicher fúnd vffgefetzter buß jn Krifto dem herren.

In dem jor als man zalet 1389 wart denen von Tann jn der ftatt jn Sant Thiebolts Kilchen Eignen Touff ze haben erloubt von Bifchoff Johanns zu Bafel vnd den Kilchhoff zu engen[1]) oder wittren noch jrer notturfft, noch jnhalt eins brieffs befiglet.

Martinus Bapft der fúnfte des Namens Wir aber der dife leúffe der welt anfehen vnd war nemen, das fo mengerhand böß neigung der fúnd vffenthaltung, entzündung der falschheit vnd abergloubikeit, ouch die geftúrm der kriegen, der peftilenz vnd ander widerwertikeiten, fo defglich von gottlicher maieftat verhengniß von wegen vnfer, als wir förchten, erzurnúß vmb ftrittend sölichs zu böfem end dienen, wir beforgen, haben die getrúwen vnd gleubigen menschen gnad ze erwerbend vmb Ere erbiettung dem facrament, von welichem fye deglich gefpift geiftlich werdent nit meren geiftlichen goben ze vbung grofferer reuerentz vnd andechtigkeit *verfoldet*[2]) einem jeglichen infonder worlich gerúwet vnd gebichtet der do den *oben*[3]) oder *vorfeft* vaftet oder fúr das ein ander milt werck nöch fins bichtvatters rött tut, hundert, vnd die do jn den Kilchen, do man denn das facraments hochzitt begon ift emptren gegenwürtig fint vnd ouch Bichoffen, prelaten vnd obren die by fölichen emptren gern werent vnd doch nit mögen jrer empter vnd wirdikeit gerechtikeit halb zebehaltend redlich vrfach haben. für das *metten ampt*[4]) 200, für das ampt der meß ouch fo fil vnd für jeglich vesper ouch 200 tag, fúr die andren, nemlich prim, tertz, fext, none vnd completz feft 80, aber an eim jeglichen tag der octaven für ein jeglich mettin meß vnd vesper deßglichen 100 vnd der andren zitten emptren 40 tag. Denen ouch, die an dem hochzit dem heiligen loblichen facrament ordenlichen noch gewonheit der Kilchen schetz nachvolgen vnd eim jeglichen, der an dem Feft oder in den acht tagen meß von dem Friden zu fridsamekeit der heiligen Kilchen andechticlich lifet, ouch die do das hoilig facrament andechtlich emphahent ouch 100, denen ouch die dem heiligen facrament, fo man es den krancken[5]) bringt, mit brinenden liechtren nochfolgent oder forgont. so dick vnd vil hundert, ouch denen fo fuft nöch volgent andechticlich 50 tag von des allmechtigen gotz barmhertzikeit vnd der heiligen Sant Petter vnd Paul gewalt getrúwen vffgesetzter buß wir ablaffent ufw.

---

1) *Vgl. mhd. Wb. v. Lexer.*
2) *Lexer mhd. Wb. III 241. Konstruktion mangelhaft.*
3) *Allgemein alem. one d; es ist von den kirchl. Horen, besonders der Vesper der ganze Tag vor dem Feste so benannt worden. Vorfest felt im mhd. Wb. ein vorvirfest stet da.*
4) *Officium, Horengebet allgemein verbunden mit der feierlichen Messe, daher für lextere Amt.*
5) *In meiner Heimat heute noch s'Abbliß Wörterbüchl. s. Volkst. 10.*

Wir verlihen ouch von Bäpftlichem gewalt dieße fryheit dem obgen. Feft, do man das begon ift, vnd finer Octaven oder *achten* jn den erdtrichen oder ortten, die do werent criftlicher rechten beroubt mit *verschlahung* der Kilchen, mit welicherleig gewalt das were vnderworffen, das man mag mit offnen dúren, mit lúddenden glocken, mit helen ftimmen die gen. empter vesper vnd meß zimhalten vnd begon wie obstott usw.

Allen die vßbeschlossen, die jn dem bann fint, vnd denen zugeloffen, die jn dem verfchluß der kilchen allem begriffen, ouch denen, die do vrfach dozu geben hetten, alfo verre, das man denfelben befelhe das fye with von dem altar ftannden vnd fich zu nechft, fy mögen fich ze verfúnnen fliß ankerent usw.

Von der fryheit, die do geben ift der kilchen vnd kilchfpel Sant Thiebolt zu Tann zu Zitten des Banns von Martino V . . . vud von úweren wegen fúrgeleit inhielt, wie es dicke beschehe, das úwer ftatt zu Tann des vorgen. Bafler Biftums, darvmb das mangerley perfonen zu der, maniger hande fachen halp mit denen vrteilen der benne verftricket vnd denen der jngang der kilchen verbotten jft, von wegen effen vnd trincken úbernacht zu bliben oder fuft jr gewerbe dofelbs zu handlen koment oder in derselben wonhafft figent, gottesdienft verfchlagen wúrt durch derfelben gegenwúrtigkeit dofelbes vnd wonunge vnd ouch nôch derfelben hinfart von dannen jn úwer pfarkilch, die von der bropftigen der vorgen. Kilchen Sant Preiecti vnd Amarini bekant wúrt darúren vnd vfwendigk der muren der egen. ftat gelegen ift, durch die kilchherren vnd andere gepfrúnte jn derfelben kilchen vnd Sant Thiebolt jndewendig der muren durch vil tage genntzlichen vffgehört wúrt von gottesdienft, do von gottesdienft geminnert, die andacht des volkes drege vnd schaden der felen vfferwecket werdent — wart vns demûticlichen geflehet usw. verwilligent wir — das ouch noch fóliche perfonen, von welchem gewalt die jn den banden der Benude verknúpfet fint vnd denen der jngange der kilchen zu den zitten verbotten jft, als vor ftótt, von welicher ley fachen fy zú folicher úwer ftatt oder kilchen koment, ouch dofelbs zu wonen, alsbald fie von der obgen. ftatt oder von der kilchen abwichent oder fich entpfrömdent. Alfo das das nút von úch befchee mit geuerden jn verfmehenuß der geiftlichen banden jn der probftigen vnd Sant Tiebolt vnd fólichen kilchen doch vßgefchloffen den gebanten vnd denen, der halb die kilchen verfchlagen fint, jn úwer vnd ander jetlicher geloubigen gegenwúrtikeit meß vnd andren gottesdienst ouch mit offnen túren, lúttenen glocken vnd mit hoher ftimmen wider fúrzenemen vnd begon, das die beilikeyten [1]) vnd ouch geiftlichen facrament fúfe redelichen aller

---

1) *Sonst = Sakramenten.*

menglichen gerecht werden mögent, lideelichen vnd zimlichen, doch alfo, das die felbe ftatt sunderlichen füft nit vnderworfen fie dem jnterdikt weder vch noch yemands von vch funderlichen nit der kilchgang verbotten fige vnd jre vnd die amptlüte derfelben ftatt, die dann zu zitten fint, nit vrfache figent, das föliche perfonen, denen die kilche verfchlagen ift, zu der obgen. ftatt zugangent usw.

Gemeiner Ablaß beden kilchen vnfer frowen zu alten Tann vnd Sant Thiebolt zu Tann geben von X Bifchoffen jeglichem XL tag döttlicher fünd, thut jeglich mol verdient 400 tag. Allen der heiligen chriftelichen kilchen usw. Die fchöne jungfrow vnd mutter vol füffer luftbarkeit aller thugend, die gebererin vnfers behalters hatt wirdiglich verdient, das fio menfchlich gefchlechts lob vnd bryfung geeret werde, weliche geboren hat der welt die wore funne der gerechtikeit, vnfern herren Ihefum, von welicher jrer brüften füffikeit den crancken artzney, den fwachen troft, den fchuldigen ablaß der fünd vnd allen denen, die jre hilf vnd fchirmung anrüeffen fint, der brun aller barmherzikeit harfließen erkönnet wirt; darumb die do begerent das die lúthkilch zu Tann jn der Eren vnfer lieben Frowen vnd die tochterkilch dofelbs jn der Ere Sant Thieboltz Baßler Bistuumbs mit zimlichen eren emsigclich gefuchet werde vnd von den chriftgloubigen ftetigeclich geeret — Allen worlich gerüwet vnd gebichtet, die do zu den gen. Kilchen jn den hochzittlichen tagen der geburt vnfers herren, der befchnidung, der heiligen dryen küngen, an dem heiligen Karfritag, Oftertag, vffart, pfingften, der heyligen dryvaltikeit vnd vnfers herren fronlichnamstagen vnd aller Feft vnd hochzitten vnfer lieben Frowen vnd ouch Sant Thieboltz, der gen. kilchen schirmer vnd patronen tagen, die do zu denen kilchen vrfach andachtz bettens bilgerschaft kument oder die do zu meß, predig, metten oder vefper oder audern göttlichen emptren gegenwürtig fint, oder ouch die dem heiligen facrament dem fronlichnam vnfers herren oder dem heiligen öle fo man das den krancken bringt nochfolgent oder an dem oben lüthten des engelschen gruß mit gebognen knúwen drú ave Maria fprechent, vnd ouch die an den buw liechter, bücher, ornament oder fölichs anders den gen. kilchen notturft hantreich, ftür oder hilf thunt vnd die in jrem beften willen oder ander zit, gold, filber, kleider oder ander ftür den gen. kilchen gebent, befchickent oder verfchaffent, ouch die für die folen zebetten den kilchhoff vmb gon fint, oder jre begrebniß in denfelben kilchhöffen erwelen fint, ouch die do für herren Peter Hagge vnd fines vatter vnd mutter felen, der dyfes abloß ein *erholer* [1]) vnd erwerber gewefen ift, Gott den herren erbetton fint, fo dick vnd vil fyo die obvßgeleitten ding oder ettlichs derfelben verloßnen dingen andechtiglich thund — XL tag buß usw.

A BIRLINGER

---

1) *felt mhd. Wbb.*

ZUM DEUTSCHEN WÖRTERBUCHE

N

Nachfolgende Beiträge ergänzen die von mir in der Zeitschrift für deutsche Philologie XVI 100 ff. mitgeteilten. Manche Belege wären villeicht dem verdienten Bearbeiter des Bandes VII, Lexer, früher nicht unwillkommen gewesen, manche dürften an Wert jenen gleichkommen, die ein gewissenhafter Lexikograph bei Seite ligen laßen muß. Daß wir es im folgenden nicht mit spezifisch-alemannischen Wörtern zu tun haben, wird der Leser alsbald finden. Dem kundigen fleißigen Lexer mögen dise Nachträge ein Beweis meines eifrigen Studiums seines im zugeteilten Buchstaben N im großen DWB sein.

Nachamlich: auf der Kanzel sehr fürträglich und eben so leicht praktisch wohl *nachamlich* sein. Es ist v. Fr. v. Sales unvergleichlichen Ratsprüchen die Rede. Werdich, Constanzer Primiz.-Predigt 1777.

Nachbar, Gemeindeangehöriger, hessisch, mitteldeutsch in disem Sinne: Ja es darf kein Gemeinsmann oder *Nachbar* sich vor seiner Gemeinde auf einen bessern Richter beruffen. Bauern-Anatomie 16. Fraget der Schultheiß nichts darnach, ob ihn schon die *Nachbarn* einen Dieb und Schelmen ins Gesicht heissen 25. Bürgermeister müssen gleich wie sonst ein ander *Nachbar* Geld erlegen 27. Die mehr auf sich selbst als der *Nachbarn* Besten sehen 31. Pfarrkinder und *Nachbarn* 37. Der Dorfschulmeister hat von einem *Nachbarn* ein Osterlaib 43. Ich muß machen, daß ich mit den *Nachbarn* und die *Nachbarn* mit mir bleiben können 65. *Nachbarschaft* f. Gemeinde 61. *Mitnachbar* 71. In Oberschwaben in hochd. Bedeutung: Nachbaur, Nåbaur, Nåbùr. Am mittl. Nekar: Nåper, Nåpersleut.

Nachbleiben stv. Denn als wir Götter beysammen und lustig waren und auff unser inständiges Anhalten die holdselige Venus einen zierlichen Tanz tat, wir alle ingemein nicht gnugsam loben kunten, so mangelt es dir an einer Materie zu tadeln. Damit es aber ja nicht gar *nachbliebe*, gabst du vor, du hättest gehöret, daß der Veneris rechter Schuh umb etwas geknarret hatte. Van Duysburg Abschickung der Esel in Parnassum 1648 S 59.

Nachdruck: der Herr v. Haller, der in einer Abhandlung, worinne man ebenfalls den *Nachdruck* findet, welcher alle seine Werke charakterisiret, hat die Grundsätze und die traurigen Folgen der Irreligion untersucht usw. Thissot v. d. Gesundheit der Gelehrten Leipzig 1775. S 5.

Nachenkel: ein Thurn ist er: dann Ihn, dann als ihren Enckel, *Nachenckel,* Urenckel und Nachkömmling erkennen usw. Salzburg. Leichen- Lob- und Ehrenpredigt c. 1730. v. P. Franc. Seiz.

Nacherbe swm. kurz ehe vor Elias den feurigen Wagen bestieg, sagte er seinem getreuen Elisäus, den er schon zum *Nacherbe* seines Geistes (pro te, 3 reg. 19) gesalbt hatte. Werdich 9.

Nachfreude: den Dampf von einem gekochten Krebs, Flachssamen — zu ihr lassen gehen, soll gewißlich die *Nachfreudt* hinweggehen, sie seye dann angewachsen AB Alem. XII 26 Anm.

Nachgaben: hierinn nichts ansehen weder freundschaft, veindtschaft, Müet, *Nachgaben*; die geheimen vrthellen; so erkännt, niemandts eröffnen (Richter Eid). Müeth, — *Nachgaabe* 2b; Vill. Aydtbuch 1573.

Nachgarn. Vom *Nach-Garne* Es verdreust dem Frauenzimmer nichts mehrere als wann es sol *Nachgarne* geben. Aber wer hat Schuld, als es selbsten mit ihrem kurtzen und unrichtigem Haspel? Mir ist sein Lebtage von keinem *Nach-Garne* gesagt, weil ich aber Sorge trage, es möchten die kurtzen Haspeln nicht so balde geändert, aber die Unrichtigkeit im haspeln kan leicht eingestellet werden; Als wil ich den Ursprung des *Nachgarnes* auch weisen. Zum Exempel, wäre der Haspel im Umbkreiß (nicht am Holtze) zu kurtz ein Viertel, welches man mit einem Faden erfahren kan, das thäten an einer Fitzen nach den Stücken, 40. Viertheil, die machten 10. Ellen. Lege an 20. Fitzen, so machen zehen mal 20. 200. Ellen: dieselbe dividiret durch 4. thun 50. Fädem, das ist eine Fitze und 10. Haspel-Fadem, so viel mangelt an einem Stücke, so wirst du befinden, daß an zwantzig Stücken eines und 5. Fitzen mangeln oder abgehen werden, ohne was abermal der Haspel zu kurtz ist. Sihe, das verursachet, daß man *Nach-Garne* geben muß. Und nach diesem Exempel kan man auch judiciren die andere Kürtze des Haspels, als ein halbes Viertheil mehr oder weniger, weil solches das *Nachgarne* verursachet. Darum nichts bessers, man schaffe die kurtzen Haspel abe, und lasse sie nach der Weite 4. Ellen abrichten, und haspele richtig, so wird von keinem *Nach-Garne* gedacht werden. Oekonomische Fama Aufg. 18. Jhd. Leipzig.

Nachgehen, im Amte nachfolgen: a. 1496 den 3. Mai ist Albertum von Newnegg in dem Johanniter Hauß *nachgangen* Conradus Schwablach D I 49.

Nachglans m. Sein Durchleuchtigkeit hat sich, wie die abweichende Sonne, aber bey all zu früher Stund unter den Boden geneiget; vnd ist vns von seiner Klarheit nicht ein mehrers als der *Nachglanz* seines Namens überig gebliben. P. Mich. Staudachers Leich- und Ehrenpredigt auf Ferdinand IV 1658.

Nachgiltig adj. das an einer so armseligen vnd *nachgültigen* Person solche Gaaben und Gnaden leuchtend. Leben der seligen Mutter Katharina de Riccis verdeutscht v. Engelherr v. Villingen

1636 hs. 24a. Was für einer *nachgiltigen* Creaturen erzaigest deine Gunst und Liebe! Deine Gaaben möchten wegen meiner Unvollkommenheit *nachgültig* und vnachtsam werden usw. Im DW 7, 66 vile alem. und hochd. Belege.

Nachkommen, das: Josepplen — in Wein gesotten — in die lincken Kniebuegen gebunden, dreibt das *Nachkommen* von ihr AB 33. Vgl. die *nachkommend* und tode geburt, ebenda.

Nachrechnung f. Um also den Zwek der Liquidation sicherer erreichen zu können, sollen auch alle, während dem Rechnungs-Abschluß vorgefallene und in das Rechnungs-Jahr gehörige Einnahmen zur Summe des Rests geschlagen, die neuen Ausgaben hingegen davon abgezogen werden. Dieses Zusammenrechnen der neuen Einnahmen und Ausgaben wird *Nachrechnung* genannt. Altwirtemberg.

Nachschlüssel nicht zu machen muste der Schlosser schweren Vill. Aydtb. 1573.

Nachsezen: 1 was war es dann vonnötben, wird etwa jemand *nachsetzen*, ein Ding das ohnedem aller Welt bekannt usw. 130 Österreich über alles, wann es nur will. Gedruckt i. Jahr 1684. 2 disem Vdalricus von Schellenberg (als Vogt) ist Hugo Graff von Montfort *nachgesezt* worden. Pruggers Feldkirch 60.

Nachsinnen, das: die Bestellung der Aemter mit Leuten ist mehr eine Sache die in gutem *Nachsinnen,* als Gunst und Gewogenheit besteht. Bauern Anatomie 54.

Nachsinnig adj. wer die Bauern-Gemeinde eine vielköpfigte Bestie nennt, redet *nachsinnig.* Bauern-Anatomie 14. Woher wären die Bauern so *nachsinnig,* daß sie von der Gerechtigkeit reden könnten, wann sie nicht die Herren stünd- und augenblicklich unterrichteten 84.

Nachtbeschäftigungen f. lucubrationes: der Herr van Swieten redet von einem verdienstvollen Manne, dessen gelehrte *Nachtbeschäftigungen* seine Gesundheit verdorben hatten. Thissot, von der Gesundheit der Gelehrten, Leipzig 1775.

Nachtgezeug: Wedel, Kappen, Masquen, Spiegel, Uhren, Kümen, ganze *Nachtgezeug,* Aufsätz, gezierte Schuh usw. (Sih *Nachsezen*) 117.

Nachtgriefe heißt die Sachsenkrankheit Scharbock bei den Trierern Alem. V 288.

Nachtlon m. um den *N.* kommen. Vill. Aydtbuch.

Nachtpost f. Itzo reite ich gleich zu den Jägern an die Kunheitte, will sehen, was da zu thun ist und wills E. L. noch heint in der *Nacht-Post thun.* Brief Joh. Georgs I v. 21 oder 22 Aug. 1608 K. A. Müllers J. G. v. Sachsen. S. 29.

Nachtrabe bildlich: Item vber die *Nachtraben,* welche die ganze Nacht fressen, sauffen, spielen, tantzen, kelberiren usw. Albertinus Welt Tummel: vnd Schaw Platz 1617 S. 8.

Nachtruf: sovil und dann die Stunden und *Nachtrueff* belauget. Vill. Aydtbuch.

Nachtsack. Douane in Sanct Dizier: wo unter einem Schuppen mit allem großen und kleinen Gepäcke der Reisenden die genaueste Visitierung vorgenommen wird; sogar die *Nachtsäcke* müssen aufgemacht werden. Sander Reisen I 23.

Nachtstück heißt der preuß. Separatfride in einem Savojarden Guckkasten: es ist ein *Nachtstück* aus dem preußischen Kabinete, ganz neu von einer Meisterhand verfertiget. Todtengespräch zw. Kauniz und Herzberg 1795.

Nachtsuppe f. Sein Weib (im Allgäu 1795) kam auf den glücklichen Einfall, ihrem gottlosen Manne Xaveri-Wasser an die *Nachtsuppe* zu gießen. Wielands N. Merkur 1801 III 118.

Nachttafel: ließ daß die 7. Stund die *Nachttafel* zubereitete und darauf ein kleine Gemüths-Ergötzung gestattete. Salzb. Leichenpredigt c. 1730 auf d. Grafen Hannibal Felix von Thurn und Valsassina.

Nachtunlich adj. Die Grösse der Tugend allen Fürsten, Königen vnd Keiseren zu einem *nachthunlichen* beyspil solle vorgestellet werden. P Staudacher, Leichenrede auf Ferdinand III 1658.

Nachzeche: zapfressen Wein, mit Schlampodien, *Nachzechen*, Abendzechen, Untertruncken, Schlafftrünken usw. Albertinus der Welt Schaw- vnd Tummelplatz S. 293. Ungebürliche *Nachzechen* vnd Schlafftrünckh. Vill. Statuten 53.

Nachzelg, altwirtemb. Verpachtung, Landacht oder *Nachzelg* von eigenen Gütern.

Nadel: hätten sie den alten Samuel hernach können mit *Nadeln* auß dem Grab herauskratzen, sie hätten es gethan D I 694. Ach wir wollten sie gern mit *Nadeln* und *Nägeln* herauskratzen! I 694.

Nadelknöpflein: kleine *Nadelknöpflein* bei den Pocken. Bräuners Thesaurus Sanitatis. Frankf. 1732 S 93; zu *VII* 254 unten.

Nädle adv. kurios, sonderbar. Saulgau.

Nagel, bildlich: mit dem *Nagel* des Neids und Nachred. Albertinus der Welt Schaw- vnd Tummelplatz S 288.

Nagelsturn, Hünerauge: (Hundesaich) leg es auf die *Nagelsturn* Arzneib. 1646 hs.

Nahenhart heißt der Ort worin sich die Bermatinger Hölen befinden. (nawa, Naue Schif?)

Nähig adj. 1 von Vih: = trächtig: *nähige Kuh*, — Kalbin Wurml. u. sonst. 2 von Menschen: ja die schwangeren wiber, dorunder etlich *nähig*, namen andere mannen als die ihnen von der Pest eben weggerafft waren a. 1563. Thomas und Felix Platter ed. Fechter Basel S 194. [ahd. *párig* mhd. *baerig*.]. Vgl. *Nahend der gepurtt* Bietigheimer Lagerb. 1507—1628. Reysch. St. R. 267.

Nähseide in einem Verzeichnisse 1650: 1 Pfund schwarze *Näh-Seide*, 4 Loth *Näh-Seide*. Joh. Georg I S 116.

Namensheiliger: Gott umb Gnad und Beistand, die Mutter Gottes und andere besonders die *Namens-Heilige* umb Hülf und Fürbitt anruffen. Groll Leichenrede auf eine v. Stauffenberg. Regensburg 1701.

Namenstafel beim Bruderschafts-Rosenkranz = kirchliche Genossenschaftsverzeichnisse in alt. Salzb. Leichenreden 1729 von Schnapper, Castrum doloris.

Nane, oberschwäb. Großmutter und *Näne* Großvater; etwas anderes als das *Nâne Nânele* v. Anna, wie es in gewissen Gegenden bräuchig. *Nänckinder* = Enkel, Hundersingen. Mutter, Hertfeld. In Niderschwab. kommt das Vorschlag *n* nicht vor: *Ane, Aene, Ene* usw.

Narrengesinde n. Georg Pezold aus Drebach besingt eine kurf. Tauffeierlichkeit und darnach die Einholung der verwittweten Kurfürstin Hedwig 1614, 17. Aug.

    Nach diesen baldt sich auch herfindt
    In einem Glied' das *Narrengesindt*:
    Ihr zwene reiten, der eine geht
    Mit krummen Füßn ans dritten Stett usw.

Joh. Georg I S 136 ed. Müller 1838.

Nase in vilen Redensarten: des ist oiner, der schuibt älls *unter der Näs nein*, spaßig, mit unter geringschäzig. Ertingen. I verschwör nix aas *s'Nase abbeißa* Vgl. Schmeller Gramm. 510. Schwangern Frauen erfüllt man, wenn sie etwas zum Eßen oder Trinken haben wollen, den Wunsch mit den Worten: Sä, nimm, kriegt dein Peter *a Näusle*! Die Kinder scherzen: ei gugget, dear hät *d'Näs* mittla im Gsicht! Ertingen. Der ist uff der *Nas* glossa, heißt es, wenn er Merkmale des Anstoßes, Falles trägt, besonders in der Kindersprache, Ertingen und allgemein. Eine *Nase weit*, eine kleine Strecke weit. Hundersingen. Der Schnupfer Walspruch: wann der Mund sich tut laben usw. ist oberschwäbisch allgemein. Ein kleines, enges Trinkglas nennt der Volkshumor *Nasenklimmer*.

Nast: ist der Montfortische Stamme — also in die Höche vnd auß dem Stammen herbrechende *Näst* (Aeste) erwachsen, daß vom Bodensee usw. Prugger. Und in Bayern, Schwaben jezt noch frisch blüehende *Näst* loblich pflegen usw. S 18. Redensart: Er hat einen *Nast*, ist ein überspannter Kopf. Ehingen a. D. Das Vorschlag — N auch in *Nipf*: Ipf, Berg; *Nigel*: Igel; *Nane*: Ane, *Näne*: Ane usw.

Naturgeschmack m. Der neue Kunstgeschmack hat unsern alten lieben *Naturgeschmack* vertrieben.

    Bei Nacht und Nebel, ohne Licht
    Wohin? das wissen wir noch nicht.

Gleim „Die neue Kunst" Wielands Neuer Merkur 1802 I 242.

Naue f. also daß kein Schiff oder *Nawen* auß noch im daselbst hat kommen mögen. Vom Lidernen Gürtel 1619. S 45 Constanz; allgemein.

Nebelstern: nicht den blaulich-flammigen vnd majestetisch-glantzenden Stern Jupiter hat dir der Himmel zu einem Sinnbild herfürgestellet: sondern jenen todbleichen vnd leidlich scheinenden *Ilaar-* oder *Nebelstern,* welcher bey angegangenem Reichstag, als ein fremder und unfreundlicher Gast, plötzlich unter den andern nächtlichen Himmelslichtern vnd mit seiner finsteren Todenfarb ganz Europa in Forchtsammes Nachsinnen hat gesetzet. Sih *Nachglans.*

Nebenkirchen in Nürnberg: Auch sind nur 2 Pfarrkirchen St. Sebald und Lorenz; die andern heißen alle *Nebenkirchen.* Sander Reisen II 74.

Nebenkosten: im Winter (in Straßburg) ist die Anatomie vortrefflich, aber mit schweren *Nebenkosten* verknüpft. Felt DW Sanders Reisen I 8.

Nebenschrank m. Ein schmahler *Nebenschrank* in der Ecke, nicht voll, enthielt die Alabaster usw. Sanders Reisen I 83.

Nebensonne: Wie anmuthsvoll! gleich *Nebensonnen,* strahlen Vier Huldgöttinen um Ihn her! Zenker Gedichte 1802.

Nebenstände: auch konnten sich vor 100 Jahren die Vor-Eltern in Türcken- und anderer Noth noch auf das Römische Reich und die *Neben-Stände* verlaßen 32. Sih *Nachsezen.*

Nebenstricklein: Dies alles sind zwar nur vermeinte Kleinigkeiten; sie sind aber doch wie die kleinen *Nebenstricklein,* Ringe und Rollen an einem großen Hebgeschirre oder Flaschenzuge: sie sind doch fähig mit der Hauptmaschine ein sehr grosse Last zu erschöpfen und ertragen. Werdich 62.

Nebent nëəbət mhd. *nebent* mit ungehörigem t. *Nebenzu draußen* (neəbət zūə duβə) = nebendraußen; neəbət nouβgáu = Ehebruch treiben. *Nebst* = in der Nähe: bei Weißenau *nebst* Ravensburg, Kißlegger Klosterrodel S 3.

Nebenzirkel: Le Colisée ein großes Gebäude hoch, leer zirkelrund angelegt mit *Nebenzirkeln* vnd Nebengebäuden usw. Sander Reisen I 176.

Neidgiftig adj. Du wirst nicht die *neidgiftige* Feinde deines Hauses — in Bestürtzung bringen. Sih *Nachglanz.*

Neidhart, Teufel: Ach Gott verhütte, daß mir der höllische *Neidhart* nichts am Weg zum Himmel lege. Groll Leichenrede auf eine v. Stauffenberg. Regensburg 1701.

Nemer: Nemer-Aydt: welche zu *Nemer* genommen werden; (sollen) zu den sachen so ein Rat jnen bevolhen zue *nemmen* und die Ambter u. Pottschafften im Rath zum gleichisten und getrewlichsten zue den Sachen geschickt onn alle gevär zue *nemmen* vnd zue geben. Vill. Aydt Buch v. 1573 an, Bl. 4.

Nervengeist: Haller vertheidigte den *Nervengeist.* Vgl. *Nervenpaar:* der magen steht mit dem ganzen Körper durch das herumschweifende *Nervenpaar* — in Verbindung. *Nervenverbreitung* f. Medic. Fragmente. Danzig 1777. 1. Stück.

Nese, Agnes: Küngonden vnd *Nesen* Tüb. Urkd. 1382.

Nest, Nösch, singultus: öffnet auch die Leber, leget den *Nest* oder gluxen AB 57.

Neujar der Gärtner: das Fest des Apostels Matthias, so den 24. Febr. einfället, seye der *Gärtner Neujahr*. Appar. plantarum floriferarum — Nürnb. 1682 III Teil. Vorrede.

Neujarsmarkt: am 10. Januar 1655 klaget Kurt Köster, daß ihm 8290 fl. für gelieferte Speccereien restiren und er nichts mehr schaffen könne, wofern er diesen *Neujahrsmarkt* nicht Geld bekommen sollte. Joh. Georg I S 221.

Neumodig: *neumodige* und schöne Gebäude. Sanders Reisen II 301.

Nibel Name der Eschach von Niederhofen an bei Leutkirch. OA Beschreibung. S 21. Brunnen, Teiche, Bäche tragen im Leutkircher Bezirk hie und da den Namen. Ebenda. Ich erinnere an den *Nibelgau*, der sich über den größeren Teil des Oberamts nördlich gegen Wangen und die angrenzenden bair. schwäb. Gemeinden erstreckte; ebenda.

Niderfell: dem das *Niderfäl* brochen: nem ain wurtzen haißt barba jovis vnd iss die vnd lig darnach still. Arzneib. 1616.

Nidergang: sich in den *Nidergang* seines Lebens mittels selber als einer hell-strallenden Sonne — versencken. Altomünst. Leichenrede. Tegernsee 1755.

Nidergen: vnd so du *nidergast* so leg es vff die Augen. Arzneib. 1616.

Niderkommen cgen. seiner Haußfrauen Schwester seye eines Kindts *niderkommen* AB 97 ff.

Niderlegen, vom Hagel: zerstören, in die, auf die Erde stoßen: Korn, Rocken, Bonen sind gänzlich *nidergelegt* worden vom kalten Sturme. Vill. Kronik hs. 16—18 sec.

Nidersäbelung: Verheerungen, Sklavereien, unendliche Blutstürzungen, *Niedersäbelungen*. S 163 sih *Nachseczen*.

Niderstandspersonen gegen Hochstandspersonen. Groll Leichenrede auf eine v. Stauffenberg. Regensb. 1701.

Nidertreiben niderhalten, bändigen, W. v. Zimmern 280: Hertiglich der Mensch in sünd fellt Ellend auch darin bleibt, Ruft er nit zu Gott und *nidertreibt* gar bald beß begird mit rainem Gebet.

Niderwerfen: stehet das einem jeden frey, ob er dem Abschweiffen nacheylen vnd auf recht sein Leib, haab vnd gueth *niderwerfen* wolle lassen. Villingen Stat. 18.

Niemandsfreund: der Tod — der *Niemandsfreund* und Jedermannsfeind. P. Staudachers Leichenrede auf Ferdinand III 1638 Innsprugg.

Nifeln, fein regnen, stet zu Nebel. Oberschwaben.

Niss bildlich: in den Edelleuten und Soldaten wachsen die *Niß* der Ruhmsucht, Vermessenheit usw. Albertinus Schauplatz der Welt. S 366.

Nisteln: Ihr wisset noch nicht, was für eine wunderliche Operation es hat, wenn die Weiber den Männern im Bahrte zu *nisteln* beginnen und ihnen aus keuscher Liebe einen süßen Kuß auffdrücken. Van Duysburgk 50.

Nistern, *Nüstern* in *übernistert* gehirnschwach, krank, einen Stoß haben. Saulgau.

Nochweils kann man freylich zwar diese klein- aber sehr theur- und kostbare Edelgesteine nicht wohl recht und ehender genug schätzen, als bis sie vollig abgereiniget. Werdich 51.

Nonne 1 verschnittene Kuh. Allgäu. Verschnitt. Schwein. Niderschwaben. *Nonnerfürzle*, das, ein kleines von Klosterfrauen gebackenes nußartiges Zuckergebäk, beliebte Gabe an Kinder; franz. *pets*, pet *de nonne*. Tobler 337a. Bekannt ist die Antwort auf die Frage: Was bringst mir mit? *a nonnafizle und a wät a weile*. Vrgl. Weinhold Wb. II 65. In Wurml. waren die *Nonnenfürzlein* v. Kloster Kirchberg, in Ehingen a. D. die v. Urspring beliebt und die bekanntesten. Anlenend an Nonne ist *nonnenfizig* ein wunderfiziger, wunderlicher Bursche. Hausleutner I 333.

Notfest adj. So ist es ja schröcksamb kaum geboren seyn, sogleich in ein nit *nothfestes* Schiff, sondern in ein gebrächliches, gar nit wider eintringende Wassern Wellen verbichtes Körbel usw. Groll Leichenrede auf eine Freifrau von Stauffenberg, Regensburg 1701.

Notteln 1 wackeln, wackelig machen, rütteln usw. 2 stricken in Weilheim b. Tuttl. Im unedlen Sinne: *Nottle* nett so | *Nottle* nett so | S'Häusle fällt ein! | Fällt auch dés Häusle ein | Muß es doch g'*nottlet* sein! Weilheim OA Tuttl. In Rottenburg singen die Buben *Nottle* nett so *Nottle* nett so Kommt a Zeit Bist widerum froh usw. *Nottler*, *alter Nottler* Liebkosewort für alte Männer usw.

Numen, nicht mer: so du *numen* bedarfft. Arzneib. 1746 hs.

Nüster n. 1 der Rosenkranz, pater noster. 2 Halsnüster, angereihete Korallen usw. zu einem Weiberhalsband, Rottenburg. *Nuster* hört man eben so oft. *Noster* dasselbe. *Koralline Nuster* III Poliz. Ordg. 1660. vgl. Reinwald 111. Stalder II 247. Wie auch keine *Noster* von Korallen, mit oder ohne anhangenden Geldstücken II Poliz.-Ordg. 28. Oct. 1644. R. XIII, 43. Guldine Ring vnd coralline *Noster* a. a. O. S. 44. Wenn ein Bock fallen läßt: Kozz Kreuz! s'*Nuster* ist 'm vffganga Ertingen.

Nußstange: Um den Altar allein standen 20 Wachskerzen, die alle wie große *Nuß*- oder Hopfenstangen. Sander Reisen I 32.

A BIRLINGER

VOLKSTÜMLICHES XIV

SAGEN, SITTEN, ABERGLAUBEN

1 Die drei weißen Frauen auf der Burg Tosters

Unweit Feldkirch in Vorarlberg, nahe dem Dorfe Tisis, befanden sich iu der Zeit meiner Kindheit auf einem Hügel der Turm und andere Reste der alten Ritterburg Tosters [1]), bei deren Erbauung — wie es heißt — stat des Waßers von den Bauern sovil Milch herbeigeschafft werden muste als zur Bereitung des Mörtels, der mit diser Milch angemacht wurde, nötig war [2]). Von derselben erzälte man sich außerdem folgendes: An einem Sonntage abends giengen einst drei Handwerksbursche den Hügel zur Burg hinan, und da sahen sie plötzlich drei weißgekleidete Frauen auf sich zukommen. „Schaut's, das sind gewiß Grenzjäger...!" sagte einer zu den übrigen. Doch als die weißen Gestalten immer näher kamen, wurde den Burschen unheimlich zu Mute, und als schließlich die drei Frauen, jede einen goldenen Küchl in der Hand, sich den furchtsamen nahten, inen denselben zu schenken, da wagte keiner in anzunemen und die drei Frauen verschwanden. Selbige drei Handwerksbursche haben dise Geschichte hierauf im Wirtshaus zu Tisis erzält und beeidet, und es reute sie ser, daß sie die Goldküchel nicht angenommen hatten, weil inen — wie sie glaubten — für ir Lebtag geholfen und die drei Frauen gewiß erlöst worden wären [3]).

CM Blaas

2 Schloßsage

An der Landstraße, welche von Stockach durch das Owinger Tal nach Ueberlingen fürt, ligt links, ehe man zum Dorfe Mahlspüren kommt, auf dem zimlich steilen Rücken des etwa 60 Meter hohen Heuberges der sog. Schloßbühl. Auf disem wallartigen Erdwerke erhob sich in alten Zeiten ein mächtiges Schloß, welches gegen Westen durch ein tiefes Tal von einem gegenüber ligenden Höhenzuge, der „Hinterburg" genannt wird, getrennt war. In

---

1) *Die betr. Ruine ist wol noch heute zu sehen.*
2) *Vgl. Buttermilchturm, zuweilen vorkommende Benennung einzelner städtischer Befestigungstürme, angeblich weil bei deren Erbauung der Kalk stat mit Wasser mit Buttermilch abgelöscht worden sei, um den Mörtel dauerhafter zu machen. Otte, Archäolog. Wörterbuch 35.*
3) *Vgl. Birlinger, Volkst. a. Schwaben I 6, 74 u. 84. Aus Schwaben I 249 ff.*

disem Tale ward der durchfließende Bach zum See gestaut, und dadurch der Schloßbühl ser festgemacht, weil er so nur von Norden her auf schmalem Bergrücken einen Zugang bot.
Wer dise Burg bewonte, weiß Niemand mer. Die Sage erzält, daß böse und leichtsinnige Ritter in ir hausten, und daß, als dieselben in einer hl. Kristnacht biß gegen Morgen einem unsittlichen Tanzvergnügen frönten, ir festlich beleuchtetes Schloß mit Mann und Maus spurlos in die Erde versank, wärend die Glocken der Umgebung die Gläubigen zur Kristmette riefen. Seither sind Burg und Ritter verschwunden; nur ein altes Schloßweiblein muste von Zeit zu Zeit um den Heuberg herum geisten. Leute, welche zur Adventzeit am Schloßbühl Geld suchten, hörten dises Weiblein oft rufen. Dasselbe erschin nun auch ein Mal Hirten aus der Nachbarschaft, indem es inen „z'Nüne" bringen wollte. — Als es in diser Absicht sein mitgebrachtes Weißbrot mit einem silbernen Messer schnit, haschte ein Hirte nach disem, um es dem Weiblein zu entreißen. Dises erhob aber einen gellenden Schrei und — verschwand spurlos. Seither scheint der Schloßgeist auf dem Heuberge erlöst zu sein; denn das Weiblein ward nie mer gesehen, auch nicht gehört.

Schedler, Bezirksarzt in Stockach

3 Der Schas in Deutwang [1])

Deutwang war vor Alters ein gar großer Ort. Unter der Kirche soll eine eiserne Kiste mit Gold gefüllt vergraben sein. Ein schwarzer Hund mit feurigen Augen sizt darauf und hütet sie. Wer hinget und nimmt die Kiste, one den Hund anzusprechen, der hat sie.

Auch soll ein Gang unter derselben Kirche biß zu dem eine Viertelstunde davon ligenden Sonnenberger Hof, der badisch ist, gen.

Mündlich

4 Die gespenstische Wäscherin

In Stockach ist der Hellgraben und da hört man zu gewissen Zeiten ein Pflätschern: eine gespenstische Frauenperson wüscht Wäsche, sie soll eine Kindsmagd gewesen sein und etwas getan haben, was nicht recht war. Die „Bsezemerleute" in der Nähe — es sind nur einige Häuser da — haben das schon öfter gesehen und gehört.

Mündlich

---

1) *OA Sigmaringen. Namendeutung Alem. VI 155.*

5 Berge weichen zurück

Zwischen Koendringen und Malterdingen in der Markgrafschaft Hachberg lauft ein breiter Feldweg zwischen zwo Bergen hin. Jezt füren die Bauren auf disem Weg alle ire Bedürfnisse. Aber ich erinnere mich noch der Erzälungen, die ich von alten Leuten in meiner Jugend gehört habe, daß nemlich zur Zeit irer Jugend dise zwo Berge so nahe noch beisammen gewesen wären, daß oben die Feldhüter in einem Sprung an irer Stange hätten übersezen können — Wir sahen auch oft große herabgestürzte Stücke unten.

Peter Francks Medis. Polizei

6 Zum Klopferle von Sachsenheim

Zu der allgemein bekannten Saxenheimer Klopferlesgeschichte vergleiche folgendes: Das Andenken eines sonderbaren gefälligen und dienstbaren Geistes, genannt *Klopferle,* der sein Wesen in dem Schloß zu Saxenheim, welches jezt die Oberamtei-Wohnung ist, gehabt haben soll und von einer Art war, wie man sich in jedem Haus einen Geist wünschen möchte, ist kürzlich noch in einer Schrift: Wolf von Blankenhorn und Kunigunde von Sachsenheim, eine alte schwäbische Geschichte, betitelt, erneuert worden.

Wirtembergs Kirchen- und Lehrämter II 2. 1800 S 871.
Vgl. Lavater von Gespenstern 102.

7 Heuberg

Unweit der Stadt *Balingen* ist der sog. Heuberg, welcher unverdienterweise unter dem Pöbel ebenso berüchtigt ist, als der Brocken oder Blocksberg auf dem Harz.

Ebenda I 430 (1799)

8 Der St. Ulrichsbrunnen

In Höchreute, eine halbe Stunde von Pfrungen OA Saulgau, ist eine Kapelle und dabei sei ein Brunnen gewesen. Diser sei auf einmal ausgeblieben und etwa $1/4$ Stunde entfernt wider zum Vorschein gekommen. Da sprudle noch jezt aus einem Sandfelsen ein frisches, reines und trinkbares Waßer hervor, das der *St. Ulrichsbrunnen* heißt.

Mündlich vom jezigen Schultheiß von Pfr. der es öfters von s. (†) Mutter erzälen hörte.

9 Die Dreifaltigkeitskapelle bei Gmünd

Die Dreifaltigkeitskapelle ligt eine halbe Stunde von Gmünd, Waldstetten zu, am Walde, früher im Walde. Einer Familienüberliferung nach hat einst der bürgerliche Goldarbeiter Franz Seybold, ein großer Jagdliebhaber, am Dreifaltigkeitssonntage gejagt und zwar gegen den Willen seiner Hausfrau. Kein Wild kam im zu Schuße und er wollte wider heim. Da siht er — es war au der Stelle da die Kapelle stet — auf einer hohen Buche eine Amsel: schießt darnach, sie fällt und flattert am Boden. Wie er sie fangen will, war keine Amsel mer da, wol aber lag ein Rosenkranz unter dem Baume und S. entnam daraus, daß das ein Manor sei, jagte nie mer an Sonn- und Feiertagen. Er stiftete die Kapelle mit einem Mesnerhaus und der Gmünder wallfartet vil dahin. Den Rosenkranz hat Franz S. selbst in Silber gefaßt und aufgehängt, ist aber später gestolen worden. Das jezige Altargemälde — das zweite — stellt die ganze offenbar als zweckdienlich erfundene Sage bildlich dar; die Amsel hat den Rosenkranz im Schnabel.

Mündlich von Pf. Herlikofer in Oberdischingen.

10 *Goldsucher*

Zum Königlichen Hochlöblichen Oberbergamt in Farb-Mühl bey Alpirfpach wird gehorfamft berichtet. Ich habe Euer Hochwohl-gebohren sein Schreiben erhalten, den 20. Jan. 1818 und will Sie gehorsamst berichten wegen denen 2 Goldflüßen, welche alle Beyde in Vollkommenem an den Tag gebracht werden, der eine der größere schon frei und los ist worden, nicht durch Hand Arbeit, sondern durch vieles Betten derer Herren, wo daran beschäftiget sind, und sie können leicht Schließen, daß das unter der Hand Gottes stehet, diese Gold-Flüsse widerum au den Tag zu bringen, wo schon Viel Hundert Jahr verdekt gewesen sind worden durch Kriegs Zeiten; jezt aber thun die Herrn au dem Gleinen vollkommen Arbeiten, biß und dann daß der gleine Gold-Fluß vollens loß gebettet ist. Wir denken und glauben, Ehe dieser Monath Febr. zu Ende gehet, werde es vollbracht sein, so gleich aber wie es vollbracht ist, werde ich dem Königl. Oberbergamt die Anzeige thun, der Große GoldFluß zeiget uns schon einen Großen Reichthum an, weil die Herren schon dazu sehen können.

Bauren von Oberamt
Nürtingen d. 30n Jan. 1818.

Resignirter Schultheiß
Joh. Gneithing.

Inscr.
Zum Kön. Hochlöbl: Oberbergamt
in Farbmühl bey Alpirfach
an Herrn Hp: Lud. Frid. Roefler.
Frey.

11 *Die S. Lorenzkapelle zu Hürbelsbach*

Superstitio ex quaestu 1597. Retulit NN quidam fide dignus amicus, quod non procul a pago Siessa major nuncupato, qui Vlmensium ditionis est et Geislinga eiusdem Reipubl. oppido, milliare vulgare distat, ex Ducatu inclyto Wirtembergico in Vlmensium territorium et dynaftiam iter facientibus, ad finiftram in proximo colle, vetusta capella conspiciatur, nomine *Hybersbach*, ad nobilem quemdam pontificium fpectans: cui antiquitus, praeter alia pontificiae religiositatis genera, haec peculiaris superftitio, uti admodum ridicula, ita maximopere piis auribus et animis penitus aduersa, attributa fit. — Ea eft, vt, qui aliquando illicitis flammis pellectus moechatus esset, subligaculo praefatae Capellae oblato immiffo (quae fubligacula in fummo illius Capellae pauimento funt asseruata et fuperioribus annis cuidam viro fide digno fatis magnus eorum fasciculus eft visus: qui etiam, quo fibi huius fuperftitionis irrefragabile teftimonium fuppeterret, vnum ex iftis pecunia redemit) in posterum a moechationis malo prorfus liber exifteret, neque crimini huic nefando denuo foret obnoxius. — Similiter et qui impermiffa venere aestuaret et de thori violatione periclitaretur, horum subligaculorum in faepius memoratam Capellam oblatorum vno, fuo pretio redemto, parte corporis conuenienta cinctus vteretur, omne periculum malefuadi aeftus Venerei effugeret, nec quicquam adverfus coniugale vinculum admitteret. Imp. Rud. II; Pp. Clem. VIII.

Johan. Wolfii I C. Lectionum Memorab. et Reconditar. Tomus II Lauingae (Lauffen a N) 1600. p 1056.

Die Kapelle ligt ¼ Std. von Donzdorf OA Geislingen und ist ser alt. Das Langhaus ist seit 2 Jaren vollständig erneuert. Warscheinlich ist auch der Chorboden, obwol einzelne got. Fließe noch da sind, nicht mer der von 1597, denn an disem uralten Kirchlein — schon 1143 Hurwincs bach — ist im Laufe der Jarhunderte, schreibt mir der kundige Diac. Klemm in G., vil geändert worden. Der jezige steinerne Chorbau ist spätgotisches Ursprunges (Glocke von 1495). 1493 wurde die abgängig gewordene Pfarrei (Patronat Kloster Anhausen) wider erneuert. — Die OA Beschreibung weiß S 184 nichts von dem oben angefürten Aberglauben. Offenbar ist St Lorenz auf dem Rost der passende Heilige gegen Brand gewesen.

12 *Aus dem Reichenauer Malefizbuche* [1])

a *Her Michell Bayssers Conventuals Concubine betreffendt.*
Anna Bernhartin vß der Reichenaw, H. Michell Bayssers Concubin

---

1) *Den grösten Teil brachte kürzlich von mir die Konstanzer Zeitung. Dise sittengesch. interessanten Notizen konnten für das größere Publikum nicht verwertet werden. Der Leser der Alem. kann sich nicht daran stören.*

vnd Magt, ist vmb deßwillen, dz sie mit ime in öffentlicher Hurerey gelept vnd auch ain Künd bey ime erzeugt hat vnd hernacher, nachdem sie vß der Kündtbeth gangen, widerumb zu jme Tags vnd Nachts geschloſſen vnd Hurerey mit ime wie zuvor getribén hat, den 22. Jenner 1578 in venckhnuß kumen vnd hernacher den 29. gemelts Monats vßerlassen vnd des Gottshuß hochen Oberkait verwisen vnd biß zue des Teggelmanns Huß zu Oberenzell durch Marxen Brötschen den Waibel gefüert worden. Sie hat auch ain geschribne Urphed geben vnd ainen Aid leiplich zu Gott vnd allen Heiligen geschworen, in die Oberkait ohne derselben Bewilligen nit mehr zu khumen, noch auch die venckhnuß vnd was sich zuegetragen, auch der Urphed nit zurechen.

Demnach Gertrudt Bernhartin, obbestimpter Anna Bernhartin Muetter, irer Tochter zue irem gottlossen, üppigen vnd huerischen Leben geholfen vnd sie als ir Bluet vnd flaisch vor vnd nach der Kindbetth H. Michelln, obberüerten Pfarherrn zu Niderenzell vnd Conventualen der Reichenaw, zuegefüert vnd verkupplet vnd also stillschobweigendt zuegesechen, ist sie den lezten Januarij deß 78. Jars in venckhnuß kumen vnd den 31. Februarij widerum vff ain geschworne Urphedt erlassen worden der venckhnuß, dergestalt, das weder sie noch ire Künder von jrem hab vnd guet nichts, weder Klein noch Großes, Ligendts noch Varendts nichts vßgenommen, verwenden noch *verabwanderen* sollen, mergemelter jrer Tochter nichts anhenckhen noch geben, vnd sie weder husen, hofen noch beherbergen vnd dan das Kind, so sie bey H. Michelln erzeugt hat, one des Gottshuß costen vnd entgeltnuß erhalten sollen: darumb sie an Aydes statt angelobt das alles zu halten vnd nichts zerechen. Ir Tochtermann übernam die Erziehung des Kindes, „one des Gottshuß costen."

b Donnerstags an U. L. Frauen Himelfartstag a. 1577 ist Jacob Müller vß der Reichenaw der Jung, sampt Anna Schellingerin von Ulm, Jacob Schichtings von Mittelbiberach hausfr. zu Alenspach venckhlich angenommen vnd in die Reichenaw der vrsach willen gefüert worden, daz er Müller vnangesehen dz er ain Eheliche hausßfrawen in der Owe hätt vnd Anna Schellingerin Man noch im Leben, vermeltem Schichting sein Weib entfüert, die an sich gehenckht vnd mit ir im Land vff der Gard herumb gezogen. Auch in aller yppigkait vnd Huererey mit ier gelept vnd nachdem er außgezert, *den Hennen brackhet*. Also sie baide biß vff den 12. Aug. in venckhnuß gelegen. Diß tags ist Anna Schellingerin der venckhnuß erlassen vnd deß Gottbuß Reichenow Oberkait ir Weil vnd Leben lang verwißen worden. Daruff sie Christoff Herzen Sekretarien an Recht geschworner Aydeß statt angelopt *ain hundert vnd ain Jar nit mer darinn zekhommen;* auch fürterhin mit obermeltem Jacob Müllern nichts unerbares zu verhandeln noch auch dise ir venckhnuß in dhainen weeg weder durch sich selbers noch auch durch andere nit zuerechen noch zeäferen.

Müller muste Urfede schweren, daß er sich der Huren vnd anderer leichtfertiger Weiber gänzlich verzeichen vnd enthalten, und „sich auch des ungepeurlichs Gardens und Bettlens abthun, auch in ehrliche Krieg ziechen".

13 *Eidschwur, Eidfinger, Meineidige*

Außlegung des Aydtschwurs, was ein jeder Finger bedeut vnd aussweysst. Welchem Menfchen ein Aydt zuthuen aufferlegt wirdt, der foll mit auffgehebten dreyen fordern fingern fchwören; bey dem ersten finger alß dem Daumen wirdt verftanden Gott der Vatter, bey dem andern Finger Gott der Sohn, bey dem dritten finger Gott der heylige Geift. Der vierte vnder fich gelegte finger bedeüt die Seel, der fünfte vnd kleinste finger bedeüt den menschlichen leib, welcher dann vil kleiner vnd geringer gegen der Seel zuachten ist. Die gantze Hand aber bedeut daß gantze göttliche Weßen, durch welche Allmacht Himmel vnd Erde, Sonn vnd Mon, die schöne liebliche Stern, laub vnd graß, vnd alles waß da lebt auff Erden, erfchaffen worden. Der Aydt hat auch volgenden Verstand, wie hernach zu vernemmen.

1 Da ich falsch oder vnrecht schwöre, fo foll mich Gott der Vatter, Sohn vnd heylige geist auß fchlieffen vnd abföndern von der gantzen Chriftenheit. 2 Da ich falsch schwöre, fo foll mir Gott der Vatter, mein Erfchaffer, Gott der Sohn mein Erlöfer, vnd Gott der Heylige Geift mein Seeligmacher nimmermehr zu hilff khommen, wann sich mein leib vnd Seel an meinem lezten End voneinanderscheiden werden. 3 Da ich falsch schwör, fo foll daß bittre leiden vnd sterben Jefu Chrifti, welches Er am Stammen deß Heyligen Creützes für der gantzen Welt Sünden bezahlt vnd gnueg gethon, an mir verlohren fein, vnd ich mich deffen in Ewigkheit nicht zugetröften haben. 4 Da ich falsch schwör, fo helff mir Gott nimmer mehr, vnd daß ich meineydiger am Jüngften Gericht mit schreckhen, zittern vnd traurigkheit auferstehen, vnd allda mit leib vnd Seel für dem strengen Richter Stuel Gottes vnd von allen außerwöhlten Gottes abgefchieden, vnd Ewigklich verlohren werde. Derwegen gedenckh vnd bedenkh ô Chriften menfch den Aydt Schwur recht, laß dich khein gewalt, lob, Ehr, gelt vnd guett bewegen, daß du mit dem wenigften falsch schwöreft, dann der falsch Aydt ift ein vnerträglicher laft (dardurch Gottes Huld verlohren, leib vnd Seel verdambt, vnd auff difem Jammerthal die liebe Obrigkheit vnd der nächste betrogen, Recht vnd gerechtigkheit dardurch verdunckhelt wirdt). Volgen hierauf wahrhaffte gefchichten dryer Meinaydiger Perfohnen, welche der Allmächtige Gott augenscheinlich gestraft hat, allen Gottlosen zum Spiegel, vnd Chriftliebenden zur Wahrnung.

Zu Lißabona[1]) am genfer See ligend hat ein reicher fürnemmer Würth mit einem feinem Mitburger, der doch nicht fonders Vermögens geweft, ein Recht güehrt, antreffend eine große Summe gelts; da aber folches anderer geftalt nicht, dann durch gewiſſe gezeugkhnuß hat khönnen zu Recht erkhent werden, ift dife Rechts Sach gemelten Würth auff den Aydt gegeben worden, welchen Er zuleiften gantz vermeſſen eingewilliget. Alß Ihm aber der Aydt vor gericht zuthuen aufferlegt worden, vnd Er folchen, Ihme zum Ewigen Verderben mit aufgehebten fingern schwöret, laßt der liebe Gott feine gerechte straf vnd zorn vber difen falschen meinaydigen Würth augenscheinlich ergehen, dergeftalt, daß difer ellende Würth alßbald niderfanckh, fein gantzer leib kohlschwartz wirdt, vnd gleich vber einander hockhend Stein todt ift, wie dann bey difem Aydtfchwur vil vornehme vnd hohe Perfohnen gewefen, die difes alles gefehen vnd angehört haben. Nach verloffener schröckhlicher that aber ift dem andern feinem Mitburger alß dem gerechten vnd in difer Sach wahrhaften daß gelt eingeraumbt vnd vberantworttet, der todte Würth aber, alß ein meinaydiger Verlaugner vnd Verachter der Allerheyligiften Dreyfaltigfültighkeit, an daß orth der vbelthäter gefchleipft vnd von der Chriftlichen gemeindt abgefondert worden.

Gleicher geftalt hat fich auch in der Statt Genff begeben, daß Ein falscher aydt von einer vornemmen hohen Perfohn gefchworen worden, welcher meinaydiger aber khürtzlich hernach ftirbt vnd in fein eigens begräbnuß gelegt wirdt. Nuhn begibt es fich vber zwaintzig Jhar, daß Ein weibsbild aus derfelben (Familie) geftorben, da nuhn gemelte begräbnuß geöffnet, befindt sich gleichwohl daß der gantze leichnamb verzehrt, biß an den rechten arm vnd hand, welche zwar gantz ohn verwefen, doch aber kohlschwartz mit aufgehebten fingern allda gefunden wirdt, dardurch die rechte wahrheit an tag khommen, worauff alsbald die ordnung gefchehen, daß die gebein deß ohnverwefenen schwartzen arms von difem meinaydigen falschen Cörper zur zeitlichen Straf, weil Er Gott fo frevenlich verunehret, dem heyligen geift gelogen, die Obrigkheit vnd feinen nächsten betrogen hatt, an daß orth der Vbelthäter gefchleipft vnd von der Christlichen gemeindt abgefödtert: denen aber, fo Er mit falschem Aydt vnrecht gethon, alles vberantworttet worden.

Vorftehender maffen hat fich auch zu Preffburg auß dem land Hungarn begeben, daß ein Mefferschmid wegen vier guldin einen falschen Aydt gefchworen, darauf Ihne der allmächtig Gott alßbald geftrafft, daß Ihme die halbe hand kohlschwartz worden, Vnd Er am dritten tag hernach ein fehr trauriges end genomen.

Pap. Handschrift, 2 Bll. Anfang 18. Jhd. in meinem Besize

---

1) *Lausanne ist gemeint*

14 *Elias Hesse aus Pirna erzält in seiner ostindischen Reisebeschreibung, Dreßden 1687 S 52:* Die Frau des Berghauptmanns Olitsch starb auf hoher See „Ihr entseelter Cörper wurde nach Schiffs-Gewohnheit noch selbigen Tag übergesetzet, die Leiche in weissen Leinen gekleidet und in *Schwäbisch* nach Niederländischem Gebrauch gewickelt, in einen mit vielen Löchern verfertigten weissen Sarg von harten Brettern gelegt. Das Nähen in Leinwand galt als schwäbische Sitte. Dieterich in Ulm in seinem Predigtwerke (Buch der Weisheit) spricht auch davon „das Nähen in Leinwand wie es Landsbrauch ist" (in Freiburg, Dorf Memre, Schweiz) II 876.   A BIRLINGER

PATER NOSTER UND AVE MARIA

DAS PATER NOSTER MIT DRYERLEY VSLEGUNG

Vatter vnnſer:
    Hoch in der ſchöpffung
    Süß in diner lieb
    Rich in dinem erbteyl

Der du Biſt:
    Vnwandelbar in dinem weſen
    Vol wyßheit in dinem wiſſen
    allmächtig in dinem vermügen

In himeln:
    Ein ſpiegel der öwigen gottheit
    Ein Cron der öwigen frölicheit
    Ein ſchatz der öwigen ſäligkeit

Geheiliget werd din nam das er vns ſy:
    Ein Süssekeit in oren
    Ein hungſam im mund
    Ein fröd in vnnſerm hertzen

Zu kum vns din Rych:
    Der kirchen frölich on vermiſchung
    Der gnad luter on Betrübung
    Der glori sicher on verlieſung

Din will der werd:
    Das wir lieben alles das du liebeſt
    Das wir haſſen alles das du haſſeſt
    Das wir halten alles das du gepüteſt

Als in himel vnd vff erden:
>Als in Engeln alſo inn menſchen
>Als in Heiligen alſo in Sündern
>Als in Selen also in liben

Vnnſer täglich Brott:
>Das lieplich das wir nutzen
>Das ſacramentlich das wir nieſſen
>Das geiſtlich das wir begern

Gib vns hüt:
>In diner Barmhertzikeit
>In vnnſer nottürfftigkeit
>In diſſer zit vergencklicheit

Vergib vns vnſer ſchuld die wir thüen:
>Wider dich
>Wider vns ſelbs
>Wider vnsern nechſten

Als wir vergeben vnſern ſchuldigern die vns letzendt vnd geleidigt haben:
>an letzung vnſers libs
>in worten an vnſern leymundt
>in abnemung vnſers gůts

Vnd nit für vns in verſůchnuß:
>Der welt trüglicheit
>Des fleiſch Begirlicheit
>Deß tüfels falſcheit

Sunder Erlöß vns von allem vbel:
>vergangen übel
>gegenwertigen übel
>zu künfftigen übel
>>>>Amen

DAS AUE MARIA

Aue Biß gegrüſet:
>On alles wee der ſünd an diner ſel
>on alles wee der Böſen Begirde an dinem lib
>on alles wee der verdampnůß an ſel vnd an lib

Maria:
>Ein zerſtorerin der hell
>Ein Stern der welt
>Ein porten des himels

Voll gnaden:
>Der göttlichen lieb in dinem hertzen
>Der früntlichen wort in dinem mund
>Aller tugent in dinen wercken

Der Herr ift mit dir:
>Gott vatter mit finer tochter in Barmhertzigkeit
>Gott der Sun mit finer muter in wyßheit
>Gott der heilig geift in finem tempel in gütikeit.

Du Bift gefegnet ob allen frowen:
>Uber alle menfchen in fruchbarkeit
>Uber alle Engel in Heiligkeit
>Uber all lauter creatur in müterlicher wirdikeit

Gefegnet ift die frucht dins lybs in deß namen werden gebogen alle knye:
>Der hellifchen die erledigt find
>Der himelifchen die widerbracht find
>Der irdifchen die verfünt sind

O herre Christus got vnd menfch von dem vns kumpt:
>Alle gnad vnd Barmhertzikeit
>Alle tugent vnd heiligkeit
>Alles heil vnd Seligkeit
>>*Amen Gedencksg im Hertzen*

Das Vorstende findet sich auf den Innenseiten der Deckel der Inkunabel 3,144 der Sigmaringer Hofbibliothek (Herpf, H. Sermones de tempore, de sanctis etc. Spirae 1484 f. Bd. II Hain 8527) schön und deutlich mit Schriftzügen aus der Zeit etwa von 1500 aufgezeichnet. Das Paternoster stet auf dem vordern, das Avemaria auf dem hintern Deckel. Auf der ersten Seite der „Tabula" stet unten von anderer Hand: „Dominus conradus Hager canonicus in ehingen, dedit istum librum stipendio de frankenhawsen. anno domini 1539." Später gehörte das Buch der Universitätsbibliothek in Tübingen und ward von dort a. 1863 als Doublette hieher verkauft. Möglich wäre, daß diser Canonicus Hager villeicht in seinen früheren Jaren den Eintrag gemacht hätte. Von wem aber ist die „vslegung", von wem die eigentümliche Form des Avemaria?

SIGMARINGEN   VON LEHNER

AUS CONRAD DIETERICH VON ULM

VOLKSTÜMLICHES AUS HESSEN [1])

1 *Spukgeschichte im Schweinsbergischen Schloße zur Schmitte*

Ich weiß mich noch wohl zu erinnern, daß in meiner Jugend sich im Adelichen Hauß zur Schmitte, so in Hessen in einem Wald ganz allein nicht fern von dem Stüttlein Kirttorf gelegen, *den Edlen Schencken von Schweinsburg*, Erbschencken des Fürstenthumbs Hessen, zugehörig, sich ein sonderbar Gespänste ein Zeit lang sehen lassen, so wunderbar Ebentheur getrieben; was man des tags vornemmen wollen im Hauß, das hat es die vorige Nacht gethan, hat sich gestellet, als wann es Säw abgestochen, Würste gehacket, mit Rossen herumbgefahren, anders dergleichen mehr. Sonderlich hats eine besondere Kammer im Hauß gehabt, darinn es Niemand mit ruhe schlaffen lassen, sondern denen, so darinnen geschlaffen, die Decke abgezogen, Liechter außgeblasen, Balcken auf sie gelegt, sie geschlagen: was deß Dings mehr gewesen. Welches ein Zeit lang gewehret, biß es endlich mit großem Lust bey Nacht, als wanns etwas rechts wer, darvon gezogen. Darvon damals im ganzen Land groß sagens gewesen, vnter andern vorgeben, daß es von Saleck, so im Frankenland gelegen, dahin gebannet worden. II 1019.

2 *Meincidiger gestraft*

Ich hab in meiner Heimat, im Fürstlichen Hospital Hayna in Hessen in meiner Jugend einen alten Mann zum oftermahl gesehen, welcher, weil er einen falschen Eid geschworen, verstummet und die Hand erstarret, daß wie er geschworen, sie verblieben vnd er die Finger, so er im Schwören aufgereckt, nicht biegen, die andern beyde nicht aufrichten können II 732.

Man wil auß der Erfahrung sagen, daß die Hand und Finger, darmit man ein falschen Eyd schwöre, nimmermehr verfaulen sollen, zum Zeugnuß über sie. So schreibt man, daß man ein Hand in Sachsen mit zweyen aufgereckten Fingern in eim Grab gefunden, darin vor 28 Jahren der Verwalter eines Klosters begraben, welcher ein leichtfertiger loser Gesell zeit seines Lebens — dessen Leichnam vermodert, die Hand aber noch frisch und unversehrt Luther und den Proff. geschickt. Christoph. Fischer: noch

---

1) *Quelle sih Alemannia XI 267*

frisch und grün auf dem Pollersberg bei Wittemberg gefunden.
II 734.

3 Waßer in Blut verwandelt bedeutet Unheil

In Nider Hessen huts ein Teich bey dem Stüttlein Sontra, derselb wird zu Zeiten in rothe schleimichte Materi, anzusehen wie Blut, verwandlet, vnd wanns geschiehet, bedeutets dem Land groß Vnheil, so a. 1604 im Januario geschehen, darauf eben im selbigen Jahr den 9. Oktober Ludwig der Elter, Landgraf gestorben, folgends a. 1605 im Augusto der Reformation und Marburgischer Kirchentumult sich erhoben I 313.

4 Märchen vom Kinde und der Unke.

So hab ich oft gehört, daß in meiner Heymat ein Kind ein Milchsuppe in dem Ehrn beym Heerde, so nicht weit vom Kühstall gestanden, wie deren Lands Ort mit sich bringt, geessen, daß ein Uncke kommen, mit dem Kind auß der Schüssel gessen und als sie nur die Milch und kein Brocken gessen, hab das Kind der Uncken auff den Kopf geschlagen mit dem Löffel und gesagt: Schelm iß auch Brocken mit! Noch hat ihm die Schlang nichts gethan. Das hat Gott gethan durch sein allmächtige Hand II 322.

5 Hund der Verräter

So weiß ich mich zu erinnern, daß in Hessen etliche Siechen Nachts eine Mühle, so allein an ein Wald gelegen, überfallen, den Müller mit allen den seinen in der Mühle erwürget, darnach die Kisten und Kästen aufgebrochen, alles herauß und mit sich genommen, die Thür an der Mühle zugeschloßen und also darvon gangen, zu allem Unglück aber ihren Hund, den sie bei sich gehabt, hinderlassen und in die Mühle verschloßen. Als nun deß Morgens die Mahlgäst kommen, die Mühle verschlossen finden, solches der Obrigkeit angezeigt, solche auch nach Eröffnung der Mühlen die erwürgeten Körper da finden, beneben dem unbekannten Hund, unwissend wer die Thäter seyn möchten, werden sie raths, sie wöllen den Hund außlassen und dessen Spur nacheilen, welches auch geschehen; da der Hund der Siechen Hauß zugeeilet, darinn sie die Thäter bey einander finden, wie sie eben die geraubte Güter getheilet, sie gefänglich angenommen und ihnen ihr Recht widerfahren lassen II 16.

6 Volksheilige, Nothelfer

Zue Elementenheyligen sind verordnet über das Feuer St. Agatha, über das Meer und Wasser St. Nicolaus und der große Christoffel,

über die Luft und Gewitter St. Valesianus und Theodorus, über die
Erde, deren Früchte und Gewächse St. Jost; über den Wein St.
Urban und Medardus.
 Zu Vieheiligen und Patronen sind verordnet über die Schafe
St. Wendel, über die Pferd St. Elogius oder Loi, über die Rinder
St. Pelagius, über die Säw St. Antonius, über die Hund St. Ruprecht,
über die Gänse St. Gallus, über die Hüner St. Veit, über die
Ratten und Mäuse St. Gertraudt, über die Marder St. Lupus,
dannerher diß Gebet: Hilf du lieber St. Lupe, daß der Marter die
Hüner nit berupe:
 Man betet an St. Rochum für die Pest
 St. Liborium für Grieß oder Stein.
 St. Symphorianus für die Brüch.
 St. Petronell fürs Fieber.
 St. Wolfgang für die Gicht.
 St. Marx für unversehenen Tod.
 St. Valentin für fallende Sucht.
 St. Anthoni fürs Wildfewr.
 St. Joh. Ev. u. Bendikt fürs Gift.
 St. Anastasie fürs Hauptwe.
 Ottili: Augen; Apollonia: Zahnweh; Blasi: Halsweh; Agatha:
schwerende Brüste: Erasmus: Bauchweh. St. Brixen: Scham.
Margareth: geberende Frauen. Barbara: den Tod one Sakr. Vin-
cenz: verlorenes Gut usw. D II 455.

7 Aberglauben

Viel schreiben die Wind vnd jhren Sturm, sonderlich die
grausame Sturmwirbel *den Hexen und Unholden* zu I 67.
 Drumb, wann wir den Wind von Morgen zu Mittag lauffen,
vnd von Mittag wieder herumb zu Mitternacht sausen, brausen
vnd alles stürmen, niderreißen sehen und hören, sollen wir die
Augen vom Teufel, seinen Hexen vnd Vnholden ab vnd zu Gott
wenden, nicht sagen, das hat der Teufel und seine Hexen gethan
usw. Ebenda. A BIRLINGER

ALTE RECEPTE FÜR FISCH- UND KREBSFANG

1 So man mit Gaißblut vnd Gerstenmel küchlin bachen
in die Reiser glegt, kommen vill Fisch.
Arzneibuch 1617. Alem. XII 27.
 2 Wiltu vill Fisch in ainem Reyss fahen, so nim ain faul
Felben holtz, das bey der Nacht scheint, leg das in ain glaß,
vermach das es kain waser hinein kindt und legs in ain Reyss.
Ebenda.
 3 Nem des teufels krautach, truck die Milch darauß vnd
schmir hend vnd fieß damit an der sonnen: du fachst alle Visch.
Ebenda.

4 Item wiltu kreps fachen mit der Handt, so leg keren fisch auff das tach vnd laßen jr da erstencken, so leg darnach in ain Reyss, so komen die krepß alle hinein oder eine Boxleber vnnd laß in 3 tagen woll erstincken; ftoß dann sie an den Spitz, so kommen die Krepß all herzu.
Ebenda.

5 Man soll nehmen Ellritzen oder Koben oder Schmerling, dieselbige in Weitzen Mel gewelzet hernacher in Leinöhl und ein wenig Wacholder Beer darein gethan, gebraten vnd dann in die Seckhlen oder Reusen gehenckt.
AB 142b.   AB

LEGENDE VON S. IDDA VON TOGGENBURG [1])

Dis ist der wirdigen Frowen Sant Ytta leben Wir leffent von der hailigen frowen *Sant Itta* dz fy was ain gräffin von Kilchberg in Schwaben vnd ward gemächlet ainem graffen, der wz gefeffen vff der alten toggenburg. Der mächlet jr ainen ring, der wz guldin als es gewonlich ift vnder groffen herren. Nun fügt es fich ains mals nach vill jaren, dz die fällig fro Ytta wolt ire clainet funnen vnd lait fy uff ainen laden an die funnen jren mächelring [2]) vnd ander clainet. Nun ift ain groß *tobel* [3]) vnder dem hus Toggenburg, ift gehaiffen Rappenftein. In dem felben tobel hetten die rappen ire neft vnd jung darin. Alfo flog der alt rapp vff die burg vff den laden, da die clainet lagent vnd nam den ring, der der lieben frowen Sant Ytta wz gemächlet, vnd trůg den in fin neft, da er die jungen rappen het, als es Got fügen wolt das er ain gros zaichen durch die lieben frowen Ytta würcken wolt. Nun fůget es fich, das der herr die jeger vffandt dz gewild ze fůchen. Do hort ainer vnder den jegern jung rappen vff ainer tannen vnd vand den ring jn dem neft, do ward er gar fro vnd ftieß den ring an fin hand vnd trůg den ring etwa vil aittes. Do jn ander knecht fachent, do fach ye ainer den andren zů, denn ainer vnder den knechten, der kant den ring, dz es der

---

1) *In Murers Helvetia Sancta (1648) findet sich eine ausfürlichere Iddalegende nebst Hinweis auf Petri Canisii Martyrologium und besonderes dessen Büchlein von St. Idda, woraus Murer schepfte. St. Idda soll c. 1179 gelebt haben.*
2) *Gemahel-, Vermähel- oder Brautring, Mur.*
3) *Thall, Mur. Nur einmal bei im „Tobel" Ueber die Herkunft des alem. Wortes Tobel sih Alem. X 64 ff. die einzig richtige Erklärung.*

ring wz, den der herr finer frowen gemächlet het, vnd gieng für den herren vnd fprach: herr, ich waif wie es fich machet, denn ich main dz der jeger hab uwer frowen befchlaffen. Da antwurt der herr: dar von fy Got! Do fprach der knecht: ich wil uch dz wortznichen laffeu fechen vnd bracht den yeger für den herren vnd zoch im den ring ab finer hand vnd fprach: herr, ift dz nit der ring, den ir uwer frowen haind gemächlet? Do befach er in vnd bekant, dz er in hett gemächlet finer frowen Ytta, vnd zehand hies er finen jeger fachen vnd hies in ninem wilden roff an den fchwanz binden vnd lief dz roff nider loffen. Alfo ftarb der jeger. Do löff der herr mit grimmem zorn, do er fin frowen Ytta vand vnd nam die zornenclich vnd warff fy vber die bayen[1]) vf jn dz tobel dz wol c clafftor tieff ift vnd ain groffer fels. Do rufft fy got an jn dem val in jrem herzen gar ernftlichen vnd bat got, dz er fy behütte by dem leben, fo wett fy kains mans nit me fchuldig werden vnd wolt jm dienen bis vff ir end! Do erhort fy got vnd kam vnverfert zu der erden. Do gieng fy etwa vil zittes jn dem tobel on liplicher fpis, den allain der wurczen vnd lopt got den almächtigen. Do fügt fich dz der herr ainen andren jeger het, den lief er fuchen mit ainem füchenden hund dz gewild. Do zoch der jeger jn dz tobel Rappenftain vnd als die lieb frow Ytta die fpis gefücht, do kam der hund vff die vart vnd fücht fy gar fchon, dz der jeger wond, er füchte jm gewild vnd fprach jm zu, vntz er kam an ain holtz, do vand er die lieben frowen Sant Ytta. Do zoch er vff dem holtz vnd kam für den herren vnd fprach: Got fy gelopt, dz uwer frow noch in leben ift! Do antwurt jm der herr vnd fprach: dz glob ich nit, den fy ift me den ze m ftuck zerfallen. Der jeger fprach: hau ich nit war gefait, fo howent mir dz hopt ab, won ich hab fy gefechen vnd han mit ir geredt vnd hat mir gefet: ir habent ir vnrecht geton! Do gieng der herr mit den jegern jn dz tobel Rappenftain vnd noment den hund mit jnen. Do wift der jeger den hund vff die vart vnd fprach jm zu. Alfo fücht der hund vff der vart vntz er kam für die hülli, da die fällig frow Ytta jn wz. Do gieng fy demüttenclich hervf. „Do viel der herr jr ze füffen vnd bekant, dz er vnrecht an jr hett geton, vnd wz fy bitten, dz fy im das welt verzichen. Do fprach fy züchtenclich: ftand vff vnd vergib dir got all din fünd. Do ftünd er vff vnd bat fy, dz fy mit jm wider haim gieng, fo welt er fy des vbels, fo er an jr begangen, alles ergetzen, won er wer bekantlich dz fy from wer vnd wölt den knecht ertoden, der jm die lugi gefait hett. Do antwurt fy vnd fprach: dar von fy got, dz du yeman dötteft von minen wegen vnd dz ich mit dir haim gang: dz will

---

1) *Fenster, Murer.* Vgl. *über beien, peyen, bayen, heute noch alem. volksüblich, Alem.* I 283. *Nib. Lachm.* 268, 1. *Bartsch* 269, 1.

ich nit tůn, won ich niemer me din wib! Do fprach er: nit alfo
won ich, wil dich des alles ergetzen. Darum foltu mich nit ver-
fchmachen zů ainem gemachel. Do antwurt fy: du haft mich von
dir geworffen, darum wird ich nit me din, won ich hon ainen
gemachel, von dem ich mich nůmer gefchaid: das ift vnffer herr
Jefus Kriftus, der hat mich behalten [1]), dz mir kain laid ift ge-
fchechen an dem lib; der wil mich ouch behaltten, dz mir an
der fel ouch kain laid fol gefchechen.

Darum bit ich dich, dz du mir macheft ain woneng von
der welt, da wil ich Got dienen vnd nit me zů der welt komen,
won ich von der welt geworfen bin. Da fragt er fy, war sy be-
gerte? Da bat fy jn dz er ir machte ain clofen in die ow zů
der Kilchen, die an dem hůrnly [2]) lit; darin die můtter gottes
gnädig ift. Dz befchach vnd wz darin etwa vil jar vnd gieng
all morgen gen Vifchingen in dz můnfter ze metti vnd gieng all
morgen ain birf vor ir hin, der trůg XII kertzen vff finen hornen [3])
vnd wz ir zünden bis zů dem clofter vnd nach dem ampt der
hailgen metti wider haim jn die klufen vnd do fy dz etwa vil
zit traib, bis dz man vernam, dz fy alfo fällig wz, do ward fy
verfechen mit dem hailgen almůffen. Nun wz ain frowen clofter
ze Fifchingen by dem herren clofter Sant Bendicten ordens. Die
felben frowen vernoment och jr gaiftlichait vnd warent fy bitten
dz fy zů jn kem jn ir gotzhuf mit irem weffen, dz det fy mit
föllichem geding, dz fy ir ain ainig weffen lieffent, dz fy nit by
inen wonete. Alfo ward ir gemacht ain haimlich wonung, dz fy
darin befchloffen waz, dz nieman zů ir komen mocht, noch fy
hervf den dz fy ain redvenfter [4]) het, dz fy mit den frowen redt,
wz ir gebrast oder nottarftig wz. Nun tett der tůffel ir gar vill
ze laid, dz er fy gar gern gefelt het funderlich mit fchrecken,
dz er ir warff an ir zell vnd och darvff vnd vff ain zit, do ir
der tůffel dz fúr [5]) het erlöfchen, do gieng fy an dz redvenfter
vnd fprach zů ainem dotten lichnam, der vor ain herr von toggen-
burg wz: gehin, ftand vff, vnd entzünd mir ain fúr. Do wz ir der
tott lichnam gehorfam vnd (ftand) vff vnd bracht jr ain liecht
vnd fprach: Ytta nim hin dz liecht von miner hand, von toggen-
burg bin ich genant [6]). Alfo enpfing fy dz liecht von finer hand

---

1) *salvare, behalter salvator, Heiland.* Buch der behaltnis, der
Erlösung. Incunab.
2) *Diß ist der Nahm eines grosses Bergs bey dem Gottshauß
Fischingen gen Einsidlen. Murer.*
3) *Murer S 295.*
4) *Fensterlein, nach klösterlichem Brauch. Murer. Sprachgitter,
bald einfach, bald compliziert wie z. B. bei den Trappistinen Doppel-
gitter nach Ordenstechnik und zwischen denen ein schleierartiger Vorhang.
hs. radvenster.*
5) *setzte sich auch auf die Hähl. Murer.*
6) *Ganz so bei Murer S. 295.*

vnd hielt fich alfo veftenclich, das ir der tůfel kainen fchaden nie mocht tůn bis vff ir end. Alfo hat fy grofs gnad erworben vonn got, dz alle die fy anrůffent, dz den kain gefpenft des tůffels nit gefchaden mag, vnd warvm fy der menfch bittet von allerlay gebreften halb: es fy für der mütterfiechtag ¹) oder hopt we, für die ift fy bitten got den almächtigen. Alfo ift fy geftorben vnd von differ welt gefchaiden jn gottes willen vnd vff den nächften tag nach aller fellen tag begat man jren jartag vnd ward beftattnet vnd begraben jn dem münfter ze Vischingen vor dem altar des lieben hailgen Sant Nicolaus, da fy noch hůt by tag libhafftig lit. Nun fůgt es fich in dem jar, do man zalt von der geburt Krifti MCCCC vnd XL jar, do verbran ²) dz clofter Fischingen vnd och alle gezierd darin am vj tag der monetz mertzen vnd wz dz hopt der hailgen frowen Sant Ytta verwürkt in ain bild, da verbran och dz felbig bild vnd belaib dz hailig hopt vnverfert vnd ward am drytten tag wider funden vnd ift widervm verwürckt jn ain bild. Nun vor etwa vil zitten warent zway menfchen fefhaft nebent an dem hürnlin vnd hettent vil kind vnd hattend mangel an brott vnd hat der fiechtag, den man nempt barlis, die frowen gefchlagen alfo hertenclich, dz ir die ain fit lam wz vnd mocht nit me reden, do für der man mit ainem rofs gen Vischingen vnd kofft da ain mut kernen vnd tett den jn die mülle vnd gieng in dz münfter für dz grab der hailgen frowen Sant Ytta vnd knůwet dar vor bis jm der kern gemallen ward vnd wz da bitten die lieben felgen frowen Sant Ytta, dz fy got bat für fin frowen, vnd damit hůb er fich vff vnd für wider haim; vnd do er haim kam, do luff im fin frow engegen vnd fprach: o, wo biftu hůt fo lang gefin? Do ward er gar erfröwt vnd fragt fy, wen fy geneffen wer? Do sait fy im dz, do bekant er, dz fy vff die zit wz gefund worden, als er vor dem grab knůwet, vnd fiengent an vnd lopten got von himel vm die groffen genad, die jnen wz verlichen durch dz verdienen der fälgen frowen Sant Ytta. Nun darnach ift der man gezogen mit finem weffen vnd hufgefind gen Raperschwil jn die ftat. Nach etwa vil jaren vergangen, do fůgt es fich dz ainem man ain kind ³) in derfelben ftatt jn ain gelten mit waffer ift gevallen vnd ftortzet vff dem hopt, dz man es für dott da dannen trůg. Do fchray die můtter des kinds gar grimmenclich vnd luffend die lüt darzů vnd och der vorgenant man vnd was gar ain grof clag vm dz kind. Do fprach differ man: wir fond anrůffen die hailgen frowen Sant Ytta, die och ain grof ding vor an miner frowen hat geton, vnd bieff fy

---

1) *Auch bei Murer.*
2) *Ist der große Brand 1414, Thurgovia Sacra ed. Kuhn 1869 S 118*
3) *Murer S 196.*

knůwent betten V pater nofter vnd Áave Maria. Vnd do dz beschach zehand vieng dz kind an zefchreyen, als ob es vf ainem schlaff erwachet wer; do bekanttend fy, dz jnen die fällig frow Ytta zehilf wz komen vnd lopten got des groffen wunderzaichens vnd vil ander groffe wunderzaichen hat got durch fy gewürckt vnd noch altag dick menschen koment vnd fy flüchent vnd anruffent vm mangerlay gebreften vnd wetageu, die jnen werdent gewendt von Got durch dz verdienen vnd bitt der hailgen frowen Sant Ytta usw.

Pap. Handschrift 15. Jarhdt. fol. in der Leopold-Sophien-Bibliothek zu Ueberlingen bez. 1894/267, warscheinlich von Konstanz einstens dahin geflüchtet.

Unsere Legende bildet die lezten 3 Bll. der Hs. deren übriger Inhalt in relig. Traktaten, Kosterfrauenlektüren usw. bestet. An Aufzällung der Heilungen ist Murer freigebiger.

A BIRLINGER

SCHWABENLIED

1 Waß bringen vnß die Schwaben? [1])
   Nichtß. Waß woltenß haun?
   Sie haben riemen fchůele an,
   Sie thun gar stiff mit einander hergau [2]),
   Au au au, lasst sy gau,
   eß thut in graufam [3]) woll an stau.

2 Was bringet vnß die Greita?
   Sie will ein Buelen han,
   Sie hat ein gell par stiffele an,
   Sie thut damit zum tantzen gahn.
   Au au au, last mich gan,
   Deß Difleß Hensle will mich han.

3 Waß sagt der Hensle zue der fach?
   Nichtß dan Au Au Au.
   Er hat ein langß par höslen an,
   Ein rundeß lätzlin vornen dran.
   AAAu laß mich gau,
   Deß ftoltze Greita will mich han.

---

1) *Hs. Schaben.*
2) *Das ‚u‘ beim Einbinden der Hs. weggeschnitten.*
3) *Das ‚m‘ weggeschnitten (s. 2).*

4 Wie ist die Greita mehr geziert?
  Gar herlich au au au.
  Sie hat ein leineß roklin an,
  Ein wulleß bleglin vnden dran.
  Au Au Au laß mich gau,
  Eß thut mir grausam woll anstau.

5 Waß ist dan mehr deß Hanßleß tracht?
  Ey sag mirß Au Au Au.
  Er hat ein prettspill wammeß an,
  Vill rote nestel drumb vnd dran.
  Au Au Au, laß mich gau,
  Will ich ein getifflete buhlen hau.

6 Deß Lienliß Jergeß Micheiß knecht
  Will auch die Greitta hau.
  Sie hat ein gelben beutel an,
  Vill maſnin knöpflin drumb vnd dran.
  Au Au Au laß mich gau,
  Des Jergeß Michel will mich hau.

7 Waß jcht der Hansle die der sach?
  Nichtß dan Au Au Au.
  Er hat ein krumen Degen an,
  Er sicht ihn uber d'achsel an.
  Au Au Au, last mich gau,
  Biß ich mein Degelin draussen hau.

8 Wie ist die Grotte mehr geziert?
  Gar herlich Au Au Au.
  Sie hat rot par zopflin ein (?)
  Ein krantz mit gehlen Federlin! [1]
  Au Au Au laſſ mich gau.
  Wie muoß ich nun der sachen thau? [2]

9 Der Hänßle sprach die Grcitta an:
  Sag mirß ietz rund vnd recht:
  Wiltu mich nemmen zu ein Man,
  So will ich dich keim anderen lan.
  Au Au Au, so bin ich dein man
  Vnd nit deß Jergeiß Micheiß knecht.

10 Die Greitta zu dem Hansle sprach:
   Nimb hin die throe mein.
   Da gab er ihr ein Messin Ring,

---

1) *Das Wort ist undeutlich, der 2. Buchstabe ist nur zu erraten, der 5. übergeschrieben und kaum zu erkennen.*
2) *Hs. tahu.*

Daß bstetiget wehren dise Ding:
Hupff vnd spring, dantz vnd sing,
Wie ist nun diß ein schöner ring!

11 Die Hochzeit war inß Ettiß hanß.
Die Ama kocht daeffer auf
Ein Sawsack vnd ein grosse Wurst,
Mit birenmost löstenß ihren durst.
Au Au Au, lustig nau,
Will ich nun mehr die Gretta hau.

12 Der schwebel pfeiffer machet auf
ein schoneß Au Au Au.
Der Hanß vnd sein Gretta gut
dantzt, springt; hatten guten muth.
Au Au Au last mich gau,
Biß ich den dantz volendet hau.

13 Vnd da daß dantzen ware auß,
Da giengen sie zuo hanß.
Der Hanßli nimbt Greitt bey der handt,
fuhrt sie im hauß vmb vnd an.
Au Au Au, ietz nun schaw,
Wie wir ein schönen haußrath haw.

14 Wie wahre daß brautfuderlin?
Gar schön Au Au Au.
Ein grosser kasten vnd kein gelt,
Dem doch nach schreit die gantze welt.
Au Au Au, laß mich gau.
Diß ding macht mich schier gar gantz grau [1]).

Aus der in Birlingers Besiz befindlichen Liederhandschrift (2. Hälfte des 17. Jarh.), aus welcher die Alemannia schon widerholt (IX, 151—158; 168—171. XI, 62; XII, 114—117) Lieder gebracht hat, teile ich dißmal ein z. T. im Dialekt des Volkes widergegebenes mit, welches am Schluße der Hs. von der Hand, welche den grössten Teil derselben geschrieben hat, mit gleichartigen Liedern zusammengestellt ist. Es sind

1. Baierische Kirchenfarth (Alemannia XII S. 114 f.)
2. Lazarus Dormiens Musica Suevica excitatus (Alemannia XII S 116 f.)
3. Porcus in Judaeorum synagoga uelut in hara celebratus 11 Str.
4. Schwaben lied (das obige)
5. Deß Cucumanß Heußlin (Alemannia XI, 62 f.).

---

1) *Das u weggeschnitten S 2.*

Gerade dise fünf Lieder waren besonders schwer zu entziffern, weil die Schrift hier flüchtig ist. So kommen i und u ser häufig one Punkt oder Haken vor, so daß lezteres oft ebensowol für u als für n angesehen werden darf. Es kann also in vilen Fällen nicht entschiden werden, ob zB hau oder han zu lesen ist (beides ist = haben), gau oder gan (= gehen). Ich habe wegen diser Schwirigkeit einen möglichst genauen Abdruck der Hs. gegeben und z. B. in zweifelhaften Fällen n (nicht u) gedruckt; nur in dem widerholten Au Au Au habe ich nach der Merzal der Fälle mich für obige Form entschiden.

WCRECELIUS

ELSÄSZISCHE VOLKSLIEDER

Elsaß war einst reich an Volksliedern, es lag so recht an der großen Heerstraße des deutschen Volksgesanges und vereinigte in sich alemannisches und fränkisches Gebiet.

Durch Herder angeregt sammelte bereits Göthe 12 Lieder im Elsaß, darunter Prachtstücke von untadelhafter Erhaltung. Nach dem erwachte erst um die Mitte des gegenwärtigen Jarhunderts der Eifer den noch immer zalreichen Resten nachzuspüren und das gesammelte auch zu veröffentlichen. So finden wir in der Alsatia 1851—1856 eine Reihe solcher Lieder bekannt gemacht. Jezt nachdem Elsaß wider dem Stammlande anheimgefallen ist, erscheint eine ganze Sammlung, welche Herr Kurt Mündel seit langen Jaren sich angelegt hatte und nun auf Anregung von A Stoeber im Druck erscheinen ließ:

Elsässische Volkslieder gesammelt und herausgegeben von Kurt *Mündel*. Straßburg. Verlag von Karl J. Trübner. 1884 8.

Mit Recht hat er dabei diejenigen ausgeschloßen (er gibt S. X f. ein Verzeichnis von 43 der Art), welche im Elsaß nur mit geringer Abweichung von Texten bekannter deutscher Liedersammlungen gesungen werden, und nur solche aufgenommen, die starke Abweichungen, neue Verse oder irgend eine, wenn auch nur kleine Eigentümlichkeit haben. Geschöpft sind sie unmittelbar aus dem Munde des Volkes oder aus handschriftlichen Liederbüchern entnommen, wie solche noch hie und da sich im Volke vorfinden. Ob der Herausgeber auch die Melodien aufgezeichnet oder für deren Aufzeichnung durch andere gesorgt hat, ist nicht angegeben. Hoffentlich ist auch diß geschehen oder wird rechtzeitig nachgeholt. Denn Text und Melodie gehören beim Volkslied so eng zusammen, daß nur beides uns das volle Verständnis

eröfnet. Aus den 256 Texten der Sammlung ersehen wir, daß
noch manches von den älteren Liedern sich in mer oder minder
reiner Form im Elsaß erhalten hat; alle dise gehören zum Gemeingut des deutschen Volksgesanges, der seit dem 15. Jarhundert
von den Alpen biß zur Nordsee, vor allem im Rheingebiet, auf- und
abwogte. Aber auch die jüngeren Erzeugnisse desselben (und zu
disen gehört die Merzal der Lieder) finden sich nicht im Elsaß
allein. Das flüchtige Wesen des Gesanges, seine leichte Uebertragbarkeit und sein rasches Wandern wird auch für die spätere
Zeit durch dise Sammlung bestätigt. Der Herausgeber hat sich
bemüht bei jedem Liede die Nachweisungen über sein Vorkommen
außer Elsaß zu geben. Freilich hätte er gerade in diser Beziehung
noch weiter gen sollen. So hat er z. B. das Wunderhorn nicht
berücksichtigt, wodurch im der Ursprung einzelner Lieder, die er
aufgenommen hat, entgangen ist.

Bemerkungen, wie sie mir gerade aufstießen, will ich hier
beifügen, um mein Interesse an der Sammlung zu beweisen.

Nr. 27 S 32 *Ade Schatz! jezt reis' ich fort* ist das bekannte
vilgesungene Lied *Es war einmal ein junger Knab* (s. Wunderhorn Ausg. Birlinger-Crecelius II 226 ff.) wo auch die Litteratur
zusammengestellt ist. Der Anfang ist im Elsaß abweichend von
der Gestalt, in der das Lied sonst vorkommt.

Nr. 28 S 34 *Dreimal um das Häuselein herum*. Eine andere
Faßung s. Anhang 1.

Nr. 30 S 36. *'s ist alles trüb, 's ist alles dunkel*. Ein Text
aus Hessen folgt im Anhang 2.

Nr. 43 S. 50 *Stets in Trauern muß ich leben;* Nr. 50 S. 57 f.
Falsches Mädchen du sollst wissen; Nr. 51 S. 59 f. *Warum
bist du denn so traurig*, sowie noch einige andere — gen in
manigfaltigem Wechsel in einander über und laßen sich kaum
scheiden. Der Grund ligt in der gleichen Melodie und der Änlichkeit des Inhalts. Dazu kommt noch Nr. 60 S 67 *Was ist
drauß vor meinem Fenster*, welches sonst etwas weiter abligt. Ich
gebe in Anhang 3 ein verwantes Lied. Vgl. noch Wunderhorn
Ausg. Birlinger-Crecelius II 213 f. Auch das Steiermärkische
Lied *Ach guter Himmel ich muß scheiden* enthält von disen
Wandelversen.

Nr. 53 S 61 *Beste Freundin mein Vergnügen*. Eine andere
Faßung s. Anhang 4.

Nr. 102 S 110 *Jetzund ist der Schluß gemacht* s. Anhang 5.

Nr. 119 S 124 *Schön ist die Jugend zu allen Zeiten*. Vgl.
Erk-Irmer Heft 6 Nr. 20 und Jeitteles in Schnorrs Archiv IX
S. 381.

Nr. 133 S 137 *Mädchen ach meine Seele;* dises Lied von
KChWKolbe, das in der Kriegszeit 1813—15 völlig umgedichtet
wurde, folgt im Anhang 6 in anderer Gestalt.

Nr. 138 S 142 f. *Ade mein Schaz ich muß jezt fort* s. Anhang 7.

Nr. 160 S 166 *Jezt geht der Marsch in's Feld* s. Anhang 8.

Nr. 171 S 182 *Dort auf jenem grünen Wasen* und Nr. 171 S 183 *Auf einem schönen grünen Wasen* sind Umarbeitungen von den Liedern Wunderhorn II 603 ff. (Ausg. Birlinger-Crecelius), die auf den Kurmainzischen General v. Albini und den Erzherzog Karl sich beziehen. Die elsäßischen Lieder haben auch Strofen aus dem Lied von Prinz Eugen aufgenommen, nach dessen Melodie sie gesungen werden.

Nr. 188 S 203 *Wacht auf; wacht auf!* und Nr. 189 S 204 *Frisch auf; frisch auf!* Vgl. noch Jeitteles in Schnorrs Archiv IX S. 388 f.

Nr. 207 S 225 f. *Jezt ist die Zeit und Stunde da* s. Anhang 9.

Nr. 237 S 266 f. *Lustig ist Zigeunerleben.* Vgl. Jeitteles in Schnorrs Archiv IX S. 385.

Nr. 238 S 267 *Kein schöneres Leben ist auf Erden.* Vgl. Alemannia X S 154.

Nr. 275 S 275 *Was bringen uns die Schwaben.* Ein Lied mit gleichem Anfang, aber sonst völlig verschiden aus Birlingers Liederhs. des 17. Jarh. s. oben S. 177 f.

Anhang 1

Dreimal um das Haus herum,
zweimal auf den Laden!
Schön Schäz'l, steig auf, und laß mich nein
und laß mich bei dir schlafen!

Aufsteigen, nein das mag ich nicht.
Mein Tür die ist verschloßen.
Gestern Abend bist du bei 'ner andern gewest,
und das hat mich verdroßen!

Reich bin ich nicht, das weist du wol,
hab aber kein Bedenken,
Erlich und fromm ist mein Reichtum,
mein Herz will ich dir schenken!

Du hast ein'n Ring von feinem Gold,
darinnen steht mein Namen;
und wenn's von Gott zu hoffen ist,
so kommen wir zusammen.

Aus einem hs. Liederbuch (im Besize von Herrn Kästner in Hannover und demnächst der Stadt H. mit der Aufschrift: „Schumacher, Deut. Volkslieder c. 1827?") Nr. 76. Ein lose darin ligendes Vorwort, welches von derselben Hand geschriben ist wie die Lieder, unterzeichnet „Im Mai 1829. Die Herausgeber", gibt die Gesichtspunkte an, die bei der zur Veröffentlichung bestimmten Sammlung maßgebend waren. Es heißt darin u. a.: „Unsere Sammlung schließt sich in gewissem Sinne an die von Büsching und v. d. Hagen, an des Knaben Wunderhorn u. a. an; indessen hielten wir uns strenger an den engern Begriff des Volkslieds, und gaben deshalb nur Lieder, die das Volk, d. h. das ungebildete Land- und Stadtvolk, entweder selbst geschaffen, oder aus älterer Zeit, als sich bei manchen zufällig nachweisen läßt, bewahrt und liebgewonnen hat, die sich also noch eines wirklichen Daseins erfreuen, während die obgedachten Sammlungen vielen verschollenen alten Gesängen erst wieder neues Leben zu verschaffen suchen."

Anhang 2.

's ist alles dunkel, 's ist alles trübe,
dieweil mein Schaz 'nen andern liebt.
Ich hab geglaubt er liebet mich, —
aber nein :,: — er haßet mich.

Ach hätt ich Feder, ach hätt ich Tinte,
ach hätt ich Zeit und Schreibpapier!
Ich wollte ir ein Brieflein schreiben,
daß sie mich nicht mer :,: — lieben sollt.

Was nützet mir mein schöner Garten,
wenn andre drin spazieren gehn
und pflücken mir die Rosen ab,
woran ich meine :,: — Freude hab.

Was nützet mir ein schönes Mädchen,
wenn andre mit spazieren gehn
und küssen ir die Schönheit ab,
woran ich meine :,: — Freude hab.

Kirsch und Kümmel hab ich getrunken,
so lange ich nur trinken kann;
und wenn ich nicht mer trinken kann,
dann kommen gleich die schwarzen Männer
und legen mich ins küle Grab.

Diß in Oberhessen (Umgegend von Marburg) vil gesungene Lied ließ vor etwa 20 Jaren Landgerichts-Aktuar Ruprecht in Marburg als fliegendes Blat daselbst drucken.

Dasselbe Lied, aber mit dem Anfang „Was nützet mir ein schöner Garten", teilt GScherer im Jungbrunnen (3. Aufl.) Nr. 99 aus dem Taunus mit. Auch das Lied „Sei nur still, hast lang geschwigen" (Erk-Irmer Heft 4 Nr. 8) oder „Lang genug hab ich geschwigen" (Simrock Nr. 200; GScherer Nr. 98) oder „Lang genug hab ich gestritten" (Mündel Nr. 37 u. 39) mischt sich in einzelnen Strofen mit dem obigen. Die Strofe, welche in „Lang genug hab ich geschwigen" öfters als Schluß vorkommt:

  Gift und Gall hab ich getrunken,
  ist mir tief ins Herz gesunken,
  daß ich fast kein Leben hab
  und muß fort ins küle Grab

hat one Zweifel Veranlaßung gegeben zu der in Oberhessen gesungenen Schlußstrofe „Kirsch und Kümmel hab ich getrunken".

Anhang 3

1 Mädchen, wenn ich dich erblicke,
 find ich keine Ruhe mer;
 jeder Tag und jede Stunde
 werden für mich freudeleer!

2 Wo ich geh und steh und wandre,
 seh ich stets ein' Bild von dir;
 jeden Tag und jede Stunde,
 selbst bei Nacht träumt mir von dir

3 One dich kann ich nicht leben,
 one dich kann ich nicht sein,
 für dich geh ich zu dem Grabe,
 für dich leid ich Todespein!

4 „Jüngling, meinst du es von Herzen,
 wünsch ich deine Braut zu sein;
 aber, Gott, nimm uns die Schmerzen,
 bis wir in dem Ehstand sein!"

5 Nun adieu, wir müßen scheiden,
 nun adieu, und lebe wol!
 Bis uns einst der Tod tut scheiden,
 ist mein Herz von Tränen voll!

6 Du gehst mir aus meinen Augen,
 aber nicht aus meinem Sinn;
 du darfst mir die Warheit glauben,
 daß ich ser betrübet bin!

7 Die erste Liebe geht von Herzen,
 die zweite Lieb brennt gar zu heiß.
 O wie gut ist's jedem Menschen,
 der von keiner Lieb nichts weiß!

Aus Schumachers Hs. Eine Aufzeichnung aus dem hessischen Hinterlande enthält von obigem Liede Str. 1, 7, 6 und zwar mit

folgenden Varianten Str. 1, 2 Ruh nicht mer — 1, 4 ist für mich kein Freud nicht mer — 7, 3 f. O wie glücklich ist das Mädchen, das nicht weiß, was Lieben heißt — 6, 1 Gebst mir zwar — 6, 3 f., du kannst mirs warhaftig glauben, daß ich in dich verliebet bin. — Als 4. Strofe fügt sie hinzu
>Sollt ich's aber je vergeßen,
>auf dem Krankenlager schlafen ein,
>so pflanz du auf meinem Grabe
>ein Blümlein, es heißt Vergiß-nicht-mein.

Dise findet sich auch als Schlußstrofe bei demselben Liede, wie es GScherer in beßerer Gestalt aus Franken gibt (Jungbrunnen 3. Aufl. Nr. 71), ebenso bei Erk neue Sammlung deutscher Volkslieder (Berlin 1844) Heft 4—5 Nr. 56 „Hilf, o Himmel, ich muß scheiden" (Jugenheim bei Mainz) und bei demselben III Heft 1 (Berlin 1845) Nr. 73 „Mädchen, wenn ich dich erblicke" (aus dem Brandenburgischen).

Anhang 4

In beßrer Faßung bei Schumacher als Nr. 11 Abschidslied.

1 Beste Freundin, mein Vergnügen,
meine Seele, meine Lust!
Ach, des Himmels hartes Fügen
trennet mich von deiner Brust!
Ich muß dich, mein Kind, verlaßen,
das Geschick befielt es mir,
und du must dich gleichwol faßen,
ich muß dich verlaßen,
denn kein weinen nutzet hier.
Ich muß von dir, wie du von mir.

2 Bald, mein Kind, erscheint die Stunde,
daß ich ach! den lezten Kuss
dem von mir geliebten Munde
voller Wehmut reichen muß!
Nicht mer küssen, nicht mer drücken!
Herze, du verstehst schon mich;
Wollust, Anmut und Entzücken,
freundliches Erblicken,
alles das verlieret sich!
Gedenk an mich, wie ich an dich!

3 Nun, ich tröst mich deiner Treue,
bleibe unbewegt und fest,
bis das Glücke auf das neue
uns einander küssen läßt.
Ach, mein Denken bleibet immer

>   nur allein auf dich gericht't;
>   schönste, dich vergeß ich nimmer,
>   mein Denken bleibt immer,
>   bis daß Herz und Auge bricht,
>   auf dich gericht't.
>
> 4 Denk doch öfters an den jenen,
>   welcher dich so treu geliebt;
>   trockne die vergoßnen Tränen,
>   daß der Schmerz und Kummer flieht!
>   Denk, es ist des Himmels Willen,
>   daß ich dich jezt laßen soll,
>   und den muß ich jezt erfüllen,
>   es ist des Himmels Willen.
>   Drum so lebe dermal wol,
>   weil ich scheiden soll!

Anhang 5

In Schumachers Hs. Nr. 4 als Abschidslied (am Rheine).

1 Jezund (verändert in Jezo) ist der Schluß gemacht,
  schönstes Schäzchen, gute Nacht!
  Noch ein Kuss zum Beschluß,
  weil ich von dir scheiden muß!

2 Du meinst, du wärst die schönst allein,
  's gibt noch vil, die schöner sein;
  deine Schönheit wird vergehn,
  wie die Rosen im Garten stehn.

3 's kommt ein Reif wol in der Nacht,
  nimmt dem Blümlein seine Pracht,
  seine Pracht nicht allein,
  seine Schönheit auch dabei!

4 Dort unt'n am Bach dort ligt ein Steg,
  drüber geht meines Schäzchens Weg,
  der eine geht hin, der andre geht her, —
  ich weiß nicht, welcher der beste wär!

Zwei verschidene Faßungen aus Franken hat GScherer Jungbrunnen (3. Aufl.) S 184 f.; die eine mit dem Anfang „Schäzchen, reich mir deine Hand" (vgl. auch Simrock Nr. 152) stet aber nur durch einige Wandelverse in loser Verbindung mit der obigen. Str. 3 erinnert an einen Spruch, den ich auf dem Vorsezblatte eines Haushaltungsbuches aus dem 17. Jarh. fand:

Eß soll sich kein Mensch rüemen
das sein sache stehe auf blumen,
Eß kömpt ein Reif baldt vber nacht
vnd nimpt der blumen all jhr Macht.

Anhang 6
Aus Schumachers Hs. Nr. 18.

1 Mädchen meiner Seele,
jezt verlaß ich dich,
aber sieh, ich bleibe
unveränderlich.

2 Du bist mir erkoren
in mein Herz hinein
und du bist geboren
ewig mein zu sein.

3 Leider muß ich scheiden
von dir, liebes Herz,
mit betrübtem Leiden.
Himmel, welcher Schmerz!

4 Mädchen, laß dein Klagen,
weil ich von dir muß;
komm in meine Arme,
komm nimm disen Kuss.

5 Göttliches Entzücken
füllet meine Brust;
über diß Entzücken
find ich keine Lust!

6 Ich muß mich ergeben
in das Schicksal mein,
sollt mein junges Leben
bald zu Ende sein.

7 Hier auf diser Stelle
schwör ich, Mädchen, dir
und du schwörst dagegen
ewig Treue mir.

8 Ewig diß zu halten
das ist unsre Pflicht,
selbst der Tod soll spalten
dises Bündnis nicht.

9 Laß uns noch die lezten
Stunden frölich sein
und die Zeit der Liebe
und der Freundschaft weihn.

10 Sind wir dann gezogen
gegen unsern Feind
und es wird erschoßen
einer unsrer Freund —

11 Laßt uns nicht erschrecken
vor des Feindes Macht
und das Schwert nicht stecken
bis es ist vollbracht.

12 Laß wehn Standarten und Fanen,
Laß donnern die Kanon,
wenn ja ist kein Verschonen
der Tod ist unser Lon.

Anhang 7.

Es ist ein ser weit verbreitetes Lied, z. T. mit dem Anfang „Ich kann und mag nicht frölich sein" (so auch im Wunderhorn Ausg. Birlinger-Crecelius I 162). Die Litteratur nebst einer Aufzeichnung aus Steiermark gibt Jeitteles in Schnorrs Archiv IX S 377 f. In kürzester Form singt man im hessischen Hinterlande:

1 Ade, mein Schaz, jezt muß ich fort,
denn ich muß wegreisen,
von dir abscheiden
in ein anderes Ort.

2 Schaz, reisest du schon wider fort?
In dem Rosengarten
will ich deiner warten,
im grünen Klee.

3 Schaz, du brauchst nicht zu warten
im grünen Klee,
frei du dir eine reiche,
Schaz, deinesgleichen
tut dir anstehn.

4 Ich freie nicht nach Geld und Gut,
an Glück und Segen
ist alles gelegen,
wer's glauben tut.

Vgl. auch Alemannia X S 151 unten.

Anhang 8

In Schumachers Hs. Nr. 61:

1 Jezt geht der Marsch ins Feld!
Soldaten, schlagt auf eur Zelt!
Morgn früh heißt's exercieren,

halb links halb rechts marschieren,
sobald der Tag anbricht
das Gwer auf der Schulter ligt.

2 Allwo man hört das Trommeln und Spil,
da ist an tausend Freuden vil;
allwo die Bomben fallen ein,
ir Brüder, schießet tapfer drein,
sonst gehen wir zu Grund
in einer Viertelstund!

3 Da schreit so mancher brave Soldat:
O weh, wo bleibt mein Kamerad?
Er ligt auf grüner Heiden,
ganz schön wolln wir in bgleiten!
Mein Kamerad ist tot,
tröst in der liebe Gott!

4 Die Weiber fangn zu weinen an:
O weh, wo bleibt mein lieber Mann?
Die Kinder schreien all zugleich:
Tröst Gott, der Vater im Himmelreich!
Mein Vater und der ist tot,
wer schafft uns Kindern Brot?

Anhang 9
Im hessischen Hinterlande singt man:

1 Jezt ist die Zeit und Stunde da,
wir ziehen nach Amerika,
der Wagen steht schon vor der Tür,
mit Weib und Kindern ziehen wir.

2 Und all ir Freund und Anverwant,
reicht mir zum leztenmal die Hand;
ir Freunde weinet nicht so ser,
wir sehn uns heut und nimmermer.

3 Und als wir kamen in Bremen an
und wir das große Waßer sahn,
wir fürchten keinen Waßerfall,
wir denken: Gott ist überall.

4 Und als wir kamen nach Baltimor,
da reichten wir die Händ empor,
wir riefen aus: Viktoria!
jezt sind wir in Amerika.

Eine Aufzeichnung aus Steiermark veröffentlicht Jeitteles in Schnorrs Archiv IX S 389. Vgl. auch JWWolf Zeitschrift für deutsche Mytbologie I 99.

WCRECELIUS

VARIARUM NATIONUM PROPRIETATES

1 *Julius* II *Romanus Pontifex appellabat Hispanos* Volucres Caeli, quia alta fapiunt, *Genuenses* Piscos Maris, wegen ihrer Wasserreichen Nahrung, *Schweitzer* Pecora Campi, wegen der Vieh-Zucht, *Teutschen* Amphoras vini, ob haustum, callos homines omnium horarum, weilen selbe in alle Sattel gerecht seynd.

2 *Jener sagte, man solle sich hüten*

Vor einem schwartzen Teutschen, Weissen Italiäner, Rothen Spanier, Und einem Niederländer, er sey was Farb er wolle.

3 *Einer sagte:*

    Der Wein verderbt die *Teutschen*
    Das Buhlen die *Wälschen*,
    Die Unbeständigkeit die *Frantzosen*.

Schola curiositatis sive Antidotum Melancholiae Joco-Serium, Omnibus Hypochondriacis et atra bili laborantibus sive fratribus Spleneticis et Melancholicis vulgo: denen Herren Miltz- und Mit-Brüdern zu sonderlicher Zeit-Passirung, aus unterschiedlichen curiosen Authoren, Manuscripten, täglichen Zeitungen, eignen Einfällen, meistens aus des, dieser Facultät incorporierten Groß-Vatters unlängst dem Herrn von Fürwitzhausen dedicirten curiösen Tractätel gezogen und verbessert vom vorigen Authore Germano Wahrheit Veritatis Studioso. Eben im Jar als dieses nöthig war. 8°.

4 Da denn fast eine jede Nation was sonderliches hat, wobey sie zu erkennen:

Der *Böhm* lieget und schläft; der *Unger* streifft umbher und siht wo er Einen hinter den Zaun kriegt, dem er das Liecht ausputzt; der *Spanier* lauscht hin und wieder auf den Raub; der *Italiener* findet sich zum Frauenzimmer; der *Franzos* sitzt und singet eins; aber der *Teutsch* sitzt und sauft wie Strigenit. Diluv. Conc. 19 fol. 92 und Mylii Türckenpredigten Conc. 7 fol. 76 sagen.

Teutscher Vielfraß, des Teufels Leibpferd oder christliche Betrachtung darinn der itzigen letzten Freß- und Sauff-Welt treulich gezeiget wird, was für Excesse bey dem heutigen laulichen Christenthumb in Betrachtung der Gastereyen zu mercken, wie soviel tausend Welt Kinder durch den Viel Fraß usw. Zur Warnung vor dem hereinbrechenden Unglück beschrieben und auffgesetzet von M. Heinrico Ammersbach Past. zu S. Paul in Halberstadt. Jena in Verlag Zacharia. Hertels Buchh. in Hamburg. Druckts Johann Nistus 1664. 8°. 332 ff.

5 *Die Melancholey vertreiben selbsten:*
Der *Teutsche* versaufft. Der *Frantzoß* versingts. *Spanier* verweints. *Engelländer* vertantzts. *Italiäner* verschlüfft.
Schola Curiositatis.

6 *Sonst pflegt man zu sagen:*
Wann der *Dähne* verliert den Gritze, Der *Frantzmann* den Wein, Der *Schwab* die Suppe, Und der *Teutsche* das Bier, So seynd verloren alle vier.
Ebenda

7 *Italien*
Ist in der Christenheit, vor andern mit den allerherrlichsten Städten besetzt, heiligen Rom, edel und lustigen Neapels, schön Florentz, reich Venedig, hoffärtig Genua, groß Mayland, vest Bolonien, gelehrt Padua.
Ebenda

8 Die *Venediger* sind prächtig verschlagen und Räuber fremdes Guts. Die *Veroneser* fleissig und getreu. Die *Paduaner* von leichten Sinnen. Die *Vicentiner* rachgierig. Item von den Weibern von *Venedig* sagt man, daß sie stoltz und hochmütig seyn, gleich wie die zu *Crema* betrieglich, die zu *Vicenza* beständig, die zu *Verona* freundlich, die zu *Brcssa* fleissig, die zu Tervis eifersüchtig, die zu *Bergamo* verschlagen.
Tractatus de Fascinatione Novus et Singularis autore Joh. Christ. Frommann D. Medico provinciali Saxo-Coburgico et PP. Norimb. Endter 1675. 4° S 387.

9 *Polonia*
Ist der Bauern Hölle, der Juden Paradeiß, der Bürgern Fegfeyer, des Adels Himmel, der Fremdling Gold-Gruben.
Schola Curiositatis.

10 *In Bohemiam pergens*

> Hab wohl Acht auf deine Sachen,
> Böhmer Speiß thu nicht verlachen,
> frisches Strohe halt vor dein Bett,
> das andre voller Läuse steckt.

Dein Deckbett ist die Stuben heiß,
so dir austreibet großen Schweiß,
weiter thue auch nicht trauen,
dann allhier gibts schlimme Bauren.

Gruteri Florileg. Ethico Pol. lib. 3 pag. 18. Schola Curiositatis

11 Oesterreich

Seynd vor diesem Fläschtrager und Paschcater genennet worden, wie hiervon D. Thom. Lansius, so selbst ein Oesterreicher gewesen, in oratione contra Germaniam, p. m. 1071 schreibet:

Austriacos fertur Paschales nomine dici:
Paschata quod celebrent semper, jejunia nunquam.

Schola Curiositatis

12 *Germania oder Teutschland*

Von Gottes Gnaden ein Stuhl des Römischen Reichs, ein Schul aller guten Kunst und Handwerk, ein Ursprung vieler neuen Künsten, eine Mutter vieler streitbahren Helden, hoher, weiser, und gelehrten Leut, ein reiner Tempel warhafftiger Gottesfurcht und aller Tugend.

Ebenda

13 *Germani*

Ein Italiäner war in Teutschland: als er nun wieder nach Haus kam, und gefragt wurde, was doch die Teutschen vor Leuth wären? sprach er: Es ist ein Volck am Verstand ungleich, an Tapfferkeit über alle, an Aufrichtigkeit keinem zu vergleichen.

Ebenda

14 *Westfalia*

a Hospitium vile, groß Brod, dünn Bier, lange Meile Sunt in Wesphalia, si non vis credere loop da.

b *Westphalus* est sine pa, sine pi, sine con, sine veri:
Id est: sine pace, sine pietate, sine concordia, sine veritate.

Ebenda

15 Ein *Schwabe* würde übel anlauffen wann er in *Westfalen* käme und daselbst sich alsbalden mit rohem Specke und Schinken anfüllen wollte. So wird auch kein Teutscher mit keinem Polen in Brandweine um die Wette zechen.

Das Göpp. Betheida v. Martin Makosky Nördl. 1688 S 100.

16 *Judai.*

Jener sagt: Die Juden seynd einem Land so nützlich, als die Mäuse dem Korn-Boden, und die Maden den Kleidern.

Wie der Bock den Gärten bringt Lauter Schaden! Also
dringt Volles Unheil in die Stadt, Wo man viel der Juden hat
Schola Curiositatis.

17 Aus Franks System der gerichtlich. Medizin Bd. 3 S 659:
Freilich hebet der Unterschied in der Lage eines Landes oft einen
großen Theil der Vorwürfe, die sich der Nationalstolz eines Volkes
gegen das andere erlaubet. Der Freiherr von Holberg sagt in
seiner eigenen Reisebeschreibung: er habe auf seiner Reise bemerket, daß die Leute der Trunkenheit und Völlerei immer weniger
ergeben sind, je weniger sie von den nordischen Gegenden entfernt wohnen. Er habe in Frankreich nur sehr wenige, keinen
einzigen aber in Italien berauscht gesehen. Die Dänen glauben,
daß die Norweger in diesem Stücke zuviel thun; dagegen meynen
die Dänen und Deutschen, daß die Franzosen gar zu sparsam
hausen. Den Italiänern scheinen die Franzosen große Verschwender
zu seyn; und von den Spaniern fällen sie im Gegentheile das Urtheil, daß sie gar zu geizig sind. In den Häusern der vornehmsten
Herren ist es nichts ungewöhnliches, daß sie einige Speisen, welche
des Mittags übergeblieben sind, bis zur Abendtafel aufheben lassen.
Man erzählet von einem deutschen Mönche, der auf einige Zeit in
ein Italiänisches Kloster verschicket worden ware, und Abends mit
einem weichen Eie und einer gebratenen Zwiefel vorlieb nehmen
sollte, daß, weil solcher noch sehr hungrig that, sich der Guardian für beschämt gehalten und befohlen habe, dem Deutschen
noch ein Eie herzugeben, woran er dann sich zu Tod essen möge.
Das Allemand, Gourmand, womit uns unsere Nachbaren in zwei
reimenden Worten schildern zu können denken, beruhet eben so
auf einer sehr zweideutigen Hochachtung für eigene Mäßigkeit:
wo doch in unsern Tagen die Unmäßigkeit im Essen und Trinken
in Frankreich einer weit bessern Beschuldigung bedürfte, als jene,
welche ein verschiedenes Klima verschiednen andern Völkern leihen
könnte.

18 *Kropfländer*

Man hat dem Schneewasser in der Schweiz Schuld gegeben,
daß es die Kröpfe erzeuge, welche unter ihren Einwohnern häufig
bemerket werden. Der größte Theil der Walliser, die Bewohner
des Montcenis und der Nachbarschaft desselben, die Indianer am
Fusse der hohen Cordilleras, tragen diese Bürde am Halse [1]). Von
den Tyrolern und mehrern andern Völkern gebirgigter Gegenden
ist das nemliche bekannt; und Forster berichtet, daß, als die
Mannschaft des Kapitain Cook, bei dessen Reise um die Welt in

---

1) *Bernerisches Magazin der Natur, Kunst und Wissenschaften,*
I Bd. 2. St. S 130. 31.

den Jahren 1772—1775, in der Gegend von Neu-Seeland, aus dem Meereise ein süßes Trinkwasser gebrauchte, welches das auf dem Schiffe vorräthige an Reinheit zu übertreffen schien; so viel deren davon getrunken hatten, mit geschwollenen Drüsen am Halse befallen worden seyen [1]). Allein auch auf der Insel Sumatra, wo keine Schneewasser sind, kommen häufige Kröpfe vor [2]); und selbst Genf trinkt kein Schneewasser, und hat viele Kröpfe [3]). In der Schweiz sieht man die meisten Kröpfe in den Flächen.
Ebenda

19 *Physiognomia*, denn gemeiniglich pflegen solche Buben von Natur gezeichnet zu seyn, daß man ihnen die Schelmerey an denen Augen ansehen kan, daß sie entweder solche verübet, oder noch im Sinn haben.
Menoch. d. l. 9. 15. & 89. n. 130.

Iuxta illud Ovidii:
O quam difficile est crimen non prodere vultu!
Das ist,
Die Augen und des Menschen Gesicht,
Verrathen offt sein böß Geschicht.
Dann obschon bekand, quod frons, oculi, vultus perfaepe mentiantur, oratio verò fœpiffime, daß die Stirn, Augen und Angesicht sehr offt lügen und betrügen, die Red aber am allermeisten, so geschiehet doch auch öffters, daß man einem an den Federn ansehen könne, was er für ein Vogel seye. Julius Cæfar hat allein aus der Phyfiognomie judicirt, daß er sich für Dolabella und Marco Antonio nicht wohl, aber vor dem Bruto und Lepido vorzusehen. Matthias Corvinus, König in Hungarn, hat dergestalt aus der Phyfiognomie urtheilen können, daß viel es vor unnatürlich und zauberisch gehalten. Democritus hat aus dem alleinigen Ansehen die verborgene Beschaffenheiten erkennet, indeme er eines Tags eine Weibs-Person als ein Jungfrau, und den andern Tag als eine junge Frau gegrüßet hat. Paris de Puteo rühmet in seinem Tractatu de Syndicatu, verbo Tortura, dieses Indicium, und vermeldet, daß es ihme mehrmalen zugetroffen habe. Man liset zwar dahin gestellet seyn, was Martialis saget:
Crine ruber, niger ore, brevis pede, lumine luscus, etc.
Schwartzes Haar, und rother Bart,
Kurtzer Fuß und schälend ward
Selten einer guten Art.
Jedoch ist auch offt wahr gefunden worden, daß man sich vor den Gezeichneten hüten solle.

1) *Reise um die Welt, I Bd. S 81. weil nemlich das gefrierende Wasser seiner fixen Luft beraubet worden war.*
2) *Philosoph. Transact. Vol. 68. part. I Art. XI.*
3) *Gött. gel. Anz. 1777. Zugabe S 332.*

Zwölfftens kan man auch aus Verbergung oder eines Menschen Nation rechtliche Anzeigung machen, dann eine Nation diesem, eine andere einem andern Laster ergeben seynd. Carpzov. d. l. n. 86. et qui malè agit, odit lucem. Gestalten die Erfahrnus zeiget, daß die Europæer gelehrsamb und zu allen Künsten gebohren, die Asiatische faul, und, ausgenommen die Sinenser, ungeschickt und ungelehrt, die Africaner und Americaner wild, die Athenienser Sinnreich, die Thebaner plumb, die Cretenser lügenhafftig, die Cappadocier betrügerisch, die Persen Faulentzer, die Lydier arbeitselig, die Mytilener in Harpffen, die Thebaner in Posaunen, die Alexandriner in der Geometria, die Athenienser in der Bildhauer- und Mahl Kunst, die Lacedæmonier an Gesetzen, die Griechen in allen Künsten, fürnemblich aber in der Welt-Weisheit ihr Freud suchen. In Europa seynd die Spanier gravitätisch, ratbschlägig und vorsichtig, gerecht und standhafftig, aber darbey hoffärtig; die Franzosen leichtsinnig und ohne Parole, die Italiäner redsprächig, aber neidig, listig und zornig; die Teutschen warhafft, getreu, arbeitsamb, höflich, aber dem Trunck und Rachgier ergeben, die Polen generos, getreu und warhafft, aber anbey verthunisch, ehrgeitzig, müßig; die Mayntzer höflich; die Elsasser freudig und ohne Betrug; die Francken hertzhafft und mühesam; die Schwaben gerecht; die Schweizer streitbar und unbeweglich, die Westphaler klug, die Hessen unerschrocken etc.

Quelle: Alem. X 5, 10.

19 *Ein Lied*

    Ich spring an disem ringe
    des pesten, so ichs kan,
    von hübschen Frewlein singen
    als ichs geleret han.
    Ich raidt durch fremde lande
    Do sach ich mancher hande
    d ich dye freulein vand.

    Die Frewelein von Franken,
    dy sich ich alzeit gerne
    Noch jn ftien mein gedanken,
    Sy geben süssen kerne.
    Sy seind die veinsten dirnen,
    wolt got, solt ich jn zwirnen:
    spinnen wolt ich lernen.

    Die Frewelein von Swaben
    dy haben gulden har
    so dürens frischlich wagen
    sy spynnen vber lar;
    der jn den flachs will swingen
    der muß sein geringe:
    das sag ich auch fürwar.

Die Frewelein vom Reyne
dy lob ich offt und dick
sy sind hübsch vnd veyne
vnd geben frewntlich plick.
Sie kunnen seyden spynnen
dye newen liedtlein singen
sy seind der lieb ein strick.
Die Frewelein von Sachsen.
dy haben schewren weyt
darjnn do passt man flachsse
der in der schewren leyt;
der jn den flachs will possen
muß haben ein flegell grosse
dreschend zu aller zeyt.
Die Frewelein von Bayren
dy künnen kochen wol
mit kesen vnd mit ayren
jr kuchen die sind vol.
sy haben schöne pfannen
weyter dann die wannen
haysser dann ein kol.
Den Frewlein sol man hofiren
alzeit und weil man mag
die zeyt dy kummet schire
es wirt sich alle tag.
Nu pin ich worden alde
zum wein muß ich mich halden
all dy weyl ich mag.
(do hallt ich's auch mit.   Agdord. 60)

Locheimer Liederbuch   AB

ZUR LITTERATURGESCHICHTE DES XVIII JARHUNDERTS AUS HEINRICH SANDERS REISEN

1 *7. Aug.* [1]). Von Herrn Diaconus Schröter ging ich und machte dem Herrn Generalsuperintendenten und Oberkonsistorialrath *Herder* meinen Besuch. Ich fand ihn recht gesund und munter. Ein Mann von unbescholtenem Karakter. Er hat eine würdige Frau und 4 schöne Knaben und lebt glücklich. Wir sprachen über Verschiedenes. Vom Zenda-Vesta und der ältesten Urkunde mag er jetzt gar nichts mehr hören. Uebers Gekreisch

---

1) *1780*

der Ketzermacher lacht er. Er sagte mir, er sei auf die Kabbala durch Lightfoot gebracht worden, sei aber nun überzeugt, daß kein Menschenverstand darinen ist. Seinen Styl habe er vom Rektor Haman in Preußen, — denn Herr Herder ist aus Mohrungen in Preußen gebürtig — der die Apologie des Buchstabens *H* geschrieben hat. Er besitzt viel schöne Bücher, die zu den Alterthümern und zur griechischen, englischen und spanischen Litteratur gehören. Letztere liebt er jetzt vorzüglich.

Gegenwärtig schreibt er Briefe über die rechte Art Theologie zu studiren. Er braucht nur alle 4 Wochen einmal zu predigen. I 104.

Gegen Abend machte ich einen Spaziergang mit meinem lieben *Herder* und seiner guten Gattin an der Ilm hinab durch eine anmuthige Gegend. Wir sprachen vom Landpredigerstande. Er führte darüber viele Klagen und sagte: Jena mache, daß alle Bauernjungen studirten, die Eltern schickten ihnen Butter, Fleisch usw. hinein. — Bei einer Präsentation habe ihm einer, der sonst famam hatte, über Evang. D. X. p. Tr. von der Geissel Christi und von der Pflicht der Obrigkeit den Tempel zu reinigen usw. vorgepredigt, auch habe man seither noch immer nach dem Bayer examinirt. Auf den Abend mußt ich bei ihm speisen und drauf nahm ich ungern Abschied von dem würdigen Manne. II 108.

2 *Herzog Karl August.* Nachdem ich Herder verlassen, hatte ich die Gnade Sr. Durchlaucht dem regierenden Herzoge aufzuwarten. Ein noch junger aber viel versprechender menschenfreundlicher Fürst, der ohne Affektation ist, auch Pracht nicht liebt. Dem Herzoge von Gotha zu Gefallen, der keine Haare hat und doch keine Perüke tragen wollte, ließ er sich auch abschneiden, trägt also den Kopf fast ganz glatt. Er unterhielt sich sehr leutselig mit mir von Karlsruhe, vom Zwecke und Nutzen des Reisens, von der Naturgeschichte, die er selbst liebt, von Gymnasien, Universitäten, dem hiesigen Kabinetten usw. Die Einsichten, die er hierbei an Tag legte, erregten meine Verwunderung und Verehrung. II 105.

3 *Den 8. Aug.* Mein erster Besuch für heute war beim Herrn *Geheimenrath Göthe* und darauf beim Herrn *Hofrath Wieland*, liebenswürdig in s. Werken, in seiner Familie, in seiner Gesellschaft und ein glücklicher Vater von 3 Söhnen 4 Töchtern.

Mittags speiste ich bei Hrn. Diac. Schröter. — Nach Tische hatte ich das Glück, Ihrer Durchl. der Frau Herzogin vorgestellt zu werden. Eine Prinzessin von einem überaus gnädigen, liebreichen, guten, reinen Karakter. Sie sprach von *Wieland* und *Voltaire* und ihre Urtheile waren ungemein richtig und treffend. Sie erzählte, erster habe ihr und der Herrschaft in Gotha den *Oberon* in Handschrift vorgelesen.

Hierauf besuchte ich den *Herrn Rath Bertuch* in seiner angenehmen Gartenwohnung und dann aß ich auf den Abend bei meinem *Freunde Wieland* in seinem Garten. Als ich diesen um sein Portrait bat, sagte er, alle Kupferstiche von ihm taugen nichts, *Geyser in Leipzig aber werde ihn stechen*. Sein bestes Portrait habe sich die verstorbene Herzogin von Würtemberg machen lassen. Mit dem Karakter der Nation und ihrer Verfaßung war er gar nicht zufrieden und wünschte sie ganz umgestürzt zu sehen. Weil ich Morgen Weimar verlassen wollte, so nahm ich Abschied von dem herrlichen Kopf und seiner würdigen Familie. II 109 ff.

In Jena am 9. Aug. bemerkt S daß die Studenten sehr viele Hunde hielten. Bei Loder, Prof. machte S einen Besuch und speiste auf seine freundliche Einladung Mittags bei ihm in Gesellschaft des Herrn Geheimerath *Göthe*. II 110.

In Sanders Leben stet aus Privatmitteilungen: beim Geheimderath *Göthe in Weimar*, sagte Sander, habe ich einen horrlichen Abend gehabt, den ich in meinem Leben nie vergessen werde. Wenn * * * fuhr er fort, von sich erhalten könnte, so ungekünstelt natürlich und doch stark und kraftvoll zu schreiben, als er im gesellschaftlichen Umgang spricht, so wären wir alle Stümpfer gegen ihn. Seine Urtheile über Menschen und Bücher hatten immer das Gepräge der freihmüthigen Wahrheitsliebe ohne ins Beleidigende zu fallen. Schriften II 264.

4 *16. Aug.* In *Leipzig* wonte S bei seinem Freunde und Verleger Jakobäer. Sein Haus heißt das grosse Fürstencollegium oder das *schwarze Bret*. Neben ihm wohnte ehemals *Gellert*. Man wies mir seine Wohnung. Hier war es also, dacht ich, wo dieser Weise in einem stillen Winkel so unendlich Gutes für die Welt wirkte, wo er in das Herz so vieler Jünglinge von Nahe und Ferne Religion und Tugend pflanzte, ihren Geschmack bildete, und Früchte schafte, deren Nutzen sich auf Tausende verbreitete. II 126.

18. Aug. Gellerts Monument in des Buchhändler Wendlers Garten aus Sächsischem Weissem Marmor von Oeser verfertigt. Idee und Ausführung sind vortrefflich. Sein Grab auf dem Gottesacker bei der Johanniskirche mit einem ganz simplen viereckigten Steine bedeckt, der blos angezeigt, wer darunter liegt nebst dem Geburts- und Sterbejahr und Alter. Er starb 1769 und das Jahr darauf sein Bruder, der hier Oberpost-Commissar war. Friede sei mit ihren Schatten und das Andenken des frommen Dichters sei unsterblich! sei im Segen! II 133.

5 *17. Aug.* In Gohlis bei Hofrat Böhme siht S eines Sales Plafond den Oeser erst kürzlich malte. „Auch sieht man

in einem eignen Zimmer eine herrliche Sammlung von Dichtern, die das Glück des Landlebens besungen haben, in prächtigen Bänden." II 132.

6 *In Berlin 4. Sept.* war S Abends im gelerten Klub: „Im Heimgehen begegnete uns Mad. *Karschin* und machte gleich folgenden Vers aus dem Stegreif:
  Ich bin so von den teutschen Alten
  Und bin geradezu.
  Verzeiht, daß ich euch aufgehalten
  Ich wünsch Euch allen süße Ruh."
II 179.

7 *5. Sept.* Herr *Moses Mendelssohn* „Wir (Oberconsist. R. Dietrich und S) sprachen von seiner Psalmenübersetzung. Er sagte, es fehle noch meistens der Zusammenhang usw."
7. Sept. Herr *Prof. Ramler*, schon in Jahren, schreibt jetzt keine Oden mehr, nur manchmal eine Nänie. Von *Wieland* denkt er wie ich, nennt aber ihn und *Lessing* unsere besten Beaux-Esprits. Er sagte, die *Messiade* habe er nicht ganz lesen können. Er spottet über *Kl. Oden und Gelehrt. Rep.* und meint „*Kl.* sei nie vorwärts, sondern immer rückwärts gegangen, an vielen Orten schreibe er Nonsense". Dem Medailleur Abrahamson gibt Ramler die Ideen und Inschriften für die Med. auf berümte Leute. „Wielands Stempel hat gelitten, sonst hätte ich ihn mitgenommen." Von Mendelssohn wären 500 abgegangen. Auf *Herdern* war R. nicht gut zu sprechen. Ich erfuhr auch von ihm, daß der Minister Zedlitz dem Herrn *Adelung in Leipzig* aufgetragen habe, eine deutsche Grammatik für die preußischen Schulen zu schreiben, weil Heynatz dazu nicht Philosoph genug sey. Mittags aß ich wieder bei meinem Freund Nicolai. II 184 ff.

8 Der Minister ließ den Kupferstecher *Meil* Zeichnungen von Gegenständen aus alten Autoren machen. Diese werden nun in der Porzellanfabrik auf ein Dejeuné gebrannt. Es ward eben die erste Probetasse geschickt, darauf war Demosthenes, wie er sich am Meere im Lautreden übt, und Milon von Croton, der sich gewöhnt, alle Tage mehr zu tragen." — Dieses (v. Herausgeber 1784 beigesezt) geschmackvolle Dej. hat der Herr *Rath Adelung* in Leipzig von dem Minister v. Zedlitz für die ihm aufgetragene Ausarbeitung der deutschen Sprachlehre zum Geschenk erhalten. II 189.

9 *25. Sept.* Nachmittags besuchte ich in Wandsbeck den Hrn. *Claudius*. Ganz simpel ist er in omni suo cultu. Er spielte mir Bendas Klavierstück mit vollem Affekt und großer Leichtigkeit vor. Er hat 3 schöne Mädchen, die er ganz nach der Natur erzieht; sie lagen auf der Erde. Er lebt größtentheils von der

Freimäurerei. Wir gingen mit einander in des Grafen von Schimmelmanns Garten, wo ich eine Ardea pavonia sah. II 216.

10 *27. Sept.* Ich besuchte trotz des Landregens Hrn. *Klopstock.* Der Mann wäre simpel, wenn man ihn nicht vergöttert hätte. II 218. 29. Sept. Heute besuchte ich nach der Reise Hrn. *Klopstock*, dem ich aus meinem Hiob das 28. Kapitel bis zum Ende vorlas. Das Wort *Magazin* tadelte er, es sei in der erhabenen Poesie unedel, *Behältnis* besser; *Degen* klinge lange nicht so gut als *Schwert*. Wir sprachen Verschiedenes über seine neue Orthographie. Er gibt dreierlei Editionen seines Messias heraus. Für einen Ton sagte er müsse man nicht 2 Zeichen wählen zB V und F, aber eins sei so gut wie das andere. Eine große Beugsamkeit der Sprachorgane besitzt er, auszusprechen was er will. II 220.

Hieran schließe ich folgende Notiz: In den Briefen von Tellow an Elisa, die über Klopstocks Karakter geschrieben worden sind, fand ich zu meinem Erstaunen S 135 unten, daß dieser Dichter deswegen eine Stelle einer Ode verändert habe, weil in Teutschland kein rother Wein wächst. Zur Steuer der Wahrheit muß ich mir hier die Erlaubnis ausbitten zu widersprechen. Der, der dem Dichter diese Nachricht gegeben, hat zuverläßig die schönsten und gesegnetsten Gegenden Teutschlands nie kennen gelernt. Daß es aber Klopstock noch drucken lassen kann, da er doch in Karlsruhe gewesen, ist mir unbegreiflich.

H. Sander, Vom rothen Wein in Teutschland. Kl. Schriften ed. G. F. Götz. Dessau und Leipsig I 1784. S 273.

S 277: Ich schliesse mit dem Wunsch, daß keinem unserer Dichter wenn er — den Bund wollen wir vorher eingehen, wenn er die Natur besingen will, rother teutscher Wein fehlen möge!

11 In *Braunschweig* 3. Okt. Hrn. Hofr. *Lessing*, der oben von Wolfenbüttel hier war. Ein witziger, munterer scharfsinniger Kopf. Aus dem Ruhm und dem vielen Geschrei mache er sich nichts, wie er sagte, und zweifle, ob er wieder etwas herausgeben werde. II 223.

Hrn. Landschaftssekretär *Leisewitz*. Er hat eine recht gute Stelle und wenig dabei zu thun, ist aber kränklich und hypochondrisch und will nicht viel mehr schreiben. *Ebenda*.

Hrn. *Abt Jerusalem.* Der belebteste feinste Theolog, den ich je kennen lernte und gar kein Freund von Komplimenten. Er sieht weg, wenn man ihn einen großen Mann nennt, ist billig gegen jedes andern Verdienste. Er sagte mir mehr als einmal, er lese meine Schriften gern. Er ist bereits 70 Jahr alt und geht noch zu Fuß in der Stadt. Aber mit innigster Rührung erblickte ich Falten — *Spuren des Kummers* — im Gesichte des verehrungswürdigen Mannes. Er ist Wittwer und hat 3 Töchter, die auch nicht mehr jung sind, aber keinen Sohn, als einen Stiefsohn, der Legationsrath in Weimar ist. II 224.

Bei Erwänung von des Leibmedici Brückmanns Steinkabinet sagt S: Viele geschnittene Steine z. B. wie die Alten den Tod bildeten, als Jüngling. *Lessing* fand den Stein in Italien, nachdem er seine Schrift schon geschrieben hatte, verlor ihn nachher und Brückmann kaufte ihn. 228.

12 *In Göttingen — 6. Okt. —* wonte S bei Dr. *Miller*. „Bei Tische sprach ich mit H. *Dr. Miller* über *Siegwart, Burgheim* usw. Von der Freimäurerei denkt er wie ich. Manche schmaussen gern bei andern und geben der Sache einen hl. Namen. Nur die Meister vom Stuhl werden dabei reich. II 234.

13 *In Kassel — 13. Okt.* Hrn. Prof. *Forster* einen Besuch. Er *schimpft mit Prof. Simmering auf Alles was deutsch ist:* auf Berlin, Göttingen, auf Universitäten, Journale, Lexica, Musea II 236.

14 *La Roche.* A. *1781* macht S seine Reise nach Speier. „Für die Mineralogie ist in Speier nichts wichtiges, als das Kabinet des Hrn. *von La Roche.* Dieser liebenswürdige Mann, der vorher Geheimer Staatsrath am Trierischen Hof war, lebt nun hier für sich in den Armen seiner vortrefflichen Gemahlin, der bekannten schönen Schriftstellerin, die der Stolz und die Zierde Deutschlands ist. Er lebt im Schoose seiner Familie, die zwar zum Theil schon in der Welt zerstreut ist, und im Hause eines ebenso schätzungswerthen und einsichtsvollen Mannes, des Herrn Baron und Domherrn von Hohenfeldt. Sie können nicht glauben, mit welcher edlen, zärtlichen und süssen Freundschaft diese drei gleich ehrwürdige Personen mit einander in philosophischer Ruhe leben. In langer Zeit habe ich nicht drei Menschen von so herrlichem Karakter beisammen gefunden. Die feinen Empfindungen der Frau von La Roche sind aus ihren Schriften bekannt. Aber so groß auch das Bild war, das ich mir von dieser Dame pfantasirte, als ich nur die Sternheim gelesen hatte, so übertraf sie doch weit meine Erwartung. Meine Mutter und diese vortreffliche Damen waren in ihrer ersten Jugend Gespielinnen gewesen, aber seit vielen Jahren waren sie durch die Schicksale ihrer Eltern und durch ihre eigene Verbindungen ganz von einander getrennt worden. Dieser kleine Umstand war ein großes Glück für mich. Er diente mir zur Empfelung bei einer Dame, die mehr wahre und brauchbare Einsichten und doch weniger Schein davon hat, als alle gelehrte Frauenzimmer, die ich gesehen habe und als ein ganzes Tausend von meinem Geschlecht. Wie eine Minute giengen viele Stunden in ihrem Umgange hin. So ganz ohne Prätension, ohne die geringste

Begierde zu schimmern, zu glänzen und was noch mehr ist, ohne mit der unglaublichen Seuche unseres Zeitalters, mit der Empfindsamkeit, wie die meisten Frauenzimmer, behaftet zu sein. Ihr heller männlicher Verstand, ihr lebhafter Witz, ihre Gabe der Unterhaltung, ihr Gefühl für Freundschaft und Liebe, ihr thätiger Geist, ihr großes und vielfaßendes Herz, das in jeder Mine ausgedruckt ist, ihre einnehmende Sprache, ihr richtiges und freimüthiges Urtheil: diese und noch viele andere Vorzüge erheben sie in meinen Augen über unzählige Personen von ihrem Geschlecht, die entweder nicht werden wollen, was sie sein könnten, oder kleine Vorzüge durch große Thorheiten wieder verdunkeln. O, daß doch alle Töchter und junge Frauen in Deutschland bei Mad. von La Roche in die Schule gehen, und auf ihr erhabenes Muster sehen möchten! Ihr Gemahl und sein würdiger Freund studieren besonders den mineralogischen Theil der Naturgeschichte und haben eine sehenswerthe und zahlreiche Sammlung von Eisenstufen aus den kurtrierischen Landen zusammengebracht. II 313 ff.

15 *Folgende Notizen sind den andern Reisen entnommen.* Sander besucht *von Murr* in Nürnberg. Er ist hier Oberwagamtmann, ist ledig und haßt das Heiraten, ebenso wie H. Nikolai in Berlin. Er beschuldigt denselben, er sei ihm Feind worden, weil ers mit *Klotzen* gehalten. Er sammelt viele alte Bücher, schimpft auf alle deutsche Litteratur, schätzt blos die alte und ausländische und pralt mit großer Korrespondenz. Vormals hat er eine Wochenschrift: der *Zufriedene* geschrieben. Die angekündigte Revision der allgem. Deutschen Bibliothek hat er im 8. Teil seines Journals wieder aufgegeben. I 75.

16 Beim Anblicke eines Kupferstiches im Louvre „Romeo und Julie": Julie, die Traurigkeit selbst, zärtlicher Schmerz, stille Wehmuth, geschlossene Augen, am Hals alle Muskeln halb schlapp, halb angespannt. — Wem hätte ein so herrliches Stück besser geweiht werden können, als der unglücklichen Liebe? Man sieht, man fühlt, man wünscht mehr, wenn man nur das Bild sieht, *als wenn man den ganzen Siegwart liest*. I 50.

17 Der Ostindienfarer *Hille* (Holland), berichtet Sander in s. Reisen I 513, gab den Kunstgegenständen in China *Vignetten aus deutschen Dichtern*, aus Zachariäs Renommisten, sie schnitzten sie auf Dosen recht artig nach.

18 In Amsterdam besucht Sander Myn Heer Lublink de Jonge. Er ist ein Kaufmann, der aber doch Belletristik und sonderlich die deutsche liebt. Er hat *Gellerts Fabeln ins Holländische übersetzt*. Reisen I 563.

Von dem Kupferstecher MH Vinkeles berichtet S er habe auch *Mosheim*, *Rabener* und *Gellert* in seiner Bibliothek I 584.

19 Von Mad. Chenier erzält Sander: Sie zeigte mir Hubers *französ. Uebersetzung von Gesners Idyllen* und bat mich ihr zu sagen, ob die Uebersetzung treu und gut wäre. Ich las das Gemälde aus der Sündfluth durch und fand sie meist treu fließend gut, nur war oft eine Paraphrase, wo der deutsche ein einziges Wort hat. Sie war mit mir einig, daß es eins der schönsten Stücke wäre. Bei Abels Tod, sagte sie, hätte sie oft geweint. S 381: Isle d'Amour kann ich nicht stark genug beschreiben. Hab ich mir je Rubens Zauberpinsel oder *Gesners* malerische Sprache gewünscht, so wars jetzt. I 156.

20 L'Alceste — Mr. Milon hat auch in Frankreich dies Sujet bearbeitet, vielleicht auch *unsern Wieland* benutzt, ihn aber weit übertroffen. Das Stück hat 3 Akte, ist vom Anfang an bis zulezt voll Affekt, der frappantesten Abwechslungen und der rührendsten Scenen. I 215.

21 Beim Besuche, den Sander der Mad. de Bur in Paris macht: Sie erkundigte sich bei mir nach *Mad. Karschin*, Reiske usw. von der sie ein Portrait hatte. I 57.

22 M. de Villoison machte mir heute ein Geschenk mit seinem Epithalamium auf den *Herzog von Weimar*, wieß mir auch 2 Briefe von ihm und eine goldene Tabatiere, wo oben auf dem Deckel des Herzogs Kopf, wie ein Römischer Kaiser befindlich war. I 76.

23 Noch immer wird der unglückliche Desroues in den elendesten Kupferstichen herumgetragen und hängt an allen Ständen neben dem König, der Königin und dem Kaiser. So erhält der schlechtdenkende Theil der Deutschen ebenso lang das *Andenken an Werther, der Verachtung und Vergessenheit verdient.* I 256.

24 *Aus der Reise nach Oesterreich usw.* Den 18. April Besuch bei H. von Retzer „an den ich von Madame La Roche aus Speier ein Empfehlungsschreiben hatte; beim H. von Leykamm, an den ich einen Brief von Herrn Oberlin aus Strassburg hatte II 468. Selbst die besten Wiener Gelehrten, Geistliche, Exjesuiten sind nicht einmal unter ihren eigenen Geistlichen bekannt. Ich fragte einmal bei einem ganzen Haufen Geistlichen, wo die Herren *Mastalier, Denis, Rautenstrauch* wohnten, aber sie hörten die Namen zum erstenmale. „Die kenn' i halter nit" sagte einer, der doch dicker war, als ein rechter Bayrischer Bauer und Biersäufer. Wer sind sie? fragte der andre, Donus, Donas machte der dritte aus dem Namen des Dichters. — Trauriges Schicksal der hellsten und fähigsten Köpfe, daß ihre Lichtstrahlen immer mehr in der Ferne wirken als in der Nähe! 476.

S besucht den holländischen Gesandtschaftsprediger Hilchenbach. Er ist aus Frankfurt gebürtig. Mit der deutschen Litteratur ist er sehr bekannt. Er beschwerte sich, daß ihn die *Dessauer* auch mit ihren Sachen und *Lavater* mit seinem Kirchenboten plagen. 503. *Blumauers* Travestirung des 2. Buches der Aeneis, des Virgils, im Michaelis- und Scaronischen Geschmack *wolte man hier für eine Satyre auf den Pabst halten*. Ich fand aber keinen ähnlichen Zug darin und auch bei weitem nicht die leichte Laune des verstorbenen Michaelis und seinen zärtlichen Geschmack gar nicht. 511.

An Herrn von Birkenstock hatte S auch Empfelungen von der La Roche. Auf der Fart nach Preßburg unterhält sich S mit einem Franziskaner auch über *Gellert, Yorik, den Sigwart*, Bücher die in Wien den Leuten unbekannt waren, doch aber damals in Schmieders Buchladen ausgelegt wurden. Der Condukteur zog sogar eines gen. opera aus der Tasche und las. Die *Gellertschen* Schriften müste er, sagte der Pater, doch einmal lesen; die Poesie aber meinte er, käme jezt ganz ab. 553. *Wien*. Noch immer theilte einer dem andern *Klopstocks Ode* über die Toleranz und den Papst heimlich mit. Denn weil sie der Kaiser nicht gedruft haben will, so will keiner es wissen lassen, daß er sie hat. Der Inhalt ist *in Klopstocks Geist*. Man sagt — andre läugneten es aber — er habe 300 Dukaten dafür vom Kaiser zum Geschenk bekommen. 575. Indessen sprach ich, berichtet S, doch noch die Herren *Denis*, Mastalier, und von Mechel. Denis erschrack über *Macphersons neue Ausgabe*. Wegen der vielen Veränderungen hält er nun selber den Text für unrichtig. Er arbeitet auch an einer neuen Ausgabe seiner Uebersetzung, aber sie wird viele Mühe kosten. Mastalier ist Professor der Aesthetik und ein muntrer Mann, klagt aber, daß man hier zu Lande auf das Fach gar nicht Rücksicht nehme. Die Oesterreichischen Studenten bekümmern sich um diese Wissenschaft gar nicht. Er disputirte über Tisch darüber, daß das Wort *beträchtlich* gar nicht gut sei, Adelung und andre hattens auch nicht, man müsse immer *ansehnlich* dafür sagen. „Stehen wir auf", sagte endlich Herr von Mechel, als der Streit lebhaft ward, „sonst verlieren wir noch die halbe deutsche Sprache". 606 ff.

Heinrich Sander (Alem. XII 80) studierte an der Realschule in Lörrach, am Gymnasium zu Karlsruhe, Theologie in Tübingen und Göttingen; hier trib er eifrigst nebenher Naturkunde bei Michaelis, Miller, Beckmann. Schon von Göttingen aus bereiste er Nidersachsen; besuchte seine Base Grotian in Hamburg. Seine Reisen durch Schwaben, Baiern erschinen im damaligen Hanauischen Magasin. Ganz jung wird er Professor am Gymnasium Illustre in Karlsruhe. Zu Anfang Mai 1777 begab er sich nach Frankreich. Merere unserer Mitteilungen sind s. Reiseberichten dahin entnommen. Im Spätjare 1780 giengs abermals nach Ober- und Nidersachsen und Hessen. Diser Reise gehören die kurzen obigen Notizen über unsere Klassiker an. A, 1781 reiste S nach der Schweiz, Speier, St. Blasien. Im April 1782 zog es in nach Tirol, Oesterreich, Ungarn und Venedig. Die Berich'e darüber sind in der „Beschreibung seiner Reisen, Leipzig F. G. Jakobäer und Sohn 1783 2 Bände" erschinen. Sander war für sein kurzes Leben (28 Jare) ein fruchtbarer Schriftsteller. Die Alemannia wird hie und da auf in zurückkommen müßen.

A BIRLINGER

ZU FRIEDRICH KLUGES ETYMOLOGISCHEM WÖRTERBUCHE DER DEUTSCHEN SPRACHE

Abend als Beginn des folgenden Tages ist nicht altgermanisch, sondern der kirchlichen Zeiteinteilung durch die Horen entsprungen, weil die Vesper des folgenden Tages anticipiert wird. *After*; *Aftermiete* hat noch den augsb. schwäbischen *Aftermontag* zur Seite, der dort als hochdeutscher Ausdruck gilt. *Albe* ist nicht Chorhemd des Geistlichen, sondern die lange (weiße) Alba vom Halse biß zu Füßen gehend, beim Messopfer gebraucht, *Chorhemd* das kurze weiße meist gefältete Chorkleid, das nicht bei der Celebrierung der Messe Verwendung finden darf. *Alber*, Weißpappel muß auf ein âlber mit â zurückgefürt werden, da die Dialekte (altstraßburgisch) *Aulber* aufweisen. *Arbeit* muß in *Ar-* und *beit* zerlegt werden; die Wurzel *ar-* drückt das mühsame Beschäftigen, Aufreißen des Bodens, mühsames Hin- und Herbewegen aus. Vrgl. *arare*. *Asche*. Fisch kann zu dem alten asco, asc, Esche gestellt werden. *Aue* könnte ser wol ein got. ahvjô voraussezen laßen stat aujô. *Baar* läßt eher ein bâr als bar mit kurzem a ansezen, denn die Mundarten haben durchaus o, au dafür; bârfůß. *Bach* muß notwendig nach s. fränkischen Genus: *die* Bach auch aufgefürt werden. *Bai* Fenster ist nicht ganz richtig: die alten beien, poien, peyen (Nib.) sind .Fensterlucken mit Ausbuchtungen, an unsere Kulturfenster ist kaum zu denken. *Balg*. Hier muste das Ablautsubst. *Bulg*, das später folgt, genannt werden. *Batzen* scheint nur ein münzartiges vergoldetes Bleckstück oder rundes Goldblech bedeutet zu haben, denn die sog. altschwäb. augsb. *Bätznerhauben* besagen das. Bei *Bauer* und *Nachbar* ist nicht zu vergeßen, daß das Hochdeutsch des 16. Jhds. in Mitteldeutschland unter Nachbar nur den Ortsangehörigen, die Gemeindemitglider verstand. Bei *Beet*, sowie noch oft in dem Buche, ist unterlaßen zu sagen, daß der Sprachgebrauch der Klarheit wegen solche Scheidungen durch äußere Zeichen vornam. Bei *Befehlen* ist die germanische Wurzel *felh* genannt, warum nicht die schlagende Vergleichung mit — *pulc* — in sepulcrum? *Benne* Wagenkasten ist keltisch und als Benna allen alem. Sprachdenkmälern 2. 3. Ranges im Mittelalter eigen, also nicht erst neuhochd. *Besen* erinnert mich an das mit ī alem. gebrauchte *bisen*, *Biswind* d. h. der Feger, scharfe Kerer d. h. der Nordostwind. Gewönlich stet bison zu lesen. *Besser* fürt auf den Stamm bat, das Zeitw. batan, bôt, faktit. bôtjan; bôta; es heißt ursprünglich nur *zunähen, ausbeßern* und nichts anderes. Daher *Buße* und Beßerung die Herstellung des alten Seelenzustandes, ursprünglich Ausbeßerung des lädierten Leibes. Der Zustand des Zerrißenseins ist sundjô, aus svandjô, was die Abname der Kraft des Körpers ausgedrückt haben wird und wozu heute „schwinden" weitläufig gehört. *Beunde* hat wol seine richtige Erklärung schon in meinem Augsb. Wb. erfaren, es stet zu lat. fundus, was auch in der Bedeutung damit stimmt. *Bier* ist das Ablautsubst. von der Wurzel bur, biur, baur oder bus, bius baus = sich in die Höhe heben, schäumen, im Gegensaze zum Met und Al. Alle andern Erklärungen taugen nicht. *Bock* in *Bockbier* ist, nicht *soll*, aus Einbeck entstanden. Es läßt sich außer Schmeller noch eine erkleckliche Zal Belege aufbringen, woraus man den volksetymologischen Hergang zu ersehen vermag. *Bosseln* erhabene Arbeit machen ist zu dürftig erklärt, woher soll denn der *Boßler* in Göthes Campagne in Frankreich seinen Namen haben? An den denkt kein neuer Lexikograph! Es ist ein Allerweltskünstler, Bästler in Oberdeutschland. *Bühne* hat allerdings die Bedeutung von Decke, aber beßer wäre gesagt: der Raum, die Stuben, Kammern unter dem Hausdache. *Drillich* veranlaßt mich der Sonderbarkeit wegen das dem Saulgauer Stat. Rechte eigene sonst nicht bekannte *Einlich* hier zu nennen. *Dult* Fest (Dultplaz, Dultglocke München) ist auch altaugsburgisch, stet aber im 13. 14. Jhd. in alem. Kirchenbüchern allgemein für des Herrn, der Apostel Feste; deshalb darf man nur anfüren „heute noch bairisch." *Durchlaucht* ist Uebersezung von dem Kanzloi-Illustris. Die römische Kurie gebraucht ‚vir nobilis' dafür, wie noch jüngst in einem Schreiben an einen Fürsten. Der Verf. hätte seinen gebildeten Lesern auch sagen sollen, woher dises *au* kommt und wenn er nur das „was kraucht da in dem Busch herum" usw. angefürt hätte, es hat bekanntlich dieselbe Heimat wie Gelartheit, Bestallung usw. *Elster* birgt das uralte Wort *galan* in sich (a-galastra), es ist das unglückverkündende Schreien des Vogels, was im den Titel verschaffte. Vgl. unten bei Nachtigal, wo *galan* noch im guten Sinne gebraucht sich findet. *Fasnacht* hält der Verfaßer nicht für richtig und es ists doch. Die kirchliche Sprache hat das alte „Faseln" (noch altkölnisch so) Unsinn treiben, Excesse begen in Fasten, Fastnacht, Fastelabend volksetymologisch umgewandelt. Es lag das auch ser nahe. Die oberdeutsche Volkssprache kannte nie ein Fastnacht, nur Fåsnet. *Faseln* kurz vorher ist total falsch erklärt. Das sächsische brandenburgische *Sonnabend* hat, da es Kluge hier anfürt, seine Erhaltung rein der Kirchensprache zu verdanken. *Fetzen* ist im 17. Jhd. allgemein für Nastuch der beßern Stände gebraucht worden, aus ital. faccioletto, einer Romanisierung vom alten „Fetzen" wie Logia, Losament aus loggia, das wider vom echtdeutschen Laube herkommt. *Flennen* muß zu einem *Flanne* verzogenes Gesicht sten.

Forst zu foraha zu stellen, wie schon Wackernagel getan, würde sich gar nicht empfelen. Es ist fremd, wie die Eigenart des Forstes überhaupt von den Nachbarvölkern herrürt. *Frau.* Da hätte Geilers v. K. Erklärung von frô- und wê zu Freidanks Stelle gesezt werden müßen. *Frohn*, Vronmesse muß den übrigen alten Stellen beigesellt werden: der Hauptgottesdienst auf dem Hauptaltar hieß im MA so! Bei *Frosch* darf K das frask, frisk, frusk, dem frisch, kalt angehört, nicht leichthin verbannt wißen. Warum nimmt er denn nicht, wenn wir sein gotisches vorauszusezendes frusq- acceptieren, die alte Form frusquas an? Das echte alte Nominativ-s läßt K stets weg und es ist das echte altgotische, das uns die vorhandenen got. Denkmäler freilich nicht mer bieten können. *Furt* in seiner ältesten Bedeutung drückt Völkerübergänge aus, es kann das Waßer längst nicht mer in Betracht gekommen sein. „Belfort" hätten wir auch gerne aufgefürt gesehen, alt. Bedfurt, befestigter Uebergang.

Glauben mit seiner Grundbedeutung „gutheißen" trifft nicht zu. Das intensiv-collective ga-, ge-, gi- mit loub, das zu lub, liub, laub stet, drückt die Wirklichkeit vom liuban an; liuban sich unter eines Schuz begeben, loub-a, der Zustand, der Zauberkreis in dem man sich dem obersten Richter und Priester d. h. Gott gegenüber befindet, urlaub- wenn man aus dem heraustrit. *Gott* „das angerufene Wesen"! Sanskr. jyut, dyut, germ. giþ, guþ drückt „Liecht" aus und das ist der echte Name für einen Gott des Naturvolkes. Der Wechsel von g und j ist ebenso verbürgt wie der von w und h in der ältesten Zeit. Der das Liecht machte, in dem alles Leben sizt, der ist Gott. *Götze* zu gießen zu stellen, nach Weigands Vorgang, ist noch bei weitem nicht so war und klar. *Grummet* aus gruon-mat ist richtig, allein es könnte auch das Gras bedeuten, das gewönlich vor alters auch grün gefüttert wurde. Hier wie in so vilen Fällen hätte der Verf. doch das Land und Leute nennen sollen, wo das Wort *allein* oder doch vorherschend zu Hause. Freilich, das ist was anderes Bauer! das holt man nicht in der Stube. *Häher* gehört dem heute noch alemann. Verbum hëhan, tönen, schreien, rufen von der Glocke, an, stet zu jëhan, es hicht usw. Es ist der Schreier.

Hagestolz muste der gelerte Verf. das -stolz, die bekannte rheinische Lautverschiebung anziehen, denn nur von Bonn, Köln ab konnte sich miz, overmiz, overstolz, Hagestolz bilden. Das kann man verlangen.

Hering ist nur aus hari-ing, der im Here kommt zu erklären, anders nicht, K hält es nur für möglich; haringus ist die älteste lat. Form (Val. Rose) 6. 7. Jhd. *Horde* nennt K ein aus Asien stammendes Wort, persisch? Es ist russisches „opda" (lis ordâ) = Tatarenstamm, später vilköpfige Menge (Alemannia 8, 226).

Kirmes ist nicht Messe zur Feier der Kirchweihe, sondern es ligt schon mhd. die spätere Bedeutung der lustigen Tage darin. Notwendig muste auf die rheinische Heimat verwisen werden. Auch die Baiern dürften mit irem Kirta(g) angezogen werden. Also Kirmes ist fränkisch, Kirta bair., Kilbe alemannisch. Die Alem. haben wihe beibehalten. *Klamm* als Engpaß, Bergschlucht ist vergeßen und stet allerwärts in Reisehandbüchern Oesterreichs, Baierns. *Kropzeug*. K bezweifelt die Ableitung von *krop*. Ich laße eine Notiz folgen, die mir s. Zeit H. v. Fallersleben sandte:

Krôp (von krupen, kriechen), ein kleines kriechendes Thier: Verächtlich nennt man auch kleine Kinder und unansehnliche Leute krôp- und krôptûg (Kröpzeug). Aus letztem Worte, das rein niederdeutsch ist und deshalb vielen unverständlich war, wurde Grobzeug, als ob es von grobem Zeuge hergeleitet wäre. — General-Lieutenant von Möllendorf, Gouverneur von Berlin 1783, eiferte gegen die brutale Behandlung der Gemeinen: „Ihro Majestät der König haben keine Schlingel, Canailles, Racailles, Hunde und Grobzeug im Dienste, sondern rechtschaffene Soldaten". A. v. Witzleben, Aus alten Parolebüchern S. 8. — „Der Lieblingsausdruck der preussischen Officiere war: *Grobzeug*, und ihr Charakter souveräne Verachtung". Seume, Spaziergang 3. Th. (1811) S 136.

Laich „felt eine sichere Ableitung". Die Ableitung ist nur zu klar: láikan, springen, ist sein Urwort. Fisch- und Froschlaich nhd. kann aus jeder Zoologie festgestellt werden, denn die Begattung diser Tiere bestet eben darinn was das got. Verbum ausdrückt.

Morgen als Feldmaß muß als fränkisch aufgefürt werden; es hat hochd. den Sig über alem. Jauchert davongetragen. *Muff* gehört zu Mûch, Mauch: mücheln: müffeln sind gleicher Herkunft. So ist auch *Mauke* durchaus nicht dunkels Ursprungs, das griech. μυχός, u. s. Bildgg. sten dahinter. Freilich hat der Verf. weder meine allgemein anerkannten Erklärungen in Kuhns Zeitschrift, noch in der Alem. gelesen. *Münster* ist nur die Stiftskirche bei vornemen Canonicaten usw. So auch in den Nibel. muste es ein aristokratisches Gotteshaus sein; Leut- oder Dietkirchen gehörten dem Volke. *Orgel* ist aus dem Singul. organum abzuleiten wie kirihha aus κυριακον usw. Die alten Neutra gaben bei der Herübername ahd. Feminina ab, wie die romanischen pratae entstanden aus prata, pratum usw. *Schere* Seeklippe; es muß auf Sierra, s. Leone usw. verwisen werden, es gehört dahin; wie der alte Scherra-, Klippen, Felsengau an der obern Donau.

Bei *Ostern* noch an eine Göttin *Ostara* denken ist unnötig. Es gab bei uns keine.

A BIRLINGER

ZUR GOLDENEN HOCHZEIT

IHRER KÖNIGLICHEN HOHEITEN

DES FÜRSTEN KARL ANTON
UND DER FÜRSTIN JOSEFINE

VON HOHENZOLLERN

21. X. 84.

DARGEBRACHT VOM
DANKBAREN HERAUSGEBER
UND SEINEN MITARBEITERN

RÄTISCHE ORTSNAMEN

Die rätischen Ortsnamen haben lange Zeit den Ruf gänzlicher Unverständlichkeit genoßen und blieben auch von da ab, wo man die leichter verständlichen aus dem Romanischen zu erklären anfieng immer noch in einem gewißen eisernen Bestand von ser alten Formen, die besonders an Wonorten hafteten, gleichsam als Denksteine „der uralträtischen, etruskischen Zunge" ununtersucht bei Seite ligen. Sie sind aber, um es gleich zu sagen, weniger deshalb unverstanden geblieben, weil sie etwa einer unbekannten Sprache angehören, als vilmer darum, weil sie, obwol zum grösten Teil Kinder der lateinischen, beziehungsweise romanischen Mutter, von romanischen Völklein, die alles Schrifttums entberen, die die Formen irer Mundarten früher nimals fixierten und ire Muttersprache durch alle möglichen Sprachbequemlichkeiten verunstalteten (Aphärese, Syncope, Metathese etc.), schon ser früh in irem ursprünglichen und klaren Wortgefüge unkenntlich gemacht worden sind.

Ich bin zu der Überzeugung gekommen, daß in Rätien die Zal der vorromanischen Namen nicht größer ist, als die der vordeutschen Ortsnamen in Schwaben und Baiern, wo dise nur einen geringen Prozentsaz darstellen. Wenn es in Italien und Frankreich um ein gutes mer vorromanische ON gibt, so ligt die Ursache in dem fruchtbaren Boden jener Länder, welcher von uralter Zeit hor vile große und volkreiche Wonorte erzeugte und ernärte. Orte und Namen gehen unter solchen Verhältnissen vil weniger leicht zu Grunde, erstere wechseln auch ire Namen seltener als kleine Weiler und Höfe in getreide- und menschenarmen Berglanden. Je kleiner die Wonorte sind, je mer Ortsparzellen irgendwo vorgefunden werden, desto jünger sind im Allgemeinen die Namen einer Landschaft. Diser Saz gilt auf deutschem wie welschem Boden.

Seitdem sich die rätoromanischen Dialekte der Aufmerksamkeit gelerter Romanisten erfreuen, hat sich von Tag zu Tag deutlicher herausgestellt, daß sich in dem Wortschaze aller diser ladinischen oder rätoromanischen Mundarten keine Spur einer vorlateinischen oder vorromanischen Sprache vorfindet, also nichts, was man Alträtisch, Etruskisch, Rasenisch oder Keltisch nennen könnte, daß vilmer diser Sprachschaz zu 60—65% aus der lateinischen, zu etwa 30% aus der deutschen Sprache herstammt, der kleine Rest anderssprachige Entlenungen darstellt, wie deren jede moderne Sprache genug hat.

„Imperiosa nimirum civitas (Roma) non solum jugum, verum etiam linguam suam domitis gentibus imponere voluit". St. Augustinus de civitate Dei lib. XIX c. 7.

Die frühesten Sprachreste der Rätoromanen fallen mit der lingua rustica der späten römischen Kaiserzeit zusammen. Ire Sprache ist jedoch ein selbständiger Organismus, kein Mischmasch, so selbststāndig und unabhängig für sich geworden, wie das Toskanische, Provençalische oder das Italienische und Französische überhaupt. Am nächsten stet sie zu den lombardischen und friaulischen Mundarten, sowie zum Provençalischen.

Die rätischen Ortsnamen müßen daher, selbst wo der Kern zufällig ein vorromanischer wäre, stets an der Hand der Grammatik der rätoromanischen Mundarten (im weiteren Sinne) untersucht und so in ire ursprüngliche Form zurückgebracht werden. Hierbei kann man selbstredend der urkundlichen Zeugen, der Lesarten diser Namen in den Diplomatarien nicht entraten, wenngleich auch da schon vile Namen so verwittert auftauchen, daß sie sich von der heutigen Form nur wenig unterscheiden. Wo die Urkunden schweigen, müßen wir uns mit der Vergleichung analoger Formen in den nächstverwandten Idiomen behelfen und aus den Namen der Schwestervölker auf das zu untersuchende Objekt ein Licht zu werfen trachten. Manches können wir auch so nicht mer erklären. Immerhin bleibt uns noch eine ser erhebliche Zal von bißher für unerklärbar gehaltener rätischer ON, die wir mit unserem Verfaren zum Geständnisse irer Urform zwingen können. Die nachfolgenden Blätter dürften manchen bißher nicht erklärten Namen als Kind der romanischen Mutter nachweisen, über manchen aber so vil Helle verbreiten, daß man seine Nationalität wenigstens in den Umrißen erkennt.

A ORTSNAMEN AUS PERSONENNAMEN

1 AUS DER RÖMISCHEN ZEIT

In dise Klasse habe ich aus guten Gründen zunächst nur die drei Namenformen auf -*ianum* (anum), *iacum* (ago) und *ate* aufgenommen.

Die erstere Namensippe, die aus römischen Personen-, beziehungsweise Gentilnamen hergeleitet ist, kommt bekanntlich schon in der klassischen Zeit vor. Sie hängt wesentlich mit dem Landgüterwesen zusammen. Die zweite Sippe auf -*iacum* taucht erst in der Zeit auf und auch da fast nur in Gegenden, wo früher ein gallischer Adel saß, wo die gallischen Völker bereits latinisiert sind.

Es ist durchaus falsch, dise aus Gentilnamen hergeleiteten Ortsnamen für keltische zu halten, abgesehen davon, daß gallisch und keltisch an sich verschidene Dinge sind, denn in der Zeit vor der Latinisierung der gallischen Stämme felt die Ortsnamenendung auf -iacum, die Bildung aus einem Gentilnamen durchweg. Es kommen nur Ableitungen auf -acum vor, was durchaus nicht dasselbe ist:

Hart an der Grenze zwischen Spätlatein und Romanisch kommen die Namen auf -ate auf. Dieses ate ist jedoch von der altitalischen Endung gleichen Klangs, zB in Reate verschiden, denn dises ist identisch mit der lat. auf -as, atis, jenes moderne, romanische ate ist aber aus einer spätlat. Endung -atum hervorgegangen, die bald einen collectiven, bald einen besizanzeigenden Sinn hat. Vgl. Flechia, di alcune forme de'nomi l. p. 74 ff.

Die Formen auf -ianum sind am meisten vertreten, die auf -iacum und -ate nur in wenigen Beispilen vorhanden und zwar nur an den Grenzen des eigentlichen Rätien. Im Innern hab ich für dise bißlang fast keine Belege finden können. Nur in dem Falle, daß die Endung -iacum sich hier durchweg in -ium verkürzt hätte, wie zB am Mittelrhein eine große Zal solcher ium vorkommt, als Sentium = Sentiacum, Sinzig; Gratium = Gratiacum, Kretz; Moguntium = Moguntiacum, Mainz; Martium = Martiacum, Merz etc. (sih Dr. Esser in Picks Monatsschrift VI) könnten ebenfalls Namen wie Molvinium (Morbegno) in Mulviniacum, Secanium (Sagens) in Sicaniacum etc. zurückgefürt worden. Ser zalreich und gut erhalten sind die Formen auf -ianum in Südtirol, schlecht erhalten in Nordtirol und in Churrätien. In der lezteren Landschaft ragen die -ianum weit in die romanische Zeit herab, dagegen sind echt römische gerade hier selten. Ich bringe dise unter den Namen aus der romanischen Zeit.

Verzeichnis der am häufigsten citierten Urkundenwerke: *Brun.*, Brunetti, Cod. Dipl. Toscan. *FRA.*, Fontes Rerum Austriacarum. *Fum.*, Fumagalli, Cod. Sanct. Ambrosii Mediolan. *Horm.*, Hormayr, Beiträge zur Geschichte von Tirol. *Klm.*, Kleinmayr, Juvavia. *Lupi*, Lupi, Cod. Diplom. Bergomat. *Marini*, papiri (Roma). *Mohr*, Cod. Dipl. Rhaetiae. *Murat.*, Muratori, Antiquitates Italiae. *Pard.*, Pardessus, Diplomata Gall. *Sinnacher*, Geschichte von Brixen und Säben. *Ughelli*, Italia Sacra. *Wartmann*, Urkundenbuch der Abtei St. Gallen.

1 ANDRIAN an der Etsch, a. 1240 Andrian, Horm. 1, 2, 327; castrum Andrianum FRA. 34, 112; a. 1320 Endrian, Sonnenburg. Urb. ed. Zingerle.

2 AVOSCANO Sinnach. 4, 9 u. 5, 240 ist = *Augustiano. Vgl. (a. 1060) Auustio Sinnach. 2, 630 = *Augustio, churwelsch Avuost = Augustus. Das sc stet so wie im ital. abbrusciare zu abbrustiare, wie im chw. anguoscha zu lat. angustia.

3 AVEZANO, a. 1163 FRA. 5, 33 = *Avidiano, indem hier, wie wir noch öfter sehen werden, di zu dj, z wird.

4 BARBIAN, c. a. 1000 Parpian FRA. 31, 53; a. 1211 Barbianum ib. 5, 222. Möglicherweise aus noch älterem *Balbianum.

5 DEZAN, im 12 Jhdt. Tesana, Horm. 1, 1, 78; ist wol = *Titiana. Vgl. a. 1165 locus Tician FRA. 34, 37 vom PN Titius. S. Titianus ep. Tarvisiens. Ugh. 2, 468.

6 EPPAN, a. 844 Apianum Horm. 1, 2, 12; kommt auch mit Aphärese als Piano vor zB in einer Urk. v. 1194 FRA. 5, 130 und im wirtb. Urkb. IV = Praedium Appianum.

7 GARGAZON bei Meran. Die Endung gleicht der alten Endung vom ON Schanzach im Vinstgau, a. 1290 Schanzon Mohr 1, 104 oder der von Grispion (s. u.). Schanzon heißt aber auch in derselben Urk. Schanzan Mohr 2, 105, ebenso anno 1156 deutlich Scanzan, Mohr 1, 182, woraus klar hervorget, daß der Name identisch ist mit dem ital. Scantianum (a. 1015) Murat. Ant. It. 5, 541; aus dem röm. PN Scantius, der schon bei Cicero vorkommt, nach dem die Silva Scantiana, die uva, die lex Scantiana etc. benannt sind. Ein einfaches Scantias steckt hinter dem ON Scanso (b. Bergamo), a. 857 Scanties, 839 Scantxes, Lupi 1, 787 u. 685. Unser Gargazon get auf *Gargantianum zurück. Das wird bestätigt durch den dort zu suchenden fluvius Garganzanus (a. 1028) Horm. 1, 2, 32, abgeleitet aus dem PN Gargantius, der gebildet ist wie Lactantius, Venantius, Namantius, Brigantius, Carantius; daher auch der Mont Gargant bei Rouen und wol auch der *Tschirgand* b. Landeck. Der Stamm steckt noch in dem ON Gargagnanum bei Verona (13 Jhdt.) Ughell, 5, 73. Ein Toskaner Garganellus kommt 1179 vor. Ugh. l. c. 2, 462.

8 GIRLAN, a. 1091 Curnilan Sinnacher 2, 658 = Cornelianum. Vgl. Schneller, Streifzüge z. Erklärung tir. ON 1870 S 46.

9 GLANZAN muß mit Schanzau verglichen werden. Schneller aaO hält es für rom. casalanzano, allein es ist nach dem ganzen Gepräge nichts anderes als lat. Calendianum, Calandianum, Călanzano, Clanzan, Glanzan, gebildet wie Segonzano aus Secundianum. Engadinisch lautet zB. Calendae Aprilis heute noch Chaland Avrel, änlich wie in lat. Inschriften der PN Calandinus = Calendinus vorkommt, zB bei Steiner Corp. Insc. lat. Nr. 2927. Das kurze a in Cal- fiel aus, wie zB ŏ in churw. cruna = cŏrona oder ă in crusar = cărezzare (kosen). C ward G, wie in Gampen aus Campo u. dgl. m.

10 Den Ortsnamen GLANZ bei Windischmatrei erklärt Schneller aaO S 34 aus Ca(s)alones, doch sezt er bei „falls s ausfallen kann." Ob es im Rätischen ausfallen kann, ist allerdings ser fraglich, doch gibt das Komaskische wenigstens ein Beispil, nämlich: calice = casalic Hütte. Ich möchte Glanz liber auf Calandio zurückfüren. Ein Calendius steckt sicher im ON Calendiasco. Also: Calandio, Calandjo, Calanzo, Clanzo.

11 GOYEN klingt wie Layen. Da discs urkundlich Lajanum heißt, so muß für Goyen eine Form Cojanus, beßer Cajanus an-

gesezt worden. In Tirol gibt es nun merere Ortsnamen unserer Sippe, die scheinbar auf -janus enden, deren j aber von ausgefallenem l herrürt. Mean (= Mejan) alt Milliano; Sillan im Mittelalter umgekert Sejano; Tione alt Tilono. So heißt Tiarno (= Tjarno) im Val di Ledro alt Tilerno, Tilarno FRA. 5, 281 u. 318 usw., demzufolge ist es warscheinlicher, daß Goyen aus Callianum und nicht aus Cajanum hervorgegangen ist.

12 GRISPIAN, GRISPION, a. 1166 Crispianum FRA. 31, 111. Vgl. Crespeniaco Fumag. 342 u. Crespiniano ib. 343.

13 LAYEN b. Klausen, a. 1143 Lajanum Sinn. 3, 418; entweder aus einfachem Laius, wie Lajano bei Pisa u. Benevent, oder aus Laliano vom lat. PN Lalius, Lallius, der wol auch im berg. vicus Lalio, Lallio (Lupi 1, 871 u. 721) vorligt.

14 LANA, a. 1178 Lewnan Horm. 1, 2, 350; a. 1210 Leonano Sinn. 4, 172 = Leonianum.

15 MEAN, a. 1277 Mejanum FRA. 5, 403, aber a. 844 noch richtig Milliano. Horm. 1, 2, 12. Zu disem Namen gehören *Millen* b. Seben, a. 892 Millana Horm. 1, 1, 118 = Milliana, a. 1384 Millan FRA. 34, 279. Es stimmt zu Migliano in Calabrien, das Flechia n. l. del Napolit. p. 36 aus Maelianus erklärt. Er vergleicht noch Miano bei Parma, das = Aemiliano sein könne, was ich auch um so eher glaube, als wir der vollen Form wider in Tirol begegnen, denn noch im J. 1402 kommt ein Brixiensis Petrus Milius seu Aemilius vor. Ughell. It. Sacr. 5, 594.

16 MERAN a. 1239 Merania FRA. 34, 108, a. 1280 Merano ib. 158; 1293 Merano Horm. 1, 2, 154. Man leitet den Namen wegen des Erdbruchs am Berge von Meran aus mara Erdbruch her, wofür aber die Analogie mit Eppan, Mean, Glanzan etc. keineswegs spricht. Überdiß ist noch nicht bewisen, daß es ein welsches Wort mara = Erdbruch gibt. Ich halte dafür Merano stehe für Meriano = Mariano oder Mauriano. Lezteres in Analogie mit Meransen, alt Moransen (= Maurantian-) u. Terlan = Torilan s. u.

17 PRISSIAN, a. 844 Prissianum Horm. 1, 2, 12; villeicht aus Brixianum, wie dort ein Ort bei Sinn. 1, 245 heißt. Vgl. Pasiliano neben Basiliano Fumag. p. 529 u. 355.

18 RIFFIAN, a. 1269 Ruffian Horm. 1, 2, 252 = Rufanum.

19 SIFIAN, a. 985 Suffana Horm. 1, 1, 151; a. 1160 Suffan FRA. 34, 29 = Supianum. Vgl. (a. 1061) Supano bei Soana. Murat. A. It. 5, 255. Sih unter Läfis S. 222.

20 SILLIAN, a. 1155 Silano FRA. 5, 23; a. 1210 Sellano, Segiano ib. 5, 195 u. 198; a. 1208 Seano ib. 181; a. 1313 Silian ib. 34, 218 aus dem Gentilnamen Silius. Der Bach *Siligana* in seiner Nähe (a. 1140 Sinn. 3, 450) ist wol als aqua Silijana, Bach von Silian, aufzufaßen.

21 SIRMIAN sezt einen nicht zu belegenden PN Sirmius voraus, villeicht aus dem Stadtnamen Sirmium gebildet. Vgl. Aufidius zum Floßn. Aufidus, Lavinius zum Flußn. Lavinus. Doch

vergl. auch das gall. Sermanico mago T. P., in dem ein PN Sermanicus steckt.

22 SIVERNACH a. 1116 Zivignano FRA. 5, 431 ist wol = *Jovinianum. Vgl. bergam. zizola = *jujubula (Brustbeerlein), friaul. zov = jugum, mlt. auch juvum, woher it. jovo und der tirol. Bergname *Jaufen*.

23 TERLAN a. 827 Taurlane FRA. 31, 13; a. 923 Torilano Horm. 1, 2, 20; im 9 Jhdt. Torilan, Kleinmayr Juv. A. S. 105 = Taurilianum, wie das ital. Torilliana (a. 1122) Murat. Ant. It. 2, 1048, von Taurilius.

24 TSCHIRLAND b. Meran, im 12 Jhdt. Schirnon, Scirnun, Schirna Cod. Trad. Weing. im 4ten Band des wirtb. Urkb. Das d am Ende ist unorganisch, wie das in Mailand (Milano). Schirnon gleicht in der Endung den Namen Gargazon, Grispion, Schnuzon, stet also für Scirnanum. Der anlautende Zischlaut ist wol aus lat. c entstanden, das folgende i, wie oft in umgedeutschten rom. ON aus älterem e, ich rate daher auf altes *Cerinianum. Vgl. Flechia, di alcune etc. p. 29 u. 30.

25 VEZZAN, bei Paulus Diac. Vitianum. Vgl. Horm. 1, 1. 28.

26 VILPIAN, nach Schneller aaO richtig = Vulpianum. Ein it. Vulpiano (a. 1005) genannt in den Mémoires et Docum. d. l. Suisse rom. 20, 424 u. 476.

27 VÖLLAN, a. 1189 Follano FRA. 5, 86; a. 1210 Fulanum ib. 5, 206. Zu vergleichen sind Folianum (b. Reggio, a. 1070) Murat. l. c. 3, 184 u. Folianum in Südfrankreich (a. 969) Marini p. 53. Möglich wäre auch Herkunft aus Volianum, da Horm. 1, 1, 73 dortherum ein Volano nennt.

28 VÖRAN, a. 1166 Feriani villa FRA. 31, 111.

29 ZIVEZZAN, a. 844 Civitiano Horm. 1, 2, 12; a. 1163 Civizano FRA. 5, 35. Vgl. Civicius Steiner Nr. 2143.

30 Es finden sich in Tirol noch einige hierher gehörige Namen, so *Erbion* = *Albianum; *Firmian* = Formianum; *Kamion* = Camillianum; *Paßlan* = Basilianum; *Piglan* = Petilianus, Petlan, Piclan.

31 *Bozen* gleicht den modernen Formen wie Layen, Goyen; ital. heißt es Bolzano, a. 680 Bauzanum (Paul. Diac. Script. Longob. 156, 16) und so biß ins 12 Jhdt., wo erst das l, villeicht als falsche Reduktion des u auftaucht, eine Reduktion, die in welschtir. Mundarten mefach vorkommt, zB polsar = pausare. Erstmals a. 1194 Balzana FRA. 5, 122. Schneller, der vile dieser Namen irrig als romanische Appellative auffaßt, denkt an eine Ableitung aus mlt. balza (rupes), etwa ponte balzana(o), allein die Analogie mit den in der Umgegend so häufig auftretenden ON auf -ianum läßt vermuten, daß trozdem oder villeicht gerade weil sonst noch merere Bolzano vorkommen, unser Bauzanum ein römisch-gallisches Baudianum sei. Vgl. die gall. Namen Boudius, Baudonivia u. dgl. Diser Auffaßung stet aber zunächst die Tatsache entgegen, daß in der theodosianischen Gesezgebung von 378 angeblich unser Botzen Bouzare, alias Bauxare heißt. Vgl. Horm. 1, 1, 140; Schneller aaO 42. Die Lesart kann jedoch auch falsch sein, da n nicht selten mit r verwechselt wird, es konnte ja im Urtext auch Bauzane, Bauxane stehen. Ich erinnere an die falsche Lesart Formigar, Formigaro in den FRA. 5, 35 u. 133 stat Formigan, Formigano; wie denn andere Urkunden zB eine von 1188 richtig Formeiano, Formiano lesen. FRA. 5, 72 u. Horm. 1, 2, 221. Der Suffixwechsel wäre überdiß hier ser befremdlich, auch ist keineswegs ausgemacht, ob jenes Bauxare wirklich unsere Stadt meint, da es ja im benachbarten Friaul allein drei Bolzano gibt.

32 Von nordtirolischen ON diser Sippe sind wol nur *Ampaß* und *Erl* sicher zu erkennen. Ersteres lautet alt Ambans, wol = Ambiana(s). Amban- entstet aus Ambian-, wie Albanum aus Albianum, Formen, die für einander in den FRA. 5, 427 u. 421 vorkommen. Der Name Ambius kommt zB. im ital. Ambiasca vor (a. 1225) Mohr 1, 304 und im frz. Ambianum (in der Picardie) Du Cange sub verbo „commune". Ein sav. *Ambianum* Mém. et Doc. 19, 343.

33 *Erl* im Unterinntal, a. 798 Oriano Kleinm. Juv. A. S. 271, Orleano Horm. 1, 1, 191, ist = Aurelianum. Vgl. venez. Oriago = Aureliacum, Oriano = Aurelianum. Flechia, di alcune etc. p. 48; das frz. Orly = Aureliacum, Valesius Not. Gall. p. 408, Origny = Auriniacus. Guérard, polypt. Irmin. 1, 54. Auch hier ist das l wider in j übergegangen.

34 Villeicht darf man auch *Absams* daher ziehen, das im 10 Jhdt. Abazanes Sinnach. 2, 156, Abazames Horm. 1, 1, 198 heißt. Schneller leitet es (aaO S 11) von aquas juvenes her. Wenn ich die im Itin. Anton. stehende Form für baierisch *Epfach*, nämlich Abuzacum = Avodiacum der T. P., bei den Bollandisten ASS. Jan. 2, 56 Eptatica, d. i. Abudiatica (villa), vergleiche, aus dem röm.-gall. PN Avodius, Abudius, dann möchte ich für Absams, Abazanes, eher eine alte römische Form Abudiana(s), und zufolge der Tonlosigkeit des u, eine populäre Form Abazana(s) ansezen, deren Schluß-s romanisch oder auch, wie oft, ein falscher deutscher Zusaz sein kann, wie aus Enneberges u. dgl. Formen hervorget und wie auch vile churwelsche ON nur bei den Deutschen ein Schluß-s aufzeigen, nicht aber in irer echten romanischen Form. Vgl. indessen das echtrömische Sopianas unter Läfis, unten.

35 Das seltsame *Axams*, das wie Absams endet, weist durch seine urkundlichen Formen einen anderen Weg, denn es heißt a. 860 Ouxuuenes Sinn. 1, 542; a. 1142 Auchsumes Horm. 1, 2, 120; a. 1232 Ouxuemes Sinn. 4, 242; a. 1214 Oucsumes ib. 4, 59; a. 1254 Ausemus (lis Ausumes) Horm. 1, 2, 178; a. 1298 Auxuns Sinn. 5, 38; a. 1360 Auxums ib. 5, 371. In anderen tir. ON lateinischer Herkunft ist ou, au in der Regel Vertreter eines ursprünglichen u, besonders ü. So in Noces, Nouces, Nauces, Natz;

Tuberis, Touveres, Tauveres, Taufers; aus den Baumnamen núces und tüberes. Vgl. zu lezterem eine Stelle aus einer bergeller Urk. v. 1304: petia una campive ... et buscive ... cum busco grosso *toueris* et busco minutulo nizolarum. Mohr C. D. 2, 190. Allein aus einer Urform *Uxuvenes wird man nicht klüger, es sei denn, daß man an den röm. PN Auximus, Auxumus anknüpft und Auxuvenes als Verunstaltung aus Auxumianas annimmt. Schneller hat in seiner resoluten Weise den Namen kurzerhand wider aus aquas juvenes erklärt. Wenn der Name romanischer Herkunft ist, was wol möglich, ja warscheinlich ist, würde sich villeicht ein Wort ovazumnes = lat. aquatiamina, aquatiumina empfelen, zumal wo engad. ovazùn = lat. aquatione vorhanden ist, nach dem Beispiel für Reams = Ripamina, Vinomna (Rankweil) = vineamina, viueumina, da in spätlateinischen Urk. die Formen plantumina = plantamina, sedumina = sedamina u. dgl. merfach vorkommen; zB Murat. 2, 341; Lupi 2, 379.

36 Schlüßlich soll noch *Terfens*, a. 1091 Tervanes Sinn. 2, 654 an diser Stelle genannt sein. Reicht es in die römische Zeit hinauf, dann ligen zwei Möglichkeiten am nächsten, nämlich Entstehung aus Tribiana oder Terpiana. Bezüglich der ersteren Möglichkeit erinnere ich an modenesisch terbian = trebian (Flechia in Ascoli's arch. glott. it. 2, 44), bezüglich der zweiten an das lukkesische Terpiana (a. 775) Murat. l. c. 3, 569. Doch vgl. das lomb. Travenna, Travana (a. 874) Fumag. p. 425, das wol ursprünglich ein Flußname ist. Vgl. hierzu Teruan (Flandern), alt Teruanna, Tarvana, den FLN Tarvenna (Picardie) jezt le Ternois, der mit Tervanes fast wörtlich stimmt.

37 Auf *-iacum* kenne ich für das engere rätische Gebiet nur zwei ON, nämlich *Bollingen* bei Rapperschwil und *Mörzig* bei Salzburg. Lezteres lautet im 8 Jhdt. Marciago, a. 950 Morzago. Kleinm. Juv. A. S. 33 u. 169; ersteres im 11 Jhdt. Paulinisgo Mohr 1, 292. Gleichsam als Stüze für die Echtheit der römischen Endung in Mörzig befindet sich in seiner Nähe ein *Atnat*, alt Atanate, Kleinm. aaO A. S 37. Beide Namen sehen aus, als wären sie aus Oberitalien in den Norden versezt worden, denn jedes bietet eine für die Lombardei charakteristische Ortsnamenendung. Lezteres erinnert an die lomb. Abbiate, Alliate, Albiate etc. aus Avius, Allius, Albius. Das norische *Stiriate* (im Itin.) hingegen ist ein Seitenstück zu den lomb. Seriate, Brembate, Arnate, denn es ligt an der Stiria (Steier), wie dise am Serio, Brembo, Arno. Atanate weist auf einen PN Attinius, eine ältere Form Attiniatum zurück [1]).

---

1) *In Churrätien findet sich ein* abg. Lunat, *im 11 Jhdt. Launade* Mohr 1, 299; a. 1260 Launades ib. 1, 357. *Das gleicht dem lomb. Clavate, in churw.* Urk. Clavades *genannt, vgl. Alemannia IX 69. Launades ist wörtlich das ital. Lonate = l'Onate = ad illud alnatum, alnetum, bedeutet also Erlach. Vgl. Flechia, nom. loc. deriv. dal nome delle piante p. 8.*

2 PERSONENNAMEN ENTHALTENDE ORTSNAMEN
AUS DER ROMANISCHEN ZEIT

Selbstredend kann ich auch hier zunächst nur eine Anzal von Beispilen, nicht die volle Zal aller hierher gehörigen Ortsnamen besprechen.

Die Urkunden nennen um Klausen herum einen Ort
1 ALBUIN, ALBIUN, 10 Jhdt. Alpiun Sinn. 2, 166; a. 995 Alpiunes Horm. 1, 1, 150; a. 1149 Albuines FRA. 34, 12; a. 1281 Albiunes ib. 159. Das ist wol der ahd. PN Albuin, Alboin und zunächst veranlaßt durch den hl. Albuin von Brixen. Vgl. Sinn. 2, 113; a. 1232 ager Sancti Albuini ib. 4, 375. Vgl. unten Jenesien.

2 ALVASCHEIN in Graubünden, a. 1154 Aluisinis Mohr 1, 174; a. 1311 Aluisin ib. 2, 225; im 14 Jhdt. Alvasen, Juvalt, Forschungen etc. 2, 195. Die Endung erinnert sofort an die altromanische Endung -icinus in Personennamen, zB Lupicinus, wie ein hl. Bischof von Verona hieß Ughell. 5, 552; ferner an eine Tirolerin des 9 Jhdts. Luvisina = Lupicina Sinn. 2, 139; einen Wallgauer des 10 Jhdts. Lupicinus, Wartmann 3, 10. Auch ein fränkischer Forestarius Lupicinus kommt früh vor, Pardessus 1, 139 und noch im Jar 1382 heißt der Zoller auf dem Lurx[1]) in Tirol Lufesin. FRA. 34, 357. Das ist etymologisch daßelbe, was it. lupicino junger Wolf, gebildet wie it. volpicino junger Fuchs, orsaccino junger Bär etc. Änliche Namenformen kommen in Rätien und in der übrigen romanischen Welt zimlich häufig vor. Ich erinnere nur an die Churrätier Ursecenus (a. 766) Mohr 1, 13; Ursicinus (a. 890) ib. 1, 55; Orsicinus ib. 1, 285; an den ital. Mons Maurisini (a. 1034) Murat. l. c. 1, 589 = Mauricini. Unser Alvisinis kann nun reduzirt werden auf *Alpicinus, *Albicinus (von Albicius weiter abgeleitet), aber auch auf Albucinus aus dem im rom. Gebit öfter vorkommenden Albucus, Albncius. Das u in Albucinus konnte zu i und e herabsinken, weil es unbetont war, wie ja Alvisinis und Alvaschein schon angezeigt haben. Übrigens ist auch ein Albacius aus dem lomb. ON Albatianum (Verona) a. 1195 Ughell. 5, 734; Albaciaco Fumagalli p. 279 (a. 852) zu erschließen. Ein Albucus de Blassonno kommt a. 879 vor. Fumag. p. 456; ein locus Albuconatis a. 1152, j. Arbussonae (Savoyen?) Mém. et Doc. d. l. Suiss. rom. 29, 88. Endlich *Albuciano* (am Ticino a. 1034) Murat. 5, 437. Möglich wäre Alvaschein auch aus Lupicinus, weil nämlich das Churwelsche bei Wörtern, die mit Lu- anfangen, die erste Silbe gern in Al- umstellt. So hieß das jezige Almeins vor Zeiten Luminins, das jezige Lumbreins im späteren Mittelalter Al-

---

[1] Lurx = *vallurc-ium, v. vallis gebildet wie Tanurs = tanurcium von tana (Höle), also (val)lurc-s (precipicio). Vgl. bergam. valòrca, alòrca, Absturz, Stus.

maren, ursprünglich allerdings auch Lumarin. Änlich hat das Engadinische almenter = lamentare, aldüm = laetamen (Dung), alguer = liquare, so auch das Mantuan. alvar = levare, aldam = laetamen etc. Es konnte also uraltes Luvisines = Lupicino oder Lupicinis nach disem Gesez in Alvisines, Alvisinis umgestellt werden. Das änlich klingende:

3 ALVANEU (Graubünden) a. 1244 Alvanude Mohr 1, 334; a. 1290 Alvinu ib. 2, 99; a. 1321 Alvinües ib. 2, 263 [1]); Alvignu ib. 2, 268; a. 1328 Alvenüs ib. 2, 298 erklärt Sebastian Münster in seiner Kosmographie also: „Alvenuw, vor zeiten Alvum novum von wegen der Bäder daselbs." Nun, das ist eine Erklärung wie die gleichzeitige von Marsöl und Spinöl zu Chur, was mit Mars in oculis und Spina in oculis ausgelegt ward. Die älteste und jüngste Form unseres Namens harmonieren in der Endung gut, denn ude wird churwelsch eu, wie das Beispiel von nudus (nackt) zeigt, was heute *neu* lautet. Aber man muß den Namen in Alvan-ude, Alvin-eu abteilen. Dises ude, eu, -ü, u ist eine alte romanische Collectivendung -utum und ein Seitenstück zu dem schon genannten -atum (ate). In ital. Ortsnamen haben wir es zB. in Cerruti aus it. Adj. cerruto, voller Eichen stehend, in Castagnuda. Vgl. Flechia, n. l. deriv. d. n. delle piante p. 10. Unser Alvaneu reduzirt sich so auf ein älteres Albanutum = albanetum, Alberach, aus albano Albor, Pappel. Das oberländische ignü Erlenwald hat dieselbe Endung, es stet für alnutum. Man könnte einwerfen, warum Albinuto nicht auch von einem PN herkommen könne, angesichts der mlt. Namenformen Johannutus, Jaquinotus u. dgl. Hiergegen wende ich ein, daß dises deminuierende utus im Churwelschen überall hart geblieben ist und heute utt, utta lautet. Also zB. sadlutt Kübelein = lat. situlutum, von situla, sitella; vacclutta kleine Kuh = lat. vaccul-uta.

4 BONADUZ, churwelsch Panaduz, a. 960 castellum Beneduces Mohr 1, 80; a. 976 Beneduces ib. 1, 94; a. 1290 Peneduz ib. 2, 98. Die Endung und das anlautende p füren leicht auf den Gedanken, daß hier ein Derivat aus pinetum vorligen könnte, also pinetucium, pinetuzzo, panatuz. Die ältesten Formen leren jedoch einen anderen Weg. Beneducea ist zunächst zu vergleichen mit dem rät. ON Lovenuz bei Lacs, es lautet a. 766 Alevenoce = a(d) Levenoce Mohr 1, 33 = Lupinuzzo. Dises oce ist nämlich das ital. -uzzo. Bei Amiternum findet sich im 13 Jhdt. ein Ort Berarduzo, Murat. l. c. 6, 509, was offenbar Ableitung aus dem PN Berardo ist. So get Beneduces = Beneduzzo auf einen PN Benedus, Benetus = Bonitus zurück, der in vilen romanischen Urkunden zu finden ist. Das t ist in d erweicht, wie im Namen Jactadus, der schon

---

[1]) *Aenlich könnte der Berg* Falkniß *auf älterem falconude = falconuto, Ort, wo es vile Falken hat, beruhen. So wäre das ein Seitenstück zum ital. ON Falconara. Ob aber -uto an Tiernamen vorkommt?*

a. 600 auf einer Churer Grabschrift Mohr 1, 5; in den ältesten ital. und franz. Urkunden, ja schon in den röm. Katakomben vorkommt.

5 BALFRIES, davon der Balfrieser Berg bei Sargans, a. 1350 Bolfrid, Bergmann, Kunde des VAB S. 76; Ildef. von Arx 1, 10. Das ist deutsches Baltfried. Diser Name ist in Rätien früh gebräuchlich gewesen, denn schon a. 920 kommt unter den Romani ein Balfridus judex vor. Mohr 1, 60. Lautlich möglich, aber hier unwarscheinlich, wäre Entstehung aus rom. balafredum = ahd. perecfrit, Bergfrid (Streitturm).

6 Das Wallgau heißt in alten Urkunden DRUSENTAL. Von im aus gen Pässe ins Prättigau, unter denen noch heute einer *Drusenthor* heißt. Es gibt dort merere Pässe, die Tor heißen, was mir mit dem Namen des Prättigau, alt Portennis = mlt. portēnac Pforten, woher portenarius Pförtner, gebildet wie Pontēna von pons, zusammenzuhängen scheint, um so mer, als auch das bündner Frauentor (ein Paß) romanisch Porclas heißt, d. i. ad portulas, port'las, porclas. Wo t oder d und l zusammentreffen, wird im Churwelschen in der Regel cl daraus, daher chw. marclar dangeln = martellare, von martellus Hammer, daher chw. recli redlich, aus alam. redli usw. Der Name Prättigau hat troz der schönen Wisen des Gaus mit pratum nichts zu schaffen. In den Urk. des 9—12 Jhdts. heißt das Wallgau (Vorarlberg) Vallis Drusiana Mohr 1, 66. 68. 153. 282. Seit dem 11 Jhdt. kommt die von königlichen Hofkanzlisten aufgebrachte Schreibung Trusiana vor. Die Bildung ist dieselbe, wie in der klassischen Fossa Drusiana, Tacit. annal. 2, 8, wie im ital. Vallis Quiana bei Adria = Vallis Caeliana. Vgl. Flechia, di alcune etc. p. 30. Der historische Drusus ist allerdings nicht gemeint, sondern ein einheimischer Optimat, in dessen ministerium der Gau gewesen war, nämlich der rätische Name Drusio. A. 766 lebt zu Castris ein Drucio, Mohr 1, 16; im 10 Jhdt. zu Rankweil ein Drusio, Wartm. 2, 12; zu Gams ein Drusio, ib. 1, 328; zu Rankweil ein Drusio, ib. 1, 164, und im 11 Jhdt. noch einmal ein Druso im Wallgau, Mohr 1, 284. Vgl. Lugnetz.

7 JENINS (Graub.) a. 1139 Uieninnes Mohr 1, 166; a. 1178 Geninnes ib. 1, 209; a. 1318 obenso, ib. 2, 252; a. 1327 Genins ib. 2, 286. Uieninnes lese ich Jueninnes, wie man das Uiggun der Urkunden Juggun lesen muß, was die Urkunden selbst besagen, da ja die Formen Juggun, Jucgun Zeitschr. f. Gesch. des ORheins 35, 120 u. 139, Jucgin (Mohr 1, 363) so alt sind, als die Lesung Viggun, Uiggun Mohr 1, 203, Wartm. 3, 57 [1]). Ich denke also

---

1) *Juggen hat Bergmann aaO 182 richtig mit Tschuggen (Davos), Tschugguns (Schruns) zusammengestellt und aus chw. tschugg, schugg = lat. jugum, Bergjoch erklärt. Das erklärt auch den montafeuer FN Tschuggmall, Tschugmell (Zingerle, tir. Weisth. 2, 261) als jugum malum,*

beide Namen hätten im Original so ausgesehen: uiennes, uggun und seien irrig aufgelöst worden, wie etwa ahd. bōch in bouch stat buoch. Jueninnes ist, wie schon Gatschet etym. ON-Forschung 1, 238 längst erkannt hat, nichts anderes als Johannino. Genines verhält sich zu altem *Juanines, *Junines wie churw. geneiver zu lat. juniperus, genetscha zu lat. junix, junissa.

8 Auch die Bedeutung von *Jenatz*, a. 1290 Junatz, Junaz, Mohr 2, 100 und 101, hat Gatschet aaO richtig erkannt als Johannatius, wozu er ein urkundliches „Johannace clerico" beibringt. A. 864 wird ein Mailänder Johannaces genannt. Fumag. p. 367; (a. 830) eine Mailänderin Johannac(i)a. Fumag. p. 216. Änlich gebildet ist der PN Johannitius, wie eine mittelalterliche ärztliche Autorität hieß. Zur Form *Junas* stimmt das frz. Juniville, das im 11 Jhdt. Jehenneivilla, lat. Johannisvilla heißt. Vgl. Pierre Varin, archives de l. v. d. Reims 1, 243 u. 452. Wie Johannatius sind die altmailänd. PN Leonace, Stefanace gebildet (a. 882) Fumag. p. 488.

9 JENESIEN, Dorf b. Bozen, nach dem Kirchenpatron Sanctus Genosius zubenannt. Dises anlautende Je- erinnert an den tirol. Sanct Jenewein (a. 1040 monasterium SS. Martyrum Cassiani et *Ingenuini* ecclesie Brixiensis, Mohr 1, 123); welcher im ON Sant Jeneweins Mulgrey (a. 1398 Sinnach. 6, 12 = sancti Ingenuini malgeria, Senotum), im Namen eines Mannes Jenebein zu Mieders und des Jenewein Hofer ebendort, fortlebte. Zingerle, tir. Weisth. 1, 273 u. 276. Ganz änlich sagten unsere Alten Jenf, Jenua stat Genf, Genua, sang der alte Pfarrherr beim Segenspenden: jenitori jenitoque etc.

10 IGELS, roman. D'Ajén, im 12 Jhdt. villa Higenae Mohr 1, 294; a. 1290 Igene ib. 2, 98; Igenes ib. 2, 114; 11 Jhdt. villa Egene ib. 1, 295; a. 1290 Egenes Mohr 1, 113. Erstmals a. 1321 Igels Mohr 2, 283 n. Das l ist, wie so oft, aus n hervorgegangen. Am nächsten ligt der Name Eugenius, Eugenia. So ward im 12 Jhdt. zu Lana Sanctus Eugenius confessor verert. Wirtb. Urkb. IV p. LII. Die Silbe eu- wird romanisch au später e oder a. Vgl. Ausebia, Ausebius, Alemannia 9, 64 u. Wartm. 1, 270. Dises Au- kann A werden, wie das Beispiel Ausena = Augustus lert. Mohr 1, 13. Das Ganze kann somit aufgefaßt werden als bonum Eugeniae, Eugenii, *Ajéni, bon d'Ajen. Das lomb. agen, aghen = opacīnus ligt lautlich zu fern. Das chw. ägen, égen (eigen) widerstrebt der Betonung, ebenso das welschtir. u. berg. éghen (Bohnenbaum, Anagiri). Vgl. noch a. 1220 den Vinstgauer Eganus Mohr 1, 267, dann den Mann Egenatius von Bivio ib. 2, 68, welcher aber aus dem PN Egino, der in rät. Urkunden oft vorkommt (zB Mohr 1, 131. 148. 161. 188. 258,

---

den ON Tschoggen (Graun). Hingegen wird der FN Tschogg eher das churw. tschoc (tschiec) = cæcus meinen.

dann 2, 123 etc.), abgeleitet ist. Auch oberschwäbisch lautet Eugenius: Egéne, Égéne.

11 IGIS, a. 998 Yges (aber nur in einer Copie) Mohr 1, 105; a. 1280 Yuns ib. 2, 5; a. 1290 Yüns (zweimal) ib. 2, 108; a. 1290 Yüs, Yus ib. 2, 107; a. 1296 Yuns ib. 2, 94. Die deutsche Aussprache, welche nicht selten einen älteren Lautstand fixiert hat, weist darauf hin, daß zwischen den zwei ersten Vokalen ein g ausgefallen ist, die älteste Form also Yguns lautete. Die Urkunden brauchen Y öfter für ü beziehgsw. langes i und da dis hier consequent festgehalten ist, schließe ich, daß es für älteres U stehe. So erhilten wir Ugüns, was = it. Ugone, mlat. Hugonem sein kann, ein Name, der in Rätien, wie überhaupt in allen rom. Ländern, früh und oft vorkommt. Vgl. Murat. l. c. 6, 319; Brunetti 2, 305, wo ein vigo Ugoniano und ein Casale Ugoniana vorkommen. Dann den Hugo, comes Raetiae Mohr 1, 188; ager Hugonis zu Chur Mohr 1, 318 (a. 1231); bona dicta prata Hugonis zu Churwalden Mohr 2, 289 etc. Wegen der Endung -üns = one-s vgl. den ON Räzüns, alt Ruzunes = ru(n)zone(s) = it. ronzone Hengst, Hengstweide (pascuum runzonum). Vgl. wegen des jezigen Anlauts auch chw. itg Salba = lat. u(n)ctum. Vil unwarscheinlicher wäre Entstehung aus *vigone großes Dorf, obwol vic- zu uc- werden kann, wie das oberländ. uclaun Weiler = viculanum, dartut.

12 KALFEUSEN, im 11 Jhdt. ad fontes *Calvesanos*; was Schneller aus gredn. fassan. tschalveises Moosbeeren erklären möchte. Hier ligt aber in der alten Form der bekannte lat. Name Calvisius, Calvisianus gar zu deutlich vor. Es ist eine Bildung wie Fundos Sulpicianos (Flechia, di alcune p. 53) und wie das (praedium) Calvisianum (b. Brescia, a. 1194, Murat. l. c. 1, 844).

13 KALFREISEN, a. 1156 Cauraisene Mohr 1, 185 a. 1231 Ravarnisecene (lis Kavaraisecene [1])) Mohr 1, 319; a. 1312 Knfrais ib. 2, 232; a. 1363 Gavarayßen ib. 3, 206; a. 1386 Cavaraissen Mohr, schweiz. Regesten S 52. Das ist = Caprasiana (vallis). Statt capra hört man in Churrätien caura, im Veltlin cavara, cavora, daher Caur- Kavar- für Capr-. Die Endung aisecene, aisene, aissen hat ir i aus der lezten Silbe erhalten, wie churw. montanaira Heerde stat montanaria, oder palaira Stellfalle stat palaria, plantair Neuseze eines Weinberges stat plantarium etc. Demzufolge stet aisecene, aisene für asione, d. i. asiana. Der PN Caprasius kommt öfter vor, so schon bei Steiner, Corp. inscrpt. Nr. 1484. In Italien gibt es ein Caprasia bei Nonantola = Caprasia Murat l. c. 5, 331. Auch das jezige Tarsia in UItalien hieß einst Caprasia. Zeiller, Itin. Ital. (a. 1640) Seite 179. Das l

---

[1]) *So stet bei Mohr 2, 367 falsch Rütura statt Kütura = lat. cultura; bei Horm. 1, 2, 120 falsch Rulæner stat dem von Sinn. 3, 100 richtig gelesenen Kuloener (eine Alpe).*

in unserem Namen ist modernes Einschiebsel und beruhet auf der Rückwirkung des r in Cavreisen.

14 LÆFIS (Vorarlberg), a. 974 Lopiene Wartm. 3, 30; a. 1393 Lafins, Bergmann, Beitr. z. krit. Gesch. des VAB. S. 146. Dise Form Lopiene gleicht genau der ältesten Form für Sewis (auch Seewies), nämlich Soviene Mohr 1, 297, Ersteres ist nichts anderes denn Lupiana vom PN Lupus, der in Rätien oft vorkommt (sih Lüwis), lezteres aber Supiana, Sopiana, wie im tiroler Siffian und in dem bei Fünfkirchen abg. römischen Orte Sopianas, alias Suppianis (Itin. Antonin.), wozu das ital. Supano (sih Siffian) vollkommen stimmt.

15 Der Hof LORSEN bei Velturns (a. 1440 FRA. 34, 572) ist = ille Orsinus, wie Fallerschein, Fallerschein zweifelsone aus vallis Ursini entstanden ist.

16 LUGNETZ, chw. Lugnezza, Lungnezza, im 11 Jhdt. vallis Lennicia Mohr 1, 28; Leunizze ib. 1, 295; vallis Legunitia ib. 1, 296, d. i. = vallis Leonitii. Es ist der PN Leonitius, den heutzutage der schismatische Erzbischof von Warschau trägt. Im Pfeferser lib. viv. et defunct. (Alem. IX) kommen Leo, Lioncius, Ligontius vor. Zu Rötis erscheint ein Lioncianus Wartm. 2, 284; ebendort ein Leonotus Wartm. 1, 176, im graub. Oberland ein Leontianus Mohr 1, 92 usw. Daß ein Gau den Namen eines Mannes, selbstredend den seines Verwalters trägt, ist in der fränkischen Zeit überal der Fal, auch in Deutschland, daher pagus Pleonungestal, Tal des Pleonunc; pagus Paopintal; Berhtoltespara, Folcholtespara etc.

17 LUWIS, Luvis, Luwen ob Ilanz, roman. Luwein, a. 766 Lobene Mohr 1, 13; im 11 Jhdt. Lubene ib. 1, 296; Luveno ib. 1, 294; a. 1178 Luuene ib. 1, 209; a. 1290 Lewens ib. 2, 101; a. 1291 Luwins ib. 2, 96; a. 1288 Lowino ib. 2, 52. Das ist (casale) Lupini. Vgl. a. 844 Lupus dux im tir. Rätien Hormn. 1, 2, 515; a. 680 Lupus archidiac. Bergom. Lupi dipl. 1, 16 (Vorwort). a. 766 Lopus in Ilanz Mohr 1, 14; im 10 Jhdt. im Oberland ein Luvianus Mohr 1, 92; zwei Frauen Luva um Seben, Sinnach. 2, 139; a. 1189 ein Luvo in Tirol FRA. 34, 40; ein Lombarde Luvolo da Flume (a. 882) Fumag. 488 Lupinus ep. Regiens. c. a. 600 Ugb. 2, 300 usw. Lupus, Lopus, Luvo, Lovo, Luva, Lovito etc. erklären die Formen Lob-, Lub-, Luwin, Luwein satsam. Die Deutschen haben das n in der rom. Endung -ine in der Regel ausgestoßen, aber auch in anderen rom. Endungen, -anes, -ines, -unes, daher Vettis alt Vethinnes; Berschis alt Bersinz; Rätis alt Rautines; Thusis alt Tosana; Ruvis alt Ruana; Igis alt Yüns, Trimmis alt Trimunes usw.; lezteres = terminone Grenzstein.

18 MALFAIN, it. Molveno mit einem See, der a. 1204 Mulveni, Molveni lacus heißt. FRA. 5, 160 u. 161. Mulvenus stet für Mulvinus, einer Ableitung aus dem lat. PN Mulvius, Molvius, wie Molviano in den Abruzzen, Mobbiano in Lucca, hir lv

in bb verwandelt, wie im it. nibbio = milvius (Gabelweihe). Flechia n. 1. del Napol. p. 36. Auch das lomb. *Morbio* stet für Molvio, wie lomb. arbi = alvio (alveus). Daher gehört auch das veltl. *Morbegno*, älter Morbeing, a. 1288 Morbing Mohr 2, 138, a. 1178 Morbenium Murat. 3, 220, = Mulvinium. Vgl. noch den berümten pons Mulvius zu Rom, a. 955 ad pontem Molvium Marini, pag. 38.

19 MARIOL (Ulten), MARUEL (Walsertal), Koseform ans Marius. Vgl. den Marius del Guischa von Worms (a. 1376) Mohr 2, 321; die Bündnerin Marina de Maschieras Mohr 2, 274 (a. 1323). Maschieras ist das frz. Mezzières = mlt. ad macerias. Ein Mann Mariolus lebte a. 1288 zu Burgeis. Mohr 2, 57. — Maruel verhält sich zu Mariol, wie cbw. lenzuel zu lat. linteolum, lintiolum, wie cbw. Marschuel zu lat. Marciola, wie frz. Palasuel zu Palatiolum etc.

20 MARSCHLINS bei Igis; a. 1290 Marzeniunes Mohr 2, 107; a. 1290 Mertzinentsch ib. 2, 111; a. 1336 Martzenens ib. 2, 323; a. 1350 Marschininnes ib. 3, 63. Wir haben hier abermals ein l aus älterem n. Es ist Marcianinus.

21 MARSON (Ulten) und dabei *Marschnell* sind = Martianum und Martianellum. Sie verhalten sich zu einander, wie die zusammengehörenden römischen fundus *Musanus* und fundus *Musanellus* (Marini p. 74 a. 1207) d. i. Mutianus und Mutianellus.

22 MERZAN ist natürlich = Martianum. FRA. 34, 105. Dasselbe ist *Marsen* an der Triwei (= Trebia) a. 1315 FRA. 35, 79.

23 Ser schwer zu verstehen ist MARSÖL, MARZÖL abg. Burg bei Chur, a. 998 Castra Martiola Mohr 1, 104; a. 1286 Collis Marschuels ib. 2, 43; a. 1312 Marzöl ib. 2, 267; a. 1319 (zweimal, villeicht falsch geschrieben oder gelesen) Murtzul ib. 2, 255; a. 1341 Martzschüls ib. 2, 352. Ganz so lautet der alte Name für *Marzol* (Salzburg) a. 798 ad Marciolas. Kleinm. Juv. A. S. 26. Ein anderes *Marciola* bei Cremona (a. 1022 Murat. l. c. 3, 175) lautet a. 1256 Marzola. FRA. 5, 335. *Marzoll* (Ötztal und im Pustertal), *Martscholl* (im Martelltal), *Martschöll* b. Layen sind dasselbe. Zunächst wird man an den PN Martiolus erinnert, der villeicht im PN Johannes Marsollus (zu Egna, a. 1222 FRA. 5, 335) und im ON *Ronchu Marzollu* (b. Ceneda, a. 1153, Murat. l. c. 5, 431) vorligt. Allein die häufige Widerker des Namens weißt eher auf ein Apellativ hin. Hierbei können marca (Markung), martiolus (Hammer) nicht in Betracht kommen, ersteres nicht, weil es sein c, cb, qu erhalten hätte, lezteres nicht, weil die ältesten Formen alle Feminina sind. Ich denke an das it. Adjektiv marzuolo = martiolus, a, um, den Monat März betreffend, die Sat in disem Monat betreffend, daher it. grano marzuolo Wintersat. Sollte eine cultura martiola Winterzelg, Winteresch dahinter stecken? Wegen der Endung vgl. Mirisch, Geschichte des Suffixes -olus. Bonn 1882. (Dissertation.)

24 MARTSCHEINS b. Naturns und eines b. Ulten ist = Marcino von Marcus, das im ON Marco, a. 844 Marcus Horm. 1, 2, 21 vorligt. Vgl. Marcina a. 785 Brun. 2, 262. Marcino ist ein Deminutiv wie die vilen anderen in rät. Urkunden vorkommenden PN auf -inus, als Albinus, Branchinus, Bovulchinus, Castinus, Contolinus, Franzinus, Flurinus, Gaudinus, Marinus, Maurinus, Paulinus, Perlinus,˙Quartinus, Sabadinus, Tevinus, Turrisinus, Tofolinus, Vidalinus, Zaninus usw.

25 MIGLANZ a. 1162 FRA. 34, 33; a. 1091 (im Ablativ) Minglansis Sinn. 2, 661 mit eingefügtem nasalirtem n, änlich wie etwa neap. sangro = sagrus, langella = lagenula, mengraneia = hemicrania u. dgl. Vgl. Flechia n. 1. del Napol. 37. Das Schluß-z kann aus s, wie in Bludenz, alt Plutenes, kommen, dann wäre Miglanz, Miglans = Miglians, Miglianas, entweder = Millianas, Milianas, Aemilianas oder Miglans = Mitlans, Mitilianas wegen des gl, cl = tl, wozu dann Mitiliano b. Salerno zu vergleichen wäre. Ist das z aber echt, dann gienge es auf älteres t zurück, wie in Bregenz: Brigantia. Im lezteren Fall wäre es ein Flußname, wie Mellach, Millach, aus der Wurzel *mal* (dunkel sein) und wol identisch mit *Malantia, Mallantia, Melantia, Millantia, Miglantia, worüber ich mich in den Wirt. Vierteljarsheften 1883 S. 286 ausfürlich ausgesprochen habe. Als Seitenstück nenne ich hier nur die villa Mellanza bei Revis Mohr I Nr. 193; Milanzes ib. I p. 180, ursprünglich Malanzia Mohr 1, 88.

26 MIOL, MILIOL, a. 1243 curia Miliol FRA 34, 113; a. 1316 hof Miol ib. 34, 221; a. 1385 hof Myol ib. 34, 392 hier mit dem Beisaz: „zu dem Oleveren", d. i. Oliverius, frz. Olivier. Miol, Miliol ist Deminutiv aus Milius und dises vermutlich Rest von Aemilius. Im Pfeferser Verbrüderungsbuch kommt ein Melius (10 Jhdt.) vor, Alem. 9, 63; a. 1220 ein Milius filius Ser Eguini de Durno Mohr 1, 269. Der a. 1324 genannte mansus *Migöl* FRA. 34, 233, ist wol was Miöl, d. i. Mijöl, dessen j aus dem verschluckten l hervorgieng, somit Milliolus, Aemiliolus.

27 ST. MORIZ im Engadin, engad. San Murezzan [1]), oberländ. Soign Murezzi, a. 1139 ad Sanctum Mauritium Mohr 1, 161; dort a. 1296 lacus Sti Mauricii Mohr 2, 89. Das a. 1265 genannte pratum *Moresse* Mohr 1, 375 entspricht jezigem Murezzi. Der PN Maurus mit seinen Derivaten war wie in Italien und Frankreich, so auch in Rätien ser beliebt. Ich verweise Frankreich betreffend auf Pardessus 1, 212; 2, 195; 1, 204 u. 81; 1, 139; 2, 255 u. 377; 1, 139 etc., wo Maurus, Maurontus, Maurinus, Maurilio, Mauricius, Maurentius, Maurengus, Maurencianus vorkommen, wozu man vergleiche: a. 766 einen Maurus zu Schlins Mohr 1, 15; a. 844 einen Tiroler Mauronto Horm. 1, 2, 14; im 8 Jhdt. einen Maurelius zu Schlins Mohr 1, 15; zur selben Zeit ist ein Maurentius zu

---

1) *Vill.* = *mauritianus scilicet vicus.*

Ilanz Mohr 1, 14; im Pfeferser VBBuch ein Maurencius und Maurencianus, vgl. Alem. 10, 183; gewiß ein schlagender Beweis dafür, daß die rätischen Romanen mit der übrigen romanischen Welt stets in naher Beziehung gestanden haben. Daher auch die frz. ON Mommorancy = Mons Maurencianus (14 Jhdt. Montemorenciano DC. s. v. „robae"), doch im 13 Jhdt. auch Mons Maurenciacus Varin, arch. Rem. 1, 591; daher Montmorillon, ehedem Mons Maurilionis.

28 MERANS im UInntal und MERANS im OInntal sind entweder = Mauriana, oder wenn das s organisch sein sollte, = Maurantia(ius).

29 MERANSEN (Pustertal) a. 1221 Mons Moransen FRA. 34, 82; a. 1224 Mons Morans ib. 84 ist = Mons Maurantius oder Maurantianus.

30 MORISSEN (Graubünden) a. 1220 Moriscen Mohr 1, 303; a. 1290 Moraiscens, Moraisens, Moraissen, Moraischen, Mohr 1, 113 u. 114; a. 1288 Morascens ib. 2, 52; a. 1389 Muryessen ib. 4, 274. Das stimmt wörtlich zum frz. PN Morisanus (Pardess. 2, 206) = lat. Mauritianus. Unser Name widerholt sich in dem salzburgischen *Moritzen*, das im 10 Jhdt. Vicus Mauricianus hieß. Steub, Herbsttage S. 242.

30a Das seltsame *Nasen* bei Neu-Ras (Tirol) a. 1090 pagus Nousan Sinn. 2, 637; a. 1140 Nousan ib. 3, 407; a. 1293 Neusan FRA. 34, 185; a. 1234 Neussan ib. 34, 97; a. 1354 Nasen ib. p. 267; a. 1450 Nässan ib. p. 584 ist identisch mit Nocciano in den Abruzzen, Nozzano in Lucca, = Nautianum vom PN Nautius. Vgl. Flechia n. l. del Nap. 38.

31 Hier mögen noch drei alttirolische Flurnamen eine Stelle finden, nämlich a. 1316 *Passchönne* FRA 34, 220; ager *Trabescenne* a. 1278, ib. 143 und der Acker *Partschänne* in Verdynnes (a. 1345) ib. p. 256. Alle drei sind Adjektiva, aus Personennamen von Besizern gebildet. Die erste Örtlichkeit gebe ich mit: Pascianus, die zweite mit Trabucianus, die dritte mit Porcianus. Der erste kommt vom lat. Passius, Pascius, woher auch Passiaco j. Paissi bei Reims; der zweite von *Trabucius. Ein Trabucus notarius kommt a. 1163 vor. Lupi, Cod. dipl. Berg. 2, 1207; ein Albertus Trabuco a. 1085 zu Lodrono Horm. 1, 2, 91; endlich ein servus Porcianus a. 1281 in Südtirol. FRA. 34, 160. Die Bildung ist änlich der von (scipina) Reilans (a. 1266, Churrätien) Mohr 1, 356, deren Besizer nach derselben Urkunde H. Reila hieß. Scipina, scuppina aus ahd. scupha (scuria, Scheuer).

32 RESCHEN in UEngadin, a. 1177 Restin Mohr 1, 205 scheint Christinus zu sein, wenigstens heißt Christian oberländisch Rest; Restin kann also wol für Chrestin sten, zumal da ein Vinstgauer, Herr Christian, a. 1336 auch Crestanus heißt. Mohr 2, 322. Der guttarale Anlaut ist verschwunden wie in chw. ruog = alam. chrüg.

33 SÄNTIS (Berg) a. 868 alpis Sambiti Förstem. ahd. ONB,
a. 1155 alpis Sambatina Mohr 1, 179. Die erstere, althochdeutsche Form ist = Sambitin, wie die altalam. PN Chuomeli, Woveli
für Chuomelin, Wovelin sten; sie stet also mit der zweiten romanischen Form nicht im Widerspruch. Die alpis Sambatina gehörte
zweifelsone einem Romanen Sambadinus und kam gerade so zu irem
Namen wie die Vinea Scarlatina zu Picenum in Toskana (a. 1169,
Murat. 2, 90) zu dem irigen, denn die leztere Urkunde sezt dem
Namen vinea Scarlatina sofort bei: quam tenebat Scarlatinus, welchen Weinberg Scarlatinus besaß. Nun ist der PN Sambadinus
gerade in Rätien auch daheim. Im Pfeferser VBBuch kommt ein
Sabadinus und ein Sabatinus vor. Alemannia 10, 184; zu Parpian
in Tirol im 10 Jhdt. eine Sambadina, Sinnach. 2, 165. Uberdiß finde ich 974 einen Toskaner Sabatinus (Murat. l. c. 1, 664);
bei Le Blant, Inscript. Christ. Gall. Nr. 275 einen Sambatius Ursus, a. 440 einen Sabbatius, episc. Callicanensis bei Du Cange, index auctorum, sub litera S. Ferner finde ich bei Du Cange s. v.
„centenarium" eine römische Forma Sabatina und s. v. „mola"
einen römischen Lacus Sabbatinus aufgefürt. Daß sich Sambatinus
zu Sabatinus verhält, wie sambucus zu sabucus, lambruscus zu labruscus etc. wird niemand bestreiten.

34 SEEWIS, auch SEEWIES, eines im Prättigau, eines ob
Ilanz. Ersteres lautet a. 1290 Seuvens (lis Sewens, denn die alten
Texte bieten oft nv für vv, d. i. w) Mohr 2, 112; dann Sewens ib. p. 115; a. 1291 Sewns ib. 2, 71; im 14 Jhdt. Sewis ib.
2, 415; leztercs im 11 Jhdt. Souiene Mohr 1, 297; a. 1350 Süfis
ib. 2, 408 und Juvalt anO 2, 215. Beide gehen, wie schon unter
Lüfis gezeigt worden, auf altes Supiana zurück. Der PN Suppanus
kommt im Vinschgau noch a. 1290 (Mohr 2, 104) vor. Es ist
aber ser zweifelhaft, ob das der lat. Supianus ist, weil um dise
Zeit der Amtsname Suppanus schon wol bekannt ist. So war
a. 1291 zu Niusaze bei Lack in Krain ein Klosterbeamter mit dem
Titel Suppanus, der die bei Amt erscheinenden Klosterhuber pro
qualibet vice mit einer lagena vini zu tractieren hatte. Vgl. FRA
Band 36, wo der Suppanus mermals vorkommt. Ich möchte auch
schon den a. 1178 um Wilten vorkommonden Heinricus Suppanus
(Horm. 1, 2, 362), wie den Südtiroler Suppanus filius Engelmari
Taranti (a. 1231, Horm. 1, 2, 350) so versten. Die in Italien
früh vorkommenden Suppo gehören one Zweifel zum deutschen PN,
der villeicht auch in Sipplingen steckt. So wird a. 863 zu Felina
ein vassus Suppo genannt. Murat. l. c. 1, 569; a. 919 zu Bergamo
ein comes Suppo. Mohr 2, 215.

35 SCHLÖWIS, SCHLEUIS, bei den Romanen Schluein, Schlowein, a. 1290 Sluwen Mohr 2, 101; im 14 Jhdt. Sluwis ib. 2, 409;
bei Seb. Münster Schlüwiß. Der Anlaut Sl ist jedesfalls eine Kürzung, es frägt sich nur aus was? Wir wißen, daß Schlans alt Sillaunes, Schlins alt Selines hieß, Namen, die wol auf lat. silanus

Rörbrunnen zurückfüren und dessen Nachkommen oder Vettern die ladinischen sala, saláa (= salaria), gredn. salliera, ampezz. salom, veltlin. salina, welschtir. sillom Rinne, Dachrinne etc. sein dürften. Ad Salinas kann ja zB einen Plaz bedeuten, wo man den Schafen Salz gab. Hier gehört Sl zum Stamm. Nun ist noch eine zweite Verkürzung. möglich, wo das anlautende s den Rest einer Präposition sub oder sursum (sus, su) darstellt. Ein deutliches Beispil hiefür sind die ON Storo und Sadrun. Ersteres lautet a. 1163 Subtauro FRA. 5, 36; a. 1160 Sutoro ib. 5, 30; a. 1185 Setoro ib. 61. Also sub tauro. Was dises tauro, tor bedeutet, darüber ein andermal mer. Mit der churw. Präposition si, sa = sursum ist Sadrun, Sedrun zusammengesezt, denn Wenzini descriptio communitatis Desertinensis sagt p. 12 ausdrücklich, daß Sadrun auf dem Bache Drun sive Dargun lige. Dargun bedeutet im Oberland heute noch „Wildbach". Das ist offenbar identisch mit tessin. dragone. Ein Wildbach Dragone findet sich bei Airólo, ein zweiter Dragone bei Badio, ein dritter im Valmaglia. Außerdem fließt bei Bellinzona ein Dragonato. Selbst der alte arkadische Styx heißt heute neben Maurion neri (Schwarzach), Draco. Drun verhält sich zu dragun mit verseztem r dargun, wie das komaskische frün (Erdbeere) zum ital. fragone. Sluwen kann also einfach oder zusammengesezt sein. Im ersteren Falle kann es entstanden sein aus sulwein = Silvinus (Schneller vermutet aus silvensis), vgl. jedoch das lomb. Selveniaco (a. 882) Fumag. p. 488, mittelst Versezung des l, was im Churwelschen schon möglich ist, heißt doch die Schindel, lat. scindula, scandula, churw. schlonda, gleichsam sclanda, aus älterem scandla. Silvinus ist aber ein PN. Ist der Name zusammengesezt wie Storo oder wie Subibant in Tirol (12 Jhdt.), das für sub-Iban-, (t ist unorganisch) = sub Joviano stet, denn Iban ist = Juvan, wie Ifen = Jufen (juvo), Ichert = Juchert (im Elsaß) oder wie unser schwäbisches Istingen (Volksaussprache) für das im Statshandbuch stende Justingen. Ich sage, ist der Name Schlowen zusammengesezt, so kommt man auf sub-Lupino oder susum Lupino, was im Hauptwort an den rom. Namen von Maienfeld, nämlich Luppino erinnert, womit entweder ein Mann Lupinus oder aber ein Saubohnenfeld bezeichnet sein kann. Zu lupus gehört jedenfalls die Hube *Luwanan* (a. 1397) Mohr 4, 306, d. i. colonia etc., Lupiniana.

37 Die alte Form Setoro für Storo veranlaßt mich noch den rät. ON STURWIS, Stürvis zu besprechen. Er lautet im 11 Jhdt. Seturvio Mohr 1, 299; a. 1290 Stürvis ib. 2, 98. Uber disen Namen wird sich außer mir schon mancher Ortsnamenrebusliebhaber den Kopf zerbrochen haben, ob mit demselben mangelhaften Erfolg, wie ich, ist mir unbekannt. Man könnte Sturvi-s zur Not aus altem sursum tropaeo oder sursum turbido (rivo) erklären. Ersteres in Anbetracht des ON Turbia bei Nizza, der aus Tropaea Augusti gebildet ist, woraus folgt, daß tropaeum = turbio werden kann. Allein

in disem verlaßenen Hochtal, wo das Sommerdorf Stürwis ligt, möchte ich kein tropaeum suchen; ich denke also an den Waßerfall, den der Fleßbach ob den Hütten von Stürwis bildet, an eine aqua turbida, einen rivus turbidus, an einen locus sub turbidis aquis, sub-turbido rivo, su-turvi, sturvi-s, wenn sich nämlich turbidus nach dem Beispil von churw. tevi (= tepidus) in turvi verwandelt hat. Ob man dann turbidus mit ungestüm oder trüb zu übersezen habe, ist Nebenfrage.

B ORTSNAMEN AUS APELLATIVEN

1 ABIES Tanne, im jezigen Churw. il viez. Vgl. den it. ON *Avezzo* (= abietio) Flechia, n. l. deriv. d. n. d. piante p. 6. *Graps* (St. Gallen) a. 841 Quaravedes Mohr 1, 39; a. 979 Qundravedes Mohr 1, 97; im 11 Jdt. Quadrabitis ib. 1, 283; a. 1018 Quadravedes, Arch. f. öster. Gesch.-Quellen 43, 292; a. 1273 Quarnved Mohr 1, 399; a. 1235 aber schon die Kurzform Grabdis Mohr 1, 323. Disen seltsamen Namen hat Schneller mit ad quatuor abietes richtig gedeutet. Grabdis ist zunächst aufzufaßen als Gar -abdis; Gar = quar = quatuor; -aps als Rest von abietes, avez. Das Ganze ist ein Seitenstück zum frz. Quatrefages = ad quatuor fagos. In Ladinien ein ON *Davedín* = de abietina. Vgl. Dr. Alton, zur Ethnologie Ostladiniens S. 37.

2 ACER Ahorn. *Schiers* im Prättigau, 1213 Asier Mohr Regest. S. 50; 1290 Schiers Mohr 2, 98; 1350 Aschier 3, 61; vgl. a. 1307 pratum Asier Mohr 2, 198; dann alpis Pradaschier, wol dasselbe. Schier, Aschier ist das engad. ascher, oberländ. ischier Ahorn, mit abgefallenem Anlaut a. Es entspricht dem frz.-schweiz. ON *Ayer*, Ayeir (Mém. et Doc. 31, 105 u. 235 (14 Jdt.), denn im schweiz. Patois heißt der Ahorn ayer; in den savoyischen Mundarten aber eserabloz = acer arbor, daher der ON *Iserables*, der im 13 Jdt. mit Acore (Mém. et Doc. 31, 239, im 14 Jdt. mit Aserablo, Yserablo, Eserabloz, Yserabloz, Heserablo, Eyserabloz Leyserabloz etc. gegeben ist. Vgl. Mém. et Doc. 29, 443 u. 500, sodann 30, 89 und die Register zu disen Bänden). *Agarn* (in Wallis) a. 1250 Aert, 1291 Ayertum (Mém. l. c. 30, 169 n. 414) ist = acertum, verkürzt aus acceretum, wie salictum aus salicetum. Vgl. *Agareit* = aceretum, Sonnenburg Urb. S. 8. Wenn die deutsche Form etwas von einem alten Lautstand bewart hat, kann Agarn = acernetum sein. Nach Gatschet 1, 128 lautet acer tessin. agaro, aus dem er Agarn direkt herleiten will, was aber angesichts der urkundlichen Formen nicht get. — Zu *acer* scharf, *acetus* sauer gehört eine wise *Azeuslas* (14 Jdt.) Mohr 4, 27 d. i. atscheuslas, acetosulas Sauerampfer(wiese).

3 ACCLA, oberländ. Landgut, Maierhof, Rodung, Reute (nach

Pater Bascli Carigiet). Es ist das mlt. acla = accola, welches schon in einer Metzer Urk. v. 765 als mansus vel acla vorkommt. Du Cange. Eine graub. Urk. v. 1391 sagt: ein Agglen uf Turus, die man nennt Aggla Playschida Foppa Mohr 4, 203, was ich so überseze: acla super turrucium [1]), dicta Acla Placidi de Fovea. Daher auch *Aggla* bei Sterzing und *Noggls* bei Nauders. Lezteres = in acclis, wie Nalps = in alpis.

4 ACUTUS spizig. In Italien und Frankreich ist der Name Mons acutus ser oft zu treffen. Die heutigen frz. Formen lauten Montagud, Agumont, Montheu, Montaigu; lat. Monsacutulus: Montagudet u. dgl. In Rätien ist das Grundwort mont öfters weggefallen und nur das Adjektiv git, güt, giz, gütz, gütsch = (a)cutgeblieben. Daher auch in der deutschen Schweiz Gütsch, Götz, zB. (13 Jdt.) ab dem *Gütze*, Geschichtsfreund 1, 165 (Berg b. Luzern); 1499 an *gütsch* bei Sarnen, Geschfr. 29, 324; 1590 hinauf zum Einmatt*güts* ib. 29, 328; der Faßnacht*gütsch* b. Willisau ib. 29, 244; ferner die Formen *Götsch* und wol auch Gätsch, Kötsch und Kätsch (aus agott), daher zB. die Bergwälder Sulkütsch und Frauenkätsch Mohr 3, 35.

5 ALNUS Erle. In Uri findet man eine Örtlichkeit *Ünschi* Geschfr. 22, 239 (a. 1321), jezt *Intschi*, die ich mit der Flur *Unsin* bei Imst (17 Jdt., Zingerle, tir. Weisth. 2, 161) und dem allgäuer *Ünschen, Enschen* zusammenstelle, zumal da lezteres in seiner urkundlichen Form über alle Liecht verbreitet. Es heisst a. 1059 Eunoschin, Monum. Boica XXIX. a. 143. Eunoschin ist aus bergam. eunisc, öunis' Erle (= alnicius) zu erklären und eine Bildung auf -ino, wie die ital. ON Bedolino v. betula, Cedrino v. citrus, Bussolino v. buxus etc. Also Eunoschino = Alnicino; Eunschin, Ünschin, Unsin, Unschi, Intschi. *Ohnach* im Pustertal lautet a. 892 Oneia Horm. 1, 1, 116; Sinnach. 1, 523; das ist wol = alneta oder alnetum, denn es wird im Volk Onai gelautet haben, was mit dem jezigen grednerischen ON Unëi (Schneller, welschtir. Volksmundarten S. 49, Dr. Alton aaO S. 38) = alnetum identisch ist. Über Lunat, Launades wurde schon oben unter Mörzig gesprochen.

6 ALTUS hoch. *Aldein* Berg in Davos, Dorf bei Bozen, von mlt. altinus (vgl. chw. carin aus carus), ital. altino von oben herabkommend, etwa unser „hangend" in: Hangendenacker, Hangenden; Neufra etc., am Abhang herabligend. Daher auch zB a. 1148 vallicula, que dicitur *Vallis Altina*, Lupi 1, 1083. Zu altus gehören, wie leicht zu verstehen die ON: *Realt, Juvalt* udgl. = ripa alta, jugum altum.

7 ANTRUM Höle. Ein Ort *Antro* wird a. 1305 um Bozen genannt. Horm. 1, 2, 382; ein *Landro* = l'antro ligt bei Ampezzo und heißt deutsch: Hölenstein. Schneller, wlscht. VMA. S. 65;

---

1) *turrucium* = it. *torruzzo, kleiner zerfallener Turm. Vgl. Torruccia, Name eines abgebrochenen Turmes in Como* (*Monti*).

einen Ort *Andratsch* nennt das Sonnenburger Urbar, = antracium, ser große Höle. Ein Ort *Antrasinum* (a. 1210) in den FRA. 5, 470. Der Name der Schlucht *Latschander*, 13 Jdt. Latzandire, wird von Schneller, Streifz. 30, aus casalatscha anter, vallatsch anter, lezteres = intro, erklärt. Allein der alte Name einer Höle bei Bergamo, heute einfach Lantro lautend, stimmt auffallend zu Latschander, sie heißt a. 930 *Laticis antrum* Lupi 2, 565 u. 171, ist also unser „Wasserhöle, Milchloch". Einfaches *Latsch* wäre aus latex, laticem zu erklären. *Villanders* b. Klausen, a. 1151 de Villandris FRA. 34, 16; a. 1140 montem Argenti Villanders Horm. 1, 2, 126; a. 1279 curia Casleier[1]) in monte Vilanders FRA. 34, 153; aber auch a. 1197 Folandro FRA. 5, 135; a. 1202 Volanders ib. 5, 152; a. 1231 Folander Horm. 1, 2, 361. Der Laut i get öfter auf älteres u, o und dises zuweilen auf noch älteres a zurück. zB Villneß, alt Volnes (12 Jdt., FRA. 34, 46); Vilpian: Vulpianum, Siffian: Sopiana, Supiana (s. o.), dann aber auch Villgraten a. 788 Valgratta, a. 1267 Valgrat FRA. 31, 6 u. 291. Wie nun lezteres = Vallis grattae ist, so Villanders = Vallis antri.

8 AQUA Wasser, Bach. Hiezu sind bemerkenswert: prau de *avas tortas* (a. 1354) Mohr 3, 83 und ad *awas tortas* ibid. = in Krummen Bächen. Vgl. (a. 767) *Riotorto* b. Ferrara Murat. l. c. 2, 219 u. 1036. Ferner (a. 1367) *awas sparsas* bei Chur, Mohr 3, 212, welchem das frz. *Aigue perse* entspricht, das einst aquas sparsas hieß. Valesius Not. Gall. p. 47 = auf den zerteilten Bächen. Eine Ableitung ist mlt. *aquarium*, aquerium Waßerleitung, Weiher, welches Wort auch in einer südtir. Urk. v. 1190 vorkommt: semiteria, aquaria, rizalia. FRA. 5, 101 d. i. Fußwege, Waßerleitungen, Wässerungsgräben. Vgl. a. 1010 locus *Aquario* (Salerno) Murat. 1, 185; a. 1221 *Aqueria* (Pisa) ib. 4, 399. Kom. *aquà* = aquario Fluß. Das einfache mlt. aquerium, aqueria erblicke ich in dem merfach vorkommenden rätischen Bachnamen *Lofer*, mit welschem Artikel, aber deutscher Betonung; eigentlich l'aquèr-, l'auèr, l'ovèr. zB die salzbg. Lofer a. 1295 Lovera. Kleinm., Juvav. A. 365. Falls aber Lofer nicht aus der rom. Zeit stammt, dann gehört es zum alten indogerm. Flußnamenstamm *Lup-, Luv-*, wie er sich in den FLN *Lupa, Luva, Loa, Lovissa, Lupera* vorfindet. Vgl. Alcm. 8, 173, aus der ig. Wz. *rup* reißen. — *Afers* in Graubünden a. 1407 Aufers, Juvalt, Forschg. 2, 235 spricht auch eher für auèrs aus aqua, als etwa für Entstehung aus lat. aversus hinten. Es gleicht den frz. ON *Yvoire, Iviers*, welche ehedem Aquaria hießen. Vgl. Houzé, étude sur la signif. d. n. d. lieux etc. p. 80. Für meine und auch Gatschets Auffaßung (ortsetym. Forsch. 1, 233) spricht weiter der Umstand, daß das Aversertal Vallis Averi, der Averser Bach aqua *Luveri* heißt, zB (a. 1290) Mohr 2, 121 u. (a. 1349) Mohr 3, 56. Luver ist was l'aver, aber das u konnte nur zu einer Zeit ent-

---

1) *Casleier* = casalaria v. *casale, wie Caseir* = casaria.

sten, wo der Ton noch auf der 2ten Silbe lag, wie zB in churw. luvràr : laborare; luschard : lacerta u. dgl. m. Ein Bach *Luvèr* auch bei Chiavenna. *Avera* b. Schnifis im 14 Jdt. Awanera Steub aaO 88 = aquanera. Zu aquerium zieht Gatschet den Namen *Solavers*, der auch als *Saluvers* Mohr 4, 256, Salavers (Sebast. Münster) und a. 1344 Mohr 2, 374; *Salober* im Allgäu vorkommt, mit demselben Vokalwechsel, wie churwelsch hanur (honor), salom = solamen (Hofstat) u. dgl. Es ist ser glaubhaft, daß Salober, Solavers nichts anderes ist, denn su-l'avèr, su-l'ovèr, sursum illud aquerium, unser: Uffbach, Uffbächen, Uffenbach, auf dem Bach etc. Vgl. Sadrun. Merere Alpenbäche heißen: *Albur, Albiur, Alveier, Alweier, Alvier*. Der leztere a. 1349 Wallavier. Bergmann aaO 76. Das erklärt alle; es ist *aquale-aquerium*, ualoúer, alwuer, albuer, albur. In der frz. Schweiz begegnen wir demselben Worte wider. Gatschet aaO S. 26 nennt dort ein urkundliches Alaver (a. 1051), was = ad illud aquerium wäre, dann ein Juauros = Ivauros, Juauro, Jauro, Jaure = ivoire, aquarium, aquerium. Demzufolge scheint mir Schnellers Ableitung von *Afers* (Streifz. 15; er hat das bei Brixen gelegene im Sinn; vgl. Sinnacher 2, 71) aus avales = aquulas, nicht ganz genau getroffen zu sein.

Eine weitere Ableitung von aqua ist *aquale*, churw. ual, oval. So zB. a. 1139 *aquale de Campofare* Mohr 1, 161 (= campofero); a. 1388 *aquale dictum fossa* ib. 4, 153; a. 1394 *awal* ib. 4, 237; a. 1388 *Aquale commune logertina* ib. 4, 153; was, wenn die Lesung richtig ist, im lezten Zusaz schwirig zu deuten, am ehesten aber doch auf l'aquatrina (Morast) zurückzufüren wäre, mit verseztem r. Vgl. quatuor und quartus. Das a. 1400 genannte *wal de pürk* wird Saubach bedeuten. Mohr 3, 340. In Deutschtirol ist aquale zu *Wahl*, Wall geworden. So lesen wir in den tirol. Weisthümern von Zingerle 2, 231: (man soll) aus dem Bach vier *Hauptwälle* leiten; dann 2, 325 (man soll) zeunen und die *tragwall* richtig öffnen. Aus lezterem erhellt, daß Steubs Erklärung von *Tragwahl* bei Fiß aus: tru de cavallo (Roßpfad) verfelt ist. Bei Perfuchs nennen die Weisth. 2, 291 den *Tyalwal* aus dem Tyalbach und den *Robethenwahl*; dann 2, 243 den *Wasserwahl* von Flirsch. Vgl. Schmeller, bair. Wb. 2, 884. Eine Vergrößerungsform aus aquale ist *aqualatium*, churw. ovelatsch, agualatsch, ualatsch, großer Bach. Daher (a. 1161) *Longoaqualaz* Mohr 1, 194; *Talavadatsch* (a. 1367) ib. 3, 207 = da l'avadatsch. Bei Chur kommt eine Wise vor, welche heute „die Prasserin" heißt, aber a. 1367 prau serin, prau serein Mohr 3, 172 u. 212. Ebendort ein Bach a. 1231 *aqua serenasca* Mohr 1, 318; a. 1376 ava serenaschga ib. 3, 276; a. 1381 awa sernacha ib. 4, 50. Der Bach hat offenbar seinen Namen von einer Örtlichkeit serin, serein. Ob das die gedachte Wise sei, bleibt zweifelhaft, eher könnte auch die Wise nach derselben unbekannten Örtlichkeit zubenannt sein. An lat. serenus (heiter) ist hier kaum zu denken, vilmer an ein rom.

serin = sorrina, wie ja Serlas = serrulus merfach vorkommt, von sera, serra, Klamm, Schleuse an einem Bach[1]). Serina bedeutet kleine Schleuse oder Klamm. Sih sara. Prau serin wäre dann pratum juxta serrinam, gebildet wie prau sax Mohr 3, 213, auch b. Chur; = pratum juxta saxum. Der Bach aqua serenasca wäre der zur Schleuse gehörige oder fürende Bach, änlich wie die via *Gisingasca* im Vorarlberg, Wartm. St. Ukb. 1, 269 = Geisinger Weg, Weg von, nach Geisingen (Feldkirch) bedeutet.

9 ARCA, ARCUS, ersteres unser mhd. arich, erich, Vorrichtung zum Fischfangen, eine Art Wer; lezteres das lat. arcus Brücken- etc. bogen. Schon im J. 499 ist die Rede von einer arca subtus pontem piscatoriam. Pardessus dipl. 1, 35. Eine tirol. Urk. von 1039 sagt: una piscium decipula, que teutonice *Arch* dicitur. Horm. 1, 2, 41. Hieher gehört der Churer Stadtteil ad *Archas* (a. 1265) Mohr 1, 375; a. 1365 *Arggs* ib. 4, 61, daher auch das molendinum dictum *Arech* in der Schweiz. Geschichtsfrd. 5, 9; daher *Archegge* u. dgl. Namen. Die aus disem Wort gebildeten ON sind in Frankreich besonders zalreich. Dagegen gehören: zu *arcus* Bogen: (locus) Arcello (um Wilten, a. 1187) Horm. 1, 2, 278. *Arzel*, alt Arcella Horm. 1, 1, 197 weist wider auf arca; so *Arzl* bei Imst, im 12 Jdt. Arcelle; *Arkletsch* (um Neustift) a. 1316 FRA. 34, 221 = arcolatium. Daher auch *Arco* und *Argiel* (b. Galtbür = cultura, Esch) = arcellus, wie der oberländ. Bach Magriel = Macrellus, Montschiel = Monticellus, Castiel = Castellum ist.

10 ARROGIUM Wäßerungsbach, Bach überhaupt. So a. 775 *arrogium* (Bach) España sagra XVIII, 301; dann mit Verlust des Anlauts a. 873 *rogium* de fluvio Piscaria Murat. 2, 110; a. 774 *Rogiolo* Fumagall. p. 46; a. 969 *Aquarugiolo* Murat. 2, 221. Die weibliche Form ist im Mailändischen als *rogia* (canalis) üblich. Murat. 2, 1105. Vgl. a. 724 per serras de *rugia* ad puteum. Brunetti 1, 503; a. 1062 locus *Arigia* Farciana Lupi 2, 661, was auch Plural sein kann und sich schon an rigare, rigagno etc. anlent, aber zweifelsone für arrugia stet. So wird das tir. ruz (Bach) = rugium sein, das schon angefürte alttir. rizalia = rugialia. Ich bringe daher hier unter *Ritzol* (a. 1417) FRA. 34, 478 = rugiolo, wenngleich das Welschtirolische von heute wenig Neigung zeigt für Entstehung von i aus u. In unbetonten Silben kommt das aber doch vor. die *Ruschitte* (j. Spilucker Bach) a. 1277, Sinnach. 4, 565, = rugietta; a. 1385 das gut *Ruschalday* (in Gröden) FRA. 34, 389 = rugialottello, vgl. Casenetello (a. 785) Lupi 1, 599; sofern deutsches -ay, -oy zuweilen = ello, allo stet. Das Grednerische hat -ái = aria, ai (ei) = eto und ato. Änliches kommt auch anderwärts in Tirol vor, so zB. Talvay = Talvera (15 Jdt.) FRA. 34, 573, malgrey = malgeria.' a. 1343 hof *Rusklay* (in Völs) FRA. 34, 254 = rugialetto, aber vermutlich aus einer Zeit, wo dises eto etwa

---

[1]) Doch lad. *èga serena* klares Waßer.

wie ēo gesprochen ward. Hieher zälen der *Rutzbach* (zum Sillbach oberhalb Bozen) Sinnach. 1, 439 = rugin; der Bach *Rutzein* (am Wilten) Sinnach. 3, 98, der alt *Ruta* geheißen haben soll, eher wol Rutia, woraus die Verkleinerungsform ruzina. Vgl. welschtir. ruzem = (ae)rugin(em).

11 ARD-. Die mit disem Stamm gebildeten romanischen Ortsnamen scheinen verschidener Herkunft und verschidenen Alters zu sein. Wir haben in Churrätien ein *Dardin*, das a. 766 Arduna heißt Mohr 1, 14. Lautlich stimmt es mit dem *Ardon* der franz. Schweiz, welches im 11 Jdt. Arduno, Mém. et Docum. 18, 549, und auch später noch so lautet. Vgl. Mém. et Doc. 29, 443 u. 453. Ein altes frz. *Ardunum* fürt schon Pardess. 2, 141 auf. Dise französischen Ardunum dürften gallischer Herkunft sein, wie die Ardennen u. dgl., also etwa auf are-dunum d. i. Hoch-burg zurückgehen. In unserem rätischen Dardin möchte ich kein gallisches Wort suchen, einfach deshalb, weil die andern rät. ON gar kein gallisches Gepräge haben. Ist es vorromanisch, so möchte ich liber an den Flußnamenstamm *ard* denken, der zB. in der Arda (zwischen Piacenza u. Borgo San Donino) vorligt. Vgl. a. 1155 den flumen *Ardus* b. Belluno Ughell. 5, 176; die frz. *Ardra* Vales l. c. 277, alt Arduus; die *Arderia* Vales. 48 etc. Igm. Wurzel *ard* wallen, netzen. Stammt der Name aus der althochdeutschen Zeit, so könnte man an mlt. *arda* aus deutschem *hart* (Trift, Waidewald) denken. In disem Falle wäre Arduna aus arda gebildet, wie chw. selluna großer Sattel aus sella. Für echt romanisch halte ich aber *Ardez* (Engadin), im 11 Jdt. Ardecis Mohr 1, 299; a. 1161 Ardetia ib. 1, 192; a. 1161 Ardezo ib. 1, 194; a. 1243 Ardexio ib. 1, 333; das dem in Seriothal gelegenen Ardexia (8 Jdt.) Lupi 1, 576, Ardescia (a. 1077) ib. 2, 707, Ardexium ib. p. 706 änlich klingt. Dise Namen sind aus lat. arctus eingeengt, it. arto eng, steil (vgl. artezza, Enge oder Steilheit eines Ortes) herzuleiten. Zu disem Thema gehört auch der Feldkircher Weinberg *Ardetzen*, Bergmann, Landeskunde v. VAB. S. 59; die Weinberge am Ardetzen, Agsthalden und Sattelberg (zue Feldkirch) Sebast. Münster Kosm. S. 751. Hier handelt es sich um ein anzusezendes * arctitium, arctitia = it. artezza.

12 ATTEGIA Hütte, mlt. tegia, zB. a. 869 prativa per singulas petias cum tegia (Modena) Murat. 1, 121; a. 959 sedimen cum *tegia* et curte et orto et vinea. Lupi 2, 243. In der vollen Form erscheint das Wort in einer Urk. v. 1007: ad attegiam piscatoriam Marini p. 66 [1]). In Modena und der Lombardei bedeutet tegia Heustadel, Heuhütte, dasselbe ist das kom. tea, das churw. tègia, thea, das vorarlberg. Taje, Tai, woher die *Burgerstaie*, die *Schnapfentaie* bei Galthür, *Niederthei* im Ötztal u. dgl. Das rätselhafte *Satteins* (Vorarlberg) sit fast aus, als ob es daher gehöre.

---

1) a. 1223 *Attegie* (*Sassina*) Ugh. 2, 711.

Im 11 Jdt. lautet es: Sataginis Mohr 1, 285; im 13 Jdt. Satains, Sataines, Sautaines, ib. 1, 242. 275 u. 2, 100; im 14 Jdt. mermals Sautains, Sandains, zB. Mohr 2, 274 u. 286, bei Sebast. Münster: Sattäins. Dise nasalirte Form dürfte wol kaum in Betracht kommen, obwol zB in Disentis das n warscheinlich aus älterem r, also Desertins und in Sanegans (Sargans) sicher aus altem Saruncanes hervorgegangen ist. Vgl. ital. tenitorio = territorium, tenivella, chw. tunviala = terebella (Bohrerlein). Ein Sartagines hätte aber das r kaum fallen laßen, da das Romanische r vor t festhält, höchstens hätte dafür, aber eben früher, ein n eintreten können. Bleibt somit als warscheinlichstes: su-teginis, ʁa-tagines = sursum toginos, über den Heuhüttlein, falls man aus tegia, tagia ein Deminutiv tagino, tajino, taino ansezen darf. Vgl. it. caserino Hüttlein aus caseria, casino aus casa. Schneller Streifz. 31 hält Sateins für e. Rest aus casattinas, wozu aber die älteste urkundliche Form nicht stimmt.

13 BUDA Schilfgras, Riedgras. Ist zwar im Rätischen nicht mer nachweisbar, aber der Bergname *Badus* fürt auf dieses Etymon, da er aus disem ganz befriedigend erklärt werden kann, zumal da der Badus vile sumpfige Stellen hat, was Gatschet veranlaßte, in aus paludoso zu erklären, was jedoch lautlich schwer zu rechtfertigen wäre. Aus altem monte budoso wird nach churwelschen Lautgesezen ser leicht badùs. Auch Dr. Alton aaO S. 50 fürt den Namen einer Alpenwiese bei Antermoia, nämlich: Nambadëi = in-in-budeto, auf dises buda zurück.

14 BURGUS Burg, Flecken, ein Grundwort, das in allen rom. Ländern häufig vorkommt. Bemerkenswert sind hier nur die rom. Derivate, wie zB *Burguzo* (in Judicarien) a. 1185 FRA. 5, 65; womit *Burgeis* im Vintschgau identisch ist, sofern es a. 1125 Burgusium lautet. Mohr 1, 157. Vgl. a. 1310 Burguse ib. 2, 388. Eine Flur *Purgits* b. Axams Zingerle tir. Wst. 1, 256 besagt dasselbe. Auch der a. 1140 genannte *mons Burgusinus* Sinn. 3, 224 kann nur = Burguser, Burgusior Berg sein. Burgusium stet für Burgutium, ital. Burguzzo, kleiner (verfallener) Flecken. Im Domleschg. *Bargugn* = Burgonium, die Vergrößerungsform. Dise rom. Formen sind dagegen von den gleichlautenden vorromanischen, teilweise gallischen zu unterscheiden, also zB. von *Burgusium* Tab. Peut. (= Bourgoin dans l'Isère), von dem span. *Burgusia* (Ptolemüus 2, 6, 68) u. dgl., obwol sie demselben indog. Etymon angehören dürften. Vgl. dazu das unterital. Brundusium aus gr. βρέν-δος Hirsch. Mommsen, unterital. Dialekte S. 71, wo es sich um eine Adjektivendung handelt. Wider anders ist das friauler *Burgulagus* (a. 996) Murat. 1, 576, denn das ist in Analogie mit den in derselben Urkunde vorkommenden Aurilagus und Vedelagus = Burguliâcus, aus einem PN Burgulius, der in die Sippe der Namen auf *-ulius* gehört, wie Relatulius Steiner Inscr. Nr. 1484; Sedulius ib. Nr. 9, zu denen auch der anzusezende Gurgulius gehört, der dem

ON Gurgulaco (a. 960) Lupi 2, 272, Gurgolago Lupi 1, 915 zu
Grunde ligt. Das welsche Burgusium kommt auch als Burguzum,
Breguz, Breguxium, Brigusium vor. FRA 5, 265. 187. 275. 319.
Die vorlezte Form erinnert an

15 Das Tal BERGELL, BREGELL, das a. 913 Vallis Pergallia Mohr 1, 58; a. 960 Pergallia ib. 1, 80; a. 976 ebenso ib.
1, 93; a. 988 Bergallia Mohr 1, 100; a. 1294 Bregallia Mohr 2, 81;
a. 1290 Brigallia ib. 2, 120; a. 1330 Bregallia ib. 2, 302 und a.
1675 Bregaia Mohr 2, 325 heißt. Die älteste Form fürt auf ein
anderes Etymon. Die Endung -allia ist = alia, Plural von -ale,
also wie in Petralia, zB Murat. 5, 786, von petrale (Steinbruch)
u. dgl. *Perg* ist hier Zusammenziehung aus pertic-, wie lomb. *perga*
= lat. pertica (Stange). Pergallia ist also = lat. pertionlia, Orte,
wo vile Stangen wachsen, Stangenhölzer. Die Bildung gleicht don
ital. ON: Panicaglia, Cannapale, Figale, Giuncaglia, Mortale (=myrtale), Ubbiale (v. opulus), Sersale (v. sersa = quercia Eiche) etc.
In der Form pergaria = perticaria Buschhölzer kommt unser Wort
in einer Urk. v. 754 vor: territorias cultas et incultas, silvas, *pergajas*, pascuas. Brunetti l. c. 1, 551. Wie unser „Stange, Zollstange" etc. kommt auch einfaches pertica vor. So zB a. 943
Sancta Maria ad Perticam, Lombardei, Murat. 5, 169. Als Collectiv
auf ida = eta in Isola Pertegida (a. 997) Murat. 1, 567 = perticūta. Vgl. a. (941) Cerido = cerrēto, Lupi 2, 201. Ganz verschieden
ist das lat. pergula, it. pergola Hütte, Baracke, Schopf. Was den
Anlaut von Bregell anbetrifft, so kommt B statt P in rom. ON oft
vor, zumal wo die Analogie mit Bekanntem, Änlichklingendem
(Berg-) so nahe ligt. Vgl. bei Mohr 1, 172 Balzol = palatiolo;
Mohr 1, 224 Bascuas = pascuas; Mohr 2. N. 82 Bontade = pontate; Basten = Peistene = pestina etc. *Berg-*, *Barg-*, ein alpines
Wort, das Schopf, Stall, Heuhütte bedeutet. Churw. bargia Schopf,
Schuppen; montafun. barga Heuhütte, vorarlberg. bergona, churw.
bargun, unterengad. margun Heuhütte; welschtir. barc Vihstall
auf den Alpen, kom. barc Alphüttengruppe, ledrotal. barchessa
Nothütte. Vgl. althochd. *parch* parc, Heustadel, Scheuer; ersteres
in alam. ON öfter als *Barg*, in *Bargen*, *Bargau*, *Bargdorf* usw.
vorkommend. Villeicht aus dem Deutschen *bergen*. Vgl. berga in
bein-berga. Andere von mlt. parcus, Pferch. Zu barga, braga:
a. 1296 pratum de *Braga* Igis, Mohr 2, 95; a. 1312 juger in
Bragas Schanfik, Mohr Reg. S. 50; a. 965 *Pragas* FRA. 31, 33;
a. 974 *Pragas* (Pustertal) Horm. 1, 1, 110 mit Cunasella, Sexta
Viscalina etc. genannt. *Bargis* (Ragaz), *Parges* (Landeck), *Pargs*
(Ludesch), *Bargas* (am Heinzenberg), *Bargelles* (Thüringen VAB.),
Parklis (Klaus VAB.) = bargulas; *Bragazza* (Übersachsen) = bargazza; *Bargetzis* (Talaus) = bargezzas; *Berganello* (VAB.) = bargunello usw. *Barkuns* ist wol = barguns, kann aber auch = balcun = it. balcone Berghang sein. *Pergaul* und *Bragal* können bargale sein. Vgl. it. casale aus casa. Ersteres möglicherweise auch

= perticale. Vgl. oben. — Wider anders ist: in *Bregelo*, j. Breil oder Brigels (Vorderrhein) a. 766 Mohr 1, 14; warscheinlich aus ahd. brugil, mhd. brügel, Brühl, da ahd. und mhd. u, ü im Churwelschen gern e wird. Vgl. churw. il nez der Nuzen, la meffa Schimmel, von muffen; berl Gebrüll; restí (v. rüsten) Zeug, Gerät, usw. Doch kommen die Formen bröl, brül, erstere wol zunächst aus it. brolio häufiger vor. So bei Mals ze Broel (a. 1310) Mohr 2, 388; a. 1178 vicus Broilo mit Burgusium Burgeis ib. 1, 208; a. 1367 mulin da brül Mohr 3, 206. Auch das engad. Brail könnte = brugil sein, wenn es aus einer älteren Form brigil kommt. Vgl. engad. fai = fidem, fraid = frigidus. Das zu Brail gehörende Tal heißt Barlasca = Bralasca. Einige Formen nähern sich jedoch der von Bergell ser. So zB. a. 1327 ager Brigall Mohr 2, 286 neben den Landschaftsnamen Brigäll (a. 1390) Mohr 4, 182 gehalten. Die Form Brigel für Breil kommt schon a. 1184 vor. Mohr 1, 213. Villeicht ist das schon im Testament Tellos vorkommende Nebengebäude, das dort *bareca* genannt ist, Mohr 1, 17, die alte Form von bargia. Dann muß aber das erste a kurz angenommen werden, also bráca, braga, bragia, daraus erst bargia. Die Oberländer nennen das Urner Loch Bargia Uranesa. Ob das altitalien. Appellativ barga mit unserem identisch sei, muß ich dahin gestellt sein laßen. Schon a. 754 kommt in den Maritimis (Maremmen) ein locus Barga vor. Brunetti 1, 552; wol ein anderes nennt Murat. 1, 625 zum Jar 1242. Grundverschiden ist jedesfalls das altlomb. baragia zB in Baragia albariasca (a. 862) Fumag. p. 347; und ebendort Campus in Baragia in Roncalia, was p. 127 (a. 814) Baregias lautet. Es ist das moderne *baraza* (landa, luogo, arido, tratto di paese incolto). Flechia, di alc. etc. p. 77 ff. und nom. loc. deriv. d. n. d. piante p. 8.

16 CALAMUS Schilfror. Es findet sich eine aus disem weiter gebildete Form calamecca, calamicca, deren Endung änlich wie -acca in casacca, barbacca etc. einen pejorativen Sinn zu haben scheint. Änlich scheint mir ital. cartecca Hundsgras, Rauchgras aus carduus, und unser Scharteke aus exchartare gebildet. Daher ziehe ich den Namen der Alpe *Gallmick* (16 Jhdt.) bei Laudegg, Zingerle, Weisth. 2, 293; *Hochgallmick* (15 Jhdt.) b. Fließ. asO. 2, 218. Zu einem romanischen Adjektiv calamicius stelle ich dagegen *Gallmist* bei Tisis (Vorarlberg) und vergleiche das ital. cannariccia Röricht, aus canna. Zur ersteren Form habe ich alte Belege. So a. 767 silva Calamecca (Toskana) Brunetti 1, 601; silva Calamicca (b. Pisa, warscheinlich derselbe Wald) Murat. 5, 748; dann in derselben Urk. casa Istabili de Calamicca. Ein Deminutiv des Collectivs calametum Röricht ist der Flurname *Galamazöle* bei Nenzing (VAB), im 13 Jhdt. Calametelle Wirtb. Urkb. IV Anhang. Calametello ist gebildet wie Fraxinetello, Frascenedello Valesius p. 211; wie Castenedello Lupi 2, 325 u. dgl. m.

17 CALIDUS. Hievon das mlt. caldarium Kessel. *Kaltern*

(Südtirol) lautet abd. (a. 1074) Kalthari (Monum. Boica VII 92), allein in rom. Form a. 1189 Caldare FRA. 5, 86; a. 1197 Caldaro ib. p. 132. Das aber stimmt zu den ital. ON *Caldario* (b. Bologna, a. 1279) Murat. 5, 334; fundus *Caldarium* ib. 5, 668; zu fundus *Calderolo* (b. Adria, a. 938) Murat. 3, 739 = caldariólo; zu *Caldariola* (b. Reggio, a. 1092) ib. 2, 186. Ob das Käsekeßel oder Salzkeßel meine, kann ich nicht entscheiden. Eine walliser Urk. von 1285 (Mém. et Doc. 30, 327), die von Rechten auf einer Sennalbe spricht, nennt neben alpeagium auch ein „jus en la choudere" (i. e. caldaria). Ich erinnere auch an den ON *Pfandl* bei Ischl, wo ehedem eine Salzpfanne stand. Lamprecht, histor.-topogr. Matrikel des Landes ob der Ens S. 83. Weiter seze ich hieher das südtir. *Kaldonatsch* im 9 Jhdt. Caldinazium Horm. 1, 1, 79; a. 1185 Caultunac, 1190 Caltouazo, 1201 Cautunacio FRA. 5, 47. 57. 103. 144. Schneller (welschtir. MArten S. 284) erklärt das aus col d'onazzi Erlenbül. Ich meine aber es sei gebildet wie Andratsch und andere ON auf -atsch, also kein zusammengesetztes Wort, es sei caldonacium, mittelst Suffix -atium aus caldona weitergefürt, änlich wie ital. sacconaccio großer häßlicher Sack aus saccone, sacco, wie ital. sabbionaccio = sabulonatium v. sabulum Sand. Als Primitiva böten sich die ital. calda Esse, Schmide, Herberge, caldo Schmide. Caldonacium würde also eine große alte halbzerfallene Herberge oder Schmide bedeuten. — Eine andere Ableitung ist Caldana = mlt. caldana Trockenhaus, Dörre, Malzdörre, aber auch schlechthin (im jezigen Ital.) heißer Ort, die Mittagshize. Ein Ort *Caldana* a. 754 (um Pisa) Murat. 5, 1008; Caldane Murat. 3, 212; *Galdenen* (Wallis) a. 1203 Caldana. Mém. et Doc. 29, 148a; im 13 Jhdt. Choudana, la Choudana ib. 30, 294 u. 29, 223a. Daneben Chouadanaz, la Choldana ib. 29, 491.

18 CAUMA, CALMA, lezteres mit falscher Reduction des u in l, churw. cauma, chiomma windstiller, schattiger Ort für das Vih (Carisch, Wtb.); ital. und span. *calma* Windstille, Ruhe; prov. chaume Ruhezeit der Herden, davon frz. chommer, chaumer feiern, südfrz. (Alpen) caumo, chaumo, chalp, charp, charm, chau, cham (lieu où les troupeaux viennent se reposer, chaumar, au milieu du jour, auch Nachtlager für das Vih. Vgl. Chabrand et Rochas aaO p. 219. In der frz. Schweiz chaux, kall, chau, tzau, tschaux, im 14 Jhdt. chaulme, chaume; in den Vogesen chaum, Weide im Hochgebirg. Hier ist altes calma, calmes, chaume Stoppelfeld, Weideplaz nicht immer von unserem Wort genau zu unterscheiden. Wegen der Etymologie des Worts vgl. Diez, etym. Wb. 1, 101. In Graubünden ein *Piz Cauma*; wie churw. cametg Bliz = caumitium aus gr. καυμα.

19 CALX Kalk, mlt. calcina Kalk, calcaria Kalkofen; lezteres bergam.-komask. calchèra, churw. calgèra Kalkofen. Schon a. 1157 ein *Calchera* b. Piacenza Murat. 4, 57. Daher gehören *Kalleren* a. 1330 Kalcherren Geschichtsfrd. 23, 240; *Kalkarn*

a. 1353 (um Steckborn) Freibg. Diöc.-Arch. 5, 76; *Kalchern* b.
St. Gerold (VAB) *Calcaires* (a. 890) j. Klaus Bergmann aaO
63; a. 1265 Calcberun, später Kalcheren. *Kalchern* b. Sterzing a. 1180 Chalcharn Österley ONWb. s. v. Ein *Calcherun* im
Thurtal a. 1265 Mohr 1, 377 usw. Zu calcina wird *Galgenen*
gehören, a. 1353 Galganen Freibg. Diöc.-Arch. 5, 76; dann das
salzbg. *Galganara* (Kleinm. Juvav. p. 294), lezteres = calcinaria
Kalkgruben.

20 CAMPUS Feld. Hier nur einige Ableitungen.

a) *Campillus, Campellus*. a. 1010 Campilli (um Jenesien)
Sinn. 2, 202; a. 1166 Campille FRA. 34, 37; a. 766 Canpellos
Mohr 1, 15; 14 Jhdt. Campille Sonnenburg Urb. S. 11; a. 1140
Campille (b. Bozen) Sinn. 2, 652.

b) *Campellinus, Campellina*. a. 1281 ager in Campellino
Mohr 2, 8; a. 1279 Flur Campellina Mohr 2, 4; a. 1321 ager
in Campellinas ib. 2, 267.

c) *Campetellus*. A. 1253 Campedelles (b. Alvaneu) Mohr
3, 82. Vgl. (a. 1054) Campedello (Mantua) Murat. 6, 416.

d) *campessium, campitium*. Vgl. (a. 1290) campessio cc. i. e.
ducente Mohr 2, 98. Anno 1018 locus Campessia Mohr 1. 109.
Hiezu (a. 1296) Cambescasco Mohr 2, 98 = Campesc-ascum =
campitiascum.

e) *campilium, campilio (onis)*. A. 721 Campellione Fumag.
p. 1; a. 938 massa Campilio Murat. 3, 738; locus *Campelionis*
(Mailand) Murat. 2, 1029; a. 1112 Campilium (Nonantola) Murat.
5, 343.

f) *Campone, Camponium*. Anno 975 campones arabiles Lupi
2, 319; a. 1141 Montis Camponii (Gammersberg b. Wilten) Horm.
1, 2, 118; Sinnacher 3, 226 list Campiuni, meint es könnte sogar
Tampunii heißen.

g) *Campinium*. 14 Jhdt. de Campingio Mém. et Doc. 32, 389.

h) *Campatium*. A. 1161 Campatz (Alpe Chiampatsch) Mohr
1, 194. Vgl. Montatsch unter mons. 1220 Campasce Mohr 1, 275.

21 CAPANNA Feldhütte, das bei Isidor v. Sevilla vorkommt;
ital. capanna, bergam. capana, kom. camòna, churw. camonna, span.
cabaña, port. cabana, katal. cabanya, prov. cabane, frz. cabane, im
schweiz. und els. Patois chavanne, chevanne, von unbekannter Herkunft. Das kymr. caban halte ich troz cab (Hütte) für entlent.
Nach Diez ist das Wort nicht romanisch, weil dem Rom. das Suffix
-anna unbekannt sei. Aber bergam. casanna Hütte, kommt doch
aus casa. Nun ist allerdings zu beachten, daß das Komaskische
ein Augmentativ -ann = it. -öne kennt, wie in fagnànn, berucànn,
wozu der ON Gajànn = gajone großer Wald, v. mlt. gaium. Auch
an rätischen Ortsnamen findet sich die Endung wider, hier allerdings in der Regel aus lat. -anus, ana gebildet, da die rät. Dialekte das n gerne verdoppeln, wie zB in: ager Staranna (= sextariana) a. 1382 Mohr 4, 62; piz Cristannas im Engadin; Sigannes

(alt Secanio), Sargannes, Sargans u. dgl.; dann churw. graflanna Griebe (neben garflaunn) von alam. griebli, uzlanna u. rassalanna Raupe = ostiolana, reostiolana, was Schneller MA. S. 128 ser schön begründet. Vgl. noch chw. calschinna = calcina Kalk, salvaschinna Wildpret, salvonna Jauche, Mistlache = dislavanna, it. slavare spülen), curunna, corona etc. Capanna könnte also doch aus capa, cappa herkommen. Cavennae (a. 1204) Mohr 1, 239 ist aus cavanna, cabenna zu erklären, einer Form, welche dem heutigen comonna = camanna vorausgegangen sein muß. Vgl. ital. vermena = verbena Eisenkraut.

22 Mlt. CACIA, cacea, cascia, cassia = captiva von captiare, Iterativ von capere, Jagd, Jagdgrund, Park; ital. caccia, veraltet cazza, churw. catscha, prov. cassa, span. caza. Eine bergam. Urk. v. 1144 sagt (fodiant homines ferrum in monte sicco prope Ardexiam) salva *Cacia* seu Venationis episcopi (Bergomatensis) Lupi 2, 1058; eine andere v. 1179: omne onus *Casie*, Beurate, Cenatice. Lupi 2, 1319; eine ital. v. 1188 nennt Tensas, *Cacias*, Piscationes, Venationes. Murat. 2, 79. Daher *Katzis*, *Kätzis* (Graubünden) a. 926 monasterium Cacias Mohr 1, 61; a. 940 monast. Chazzes ib. 1, 66; a. 1156 monast. Cacias Mohr, schweiz. Regest. S. 40; a. 1204 Caza Mohr 1, 239. *Götzis* (Vorarlb.) im 11 Jhdt. Cazzeses Mohr 1, 283; a. 1178 Chezins, a. 1474 Getzens, Bergmann aaO S. 64. Erstere Form wird die Deminutivform cazzezza sein, leztere die Deminutivform cazzina, beides = kleiner Park, Tirgarten. Unweit Kätzis ligt ein Weiler Cazeschs (am Heinzenberg). Das ist = cazzescum (viculanum).

23 CATENA Kette, Kesselkette, Kessel-, Sied-, Schmelzhaus; zuweilen auch Zollsperre, Zollstätte. Vgl. a. 1199 in huiusmodi *catenis* seu fodinis salis vel metallorum. DuCange. Über Ketten als Zollsperre sihe Marjan, kelt. u. lat. ON der Rheinprov. III. 1882 S 11 u. 12. Vgl. frz. *Cadenas* j. Chaisnes Guér. pol. Irm. p. 94. Eine Anzal von rät. ON, die heute *Cadein, Cadin, Cadeina, Gudeina* lauten, dürften daher gehören. Vgl. auch lad. chadin, lat. catinus Schüßel. Urkundliche Belege dafür habe ich nicht. *Scadin* wird sich dazu verhalten wie churw. scadin (jeder) zu span. -it. cadaúno. *Cadon, Gadon* können = it. codone (v. cauda) sein, da cauda in rom. ON merfach vorkommt, zB. a. 1169 Caudalonga Murat. 6, 409; a. 999 Caudelle ib. 6, 317; a. 1061 Codena Mur. 5, 993; wärend *Codogno, Codugno* das ital. codogno Quitte bedeutet. Cadon stet eher für covedun, covdon, cudun s. cubitus. One urkundliche Unterlage ist eben das Namenauslegen schwer.

24 CERRUS Zirneiche, Bucheiche, Hageiche, it. cerro, ladin. cir. Hieher dürfte *Zirl* (b. Wilten) gehören, a. 799 Cyreolu FRA. 31, 7; a. 1141 Cirle Horm. 1, 2, 118 = cerriolus, cerreolus. Möglicherweise auch *Scharans*, im 11 Jhdt. Ciranes Mohr 1, 283 a. 1270 Ciraunes ib. 1, 381, da -anes, -aunes zuweilen aus unes, ones entstet, vgl. Gufidaun (unter cubitus), also cerrones bei den großen

Hageichen. Hieher wol auch (a. 1050) die pascualia prata dicta *Cerragun* am Bache Flemadur Horm. 1, 2, 80 = it. cerracchione große Hagbuche. Sinnacher list Cerrangun, wo ein epent. n hineingeraten wäre. Auch den Flurnamen *Cerfanal* (in Fleims FRA. 5, 71) faße ich auf als cerrus fanalis Feuereiche, Eiche bei der man Feuerzeichen gibt. Vgl. die deutschen Flurnamen: Beim Osterfeuer, auf dem Lärmfeuer, Feuerstein, Feuernockl u. dgl.

25 CICONIA Storch; Kesselbalken, Glockenbalken, Galgbrunnen. In lezterer Bedeutung auch ciconium. a. 1247 pascula *Sagonara* (b. Kaltern) FRA. 5, 383, dasselbe was *Cicognaria* (a. 1151 bei Reggio) Murat. 5, 1039; Ort, wo sich vile Störche versammeln. Die hiher gehörigen Formen sind in Frankreich überaus zalreich, als *Seugne, Sogne, Seugny, Sognolles* (ciconiolas), *Sougnolles, Cigognes, Ciennes* usw., deren Deutung durch urkundliche Formen durchweg gestüzt wird. Von rätischen Namen gehören daher der Berg *Tschaganera* im Montafun = ciconiaria. mit *Tschaguns* und die tirol. *Tschahaun, Tschagan* = sagunias, schagunies, ciconias, wenngleich die Churwelschen jezt sicogna und il storch sagen. Wegen des Anlauts vgl. komask. scigogn Kesselbalken u. scighera Nebel zu churw. tschagera Nebel aus kom. scigh trüb.

26 Mlt. CINGULUM Fels. DCange; deutschrom. Tschengel, daher *Tschengels* im Vinschgau, bei der Finstermünz und b. Talaus. Ersteres a. 1228 Zengels Mohr 1, 309. Hieher wol auch 14 Jhdt. Emmüt *Schingelen* in Glarus Zeitschr. f. Gesch. d. ORheins 18, 426. Das Schloß *Seingle* an der Rhone, alt Cingulum. Regest. Genevois p. 528.

27 CONCHA Talschlucht, Bucht, Bassin. Vgl. eine Urk. von 996 inde per cacumina montium, per *concas* vallium (Subiaco) Murat. 1, 944. Komask. concha (dova, cannella), frz. conche (bassin, nom des seconds réservoirs des marais où se fabrique le sel). Vgl. (a. 944) canale *Conchagatula* b. Adria. Murat. 1, 947; derselbe a. 1095 fluvius q. v. *Concha* Agate ib. 5, 1049; derselbe a. 1144 Concha Agatule ib. 4, 188; a. 1052 Conca Agathe ib. 5, 339. — Saltus de *Conca* a. 1070 Murat. 2, 1055; a. 1195 *Conche* de ramo (Adria) ib. 3, 210; a. 948 *Concola lovaria* (b. Ferrara) ib. 2, 175; Castrum *Concha* (Lucca) ib. 2, 831. Der alte Fluß Crustumius b. Rimini heißt jezt *Conca*. Hiher rechne ich den Wisennamen *La Cuncas* bei Sent, den Waldnamen *Gonga* b. Satteins; *Gungg* b. Laas (Vinschgau); *Canca* im Veltlin [1]); dann zu concola, gongola (im veralteten Ital. stet gongola: coquille zB. im Dizionario von Redlein a. 1711), die ON *Kunkels*, rom. Cunclas (Gasett. rom. 1883 Nr. 29), Paß in Graubünden; *Gungels, Gunkels, Gungls* (b. Ragatz,

---

1) *Anders das frz.* Canculae *vinetum (11 Jhdt.), das auch* Caniculae *heißt; Varin, archiv. Remens. 1, 218 u. 221 = mlt. caniculus Mine, unterirdischer Gang, woher das graubünd.* Canicül, *berg. canic (strada sotteranea alle gallerie metalliche).*

Nauders), wozu obiges Concola, der lomb. ON *Gongula* (a. 1177) Mur. 2, 82 und das toskan. *Gungula* (a. 730) Brunetti 1, 486 stimmen.
28 CORYLUS Haselbusch, Haselstaude. *Corredo* a. 1186 vicus Coredi, die Einwoner Correzani FRA 5, 66 u. 79; a. 1231 Coredo FRA 5, 67; a. 1225 Corredo Mohr 3, 11; a. 1388 Campus *Cotoreit* Mohr 4, 153, lis Coloreit d. i. Colloredo = coryleto (Haslach). Aus *colurnus* haseln kommt *Glurns*; a. 1258 Clornes Mohr 3, 11; a. 1252 Glurns FRA. 34, 119; vgl. *Colorno*, an der Parma, das a. 1218 Colurnio heißt. Murat. 4, 351. *Glurnhör* bei St. Lorenz erklärt Schneller Streifz. 14 aus colurnarium. In Frankreich kommt es vor als Coldreium = coldretum = coryletum, eigentlich col-retum mit eingefügtem euphonistischem d, später Coldrey, Couldrei, Coudrey usw. *Gallraid* bei St. Ulrich faßt Dr. Alton aaO. 42 als collaretum von collis auf, ich glaube richtiger wird coloretum = coryletum sein, also „Haslach". Churwelsch heißt die Haselstaude colèr, komask. côler, piem. colra, bofognes. clur, d. i. colurio. Ferrarisch ist codrea = coldreta, piem. codrei = colireto; = schweiz. patois keudrei; pikard. keudre, burgd. queudre, in Berry cœudre, norm. la coudre, frz. coudre (noisetier).

29 CUBUM Lager, Wildlager, Höle; it. covo, cova, dann covaggio, cavacciúolo etc. Vgl. auch it. cova, covata Brut, covaccio Brutnest, covazzo Heimat; churw. cuvel Höle, alles von cubare ligen, it. covare, frz. couver, Berry u. normann. couer, saintong. coûer, wallon. cover, genf. gonver, freigrafschaftl. gouver, prov. coar, katal. covar (Littré). Über die baiuarische Form *Kofel* sih Schmeller, b. Wb. 1, 1229. Als eines der schönsten Beispile für derlei Hölen dienen: 1) die ehemalige Festung *Kofel*, Covolo in einer Höle an der Südgrenze Tirols, bei Merian Beschreibung von Tirol S. 152 abgebildet; 2) La grotta di Vicenza o il Cubalo, eine Höle bei Custozza Zeiller, Itin. Ital. S. 79. Italienische ON: a. 1058 *Coviòllo* (Parma) Murat. 4, 803; a. 1172 Fara *Covo* et *Covello* (Bergamo) Lupi 2, 1107; a. 1120 vicus *Cuvallolum* (im Vall. Anian.) FRA 5, 470 = cubaliolum v. cubale; a. 1216 ad *covalum Cente* Berg in Fulgreid FRA 5, 305. — a. 1299 an den swarzen *Kofel*. FRA 34, 192; a. 1351 der hof *Kovel* zu Erenberg ib. S. 262. Mit Unrecht hat man das (ad) *Coveliacas* der Tab. Peut. auf *Kofel* bei Oberammergau bezogen. Coveliacas hat mit cubum nichts zu schaffen, es ist ein aus dem Personennamen *Covelius gebildeter röm. ON, von gall. cob-, cov-, das vill. mit ir. cob, gäl. cobh (victoria, triumphus) identisch ist und in Covidomarus, Covnerta, Coberillus, Coberatius, Covius, villeicht auch in Guvianus u. dgl. PN vorligt. Covelius ist gebildet wie Aucelia, Naselius, Pamelius u. dgl. Coveliacas ist nicht anders zu beurteilen als Aureliacas. Eine andere Form von Kofel ist *Gufel*, zuweilen *Gofel*, das im Vorarlberg, im Oberinntal, in Graubünden und der übrigen Schweiz gefunden wird. Einfaches covo kommt noch im Kanton Zürich als *Gof* vor (Meyer, Zürich. ON S. 85), ein *Markgofel* im Kanton Bern; *Gufel*

und *Arztgufel* im Kanton Glarus, so *Eichgubel, Dachsengubel* etc. In Tirol lautet es auch *Tschifel*, falls das nicht = juvello oder juvulo aus jugum Jöchlo ist. Hieher das berner Güvelle (14 Jhdt.) Berner Archiv 4, 419 und das graub. *Küblis*, älter Küblins = cubulin-s, von cubūlum, cubulinum.

30 CUCULLUS Kappe, Düte, Zipfel, Gipfel, Berggipfel. In den franz. Alpen *cugullion* (sommet de montagne), altprov. *cuguros* Scheitel. Vgl. Le Cuguilion (Briançon), il Cugulione (Val. Piemont.), la Cuculia ebendort. Chabrand et Rochas l. c. p. 167. *Kuchl* (Salzburg) auf der Tab. Peut. Cuculle, a. 798 Cucullos, 8 Jhdt. Cucullas, Cucullana alpis Kleinm. Juv. A. S. 21. 28. 31. Dises gleicht dem ital. (a. 842) *Cucullo* (curtis prope Cremonam) Murat. 2, 977; a. 943 *Cugulo* ib. 5, 169; dasselbe a. 878. *Cocullo* Mur. 6, 364. Ein locus *Coculo* (um Nonantola im 11 Jhdt.) Mur. 5, 678. Schon a. 499 kommt im östlichen Frankreich ein *Monte Cucullo*, dabei eine capella *Cuchumillus* vor. Pardess. 1, 35. Lezterer Name könnte dasselbe Element enthalten wie frz. *Colomella, Pitmella* (Gegend v. Rheims) Guérard, Polypt. Irm. p. 9, oder wie *Villamilt, Roccameltis* u. dgl. Allein Cucumillus ist warscheinlich ein Deminutiv aus lat. cucuma; anders Cochomo Kochem a. d. Mosel, das eine Kurzform von Cucomagus ist. Vgl. *Carentomus, Condomus, Noviomum, Billom* = Carentomagus, Condomagus, Noviomagus, Billomagus. a. 1188 kommt ein pratum in *Cogollo* (Fleimsertal) vor FRA 5, 75; a. 1213 Cugullo ib. 496. *Kochel* am Kochelsee, 8 Jhdt. Cochalon, Cochalun Pertz, mon. Germ. 11, 213. 214 wird wol auch daher gehören, wie das baierische Wort *Köchel* Erhöhung von Erde oder einem Fels im Moor. Vgl. Schmeller, bair. Wb. 1, 1220. Ebenso gehört daher baierisch und schwäbisch *Kogel, Gugel*, zB. a. 1125 mons *Wurchogel* Steierm. Lamprecht aaO. S. 79; a. 1316 *Hohchogel* (Niderösterr.) FRA. 36, 393; *Silberchogel* ib. S. 455. Ein *Kogelstein* Fels bei Schelklingen (Wirtemberg). 16 Jhdt. collis *Gugl*, Apiani Topogr. Bavar. (Festausgabe) p. 308. Ganz anders ist *Cucugna, Cucania* Friaul (a. 1261) FRA. 31, 211 von cuca Kuchen, womit man eine fruchtbare Gegend, eine „Schmalzgrub", ein Schlaraffenland bezeichnet, zu dem wir uns durch den „Küchleinberg" hindurcheßen müßen.

31 CUBITUS Ellenbogen, im sanktgall. Vocabul. cumbitus, mit Nasalierung wie oberl. cumbet, cumbel, oberengad. cundun = cubitone, ital. gombito neben cubito, gomito. *Gufidaun* (Tirol), ladin. Gudòn, Gutòn (vgl. Dr. Alton aaO. S. 43), a. 950 Cubidunes FRA. 31, 30; a. 1231 Cuvedun Horm. 1, 2, 203; a. 1242 Cufedun Sinnach. 4, 352; a. 1233 Cuvedun ib. 4, 249; a. 1237 Guvedun Horm. 1, 2, 228; a. 1265 Guvedon Sinnach. 4, 409. Dazu ein anderes *Gufidaun* b. Klausen, wider ein anderes im Pustertal. Gudon, Gufidaun ist aus cubitonem verkürzt und besagt dasselbe, was unser deutscher ON *Ellenbogen*, womit in der Regel eine Bachkrümmung bezeichnet wird. Vgl. das folgende.

32 CUMBA Tal, wovon mhd. küme Talschlucht, Klinge (Lexer mhd. HWb. 1768), dazu die rote Kümme am Rothorn (Wallis), in seinem Deminutiv cumbetta aber biß jezt nur im frz. Patois zu finden. Unser allgäuer *Gund* hat zwar den Sinn von grasreiches Hochtälchen, grasiger Raum zwischen Felsen, aber es schließt sich am Ende doch eher an voltlin. gòmbeda an, Grundstück, das in eine Spize ausläuft, Acker-, Wiesen-stelze, von cumbitus, cubitus. Vgl. eine Urkunde von 1059, wo die Rede ist von: apex Gemeinengunbet, gemeine Gund, zwischen Breitach und Widderstein. (Baumann, Geschichte des Allgäus 1, 593.) Ein anderes Wort ist das schweiz. *Gund* (sihe ganda).

33 CUNA Wige, Mulde, Schlucht, Klinge, Bach. Berg. *cuna, cuneta* (canale o scolatojo allato le strade che riceve e mena le aque piovane). Monti fürt eine Stelle aus einer Urk. v. 1187 an: non ire per *cunam* molendini ... si aliunde ire possit. Bergam. *cunita* (rigagno, quel basso del mezzo delle strade ciottolate, per cui scorre l'aqua piovana). Die ital. Urkunden schreiben *cona*. zB a. 883 locus *Cona* Murat. 2, 47 u. a. 996 rivus *Cona* (Sublacum) Murat. 1, 944; fundus *Cona* (Ferrara) ib. 2, 175 (a. 948); *Cona de Publica* ib.; a. 998 locus *Vicocona* (Pisa) ib. 2, 9; a. 1279 *Coneta* (Nonantola) Mur. 5, 331. Möglicherweise noch daher (a. 764) *Monticunule* (Pistoja) ib. 5, 407. — Das (a. 1344) von Mohr 2, 373 genannte *Kunnal* wird wol Canale sein. Hieher aber sicherlich (a. 965) (alpis) *Cunasella*, die Sellalp b. Innichen FRA. 31, 33; dieselbe lautet bei Sinnach. 1, 556 (ad ann. 974) Cunisello. Der Flußname *Cona* kann jedoch auch vorromanisch sein, worauf die frz. la *Conie*, alt Conia hinweist. Guérard, Cartul. Carnot. 1, 330. Ein flavius *Conum* in pag. Bituric. Pardessus 2, 42.

34 DORSUM, DOSSUM Buckel, Hügel, ital. dorso, dosso, kom. döss, berg. dos, churw. döss, diess, span.-port. dorso, altkatal.-prov. dors, dos, frz. dos. Vgl. eine tiroler Urk. v. 1172: ut castrum super eundem *dossum* edificet. FRA 5, 40; eine v. 1155: casamentum super dosso FRA 5, 23; eine vom J. 903 citiert Monti (vocab. Com.: casalia et dossos). Ital. ON. a. 938: fundus q. v. *Dosso* (Adria) Murat. 3, 738; a. 999 dossum Fraxanaria (um Ferrara) ib. 2, 171; ebendort p. 175 ein *Dosso Fruntibuti*, welcher p. 177 Dosso Fruntibalti heißt; a. 1189 *Dossum Pontuarii* (Ferrara) Mur. 6, 446. Aus Südtirol nenne ich: a. 1210 locus *Dossuclo*, a. 1230 derselbe *Disuculo* FRA 5, 472 u. 342. Im J. 1086 a *Dosso Cornu Dajae* (Idreosee) Horm. 1, 2, 92; a. 1226 in *Dosso Predi* (Judicarien) FRA. 5, 253. Abgekürzt ist *Doss* (a. 1356) FRA. 34, 270; a. 1358 *Daws* j. Doß, Hof auf Villanders, Sinnach. 5, 252. Ein praedium *Dosal* b. Völs (a. 1289) FRA. 34, 177 = dossale, wie Tuval = tovale. Sih Tubus. Die ON *Tosalt* (a. 1404) FRA. 34, 463 und *Tossul* (eine Goldgrube) a. 1181 FRA. 5, 42 sind von deutschem Mund verunstaltete Dossalt = dosso alto und Dossulo.

35 FABA Bone, fabaria Bohnenfeld. Hieher *Pfäffers*, Pfefers, a. 920 Favairis, Favarias Wartm. 3, 1; Mohr 1, 59 u. 60; a. 958 Favarias Mohr 1, 77; im 11 Jhdt. Fauares (lis Favares) ib. 1, 290. Daher ein Pfäfferser Weinberg zu Chur (vinea) *Favaresca* Mohr II Nr. 300, änlich wie (a. 1382) Fawunasga (Mohr 4, 60) zu Favugn (alt Favonium, deutsch Felsberg stet. Vgl. dazu die ital. ON Favara, Favaro, Favari, Faveri, Favarella etc. (Flechia, n. l. deriv. dal nome d. piante p. 12); die franz. Fabarias, Guér, Pol. Irm. 1, 283; Faberolas (= fabariolas) j. Faverolles ib. 1, 70 etc. Durch die Deutschen ist der Ton, wie so oft, auf die erste Silbe verlegt worden, so zB in Balzers aus palatioles. Sih palatium.

36 FANUM Heiligtum. In einigen ital. ON ist dises Appellativ sicher vertreten. So zB *Fano*, alt Fanum Fortunae. Zeiller, Itin. Ital. S. 193. Anders stet es wol mit disem Wort, wo es in lat. Urk. des Mittelalters auftritt, wie zB (a. 1039) procul *fano* Sancti Laurenti ad confluentes Pyrrhum et Gaderam, in Tirol, Horm. 1, 2, 42.

37 FANUS gr. φανός, in Mischung mit dem gleichbedeutendem *farus*, gr. φαρος, ital. fano, faro Leuchtturm, Wachtfeuer, Zeichenfeuer, auch auf Bergen, wie aus einer von Monti (vocab. Com.) angefürten Urk. v. 1328 deutlich hervorget: fiant *farocia* in montanis assuetis. Dises farocium bedeutet was faro, falo, fano. Das Bergam. kennt die Form falò, falòc (fuoco di stipa o di altra materia, che faccia gran fiamma). Dises Wort erblicke ich in einem Teil der in den rät. Alpen merfach vorkommenden *Falo, Fans, Fanes*. So urkundlich b. Sinnach. 2, 105 *Fanes*, rio de *Fanis* (im Enneberg), so a. 1141 (b. Wilten) ein *Phans*. Horm. 1, 2, 119. Ob die ital. ON *Faniolo* (a. 1034, Lombardei) Murat. 5, 437; *Fanacio* (a. 814) ib. 5, 595; *Radico fano* (a. 1191) ib. 6, 421 daher oder zu fanum (Tempel) gehören, laß ich unentschiden. Dagegen gehören *Fanano* b. Nonantola a. 1158 Faniano, Murat. 4, 40, wie das benachbarte castrum *Fainanum* (a. 1112) Murat. 5, 343, beide auch bei Marini 103 u. 104 (a. 750) als monast. Fananum u. castrum Fanani vorkommend, zu einem lat. PN, villeicht Phaenius. *Fanas, Fenaus* im Prättigau, alt Fanas zB. Mohr I. Nr. 227, Phanaus (a. 1290) ib. 2, 112 a. 1291 Affenas Mohr 2, 71 = à Fenâs, halte ich für älteres fanutium = fanuzo, fanaus, fanâs und zwar aus dem Grunde, weil jeziges -as, -aus in einigen alten Namen auf -uz, -us, -uzza, -azza endet, was hier nicht = us = lat. osus ist, wie unsere Endung bißher ausnamslos erklärt wird. *Tafás* ist widerum anders, = tofate, tovate s. Tufus; ebenso *Gardus* b. Feldkirch = cardoso, distelreich. Man vergleiche *Funtnas* (b. Atzmoos) Mohr 2, 112 mit Fontanùs, Fontenaus Mohr 1, 227 u. 236, a. 1168 Funtanaza Mohr 1, 191; dann *Grafanâs* (a. 1400) Mohr 4, 340; a. 1267 Gravinùs Mohr 3, 23 mit Gravinuzza (a. 1274) Horm. 1, 2, 348; *Saltaus*, alt

Saltuzze (Steub, z. rh. Ethn. S. 204); *Serfaus* a. 1251 Serfuz Sinnach. 4, 536 = silvutia selvuzza; endlich *Palàs* neben Palatio für dieselbe Flur (Nachweise s. unter palatium); dann wird man auch *Fisnaus* (a. 1343) Mohr 2, 388 in fossinutia, fossinuzza; juger in *Giros* (a. 1322) Mohr 2, 232 in girutium (v. chw. gir Neubruch); *Gandinus* (a. 1350) Mohr 3, 23 in gandinutia, gandinuzza; *Lufenaus* (a. 1385 Mohr 4, 110) in lupinuzza kleines Wolfsbonenfeld; *Palaus* a. 1225 Palus FRA. 34, 85; a. 1228 ebenso, Horm. 1, 2, 191; in paluzzo, oder palazzo von palus, pali, aber nicht von palus, paludis; ferner ager *Plazenaus* (a. 1200) Mohr 1, 234 in plazzinuzza; *Terznaus* (a. 1368) Mohr 3, 219 u. 248 in terzinuzz = tertianuzza zurückfüren müßen von *tertiana*, Gut, das den dritten Teil gültet, gegenüber von *quartana*, welches den vierten Teil der Früchte gültet. Vgl. a. 1036 censum a quartanis Mohr 1, 116, dann die Stellen 1, 139 u. 1, 192; ferner den Namen Prau quartan Mohr 4, 226; endlich (a. 930) exactum a liberis hominibus siue a quartanis Mohr 1, 80, wohingegen der Leibeigene den dritten Teil dessen, was er erbaute, abzulifern hatte, ein Verhältnis das auch in Oberschwaben teilweise biß z. J. 1848 fortdauerte, wo man zwischen drei- und viergarbigen Höfen unterschied. *Tanas* ist aus tanutium, oder tanatia von tana Höle, zu erklären. Nur *Valendaus* (a. 1208) Mohr 1, 242 hat eine andere ältere Form, nämlich a. 766 Valendano Mohr 1, 16, von der ich vermute, daß sie unrichtig gelesen sei. Villeicht zu lesen Valendano, latinisiert aus Valendau = Valennau = Villanatum. Vgl. friaul. Masat (Masato) it. Casate, Locate, Lograte. So ließe sich *Erdinaus* aus ortinuzzo (Bergbuckel) oder hortinutium Gärtlein, *Klafutz* nach Analogie mit chw. clavau = tabulatum (Heustadel von Drettern) aus tabulutium, erklären. Vgl. ital. tavolozza Malerbrettchen. — Andere mit fan- anhebende rätische Namen sih unter faenum. Das gredn. fana Pfanne (aus dem Deutschen entlent), dürfte kaum in Namen von Örtlichkeiten verwendet sein, wol aber Nachkommen romanischer Formen, wie Vanes, Venes, Veines, worüber unter Venn.

38 FAENUM, FOENUM Heu; faenile, fenile, Heuhütte, Heuschopf, churw. faner, fanill, wie der Heumonat auf churw. auch Fanadur (mensis faenatorius) heißt. Die graub. Alphütten *Fanella* sind villeicht ein Collectiv auf -a, aus fanel = foenile, dazu die Namen, wie Fanellahorn, Fanellagrat, Fanellagletscher etc. (vgl. Theobald, Naturbilder aus den rät. Alpen S. 367), und gebildet wie crappa, grippa, lenna, detta, flimma etc. aus den Masculinis crap (Stein), grip (Fels), lenn (Holz), dett (Finger), flim (Fluß, Bach). Möglicherweise steckt in dem einen oder andern änlichen Namen auch das Adj. finalis. *Fenils* a. 766 Feniles Mohr 1, 14. *Finasun* (Flirsch) Zingerl. anO 2, 243 = finis ad summum (montis).

39 FETA Mutterschaf, Aue, kom. feda (pecora); in Fleims feda Schaf; fassan. foida; im Val Rendenda fida; im Val Sugana

féa; prov. feda, schweiz. frz. Pat. fabia, fayaz, alt zB. a. 1368 „feya, feyaz i. e. ovis femella" Mém. et. Doc. 7, 230, von lat. foetus. In den ahd. Glossen fetas: melcho, melchiu. *Fetaria* Schaftrift. Daher *Fadära* bei Seewis; *Fedéra* Weide in Ampezzo, *Fodára védla* Weide b. Antermoia, *Fodures* bei St. Cassian, *Fedda* in Oberfassa. Sih Alton aaO. S. 39; Gatschet aaO. S. 200 u. 241. Das jezige Tal *Fex*, *Feet* im Engadin heißt a. 1303 vallis *Fedes* Mohr 2, 175. Daß auch Churrätien unser Wort kannte, belegen außer obigem Fadära folgende Stellen aus Mohr C. dipl. R. a. 1290: apud Lienze ... quarto anno III fetas ... Castellum ovem, Mohr 2, 175, wo mermals zwischen ovis und feta unterschiden wird, wie auch in einer Urk. von 1290 (Mohr 2, 113) de Falaria V modios et V fetas, ad Falaruna VI modios et VI oves. Jezt sagt man für Schaf: nuorsa. Gatschet leitet den engad. ON *Ftan Fettan* ebenfalls daher. Es heißt a. 1160 Vetane Mohr 1, 188; a. 1161 in vico Vetano Mohr 1, 192; a. 1311 Vetans Mohr 2, 225; a. 1327 erstmals mit F Fetan Mohr 2, 228, was doch auffüllig ist; auch der Ausfall des e, das darnach kurz sein sollte, will nicht recht stimmen, ebenso der mangelnde Nachweis von Adjektiven auf -anus aus Tiernamen. Ich möchte angesichts der hohen Lage des Orts eher an ein Adj. *vettanus v. vetta Gipfel, gebildet wie montanus, denken; das freilich auch ein langes e hätte und dessen Anlaut in F übergegangen sein müste, wie in churw. fastitg (Spur) von lat. vestigium. Dem Klang nach stimmte es mit ital. Vedana, Vithano von einem PN Vitus Avitus. Ugh. 5, 175 u. Murat. 5, 305.

40 FISTULUS, FISTULA Brunnenteuchel, Brunnentrog. Für erstere Bedeutung als Beleg eine Lausanner Urk. v. 1455 quod nullus audeat ... aperire fistulas et conductos sive conductus bornellorum. Mém. et. Doc. 7, 594; und etwas änliches steckt wol in dem Saz einer salernitan. Urk. v. 1118 a pariete, qui venit ab ipso viridario nostro a super ipsam fistulam. Murat. 1, 833; in den ahd. Glossen v. Steinm. u. Siev. 1, 280 fistule: *dolun*, Dolen. Churwelsch bedeutet bischl = fistulus Teuchel, badiotisch *fistì* (= fistillus) Brunnentrog, was auch der Hofname *Festil* in St. Ulrich besagen will, a. 1278 praedium Fistille FRA 34, 145; vgl. unsere ON *Trogen, Schweintrög, Volkentrög, Brunnentrog*. Trögern in Kürnten haben die Wenden wörtlich mit Korito (Trog) übersezt.

41 FILIX Farn, Farnkraut, it. felce; berg. falčč, féles, levent. féras; oberl. falétga, feletga, sonst auch chw. felisch, flech, Plural flechia (Carisch Wtb.) *Füllgreit* b. Rovoredo, im 9. Jhdt. Folgarides, Folgarie Horm. 1, 1, 74; a. 1208 Fulgarida FRA 5, 166; a 1210 Folgarida ib. p. 212; a. 1215 contrata Folgarie ib. p. 298, = filicaretum u. filicaria. Vgl. die it. ON Vincareto, Castagnareto, Flechia u. l. d. piante. Zu disen Formen stimmen die it. ON Follegara, Folgaria. Vgl. Bovorgga = bifurca, sih furca u. dgl. Hieher gehört auch pratum in valle *Flugair* Mohr 1, 318 = Fulgair mit verseztem l, wie etwa Sluwein = Sul-

wein. Fulgair ist aber = fulcgaria, filicaria. Was mit dem graub.
Ort Filectu Mohr 1, 180 (a. 1156) = filectum (Farnach) gemeint
sei, ist schwer zu sagen, es ist warscheinlich *Feldis* mit verseztem
l = filoctes, flettes, fletes, flodes, feldes, denn chw. feld (das Feld)
ist junge Entlenung aus dem Deutschen.

42 FLUMEN, it. fiume, rheinischwelsch flem, flim, flum,
engad. flüm, collectiv: la flimma. Die verkürzten Formen kommen
schon früh in ital. Urkunden vor. So a. 807 in *flume* Brunetti
2, 370; a. 882 da *flume* Fumagalli p. 488. Als Femininum behandelter Plural a. 972 intra *duas fluminas*. Lupi 2, 301. Mit
in i verwandeltem l a. 1043 locus *longo fiume* (Pisa) Murat. 3,
1079; a. 1019 *Fiumale* (Corsica) Murat. 2, 1071; auch in Südtirol a. 1191 *Fiumes* Sinnach. 2, 660. Aus Churrätien: a. 766
curti *Flumini* j. Flums Mohr 1, 16; a. 881 ad *Flumina* Mohr 1,
46; 11. Jhdt. *Flumina* ib. 1, 283; a. 1350 ein acker *flumen
davos* Mohr 3, 63. In Tirol a. 1283 *Flumens* Horm. 1, 2, 153.
Pflauma Oberinntal wol aus flumma oder fluminas. Vgl. *Pflaum*,
deutscher Name für Fiume. Morian Topogr. Carinthiae, woher
auch Sanct Veit am Pflaum (Krain). *Fleims* (Tirol), alt Flemes,
Flemme (1185), Flemmis (1189), Flemmum (1188) FRA 5, 61.
87. 75, stimmt zum graub. *Flims*, das a. 766 Flemne Mohr 1,
14; im 11 Jhdt Fleme ib. p. 283; a. 1209 Flimis Mohr Regesten
S. 40, lautet. Der Talbach von Fleims heißt *Flemadur*, schon
a. 1050 rivus Flemadur Horm. 1, 2, 80, was mit Flema zusammenhängen muß. Der Name klingt wie eine Nachbildung von fossadura Graben, also wie fluminatura. Vgl. dazu das mlt. aquatura
Fischwaßer DCange, dann runcatura, pratum *Mundadura* Schwendewis, von *mundar* schwenden, Büsche weghauen, urbarmachen; die
graub. Schlucht *Chicrnaduras* = cornaturas v. corna Steine; *Bendern*, alt Benedura = pinatura, v. pinar Holz fällen.

43 FRASCA Rute, Reis, Busch, frascarium Buschholz. a.
948 frascas vel perticas Murat. 2, 1116; a. 871 cum frascario
ad virgas faciendum ib. 2, 1115. In Italien die ON *Frascaria*,
Frascate, via Frascaricia. Einige Ortsnamenformen laßen unentschieden, ob man frasca oder fraxinus vor sich hat. Vgl. folgendes.

44 FRAXINUS Esche. *Frastenz* (VABg), a. 831 Frastenestum Mohr 1, 36 (eine fränkische Urkunde); im 11. Jhdt.
Frastinas (lis frastinàss) Mohr 1, 284; a. 1290 *Frastèns* Mohr
2, 100; gleicht in seiner ältesten Form den alten Schreibungen
Zebedasto, Clavasto, Palazolasta (a. 999) Murat. 6, 319, = Zebedasco etc. Man hat also zu lesen: Frascenescum, in dem dasselbe die Zugehörigkeit zu etwas andeutende -escus enthalten
ist, wie in der bei Rankweil zu suchenden *via Barbaresca* (a. 820)
Wartmann 1, 242. Unweit Frastenz ligt ein *Frastafeders* = frasca vedre, villeicht aus älterem frascino vedre, wo dann Frastinescum aus Frascino = fraxino gebildet wäre. Frastenz wäre dann
= fraxinesco. Daß x sich in sc oder ss auflöst, beweisen die

Formen *Frascenedello* = fraxinetello bei Valesius p. 211; *Frassenetula* bei Murat. 5, 453, die ital. ON *Frassine*, *Frassene* etc. zu welch lezterem *Frasene* (Veltlin), auch das vorarlb. *Frascen* (12 Jhdt. Wirtb. Urkb. IV p. XLV) stimmt. Hieher rechne ich auch *Friesen* im Walsertal, im 11 Jhdt. Frasune Mohr 1, 283 = chw. fraissen, bergam. frássen (fraxinus). Frasune stet für frasine, wie ital. *Frassoneta* = fraxineta, *Fresonara* = fraxinaria, wie *Folgarida*, Fulgarida für Filicareta u. dgl. Vgl. Flechia n. l. deriv. dal n. delle piante p. 13.

45 FULLONIUM, FULLA Walke, Walkmüle, churwelsch fullun und fallun. *Fellers* (Graubünd.) a. 766 Falaria Mohr 1, 13; a. 1045 Faleres Mohr 1, 127; im 11. Jhdt. Falariae villa, Mohr 1, 296; a. 1178 Phalers ib. 1, 209, a. 1343 sogar Pfellers Mohr 2, 365; halte ich für älteres Fullaria (Walkmüle). Es ist identisch mit frz. foulerie Walkmüle. In den churw. Urkunden kommt noch ein änlicher ON vor, nämlich im 11. Jhdt. *Falarunc* Mohr 1, 285; a. 1290 Falaruna Mohr 2, 113; a. 1350 Falleruns, ein Maierhof zu Schlinis Mohr 2, 409; von fullario, onis, also ad fullarionem zur großen Walke, mit der chw. Femininform auf -*una*, fullariuna, fullaruna, falleruna, eine Wortbildung wie ital. pancierone aus panciera = panciaria = panticiaria von pantex, und nur mit anderem erstem Suffix wie chw. vadluna große Kalbel, Kalbin = vituluna. Vgl. Belitione: Bellinzona, churw. Berizuna und Blizuna; Sarmentione: Sermenzuna. Lupi 1, 1054 u. ib. 2, 1009, erstere Form a. 896, leztere a. 1136.

46 FURCA Gabel, Bergsattel, bifurca, bifurcium Gabelungsstelle. *Wurz* bei Überkastel, rom. Uors, im 8—11. Jhdt. Vorce Mohr 1, 16 u. 283; Uurze ib. S. 289; a. 1290 Furtz ib. 2, 98; a. 1265 *Vnderwurcen* Hof in Lusen Sinnach. 4, 468 u. 586 beide aus bifurcium mit Ausfal des f, wie in welschtir. biolc = bifolco, bubulcus und an seiner Stat eintretendem, hiatustilgendem v und Abfal der ersten Silbe, also (bi)-(f)-v-urc-(ium). Als bifurcum findet es sich in chw. buorch, vuorg, Stelle der Astgabelung, Knoten an diser Stelle. Dasselbe ist oberl. buorchia, freier Plaz im Dorf, die Dorfgasse, = bifurcia, Wegescheide; das friaulische beorce im ON Beorce. Vgl. Ascoli, arch. glott. it. 1, 517; wärend Borca bei Belluno = bifurca ist, dasselbe was das engad. Bivurca (a. 1252), Bevurge (a. 1263) Mohr 1, 374; a. 1363 Bovorgga Mohr 3, 172. Entsprechend dem rätischen buorchia kennt das Französiche ein *quadrifurcum* Kreuzweg, jezt carrefour und für Flußgabelung ein mlt. *fulcus* = furcus. Daher zB. in *Fulco Yonae* (DCange s. v.), ein Seitenstück zu unserem *Limmatspiz*, weil wir das im Winkel der Gabel Befindliche hervorheben.

47 GANDA Ganne, Gand, Abhang mit Gerölle, vgl. Stalder Idiotic. 1, 420; Lexer mhd. Wb. S. 736; Schneller, welschtir. VMA. S. 266. Im Veltlin ganda loßgerißene Felstrümmer; im Puschlav ganda Steinhaufen; churw. gonda Felsenschutt, Guffer, die Gand;

daher das urschweizerische in der *Ganda* (a. 1333) Geschichtsfrd. 12, 24; a. 1290 de *Ganda* Mohr 2, 98; a. 1350 der acker *Gandinus* Mohr 2, 408 = Gandinuzza, gebildet wie Gravinuzza, sih unter Fanus.

48 GIRUS Kreis, Einfang, Bifang, Rodung, Neubruch, llagen, churw. gir von girare umkreisen, einfangen, girar ora ausroden. Daher a. 1363 prau de *Girliang* (lis Girliung) Churwalden Mohr 3, 163; a. 1367 *Gyreida*, jezt Flur Grydt b. Chur Mohr 3, 212, wol collectiv zu nemen = gireta; a. 1376 ein acker in *Gyratsch* Mohr 3, 276, in der großen Reute; a. 1312 juger in *Girus* Mohr 2, 232 = juger in Giruzza im Reutelein, Grütli. *Jerellihn* ist girellino.

49 GORA, GORNA Kanal, Waßerleitung. Vgl. a. 716 de terra super ipsa *gora* usque in flubio Braine. Brunetti 1, 453. Hiher rechne ich *Grono* b. Bergamo, a. 830 in Gorones Lupi 1, 679 von gorone; ferner *Gorlo*, a. 897 Gorolis Lupi 1, 1059; a. 910 Gorele; a. 977 Gorle ib. 2, 345 = gorulae. *Goro* bei Ravenna, kann aus goras entstanden sein, wie Scanso aus altem Scanzes, Scantias. Daher *Grones* Hof in der Abtei; Pré da *Grones* bei St. Cassian; Hof *Grones* b. Kampill, *Ornella* b. Livinallonga = Gornella, Alton aaO. S. 43 und 50. Daher wol auch die in Rätien herum zu findenden Flurnamen: *Gorina*, *Gorn*, *Garn*, *Garna*, *Grun* = gorone, *Giern* = gorn-a, wie churw. ciern = cornu etc.

50 GRAVA Sand, Kies, churw. grava, greva Sandfläche, Geschiebe; prov. katal. grava Kies, venez. grava Bett der Bergströme; genfisch grave Kiesfläche, frz. grève, it. gravella, nach Littré mit sanskr. grävan (pierre) verwandt, das zu niderbreton. grouan (Sand) und kymrisch grou (Sand) stimmt. Hieher wol der alte Campus cotulosus qui Cravus dicitur (a. 1266) DuCange sub verb. „cotulosus" jezt la Crau. — Ital. ON. a. 805 *Gravilona* Brunetti 2, 374 = gravellona Vergrößerungsform aus gravella, gebildet wie it. novellone, scarsellone, bardellone etc.; a. 964 *Gravalina* Mur. 5, 556, dasselbe; *Gravedona* a. 864 (am Comersee) Fumag. 373; dasselbe a. 1195 Grabadona Murat. 4, 487, entweder gebildet aus dem Collectiv graveta Kiesfläche, oder warscheinlicher aus gravetta, vergl. ital. farsettone aus farsetto. Vergl. noch kom. pioeudòna (lastrone di pietra) aus pioèuda = ploda, platta, Steinplatte; vgl. auch Albetona (b. Este) a. 1184 Murat. 5, 265; a. 1080 *Gravena* b. Capua Murat. 5, 782; bei Piacenza ein monasterium *Gravacum* Murat. 2, 200, ein gallisches Collectiv von grava, gebildet wie das breton. Karrek = quadrâcum Steinbruch, Steinfeld, wo nur die Endung gallisch ist, denn kar ist = lat. quadrus und aus dem Nordromanischen entlent. Änlich Kar in Karrenfeld = Steinfeld oder schwäb. *Kar* = quadratisches Fach eines Gebäudes. Rätische ON: a. 1252 solamen *buche de grava* Mohr 1, 340 = Hofstatt an der Sandmündung, am Sandbach. a. 1267 ager in *Gravinus* Mohr 3, 23 (sih unter Fanus), wol identisch mit Grafanas Mohr 4, 340; a. 1426 Berg *Gravetsch* bei Natz FRA. 34, 515 = gravitium. Ein

vorarlberg. *Grava* Archiv f. östr. Geschichtsquellen 43, 351; ein *Grava* in Stubei, *Grafail* (= Gravolla), Grafeis = gravosum oder gravutium, vgl. Burgeis: Burgusium) im LG Passeier; *Grafair* bei Vels; *Grafmarter*, Berg bei Navis, könnte dagegen eher crap mortèr = Kesselstein sein. Silh mortarium. Ein Piz *Grevas alvas* bei Segl (Engadin) etc. Hieher gehören auch die roman. Flußnamen: 1) a. 1300 aqua que dicitur *Greves* in der welschen Schweiz. Mém. et Doc. 7, 79; 2) der Bach *Greve* a. 724, Brunetti 1, 469, bei Florenz; 3) der Fluß *Grarone* bei Ajaccio; 4) die Gravaria descendens de fontanellis bei Firmana. Ughell. 2, 770. — Franz. ON n. 930 in *Gravecglis* Mém. 22, 5 = gravaculis vom oben genannten Collectiv gravâcum; vgl. die ital. ON Lavaclum, Comaclo, Caraclo, welches Deminutive sind, wie zB in einer Urk. des 8 Jhdt. bei Brunetti 2, 289 ein frommer Mann von sich sagt: paupertatula mea oder wie ein Mann (a. 757) den Namen Baronacculus fürt. Brunett. 1, 595.

51 GRONDA scheint Dachtraufe, Traufe, äußeres Ende des Daches, und wie Monti angibt, *gronda* margine, proda di campo, überhaupt Rand eines Gegenstandes zu bedeuten. a. 720 (vendidi) casa meas ... cum gronda sua livera, tam solamentum quam ligname sive grondas. Brunetti 1, 458. Tiraboschi's berg. Wb. hat auch eine Form grondana (l'acque che cade dalla gronda), also Traufwaßer. Der ON Grondona (um Dertona) a. 1183 Murat. 4, 290; a. 1235 Grondona (mit Vercelli genannt) bei DCange sub. verb. „guccia", dürfte zu diesem Etymon gehören. Es gleicht der Bildung von Gravedona, der des churw. selluna großer Sessel, des berg. cuúna = codone etc. Vgl. auch lat. subgrunda, subgrundium.

52 GRUMUS clivulus, *gromellus* ager; eine ahd. Glosse bei Steinmeyer und Sievers hat *glomulus* ager; das Wort ist erhalten in berg. gröm, venet. grumo (gruzzo, mucchio). Um Komo die ON *Grum*, *Grumél* (nach Monti). Vgl. 8 Jhdt. Gromo (Vall. Seriau.) Lupi 1, 576; a. 899 omnes latoras (lis lacoras) usque ad *Grumum* (b. Nonantola) Murat. 2, 158; a. 875 *Grumolo* (Bergamo) Lupi 1, 571; a. 945 fundus Grumolo (um Ravenna) Murat. 3, 145; a. 959 campus *Grumora* (Bergamo) Lupi 2, 243 gebildet wie lacora (v. lacus), borgora, arcora, waldora, campora, fundora, poiora (von podium Hügel), portora, tictorna (= tectora v. tectum), vicoras v. vicus, vincoraria etc., die sich in oberital. Urkunden häufig finden. a. 951 fundus *Grumole* Lupi 2, 90; a. 1097 *Grumello* Lupi 2, 801; hieher auch in *Subgruminio* (a. 757, Lucca) Murat, 3, 569; a. 941 dasselbe Sugruminio ib. 5, 232, gebildet wie Sublacum, Subtauro etc. — Im Nonsberg. a. 1220 *Grumeso* FRA. 5, 332, wol = grumezzo grumitium; in der Gegend ein castrum *Grumo* ib. S. 349; und ein *Grumsberg* (a. 1185) ib. S. 63. Schneller rechnet auch Rumo daher mit abgefallenem Anlaut. Vgl. Ornella unter gora. Die Formen *Grimole* (a. 1026) u. *Grimolo* (a. 1118) für Grumolo, Lupi 2, 536 u. 903 füren auf das seltsame franz.-

schweiz. *Grimisual*, im 13 Jhdt. Grimisua, Grimisucch, Grimisuel, Grimisol, Grimisols, Grimisolium, Mém. et Doc. Bd. 29 an vilen Stellen (sih dessen Register). Das ist grumitiolus, *Grimsel*. Vgl. ebendort *Bornua* neben Bornuet, Bornuec, Bornubec, Bornuech = borniolo von borne Quelle, ebendort als mlt. bornellus öfter vorkommend; dann *Granuech*, Granuez, Granuel = grangiolum von grangia Scheuer; Graygneruez, Granyreylz, Graneirolis von granariolum; *Paleysua*, Paleisiu, Palexsuouz, Palessuo, Pallexuez, Palasucz, Palozuz, Palaysul, Palasuel, Palaisul, Palaisol, Palatiolum, jezt Palésieux (Vaud) Mém. in Band 2. 3. 6. 12. 19. 22. 29 u. 30. So *Mustruo*, Mostruelz = monasteriolum; aber *Bosischech*, Botzosel, a. 1003: Bocissello = boschicello von boschus, boscus. Das frz. alpine *Gromo* ist anderer Herkunft, es ist zunächst groma (Vihlager, jas, chaume), durch Versezung des l und Wandlung in r, aus dem falsch reduzierten mlt. calma = cauma Vihlager entstanden, also calma, glama, gloma, groma, gromo, da die Feminina in den kottischen Alpen auf o = a enden, auch l ser oft in r überget. zB aro = lat. ala; garduoro = lat. gardiola; ouro = lat. olla; ampouro = lat. ampulla usw.

53 Mlt. GUALDUS, *gualdum, gardus, galdus, gaudus; gualda, valda, walda; gaudium, gadium, gacium, gazum, cagium, gagium, gaium; gualtina, galdina, gaudina*, einmal finde ich auch: cum salto et *caudino* (8 Jhdt. Valcamunica) Lupi 1, 573 = Wald und Busch. Vgl. die Formen bei DCange. — a. 1000 terminum inter ... scriptum gualdum nostrum et scriptus gualdus (Neapel) Murat. 5, 455; a. 1004 Rivo de Gualdo (Pisa) Murat. 3, 1167; die Formen gaudus, gaudina, gaudium finden sich in Frankreich. zB silva Gaudus Sancti Stephani b. Chartres. Die Form *gaudium* rechne ich mit Rücksicht zum ital. gadium, auf das ich gleich komme, als Nebenform von gaudus daher[1]). Ich halte also Gaudium j. Jouy (Valesius p. 572) und den *Mons Gaudii*, alias Mons Gaii (Vales. 354) nicht für einen Freudenberg, sondern für einen Waldberg. Die weitere alte Form für frz. Montjoie ist Montgausi. *Gausum* aber stelle ich neben ital. gazum, das wir zB Murat. 2, 180 finden. — Um Padua wird in einer Urk. des 12 Jhdt. genannt: nemus Gadii Murat. 4, 1123, Nominativ Gadium. A. 1151 kommt ein Gadaliolo vor (Rom) Murat. 1, 676, das möglicherweise = gadiliolo ist, wie ja a oft für i (in unbetonten Silben) stet. Sicher gehört aber hieher *Gadiata* (b. Nonantola a. 1058) Murat. 3, 241, das a. 1092 Gaziata, Murat. 2, 186; a. 1025 Gazata ib. 1, 1023; a. 1225 silva *Gaza* et Ingazata (= in Gazata) Murat. 2, 180 heißt. Da haben wir also den Übergang von gadj-um in gazum urkundlich belegt. Ein silva *Gazolo* (am Tanaro) Murat. 2, 82; ebendort herum a. 1204 *Gazoli* Murat. 4, 44; auf der folgenden Seite ein *Gazo*

---

1) *Andere wollen gadium, gagium aus ahd. kahei (eingefridigter Wald) herleiten.*

dendo bei Este, auf S. 46 endlich ein *Gazadellis*. a. 1177 ein *Gasium Episcopi* b. Pomposia Murat. 4, 188; a. 1218 ein *Gacium* (um Modena) Murat. 4, 351. Das g in gagium wie das j in gajum (gaium) sind Hiatusfüller, herrürend von dem ausgefallenen d. Vgl. pojo, poio, pogio, poggio stat podio. Gaium aus gadium, gaudium wie ital. gaiamente aus gaudiamente. Zu *gagium*, gajum, gaium = gadium folgende Belege. a. 742 locus *Cagiolo*, alias Caiolo, Brunetti 1, 502; a. 524 *cagio* in Latimano ib. 1, 551; a. 813 de alio latere *caciu* et terra firmo. Brunett. 2, 399. a. 754 de *gagio* Ghuttoli. ib. 1, 551; a. 808 *Icagio* Flabianus Brunett. 2, 378; hir mit prosthetischem i wie ebendort 1, 626 (a. 772) ein Icarolus = Karolus zu finden ist. In disen alten Urkunden wechseln g und c öfter. So zB in einer Urk. v. 746: de tota plevem congrecata Brunetti 1, 516; ficuratus (= aurum figuratum, Geld) in einer Urk. v. 799 Fumag. p. 100, umgekert dogomentum, sagro, larigario (= loricario) usw. Vgl. oben caudino = gaudino, galdino, gualdino. Auch in den ital. Urkunden findet man einfaches g stat gu, im ON Garda = Guarda Warte, wie aus der Stelle bei Murat. 1, 792 (Urk. v. J. 904) erhellt: Mons Gardae, qui preminet ciuitati Gardensi. Vgl. weiter unten Montegalda bei Padua. Belege zu gaium Murat. 2, 150; a. 750 silvam unam in *Gaium Lamese* (Nonantola) Marini p. 103; a. 894 *Gaium de Soranea* (Lombardei) Mur. 2, 164; a. 899 *Gaium Regine* (Nonantola) Mur. 2, 159; a. 1218 de *Gaio* (Modena) Mur. 4, 352. Rätien: im 11 Jhdt. silva in *Gaio* Mohr 1, 283, warscheinlich *Gungais*, *Gugais* bei Ludesch. Lezteres villeicht aus conca gaium; a. 1393 im Vorarlberg Blattengais und Gungais. Arch. f. öster. Gesch.-Quellen 43, 306. Das schweizer Bad *Gais* erklärt sich aus gai-s, gaium. In Frankreich zB in den Genfer Regesten wird *Gaium*, Jajum, Jacium zu Jais, Jaiz, Jaix, Gaix und jezt Gex. Ein anderes franz. *Gex* lautet aber alt Gaciaco, Quicherat, de la formation francaise des anc. noms etc. p. 113. Es ligt im demzufolge derselbe Personenname wie Gy (alt Gaciacum) zu Grunde, nämlich Cacius, der inschriftlich vorkommt. Für die Form *valda* vgl. (a. 921) silva *Valda* (Treviso) Murat. 5, 637; a. 1340 silva *Vualda* (frz. Schweiz) Mém. et Doc. 20, 385; la *Vualda de Front* ib. 479n; a. 1054 silva *Mialda* (Vercelli) Mur. 6, 319 ist wol aus silva uualda verlesen. Das a. 1176 bei Padua genannte *Montegalda* Mur. 4, 1121 stet aber für Monte guarda. So a. 1395 *Ballawalda* (frz. Schweiz) Mém. 22, 240 = Bellawarda. Vgl. *Bellegarde*, das in einer Urk. des 13 Jhdt. *Balauuarda* heißt. Mém. 6, 23; änlich *Balariva*, *Balleuui* = bella ripa, bella aqua (Mém. 6, 14 u. 19).

54 JUNCUS, it. giunco Binse. Dazu *Tschongei* bei Reschen, Zingerle, tir. Weist. 2, 327 = juncetum, mit ünlicher Endung wie im benachbarten Engadin die Wälder *Tramblai* und *Patschai* = tremuletum Espach, picetum Forchach sind.

55 JUNIPERUS Reckholder, Wachholder. Aus disem Etymon

wol auch chw. *schember* Arve und sogar chw. *aneva* Arve. Ersteres gleicht dem portug. zimbro = juniperus, lezteres nähert sich der spanischen Form für juniperus, nämlich enebro. Die Vermittlung ligt in den südfranzösischen Formen. Prov. heißt die pinus cembra (Arve): *alève, elve*, die Frucht selbst ervo, = alva, auvo, arva (Arbe). Bekanntlich stet das Churwelsche dem Provençalischen vil näher, als dem Italienischen, darum darf dise Äulichkeit nicht Wunder nemen, ist ja eben dort auch in den südwestlichen Alpen palvo, parvo unser Palven üblich. Aleve ist == aneva, denn in jener Gegend stet n öfters für r oder l, daher zB (um Briançon) luro = luna Mond, bouéro = bona. So sten aneva, areva, aleva, alòve gleichwertig nebeneinander. Betrachten wir die Entstehung von aneva nach churwelschen Lautgesezen an dem Paradigma von lat. gentiana, churw. giansauna, iansauna, ansauna. Damit stimmte ein *geneva (von churw. geneiver = juniperus hergenommen), ein gianeva, ianeva, aneva vollkommen überein. Daß man dise Form geneva ansezen darf, dafür bürgt genfisch genève = juniperus und das in Berry übliche genieuve = juniperus. Auch der it. ON Genevola sezt eine Form genev(a) voraus. Nicht biher gehört *Anif* b. Salzburg, denn das heißt a. 930 ad *Anavam*, a. 798 *Anva* Kleinm., Juv. A. S. 169 u. 26, mit kurzem a wie Scaufs, a. 1139 Scaneves Mohr 1, 161 neben Scanäva Mohr 1, 288 (als Gegensaz zu Scanavico Schalfick) = Scana aquas. Also Anava = in äqua. Auch das a. 766 genannte pratum *Anives* (j. Danis) Mohr 1, 14; a. 857 Anines Mohr 1, 46; a. 1388 Aunifs Mohr 4, 151 gehört nicht daher. Die erste Silbe An kommt in mereren rätischen ON vor. Es ist one Zweifel = lat. in (Präposition), das im Churw. ser oft an lautet. Ich erinnero an: anamitg Feind, anavont vorwärts = in-ab-ante, ancanuscher = in-cognoscere erkennen, anetg plözlich = in ictu, antschatta Anfang = incepta, anvidar einladen = invitare usw. So wird *Andiast* in Graubünden, a. 766 Andeste Mohr 1, 15 wol, wie Schneller vermutet, = in testo oder in testa sein, vgl. dazu: ecclesia in *Testo* b. Callium, Ughell. 2, 896; *Andigatz* bei Trimmis (a. 1290) Mohr 2, 98 von ital. diga Damm. Der zweite Teil ives kann iva Eibe, iva (achillea moschata) sein, aus der man in Graubünden den berümten Ivalikör bereitet. Vgl. jedoch Artikel Sala am Ende.

56 LACUS See, Lache. Hier sei nur der salzb. *Fuschelsee* genannt, im 8 Jhdt. Labusculo, Kleinm. Juv. A. S. 34; a. 798 stagnum Lacusculus ib. A. S. 22. Labusculus verhält sich zu lagusculus wie it. borbo (Flecken) zu borgo oder wenn man die Form lavusculus stat labusculus ansezt, wie it. ruvistico zu liguisticum, d. h. der wechselnde Konsonant ist eben Hiatustilger.

57 LAMA Moos, Ried, Sumpf, ein Wort, das sich in disem Sinne schon bei Horaz findet, obgleich es Paulus Diaconus Hist. Long. lib. 1, 15 für ein longobardisches Wort erklärt. Churwelsch lamma feuchter Ort. In ital. ON häufig als Lama, Lamma, Lauma,

Lamidula, Lamola, Lamula, Laumella, Laumello, Lomellina usw. Aus Rätien gehört sicher hicher *Lams* bei Ras in Tirol, denn eine Urk. v. 1426 sagt: gen Truns stosset das Moos Lames. FRA 34, 515. Ob die Lage von *Almens* (Graubünden) dazu paßt, weiß ich nicht, aber altes Luminnes könnte schon für lamīna-s, laminnes sten und so „Möslein" bedeuten, doch würde die älteste Form (a. 926) Luminins Mohr 1, 61, falls das nicht aus Luminnis verlesen ist, einen andern Weg weisen. Alle andern Urkunden lesen jedoch stets Luminnes, Lumins, Luminnis, Lemenne. Die Flur in der *Lumen* b. Telfs, Zingerle tir. Weist. 2, 12 kann auch daher gehören, als lnuma. Aber chw. Adj. lom, lum, lnm, weich, schlammig, sanft, kommt vom mhd. *luom* schlaff, weich, sanft. Vgl. Schmeller b. Wb. Etwaige Herkunft des ON Almens aus *lumen* Liecht, erforderte ein luminīnum, was in gredn. als lumín wirklich vorkommt = luminīnus Lichttiegel. Man kann sich dann die Alpe als abgabepflichtig an ein ewiges Liecht oder als Stelle wo ein Armenseelenlicht brennt, vorstellen. Über die schweizer Tigelkapellen sih Näheres im Geschichtsfreund 20, 269 ff.

58 LUPUS. Wenn man Lovus aus lupus bedenkt, so erinnert *Lovér* im Nonsberg wegen des nahen Baches Lovernadega an lupus, beziehungsweise Lupernum, denn der Bach ist doch kaum etwas anderes als aqua lupernatica. Lovér erinnert seinerseits an das friaulische *Codérr* = Cuadern; *Pluvér* = Pluvérn (Ascoli, archiv. gl. 1, 519), ist also zweifelsohne Lupernum. Vgl. dazu das lomb. *Lucernaco* (a. 807) Fumag. 115; a. 840 *Luberniaco* ib. p. 222. Zu dem schon mererwänten *Lupino* (Maienfeld) wäre noch *Louin* (Deux-Sevres) alt Lopino als Seitenstück anzumerken. Quicherat, l. c. p. 120. Eine Flur *Muntlfleis*, *Mundlfeis* bei Mils (Zingerle, Weist. 1, 193 u. 196) scheint mir aus monte luposo [1]) verkürzt; der Bach *Lafeürn* b. Rinn, Zingerle aaO. 1, 227; die Lafurn ib. 1, 221, ein Vetter zum obigen Lovernadega zu sein, = lupurnus = lupernus, mit Wandlung des e in u, o etwa wie in ital. madornale = maternale. Lupernus kann man sich vorstellen als zusammengezogen aus luperīnus, wie ja lat. Falernus und Falerīnus bei Livius vorkommen. Luperīnus klänge wie it. moscherino (Schnake) = muscarīnus; muscerinus von muscarius, wie jenes von luperius, luparius. Doch one ser alte Belege kommt man über Mutmaßungen nicht hinaus. Lafeirn, Lafurn könnte auch Liburn, Laburn oder l'avurn, ja lavurn aus l'aquarone sein, mit Versezung des r in der gedrängten Form lavrùn. Der Hauptfeler ist der, daß man vilen Namen die Zeit ires Ursprungs nicht mer ansiht, was ja für die richtige Auffaßung conditio sine qua non ist. *Lafraun*, das doch schon im 12 Jhdt. Lavarone heißt FRA. 5, 118 u. 405, klingt wie romanisches ill'aquarione. Vgl. auch Vallis longaveria

---

1) *Vgl. lat. piscosus fischreich.*

(Verona, 10 Jhdt.) Ughell. 5, 634, = longa aqueria. Dasselbe dürfte *Lavrūn* (im Domleschg) sein, *Lafrons* in VAB u. dgl., lauter Namen, die Schneller Streifz. 26 nebst Lofer, Lufer etc. aus silvarius, salvarius, (sa)-lu(v)-arius, luver, erklärt. Mundlfeis würde man nach im aus montem silvensem zu erklären haben; allein die Wandlungen sind hier doch etwas gar zu kunstreich.

59 MALADERIA Siechenhaus. Das churw. maladuira, maladèra, Schafhürde auf dem Feld, Pferch, = malatoria und malateria, scheint ursprünglich den Absonderungspferch für räudige Schafe bedeutet zu haben. So müsten einst die Hirten zu Ertingen in Oberschwaben das rozige etc. Vih in den *räudigen Hau* (im Walde) und das *unreine Moos* treiben. *Maladers* (Graubünden) a. 1156 Maladru Mohr 1, 185; a. 1209 Muladers Mohr Regest. S. 49; a. 1222 Maledars ib. S. 50; a. 1229 Malauders Mohr 1, 312; a. 1231 Maladairs Mohr Regest. S. 50. Maladers ist verkürzt und deutsch betont wie Balzers, Senders, Schalders u. dgl. aus malaterias, palatiolas, senterias, scalarias.

60 MASANS bei Chur a. 1263 Malsans neben Massans Mohr 1, 374, stimmt zu dem, was Sebast. Münster Kosmogr. S. 746 sagt: bey Chur Massans, da die Siechenhäuser seind. Es ist = als malsauns, bei den Siechen, von chw. malsaun siech, krank.

61 MALUM, MALUS Apfel, Apfelbaum. MILIUM Hirse. In Churrätien kommen merere ON vor, von denen man auch in irer ältesten Form nicht weiß, ob sie auf malus malum oder auf milium zurückgen, ich meine *Meils, Mels, Halbmeil, Spitzmeilen, Eilis*. *Mels* lautet a. 1018 Meiles Mohr 1, 109; im 11 Jhdt. curtis Meilis ib. 1, 290. Welcher Ort mit *Maile* (a. 766) Mohr 1, 18 gemeint sei, ist nicht sicher. Gallus Morell (Einsiedler Urbar Nr. 3) hält das in einer Urk. des 10 Jhdt. vorkommende Meilo für Eilis bei Frastenz, da nach Bergmann (Arch. f. österr. Geschichtsquell. 43, 360 u. 361) das dortige Unterdorf seit Alters Einlis, Aylis heißt. Das m konnte abfallen, wenn sich die Deutschen vorstellten, das sei zum oder im-Aylis, wie ja tatsächlich in diser Gegend, überhaupt in Alamannien solche „zum oder im" vilfach an ON tatsächlich hängen geblieben sind, zB Eglofs beim Volk: Megliz, urkundlich zi demo Egilolfes (nämlich hof), daraus zum Eglofs, zum Eglos, zu Meglis etc. Churwelsch heißt Apfel meil, plur. meils, Collectiv meila; Hirse meigl oder meilg. Ersteres entspräche den it. ON Mela, Melo; lezteres den it. ON Megli, Miglio. Ersteres ist wol eher in unseren Meils gemeint, also = Affoltern.

62 MOLA, MOLINA, MOLINUM. MOLENDINUM Müle. Rätische ON a. 1188 *Mollena*, jezt Moena in Fleims FRA. 5, 74 = Molina (a. 1231) Horm. 1, 2, 362; dasselbe ist *Mona* j. Gmein b. Reichenhall (8 Jhdt.) Kleinm. A. 28; vgl. it. monaro = molinario Müller; a. 1275 Mulnera; a. 1283 *Mulnär* Mohr 1, 471; a. 1290 Mulinara, jezt Molinœra Mohr 2, 98 ist das mlt. molinarium, mulnare Mülstatt, Ort wo eine Müle stand oder eine hin-

gebaut werden kann. Zuweilen ist aber aqua molinaria gemeint, Mülbach. So zB a. 1141 aqua *Mülnars* Sinnach. 3, 98; a. 1141 torenes *Milnars* (b. Wilten) Horm. 1, 2, 118. Disem entspricht der ital. Rivus *Mulinaius* (Pisa) a. 996 Murat. 3, 1065. Aus molarius ist dor tirol. ON *Millair* (Zingerle Weist. 2, 233) gebildet. a. 1231 de *Mula* Horm. 1, 2, 362; c. 1000 Mules, jezt Mauls, Sinnach. 3, 180; a. 1218 Muls ib. 4, 340; *Mils* im 17 Jhdt. Mülls Zingerle aaO. 1, 195; *Mols* (am Wallensee). *Mülls* a. 1209 Mulles Sinnach. 4, 43; a. 1249 Muelles Sinnach. 4, 363; alle aus mola, mula. a. 1188 ein *Mullune* (Val. Flemm.) FRA. 5, 72 = molone große Müle. Dagegen a. 1232 Müllaun Sinnach. 4, 375; *Mülland* b. Brixen Sinnach. 5, 333 (a. 1347) warscheinlich = Miliana vom PN, da es a. 1163 Millun FRA. 34, 35 und a. 892 Millana heißt. Horm. 1, 1, 118. Dem churw. prau de *Mulinelle* (a. 1350) Mohr 3, 68 entspricht die mantuanische Aqua *Mulinelles* (a. 1045) Murat. 6, 415. In dem ital. ON *Molla* könnte mola Mülstein aber auch eine Form molla = molle feuchte Örtlichkeit vorligen. Ich notiere hier: a. 1073 Verubio loco (ein Fluß u. ON) ubi dicitur *a la molia*. Lupi 2, 687; a. 1091 locus a la Molla (b. Reggio) Murat. 2, 269; derselbe alla Molla ib. 1, 419; a. 1146 derselbe Mulla, Murat. 6, 470. Molin kommt als Bezeichnung weicher Wiesen in franz.-schweiz. Urk. merfach vor. So zB. Mém. et Doc. 28, 266: pro quadam *molia* prati sita in raspis (a. 1415); im jezigen Patois *mollhe* f. pl. = prés marecageux (Bridel).

63 Zu MONS nur ein paar Formen. Im 11 Jhdt. Monticulus j. *Montigel* Mohr 1, 283; ebenso das salzbg. *Montigel* a. 798 Monticulus Kleinm. A. 24, dasselbe im 10 Jhdt. Montigilin ib. p. 195; ganz so a. 941 bei Parma ein *Montiglo*, Murat. 5, 557; bei Nonantola a. 814 ein *Monticulo*. Murat. 2, 201. *Montal* (Pustertal) a. 1273 Montan FRA 34, 103. Vgl. *Monton* b. Ellen Sinn. 5, 333 (a. 1341); pratum Montan (a. 1318) Mohr 2, 252; a. 1139 monasterium Montanum (Mailand) Murat. 3, 225. Das graub. Oberland hieß im 15 Jhdt. *uff Münten*, uff Muntina, Juvalt. aaO. 2, 123 = montana, chw. montogna. Bei Glurns a. 1228 ein castrum *Montani* Horm. 1, 2, 191. Im J. 1396 in Churr. das gut *Muntschiell* Mohr 4, 304 = monticello. Vgl. bei Lupi 2, 166 u. 695 (10 Jhdt.) den ON *Montizello*, Monticello. Dasselbe ist das frz. *Muncilleis* (a. 1100) Guérard, Polypt. Irm. p. 379. Zur Form vgl. die chw. Namen *Magriel* Bach in der Cadi, *Macrellus; *Castiel* a. 1210 Castellum Mohr 1, 249; a. 1386 Campadyel Mohr Regest. S. 52. Anders chw. Iriel = Airólo = areolo.

64 MORTARIUM Mörser, warscheinlich auch kesselförmig gebildetes Gewand in der Flur, daher *Mortaren* im Vinstgau, a. 1039 *Mortari* Horm. 1, 2, 40; a. 1348 *Morter* Sinnach. 5, 28; a. 1290 *Mordare* Mohr 2, 105, im 11 Jhdt. deutlich in *Mortario* Mohr 1, 292 = churw. mortèr, murtèr, engad. morscher. Vgl. da-

zu das ital. (a. 1151) *Mortaiolo* (Pisa) Murat. 3, 1167 = mortariolo. Um Genf a. 1261 terra del *Morter* Regest. Genev. p. 229; bei Lüttich ein *Mortier*. a. 910: in comitatu Leuchia *Mortarium* locum vocatum. Grandgagnage Vocab. p. 62. Auch in einer alten Urk. von Verdun kommt eine vinea *Mortarium* vor, wenn ich nicht irre, bei Mabillon. *Grafmarter* s. Grava. Grundverschiden ist natürlich das it. *Mortaro, Mortara* = Myrtarium. Flechia, n. l. d. piante p. 15, Ort, wo vile Myrten wachsen.

65 NAVIS Schiff. Eine alte Färe über die Etsch zwischen Lavis und St. Michael heißt jezt *Alla Nave*, a. 1185 ad navem Ramberti FRA. 5, 63. Villeicht ist der Hof ze Naven in der pharre Albeins, Sinnach. 5, 326 auch so zu verstehen, falls es nicht *navina* Rübenfeld bedeutet. Die zwei seltsamen churrät. ON: die wise *a talanav nune* (a. 1353) Mohr 3, 104 und: der acker *a talanav de camoccas* (a. 1358) Mohr 3, 108, erkläre ich so: = à dalla nav nova[1]), bei der neuen Färe; à dalla nav de camotschas, bei der Gemsenfäre. Aus navis kommt auch das mlt. *naulum* Färgeld (zB a. 1192 de navibus tale naulum datur Horm. 1, 2, 254 u. FRA. 5, 117). Das erscheint auch in ON verwendet. So an der Küste von Genua eine civitas *Naulum*. DCange s. v. „riparia". So *Naul* eine Allmand bei Obersachsen a. 766 alpis *Naulo medio* Mohr 1, 15, also = mhd. bî dem mittelem verschatz. Vgl. das Feld *Schuteli* (Sarnen), im 13 Jhdt. Verschatz Geschichtsfrd. 21, 190 und dazu die ahd. Glosse b. Steinm. u. Sievers 1, 676, naulum i. e. ferischatz, verschatz, scefmeta. Ein pradum *Naulo*, jezt Naul da mez ist ebenfalls bei Mohr 1, 14 aufgeführt. Im 11 Jhdt. erscheint in Churrätien eine curtis *Navalis* Mohr 1, 290, weil etwa damit eine Färe verbunden war; daher villeicht auch der locus *Navale* in Toskana (a. 722) Brunetti 1, 465. Allein navale kann aus nava Rübe gebildet sein, wie favale aus faba, canapale Hanfland u. dgl. mer, die in Italien als ON merfach vorkommen. Anders wird *nava* aufzufassen sein, das in der Lombardei vorkommt und anderwärts schon besprochen worden ist. *Nevis, Navis.* A. 1140 locus g. d. vundenates (= fontanatas) in *nevis* Sinnach, 3, 426, nach Sinnach. 3, 352 das Tal Evas, Nevis oder Fassa. Dise 3 Namen haben denselben Vater, nämlich den alten Namen des *Avisio* deutsch *Eveis*, alt Avisius Horm. 1, 1, 173 aus der igm. Wurzel *av* geben, fließen; a. 1050 fluvius Avis ib. 1, 2, 81; a. 1202 pons Avisi FRA. 5, 150. Fassa oder Nevis a. 1259 Evis Horm. 1, 2, 149; a. 1227 Evis FRA. 34, 37; a. 1429 Eueys = Eveis, Sinnach. 6, 205; später Eves oder Fassa ib. 6, 226. Die Form Nevis = in Evis, wie Nalps = in alps oder berg. nàes (sorgente) = in aquas, komask. avas (sorgente). Die Form Fassa sezt eine ältere (vallis) Avisiasca voraus, verkürzt (a)vi(si)a-

---

[1]) *nune ist one Zweifel ein Lesefeler.*

sca, viasca, vascha, fassa. Vgl. chw. *fastitg* = vestigium, den ON *Frag* = verruca u. dgl. m.

66 NUX Nuß, Nußbaum. Leztere Bedeutung zB in einer südtiroler Urk. v. 1211 (actum) apud vicum de Rovina sub quadam nuce. FRA. 5, 482. Rät. ON. *Nats* b. Brixen im 11 Jhdt. Noces Horm. 1, 2, 69; a. 1142 apud Nouces, 1160 Noucis, 1284 Nauces FRA. 34, 5. 29. 169. a. 1310 Nautz FRA. 36, 47. Vgl. das ital. ad Noce (um Pisa), a. 970, Murat. l. c. 3, 1063. *Nüsiders* VAB. a. 881 Nuzadres und Zuderes Mohr 1, 47; a. 998 Nuzedre Mohr 1, 105; im 12 Jhdt. *Nuzirs* Wirtb. Urkb. 4, 45 (Anhang); so dann a. 1018 Nezudra Mohr 1, 109; a. 831 Nezudre ib. 1, 36; a. 888 Zutres ib. 1, 50; a. 1222 Nizzuders ib. 1, 275; a. 1268 Nizuders ib. 1, 383. Dise Form nez- niz- ist nach denselben Lautregeln entstanden wie das churwelsche niz Nuzen, nitzeivel nüzlich, il néz der Nuzen, malnizeivladat Nichtsouzigkeit, nezigiar u. nizziar nüzen (aus dem mhd. nuz). Nuzadres ist = nugaderas, nugadera, umgestellt aus nugareda (Nußgarten) von nugaro, nucarius Nußbaum; vgl. den it. ON Rovedera = robureta. Die Vokale werden im Romanischen oft umgewechselt, so kommt ital. saffruganeo neben suffraganeo vor, churw. salom neben solam. So also hier Nuzedres neben Nezudres und lezteres mit Aphärese sogar blos Zudres. Villeicht get die curia *Schiders* in Tirol (a. 1389 genannt, FRA. 34, 418) gerade auf leztere Kurzform zurück, während *Nassereit*, falls es undeutsch ist = nuceretum wäre. *Nauders* b. Brixen und eines im Vinschgau. Lezteres a. 1178 Nudre Mohr 1, 208; a. 1239 Nuders ib. 1, 330; a. 1290 Nvders ib. 2, 103. In Zeillers Itin. Ital. v. 1640 S. 142: Nuiders. Wahrscheinlich gehört auch die Form *Nauers*, welche a. 1235 vorkommt, Mobr 1, 323, daher. An dem Beispiel von Natz ist zu erkennen, dass die dieser Form nächst ältere Nauces lautet, dann die noch ältere Nouces, die älteste Noces = lat. Nuces. Daraus erhellt, daß Nauders, in der ältesten Form Nudre, auf einer spätmittelalterlichen Form stehen geblieben ist und jezt eigentlich Naders oder Naters heißen sollte. Diese Form kommt für einen anderen Ort in der Tat vor, jedoch schon früh ohne Zwischenformen. Also im 11. Jhdt. Natires Horm. 1, 1, 196; a. 1310 Naders FRA. 36, 42. Eine Form Nideres erscheint a. 1231 Horm. 1, 2, 361. Ich halte dafür Nuderes, Nideres, Nauders, Naders, Natires, Naters seien nur verschiedene mundartliche Ausgestaltungen von mlt. ad nucários, ad nugários, nugéries, nújeres, núeres, dann mit Einschiebung eines hiatustilgenden d, nú-d-eres, nideres, naderes, mit Verhärtung dieses d in deutschem Munde, wo man an unser „Natter" (coluber) dachte, Natires. Es ist dasselbe d wie in den ital. brado = brao bravo; padiglione = paiglione, papilione; aber hier speziell eingeschoben zur Stüze des r in nueres, noeres (vgl. oben Nauers), änlich wie im chw. tschendra = cinre, cinere (Asche), wie im griech. ανδρος für ανερος u. dgl. Ganz änlich ist das ladin. *Nudrëi* =

nugaretum, deutsch Nodreit. Vgl. Dr. Alton aaO. S. 50. Was die Zurückzihung des Tons auf die erste Silbe betrifft, so ist das wie in den mererwänten Senders, Balzers usw. Einfluß des Deutschen. Uebrigens findet sich auch in Unteritalien ein Nicódro, aus Nicotéra = νικητήρια, ein Táranto für altes Tárentum und in Toskana Férento für Férentínum u. so noch vile falsche Betonungen. Der Hof *Nitschell* b. Tschofes (a. 1310 FRA. 36, 44) entspricht dem it. ON. Nocella. Das ebengenannte Tschofes heißt jezt *Schabs*, hat also dieselbe Lautwandlung durchgemacht wie Natz, denn a. 1237 biß es Schaufes Sinnach. 4, 303; a. 1253 Schaubes FRA. 34, 120; a. 1142 Scoubes FRA. 35, 5. Felen also nur noch die ältesten *Scŏbes und Scŭbes. Da das u bei nŭces kurz ist, neme ich nach dieser Analogie auch dieses u in Scubes kurz an, dann komme ich auf eine Urform (ad) excŭbias oder (ad) jŭves = juges Bergjöcher. In Churrätien erscheint a. 1290 ein Ort *Nygarats* Mohr 2, 98. Das stet nach dem Ausgefürten für nugaraz, nucaratius, ser alter großer Nußbaum. Umgekert dürfte das a. 1353 genannte *Nygrol* (a. 1363 Nigrol) Mohr 3, 104 u. 172 = nugariolo, beim Nußbäumlein, besagen wollen. Etwas schwierig ist die Erklärung des ON *Schnauders* b. Brixen a. 1303 FRA. 34, 198; a. 1200 Schnaters Sinnach. 3, 635, der es aber auf Naters b. Innsbruck bezibt. Ich bin geneigt hir den Rest der Präposition sub zu seben, also sŭb nugoriis, sŭnugeres, snujeres, snueres, snoueres, snou-d-eres, ånlich wie im schon angefürten Storo aus *Subtauro*.

    67 OLLA. Schneller bringt in seinem Buch über welschtir. Volksmundarten S. 36 einen ON *Olle* lat. Ollae im Valsugana und aus dem Sonnenburger Urbar S. 21 u. 22 die Hofnamen *Abolles* u. *Abulles* de sutte (Unterabullas) ohne sie näher zu erklären. Ich habe in einer alttoskanischen Urk. von a. 782 bei Brunetti 2, 251 einen Passus gefunden, der auf diesen sonderbaren Namen einiges Licht wirft. Es beißt dort (vendidi) unam casellam sudrialem (wol zu lesen sundrialem), qui fuit *Olla meraria* supradicte ecclesie. Wörtlich also der Weinkrug der Kirche. Das kann sich nur auf den unvermischten, reinen Meßwein bezihen, welchen jenes Gut zu lifern hatte. So hatte der Inhaber der *Opferwise* bei Sulz im Ried den Communionwein für die dortige Kirche zu lifern. Alemannia 10,' 200. So rute auf Höfen oder einzelnen Gütern die Last den Chrisam, die Hostien, das Brennöl für die Kirche zu lifern. Es gibt also daher *Lichtäcker*, *Öläcker*, ja es gab sogar *Ölkühe*. Vgl. Lexer mhd. Wb. 2, 155. Daher kommt es auch, daß eine schweizer Urk. von 1315 von decima *krisenzehenden* ex permutatione translata, (ad) Crisma, Oleum sacrum et Hostias consecrandas spricht. Geschichtsfrd. 3, 242. Wol dasselbe toskan. Olla ist in einer Urk. v. 813 als Casale *Olle* u. a. 812 als Casale Olla genannt. Brunetti 2, 399 u. 401. Ebendort 2, 358 sagt eine Urk. v. 806: de castello Puliociano ubi vocatur *Holle*

(=Ollae). In diese Sippe von Namen gehört villeicht auch das bairische *Aipoln*, bei Apian, Topogr. Bavar. p. 343 Öllpoln genannt, denn das bairische *poll* ist ampulla Flasche. Schmeller b. Wb. Also ampulla olei.

68 ORTUS, hortus Garten. Hir sei nur der *Ortler* besprochen. In einer Urk. von 1063 heißt er Mons *Otales* Horm. 1, 2, 84. Es scheint da ein Schreibfeler vorzuligen, denn das später auftretende r vor t ist kaum junges Einschibsel, da Ortale merfach als welscher ON auftritt, auch ser früh als Apellativ gebraucht wird. Zu a. 794 curtis seu ortalias cum aliis edificiis (Lucca) Murat. 5, 620; a. 962 cum ortalibus (Rom) Marini p. 46. Vgl. Flechia, di alcune p. 93. Dann die ON poium de monte maximo q. d. *Ortale* (b. Pisa) a. 1109 Murat. 3, 1109(!); *Ortalia* (a. 975) ib. 1, 375. Für hortellus kommt ser früh ortallus vor. So zB. a. 863 molino cum . . . curtinella, ortallo etc. Fumagall. p. 356; vgl. dazu ebendort p. 41 (a. 796) *Oilvetallo Gaiutrude*, olivetallo meo. Es scheint wie so oft der Name eines einzelnen Gutes auf den ganzen Berg übertragen worden zu sein. Vgl. Säntis, Pfänder u. dgl. Die Ortlesspitze *Cevedale* get nicht auf das uralte ceva Kuh zurück, sondern vil eher auf capitale, in veraltetem Italienisch cavedale. Warscheinlicher ist jedoch eine Collectivform aus mlt. *cibata* Gerste, *cibatale* Gerstenfeld, falls dieses occitanische Wort auch in jener Gegend einmal üblich war. Dafür spricht das friaulische *Cividale* (a. 1257) FRA. 31, 194. Vgl. ital. civaia Hülsenfrüchte, Grötzelfrüchte. Cividale ist also wol Schefonacker, Erbsenland, gebildet wie Favale, Canavale usw.

69 PALMUS, PALMA, BALMA, Palfen, Balm. Ein ser dunkles Wort ist das rätisch deutsche *Palfen*, alam. *Balm*, engad. *spelm* und balma. Der älteste deutsche Beleg vom J. 1150 locus, qui an der *palven* dicitur von Schmeller, bair. Wb. 1, 236, angefürt, wo der, die Palfen, Balfen erklärt wird, als ein Felsenstück, das etwas überhängt und eine Art von Schuzdach oder Höle bildet. Baierisch lautet es auch Boivn, wie kalt: koit u. dgl. In der Schweiz ist *Balm* f. eine hervorragende Felsenwand, die nach unten etwas wölbig zurückweicht. DuCange erklärt balma als lapis sepulcralis, specus, collis a valle in vallem protensa in locis montosis, was dann mit dem kottischen *pelvoux, pervoux* einigermaßen übereinstimmt, das Chabrand et Rochas l. c. p. 164 als montagne élévée, géneralment arrondie à son sommet erklären. Nun wird unter Palfen auch schlechthin eine Felswand, ein Felsgipfel verstanden. So zB a. 1550 Zingerle, Weist. 1, 50: der wegschait, welches ain hocher schneidiger palfen (Kufstein); an einen hochen palfen genant spitzstein ib. 1, 51; auf das Straifegg alda in den palfen das Tyrollisch und Freibergisch wappen eingehaut ist. ebend. In den kottischen Alpen finden sich die Bergnamen Le Mont *Pelvoux* (= palvosus); Le Mont *Pelvas* ou Paravas (= palvatius, großer Palfen); il *Pelvé* de Basille (= palvatus); Piccolo *Pelvo*; *Pervo Monte*; Tête de Pel-

vas; Le *Pelve*; Rocher de *Péouve* (= palvus); Crête des *Pavéous* etc. Chabrand aaO. Dise Form *palvus (pelvo, pervo) scheint mir aus palmus gebildet, indem bir zunächst das Plattenförmige, das Handförmige, das Flache des überhängenden Felsen als die älteste Bezeichnung, dann die als Höle, Felshöle als die abgeleitete und schlißlich die von Fels als verallgemeinerte betrachtet werden muß. Änlich ist parma Schild offenbar aus palma hervorgegangen, wie die Handfläche selbst in einer Urk. des 13. Jhdt. parma heißt. Mém. et Doc. 32, 161. Die maskuline, wie die feminine Form lifen neben einander fort, wie die mit p und b anlautenden, eine Erscheinung, die nicht one Beispil ist. Das engad. spelm betrachte ich als palmus mit unorganischem Anlaut, änlich wie spalmata Handschlag neben palmata. Nur ist der Umlaut e in spelm nicht engadinisch, denn dise Mundart sagt palma nicht pelma, aber fassanisch pelpo = palmo Handfläche; das könnte seine Ursache in der Entlenung des Worts aus einer anderen Berggegend haben. Die Wandlung von palm in Palv, pelv ligt lautlich nahe, vgl. kymrisch palf aus lat. palma, wie umgekert schwalm, alm aus swal(a)wa, albe. Vgl. oberl. ampalm = inpalpum Stelle am Kuhbauch, wo der Händler hingreift. In Ländern wo beide Formen balm und palm (palv) vorhanden sind, haben sich die abgeleiteten Begriffe differenzirend auf die Formen verteilt, so daß im Engadin balma Höle, spelm Fels, in den kottischen Alpen pelvo den Berggipfel (besser wol Felsgipfel), balma, barmo, baume Höle bedeutet. In der deutschen Schweiz und überhaupt am Oberrhein hat Balm, Balb, den Begriff Fels behalten, denn alle Orte, die so heißen, sind felsig. Im Val Malenco bedeutet *balm* sasso che ruina da un' erta (Monti), im Val Anzasca *balma* grotta legermente cavata nel masso. Merkwürdigerweise hat die Palme (Maß, auch aus palma Handfläche hergeleitet) im franz. und Provençalischen beide Geschlechter beibehalten, lautet also le und la palme, palm und palma. In der frz. Schweiz ist barma, bauma, boma = caverne, grotte naturelle dans les rochers, daher *La Grand Baume* bei Joux. Eine savoyische Urkunde des 14. Jhdt. hat die Stelle *peulvanum* quod dicitur Margena, was der Herausgeber mit rocher widergibt. Vgl. Revue celt. 4, 282. Littré bringt le *pelvan*, pierre longue dressée perpendiculairment, en forme de pilier und leitet das aus bretronisch peul (pilier) und man (figure) her, also etwa unser „Stein-Manndl", allein das ist sicher falsch, denn Peulvan ist nicht aus zwei Wortstämmen zusammengesezt, sondern ein Stamm mit Ableitungsendung. Es ist ein spätgallisches Deminutiv, aus palma weitergebildet, weil armorisches en altem â entspricht und -an eine Deminutivendung ist. Vgl. Zeuß gr. celt. im Kapitel über die langen brittischen Vokale und über die Diminution. Es wäre also palmettus, rochettus. Auf der Alpe Valatscha in Savien (Graubünden) findet sich eine Höle *Balma*; auf der Stuzalp (Selvretta) eine Höle Bareto *Balma*, nach einem Italiener Alfonso di Bareto. Ich nenne nur noch *Balm*

b. **Waldshut**, a. 1049 Balba, Mayer, Thurg. Urkb. 2, 12; a. 1310 Palme Balm im Kt. Bern, Österley Ortsnamenlexikon s. v.; aus dem Enneberg *Palva*, 14. Jhdt., Zingerle, Sonnbg. Urb. S 43. Ein Hof *Palwitten* = palmetta in Tirol a. 1300 Sinnach. 5, 46. Bei Engelberg (Schweiz) im 12 Jhdt. *Ruvespalme* Geschichtsfrd. 11, 250; a. 1386 der Fels *Balbo* bei Istein am Rhein, Zeitschr. f. Gesch. d. Oberrheins 19, 126; a. 1239 *Ballo* b. Zürich ibid. 12, 292; 1387 der *Balm* bei Huttingen a. Rh. ib. 19, 218; a. 1291 ze der *Balma* Geschichtsfr. 2, 168; 1315 *Palmen* ib. 15, 109; a. 1294 pratum *Balmotstein* b. Spiringen ib. 3, 234; endlich Raben*palff* (Oberbaiern) Apian l. c. p. 114; *Palfen* villa, ib. p. 115. Eine ganze Reihe anderer übergehe ich. Unser Wort ist also nicht specifisch rätisch, sondern kommt in dem ganzen langen, sprachlich zusammenhängenden Bogen von rom. Mundarten vor, der jenseits der Pyrenäen anhebt, die französischen, piemontesischen, schweizerischen etc. Alpen in sich begreift und in Istrien ein Ende nimmt.

70 PALATIUM, PALATIOLUM. Pfalz, Herrenhaus. Zu ersterem zälen: a. 1385 ein acker *Palatzzi* Mohr 4, 111: a. 1281 ager in palatio ib. 2, 8; a. 1385 (wiesen) pey da *Palets* Mohr 4, 110 = pede de palatio? dieselben ebendort pey da Palitz, villeicht = palitium. Vgl. unten Pludätsch. *Balzers*, im 11 Jhdt. Palazoles Mohr 1, 289; a. 1208 Balzols Mohr 1, 242; a. 1278 Palazol bei Churwalden (ein anderes) ib. 2, 3 = palatiolum. Dieselbe Flur heißt a. 1281 *palatio*; a. 1279 *palas* Mohr 2, 8 u. 4. Vgl. unter fauus.

71 PALUS Sumpf. Ried. A. 1220 de Paludis Mohr 1, 234; 1265 pratum tres paludes Mohr 1, 376; a. 1358 prau de palu ib. 3, 113. Das a. 1228 genannte Palus Mohr 1, 309 kann auch daher gehören, vgl. oben Alvanude, Alvanūs, Alvanū, Alvoneu. Jezt lautet paludem im churw. palū, paleu, palüd, paliù. *Bludenz*, im 11 Jhdt. Pludono Mohr 1, 283, aber a. 940 Plutenes Mohr 1, 66; im 13 Jhdt. Peladino, Wirtb. Urkb. 4, 44 (Anhang). Die Formen stimmen nicht genau, doch gehen sie one Zwang auf păludīnes „Riedlein" zurück. — *Bludesch* im 11 Jhdt. *Pludassis* Mohr 1, 283; 12 Jhdt. Pludasches ib. 1, 189. Hizu vergleiche man aus einer Urk. v. 1050 pratum magnum quod dicitur Pradassis, jezt Pradazzo, Horm. 1, 2, 81; also Bludesch = păludazzo, churw. păludatsch, pludatsch, pludätsch, wie chw. plusa = palusa Raupe. Nach Mohr 1, 189 findet sich eine Burg ob Mülen *Pliatsch*, Spludatsch genannt, die er im Namen Pludasches einer Urk. v. 1160 wider erkennen will. Das anlautende s ist villeicht nur unorganisch, wie in spelm und anderen mit p anlautenden rom. Wörtern.

72 PETINA, ein Appellativ von bis jezt unbekannter Bedeutung, findet sich in Italien und Rätien vor. So ist im Neapolitanischen ein *Petina*. Placentinische Urkunden nennen ein *Petina*,

Pedina, Pedna und bei Ughell. 2, 259 lautet dises curtis *Palena*.
Ein *Palna* wird a. 715 (um Siena) genannt. Murat. 6, 367. Es
ist villeicht das heutige Petena im Aretinischen. Im Brescianischen
ein *Pedenaga*, im Veltlin ein *Pedenoss* auch Pedenozzo geschriben.
Das istrianische *Pedena*, deutsch Peden, Piden kommt a. 1176 als
Petinensis Sinn. 3, 657; a. 1215 als Petina FRA. 31, 127; a. 1285
als Pedena Sinnach. 4, 501 vor. Einen locus *Pedene* b. Schlins
(VABg) nennt Wartmann 2, 386 (10 Jhdt.); ein fundus *Pedenocie*
wird ebendort, auch b. Wartm. 3, 11 genannt. Hiher gehört one
Zweifel das im Gebit von Oberhalbstein abgegangene monasterium
u. castrum *Impetinis* = in Petinis. So a. 1154 mon. Impetinis. Ju-
valt 2, 196 u. Mohr 1, 128; im 11 Jhdt. castellum Impetinis,
Impedinis, Impitinis. Mohr 1, 285. Anno 1200 eine *Cresta pedinal*
Mohr 1, 234; a. 1243 castrum *Pedenali* de Mace Mohr 1, 333;
a. 1271 de Pedenali ib. 1, 387. Steub, z. rh. Ethn. S. 200 nennt
noch (12 Jhdt.) *Petinal* seu Trimmis; supra Vatz in *Padnal*
(15 Jhdt.); ein *Petnal* b. Tienzen, bei Süß, bei Vettan; ein
Pedenale in Poschiavo; ein *Pedenole* im Val Camonica und fügt
bei: „überall Name eines Turmes oder einer Burg." Da die älteste
Form petina lautet, ist weder lat. patīna noch das ital. pédena
Riegel zu gebrauchen.

73 PASCUUM. PASCUALE Trift. Paspels im Domleschg
a. 1237 villa Pascuale Mohr 1, 324. Vgl. dazu aus einer ber-
geller Urk. v. 1285 a sero *pascualum* commune. Mohr 2, 32.
Wegen der Deklinirung ebendort et in culminum statt culminem.
Anno 1296 *Paschwal* Mohr 2, 95. Bascuas (a. 1252) Mohr 1,
340, änlich wie Basten (1209) Mohr Reg. S. 49 statt Pasten,
Paisten, was aber nicht auf lat. pastum, pasta, pastae Trift zu-
rückgehen wird, vilmer das mlt. pestīna, pastina Grabland, Schorr-
reute, neue Rebseze, sein wird, von pestinare, pastinare hacken.
Alte Belege für das Wort sind: vinea a novello *pastinata* (a. 967)
Murat. 2, 137; terra sementaritia *Pastina* (a. 1027) Marini, pap.
pag. 74; vinea *pestinate* (alias pestinace) a. 1112. Lupi 2, 873.
Locus *Pastino* (Toskana) Murat. 5, 830. Vgl. it. pastino junger
Weinstock. Wider anders ist mlt. *pesta* Stampfe. Vgl. resegam,
follam, pestam etc. Ascoli arch. gl. A. 1, 253 u. folle, piste, tra-
verse, malia et Reseghe (Monti, vocab. Com. s. v.) = Walken,
Stampfen, Wuhre, Eisenhämmer und Sägen. Pesta von pestare,
pistare, stampfen, woher auch it. *pesta* festgetretener Weg. Die
älteren Formen für den jezigen graub. ON *Paist* sprechen eher für das
erstere Etymon. A. 1156 de Paistene Mohr 1, 185; a. 1270
Paistenes ib. 1, 387; 1273 Paistens ib. 1, 405; aber schon a. 1149
im Nominativ Paiste Mohr 1, 169; a. 1443 ze Paist Mohr 1, 162n.
Ganz anders ist pratum *Paigenas* (a. 1350) Mohr 2, 408. Das
kommt von chw. paig Pacht, es ist = pratas pactanas, unser *Baig-
gewisen*.

POPULUS Pappel, Alber. *Pufels* b. Castelrutt, grednerisch

Bulla. Die deutsche Aussprache wart auch hier, wie noch oft anderwärts einen älteren Lautstand und eine beßere Form. Bulla stet für Bubla, wie churw. schullar für sublar (sibilare blasen), dises für Publa. Das anlautende B verdankt sein Dasein ohne Zweifel der falschen Analogie mit bulla Kapsel, päpstliche Bulle. Übrigens gibt es in demselben Tal Greden ein *Bragù* statt *Pragù* = pratum acutum. Alton aaO. S. 29. Vgl. zu Publa den lomb. Flurnamen campo a puble (a. 892) Fumag. p. 523; die ital. ON Pibbia, Pombia = Pupla, Popla. Flechia, n. l. deriv. etc. p. 17. Unweit Pufels ein *Pufletsch*, a. 1388 Poblitsch FRA 34, 411; a. 1311 Publitsch ib. p. 214 = populicium (im großen Alberach). Vgl. it. canniccio Röhricht. Ein bonum *Pobeldätsch* (a. 1343) FRA 34, 253 = it. *populetazzo. Ein Hof *Publit* (a. 1343) FRA 34, 253 = den ital. ON Piobbeto, Povoledo, Poppeto; a. 1153 Popleta Murat. 4, 503; a. 1183 Pobleto ib. 290 u. 339. Hingegen ist das monasterium *Bobio*, a. 880 auch Pobio geschrieben (Murat. 1, 275) nach einem Fluße zubenannt. Vgl. eine Urk. v. 846 coenobium Sti Columbani *Bobii* fluminis gloriosi noemen tonens. Mohr 1, 43. Einige alpine *Bofels*, *Pofels*, *Pufels*, gehören also daher. In Italien kommen dise als li *Pluppi* (a. 994) Murat. 2, 1055, als *Ploppe* (a. 1058) Murat. 3, 242 etc. wider vor, mit Versezung des l.

75 PORTUS, PORTA. Ersteres zu vgl. mit griech. ποϱος, deutsch furt, mit schweiz.-frz. *port* m. (passage dans un defilé dangereux). An den Flüßen Oberitaliens kommen vile *Porto* (Portora) vor. Ich füre nur eine Stelle von 842 an: *Porto Vulpariolo et reliqua Portora usque in Caput Adduae*. Murat. 2, 978. Einige unserer rät. ON laßen es zweifelhaft, ob sie zum ersten oder zweiten Appellativ gehören. So *Portennis*, wärend andere deutlich zu porta gehören. Im 11 Jhdt. die bekannte *Porta Bergalliae* Mobr 1, 298 und damit die Einteilung des Tales, welche schon a. 1390 vorkommt als in Brigäll *unterport* und *obport* Mohr 4, 182. Zweifelhaft ist ein ON *Por* (a. 1231) Mohr, Reg. S. 50, was im Ultental wider erscheint als vinea *Porgost* (13 Jhdt.) Wirtb. Urkb. 4, 54 Anhang, es dürfte = pratum sein, also ein umgestelltes engad. pro Wise. Die Verkleinerungsform portula oder portella im ON *Portels* b. Flums (a. 1290) Mohr 2, 106, woher der FN *Portilser* (a. 1321) Mohr 2, 267. Vergl. den ON *Portella* in Tirol FRA. 5, 195; a. 1141 mons *Purtels* (um Wilten) Horm. 1, 2, 118. Im J. 1400 wird ein *Portew* bi Palianigs genannt, Mohr 4, 340. Nach der Analogie mit churw. buleu = boletus wäre das portetus. Palianigs scheint wie das it. Popianica auf einen PN zurückzugehen, etwa auf Paulianica (colonia). *Portennis* (a. 1116) Mohr 1, 111 Hof zu Schiers im Prättigau, a. 1139 Pertennis Mohr 1, 120 (vgl. Juvalt 2, 122) und *Portein* am Heinzenberg gehören zu mlt. portenna Pforte, woher portenarius, gebildet wie *Pontena* (j. Seebruck an der Alz) a. 798 Kleinm. Juvav. A. S. 25. Vgl. Poséna (a. 1211)

= Bauzána, Bozen FRA. 5, 305. Ein *Portinges* (Tirol) a. 1247 FRA. 34, 115 erwänt. Die *Porta auriola, oriola* zu Trient (a. 1185 u. 1191) FRA. 5, 59 u. 160 ist wol „das gelbe Thor". Vgl. Diez, etym. Wb. 2, 145 unter loro.

76 PRATUM. Dises Wort hat sich im Churwelschen in zwei Begriffe gespalten, sofern der Nachkomme des Singulars il prau schlechthin „Feld", das aus dem lat. Plural prata hervorgegangene Feminin la prada „Wise" bedeutet. Daher praudir = pratum durum Brachfeld. — Alte seltene Ableitungsformen sind a) *prataticum*, daher der ON *Pradatico* (a. 938 bei Adria) Murat. 3, 737. b) *pratilio*, hivon (a. 1193) *Pratilionum* b. Pisa, Murat. 4, 475. c) *pratana*, davon casale *Pratanella* (Rom, a. 854) Marini p. 15. d) *prato*, pratonis, jezt im Val Maggia *praòn* (prate grande), im älteren Churwelsch *praun*, komask. *pravòn*. Beispile: vinea *Pratono* (a. 1034) b. Padua Murat. 3, 203; die Wisen *praun* de Coira und *praun de Girliang* (a. 1363) Mohr 3, 163; die Wise *Pravón* bei Blevio. Ascoli arch. gl. 1, 257. Aber *Perdonig*, Pradonego, a. 1211 Pradonico FRA. 5, 489 = pratum dominicum Herrschaftswise. Vgl. dazu pratum donegale (a. 1086 um Bergamo) Lupi 2, 751; silva donnica (a. 767) Brunetti 1, 601; mons donicus (a. 1027) Marini p. 74; Gualdus donicus ib., mons dompnicus (a. 1037) Marini p. 80 etc. e) *pratacium* große Wise, eine Form die in Rätien belibt ist. *Pradasso* a. 1050 pratum magnum q. d. *Pradassis* Horm. 1, 2, 81; dasselbe b. Sinn. 2, 178; a. 1166 *Pradaci* villa (Pradazzo) FRA. 31, 111. Vgl. dazu vinea Runcazi Horm. 1, 1, 136 (a. 1070). a. 1320 *Pradetsch* FRA. 34, 227. Bei Schweiningen (a. 1394) eine Wise *Pradäts* Mohr 4, 237; a. 1380 Pradetz ib. 4, 45. f) *pratericium*. Im VAB. um 1200 ein *Pradrex* Wirt. Urkb. IV Anhang, = pratericium, wie das mitaufgefürte Walex = valletsch lert. Sihe wirt. Vierteljarshefte 6, 286. Dasselbe ist *Brederis* in VAB. g) *Pratale*. Fundus pratale a. 984 Marini p. 165. Hiher wol castrum *Pratalia* (Südtirol) FRA. 5, 111 u. 146. h) *pratellum*. *Perdell* a. 1297 Pradelle Sinnach. 5, 32. Ein Pradella hat die Nebenformen Pradalla, Pradala FRA. 5, 45 etc. i) *praticellum*. Eine tosk. Urk. v. 742 nennt ripa *pratuscellus* Brunetti 1, 503. Hieher gehören wol auch *Presels* (a. 1304) FRA. 34, 200; a. 1437 *Pressels* Sinnach. 6, 227; villeicht auch *Partsgal* (a. 1384) FRA. 34, 385 lis partschal = praticallum, Nebenform von praticellum, wie das früher erwänte olivetallum ortallum etc.; a. 1405 *Partsil* FRA. 5, 455 = praticell, wie *Puzillum* (a. 1231 um Trient) Horm. 1, 2, 370, = pozzello (kleiner Brunnen). a. 1353 Purtschil FRA. 34, 434; Purtzyl ib. p. 92, wenn = partschil, wie mulgrey für malgrei u. dgl., möglicherweise aber doch = porcīle (Schweinsteige). Vgl. Cafrill (a. 1429) Sinn. 6, 204; a. 1264 Cavril ib. 4, 556, = caprile Geißstall. k) *pratacinum*. *praticinum*. *Partschings* a. 1284 Parzinnes FRA. 34, 170; a. 1283 Parzbins Horm. 1, 2, 153; a. 1278 Porschinnes Sinnach. 4, 484;

a. 1493 Partschins FRA. 34, 616; allo Formen mit verseztem r.
Vgl. chw. pardèr Mahder = pratarius; chw. parmavera = primavera Früling, parschun = prisione Gefängniß, parsui Wiesbaum = pressorium, parvenda = praebenda etc. *Pramstral* in Villnöß ist wol dasselbe, was (a. 1311) Premonstral FRA. 34, 214 Pratum monasteriale.

77 QUATUOR u. QUARTUS. QUADRUVIUM Kreuzweg; chw. cadruvi Kirchplaz; ital. carrobbio, caroggio, auch carobia. Alte ital. Formen a. 1195 Carrobio (Como) Mur. 4, 233; a. 1226 *Carubiellum* (Modena) ib. 4, 216; a. 948 calle de *Carubo* (Ferrara) Murat. 2, 175. Hieher rechne ich *Kadober*, a. 974 Catrubia Horm. 1, 1, 110, was jedoch FRA. 1, 35 Cadubria schreiben; a. 1140 Catuvria FRA. 31, 98; a. 1270 Cadobrio Horm. 1, 2, 240; a. 1199 dasselbe Cadumbrio, Murat. 4, 172. Vgl. ital. colombrina = colubrina Feldschlange. Die triestin. Form für quadruvium ist codroip, codroy. Ascoli, arch. gl. 4, 361. Unser Cadobrium stet für Cadrobium mit verseztem r. In Frankreich *Carrouge*, urkundl. Quadrugiae aus quadruvium, quadrivium Valesius p. 461; sonst in der Regel carrefour = quadrifurcum. Das frz. *Carobria* ist = briva ad Carum Brücke über den Chaire. *Karrösten* bei *Karres* (Imst) hält Schneller Streifz. 7 für collis ustus, allein die im 17 Jhdt. noch gut erhaltene Form Kärer östen (Zingerle, Weist. 2, 151) zeigt, daß der Name zunächst deutsch ist, bei den Karres zu gelegenen Östen, entweder von ahd. awist (ovile), vgl. ufm Öusten Geschichtsfrd. 8, 41 oder noch warscheinlicher = Eßten, Ätzten (Vihweiden). Karrerösten ist gebildet wie Rumerstill bei Rum (Zingerle aaO. 1, 219) nach der dort S. 220 genannten *Still*. Karres selbst ist romanisch, das häufig vorkommende Quadras, von quadra Feldstück, Parzelle, aus lat. quadrus. Karres wie karrene = quadragenae. Vgl. aus einer Verkaufsurk. vom J. 867 cum casis ... farinariis, *quadris*, campis, perviis. Murat. 4, 514. Dann *air quadra* (a. 1354) Mohr 3, 83; acker *quadratscha* ib. Dann *Quader*, *Quatra*, *Quadrelle* Mohr 3, 172; 3, 89; 3, 61; das *Dorfquader* b. Fliß. Zing. aaO. 2, 231. *Gudratsch* b. Feldkirch. Weiteres sihe Nachtrag.

78 RAGEN, RAGAUN b. Brunnecken (Pustertal) a. 1140 in Pustrissa valle in pago *Ragaun* Sinnach. 3, 216; 10 Jhdt. Ragowa Sinn. 2, 76; a. 1307 Ragonia FRA. 5, 420; a. 1157 Ragen, Ragine, 1205 Ragene FRA. 34, 22 u. 74 sind alles Umformungen aus slaw. ragowa, einem Derivat von *draga* Tal, Weg. Sihe Miklosich, die slaw. ON aus Appellativen S. 18. Slawisch sind Pustrissa, Deffreggen usw., lezteres im 11 Jhdt, Toberache Horm. 1, 2, 69; Tofriche ib. 1, 2, 71; Tovireche ib.; Tobrich ib. p. 72; a. 1181 Touveregen FRA. 34, 53 aus slaw. dobry, verdeutscht tover (gut) abgeleitet. Vgl. den krainischen rivus *Tobrotobach* teutonice Guotpach (a. 1073) Horm. 1, 2, 53. Alsowol = dobravice, dobraviche. Doch vgl. Nachtrag.

79 RUNCUS Reute, Rodung, von *runcare* Gestrüppe ausreu-

ten. Dises Appellativ ist in Rätien vil verwendet. Ich füre nur einige Derivate auf. a) *Runcale*. Im 8 Jhdt. in Churrätien ager *Roncale* Mohr 1, 17; a. 933 cortinum *Aroncale* b. Buchs VAB. Wartm. 3, 12; 14 Jhdt. forestum *Runcaglia* b. Chur Juvalt 2, 121. b) *Runcalarius*. Anno 1382 uf Rungaliers Mohr 4, 55; 1361 die weide Runcalier Mohr 3, 153; a. 1394 das gut Rungalier ib. S. 255; a. 1400 Rungalett ib. S. 340. c) *Runco*, onis. Flur Rungun b. Fließ. Zingerle aaO. 2, 231. d) *Runcatium*. a. 1070 vinea Runcazi, angebl. Rentsch (Bozen) Horm. 1, 1, 136; a. 1336 Runketsch Sinnach. 5, 147. e) *Runcata*. a. 1191 Runcade FRA. 5, 109; a. 1291 Runcada ib. 34, 181; a. 1377 in der Runggad Sinnach. 5, 154. Hizu (a. 1397) *Rentschendei* b. Vels FRA. 34, 435 = runcetello; ein Roncadellum (a. 1186) Murat. 4, 229; a. 891 campo a Runcesiolo Fumag. p. 523; a. 1136 vallecula q. d. *Runcatitio* Lupi 2, 1003; a. 1171 Runcadiolo ib. 2, 1279. Als Bachname kommt *Ronco* in Italien vor. Zeiller, Itin. Ital. S. 207; das halte ich für den Rest von serronco oder borronco (Schlucht, Klinge, Klingenbach); vgl. die in italien. Urk. vorkommenden Apellativa, borronc-ello, serrunc-ello. Hingegen dürften die ON *Runcano* (b. Clusina, a. 1191) Mur. 6, 42 und casale *Runcengum* (a. 1192 b. Cremona) ib. 4, 232 eher auf einen PN zurückgehen. Ebenso das tirol. *Auronzo*, später Ronz, Rentsch (12 Jhdt.) Sinnach. 2, 362. Vgl. den rät. Mauroutius, den cementarius Orant = Aurant u. dgl.; also = ad Aurontium.

  80 SALA Herrenhaus, von ahd. sala; in alle rom. Sprachen übergegangen. In einer tosk. Urk. v. 716 heißt es: accepit pretium de *sala* juri sui, pede plana, muru tercidata, scandula cooperta. Brunetti 1, 453. a. 766 im Testament Bischof Tellos von Chur: castrum meum cum ... sala. Mohr 1, 12. Daher a. 854 *Sala* (Ravenna) Marini p. 151; 10 Jhdt. Sala (um Rom) Murat. 4, 1061; a. 933 Pratum Salae (Arretin.) ib. 5, 237; a. 994 vicus *Salla* (Treviso) ib. 1, 431; a. 1091 *Sala* (b. Bergamo); a. 1029 *Sala Bertani* (Segusia) ib. 1, 342 usw. Ebenso in Spanien, Frankreich. Ich nenne als Beispile nur *Sala nova* in Arragonien DCange s. v. „forista", *Salanova* in der franz. Schweiz Mém. et Doc. 31, 30; das bei Chur gelegene *Sala*, *Salas* (a. 1290) Mohr 2, 109. Zu *Saletz* (a. 1282) bei Churwalden Mohr 2, 15; a. 1222 *Salezzes* ib. 1, 274 = salitias vergleiche ital. ON Sarezzo aus salice (Weiden) Flechia, n. l. d. piante p. 20. *Salezole* (Verona, a. 1145) Ughell. 5, 734. *Salux*, a. 1160 Salugo Mohr 1, 189; im 13 Jhdt. Saluge ib. 1, 364 erinnert an *Suluciola* (b. Vercelli) a. 1152 Murat. 6, 321, jezt Saluzzola, wol nach dem benachbarten *Saluzzo* zubenannt. Lezteres aus sala wie it. paluzzo von palus, villuzza Dörflein, aus villa u. dgl. Saluzzo ist also ein kleines Herrenhaus. *Salugo* aber ist ebenfalls eine Pejorativform von sala, gebildet wie ital. pagliuca Strohhälmlein, baluce Golderzstückchen, tartuga Schildkröte, von tortus krumm, wegen ihrer krummen Füße, wie ital.

carruca, pezzucco u. dgl., die z. T. schon im Latein als aeruca, balluca, carruca vorkommen. — Ein andres rom. *sala*, wol aus der igm. Wurzel sar fließen, bedeutet im Ladinischen Rinne, Dachrinne, dazu salina, salliera, salàa u. dgl. Sihe oben. Die Form *salina* Rinne ist schwer von sălina Salzgrube zu scheiden. Sicher ist dise gemeint im salzburgischen *Salinas* a. 798 Kleinm. A. 20. Bei *Schlins* (Engadin) a. 1161 Salina Mohr 1, 194; im 11 Jhdt. Scline Mohr 1, 283; a. 1018 Enscline = in Scline ib. 1, 109; bei der alpa Sliniga (a. 1167) Mohr 1, 197 darf man villeicht an ersteres denken. Dasselbe wird *Schlins* in Vorarlberg sein, alt Selines, das Schneller Streifz. 31 für den Rest von casellinas hält, während er aus Schleins silvensis macht. Derselben Wurzel sar, sal, sil dürfte das lat. *silanus* Rörbrunnen angehören. Unter dises kann man *Schlans* a. 766 Selauno Mohr 1, 14; a. 1270 Sillaunes ib. 1, 386; auch Selaune ib. 1, 105; Selaunis ib. 1, 325; a. 1275 Sellaunes ib. 1, 411; a. 1258 Slaunis ib. 1, 351; Slauns ib. 1, 309 rechnen, = apud silanos. Ubrigens darf nicht vergessen werden, daß es aus derselben Wurzel einen arischen Flußnamenstamm gibt, der in allen disen Formen ebenfalls erscheint, wie wir unter den Flußnamen sehen werden. — Wir haben ferner in Rätien Formen wie *Salern* und *Salurn*. Ob die eine oder andere vorromanisch sei, kann ich nicht belegen. Vorromanisch ist natürlich das alte ital. *Salernum* am Meer (Plinius N. H.), wol ein aus sal abgeleiteter Name. In Tirol wird in FRA. 34, 158 ein castrum *Salern* genannt; dann am Splügen (a. 1308) die markstein in *Salern*, Juvalt 2, 206; des weitern an der Etsch *Salurne* (a. 1166) Horm. 1, 1, 107, jezt Salurn, a. 1189 Salurno FRA. 5, 94; endlich ein *Salerum* a. 1140 (auch in Tirol) Sinnach. 3, 410. Dise Formen wie auch die *Salurnspitze* im Schnalsertal, fürt Schneller, Streifz. S. 24 auf silvernus zurück, über silvernum, salúernum, salurnum. Man könnte sie aber auch aus salarius, salcrius, salerinus erklären, indem Salurn aus Salern und dises aus salerinus hervorgegangen wäre, wie lat. Falernum aus Falerinum, maternus aus maternus etc. Die rom. Mundarten in den westlichen Alpen kennen ein Wort la sariero = saliera = saleria, Salztrog für das Vih, ein Wort, aus dem sich die weiteren, eben gedachten Adjektivformen wol entwickeln konnten. So käme das alte und neue Salern wider zusammen. Die Salzbüchse heißt churw. salarin und saliner. Die vorromanischen *Salona* halte ich, wie weiter unten kommt, für Flußnamen. Ein rätisches Salōna wäre = großer Bergsattel aus sala = sella. Vgl. churw. salèr Sattler von sellarius. Ob das münstertalische *Saliva* (a. 1178) Mohr 1, 208 = soliva (von solum oder sol), oder aber als Derivat von sala anzusehen sei, laß ich unentschieden. Jedenfalls ist es eines der rom. Adjektiva wie hortiva, prativa, curtiva, campiva, boschiva, arboriva, clausuriva, die in rätischen und lombardischen Urkunden vorkommen. Es ist noch eine Frage, ob die pontives, pradif u. dgl. nicht hiher gehören, statt daß man an Composita wie ponte d'ives, pratum de ives u. dgl. denkt. So fürt Tiraboschi außer einigen schon genannten noch die bergam. brölif, brüghif (brughiera), cornif (felsichtes Erdreich), gerif (sandig), guastif (unbebaut, öde), pascolif, ripif, ronchif, salegif (mit Weiden bepflanzt), agrüsif (öde), zerbif (wild, mit Gesträuch bewachsen) an.

81 SALIX Weide, Felber. Hiher *Salis*, wenn die urk. Form *Salice* (a. 1219) das Richtige gibt. Mohr 1, 264. Die Urkunden geben manchmal nur die lat. Übersezung, wie zB Wyden bei Wesen im 11 Jhdt. in Salicis Mohr 1, 292. Im heutigen Churw. lautet salix *salisch, salesch*. So dürfte *Sleics, Sleschte* b. Bozen (14 Jhdt.) FRA. 36, 120 u. 573 = sälesch sein. Das pratum *Salechte* a. 1200 Mohr 1, 234 ist wol = salictum. Die Form salicetum findet sich im vadum *Salxedi* a. 1185 bei tir. Metz, eine alte Gerichtsstätte. FRA. 5, 57. Ein tirol. *Salgaio* a. 1211 l. c. 5, 476 ist = salicario. Vgl. den it. ON *Salgaro*. Flechia n. l. deriv. d. n. d. p. p. 20; ferner das Collectiv *Tapayc* (a. 1306) FRA. 34, 208 = talparia, Ort wo vile Maulwürfe hausen = dem ital. ON Topaia, gebildet wie Capraia = capraria, caprara. Die Flur in *Saliuglo* a. 1188 FRA. 5, 72 ist = saliculo, eine Bildung wie *Dissuclo* a. Dorsum, wie *silvugla* = silvucula (a. 803) Fumagalli p. 103. *Sarkuns* bei Disentis erklärt Schueller Streifz. 15 durch salicones, welschtir. salgones, große alte Weidenbäume, was wol richtig sein wird.

82 SARA, SERA, SERRA, im mlt-span. auch *serna* (DCange). Eine Anzal von Namen dises Klanges gehören unter die Flußnamen. Sihe unten. Veltlin. *sàra*, *sêrra* (chiusa fatta ad aque correnti per arrestare aqua o legna) von *sarà* (claudere); *sarègl* (tronchi di legna arrestati lunge le fiumane); friaul. *sarin* (serrino, chiudano). In alten Schriften, aber auch in einigen modernen Mundarten bedeutet *serra, Sarra* Felsenge, Klamm, zB der Engpaß La Serra b. Bormio. So wol in folgenden Stellen: a. 994 (finis) ascendit per ipsa via de ipsa serra usque in ipsae petrae prioris fines (Salerno) Murat. 2, 1035; per serruncello usque in via .... ab ipsa Serra de ipsa via de Cilento ib.; a. 1135 vadit per serram montis (Pisa) Mur. 3, 1152, hir wol = Felszacken; a. 1020 Serra Montis q. d. Heremonio ib. 1, 1012; a. 1183 Serra valle b. Dertona Murat. 2, 289. Leztrem entspricht *Servalls*, ein Bach bei Serfaus (Oberinntal). Schon a. 766 bei Sagens eine Flur *Sarrs* Mohr 1, 12 = sarras. Im J. 841 cella *Serras* (angeblich Aschera) Mohr 1, 39, jedenfalls um Churwalden. Eine Wise *Serrus* (a. 1310) Mohr 2, 388. Hiher die früher genannten aqua serenasca und die prau serein. Das Deminutiv *serula* kommt merfach vor. So bei Zillis a. 1156 ein *Scrlis* Mohr 1, 180; a. 965 eine alpa *Serla* b. Innichen FRA. 31, 33, dieselbe a. 972 *Serula* ib. p. 35. a. 1465 *Serels* j. Serlesberg b. Matrey Sinnach. 6, 179; *Schärl* b. Prags ist dasselbe; ebenso der *Serlschrofen* b. Patsch Zingerle aaO. 1, 249; a. 1200

Serlis ib. 1, 235. Auch in den Urkantonen an Serlen Geschichtsfrd. 25, 169 *scrleneün* u. dgl. Der campus *Inserad* Mohr 4, 153 (a. 1388) ist wol = in serrata. Auf deutschem Gebiet kommt die *sere, serre*, der Esch- oder Dorfgatter ins Spil. Vgl. Grimm, Weistümer 5, 688.

83 SILVA it. selva, rätisch-deutsch *Salve*, zB. auf die höche der *Salfen*, Kufstein. Zingerle aaO. 1, 52; die hohe *Salve* im Vorarlberg. Merfach kommt *Silvaplana* vor. So a. 1231 bei Bobio Murat. 2, 226; in Rätien a. 1222 *Sylvaplana* Mohr 1, 274; 1290 Silvaplana ib. 2, 130 etc. *Selvi* lautet a. 1105 Silve Mohr 1, 150. Ein vicedominatus *Selvacensis* ist (a. 1228) b. Mohr 1, 307 genannt. Die *Salvesen* Bach b. Tarenz ist nach Schneller, Streifz. 38 = aqua silvensis. *Salfaun, Salvaun* ist als silvan-us zu deuten. Über *Scrfaus* sihe unter Fano. Das a. 1159 genannte *Selwin* FRA. 34, 26; a. 1177 *Selbinis* Mohr 1, 205 scheint einen PN zu enthalten, Silvinus. So a. 955 Salvino Lupi 2, 234 = Silvino. Vgl. Flechia, di alcune p. 50. 52. Vgl. den PN und Hofnamen *Sulvan* (11 Jhdt., Tirol) FRA. 31, 91. Ein Silvanus a. 766 b. Mohr 1, 16; a. 840 ein Silvanus Abt v. Pfefers. ib. 1, 38. Daher auch *Sulfanstal* b. Steineck (a. 1381) FRA. 34, 355. Vgl. churw. sulvedi = lat. silvaticus.

84 SEMITA, SEMITERIUM, SENTERIUM Fußpfad, prov. semdier, sendier, cendier, it. sentiero, kom. sentée, berg. senteri; ersteres berg. senda, churw. senda (vgl. *gund* aus gombd), friaul. semide. Rätische ON a. 1142 montem Alpium *Senders* Horm. 1, 2, 120; 16 Jhdt. eine albe der *Senders* bei Kemnaten. Zingerle Wst. 1, 258. Vgl. dazu aus tirol. Urk. a. 1190 stratas, semiteria FRA. 5, 101; a. 1217 cum viis et senteriis ib. 5, 315; aus der frz. Schweiz a. 1386 senderius seu violus Mém. et Doc. 13, 81; a. 1425 situm juxta Senderium per quod itur ou Buyt (= bou, bois) Mém. 22, 361.

85 TALV, TELV-, TULV- ein rätisches Appellativ von unbekannter Bedeutung, doch merfach entweder einen Bach oder Wisen bezeichnend. Sollte es nicht aus einem oberd. *delb* = niderd. delf, Graben, kommen, da die Oberdeutschen ein *delban* graben, partic. *gadolban* besaßen? a. 827 *Telues* Telfs im Wipptal FRA. 31, 13; a. 1155 mansus Telvus FRA. 34, 19; a. 1160 de Telvo ib. 5, 27; a. 1183 de Telve (mit Borgo) ib. 5, 47; a. 1178 *Telfs* (Oberinntal) Wartmann 3, 48; 1233 *Thelphis* (Olnntal) Sinnach. 4, 250; 1263 aqua *Telfs* (zum Inn) Horm. 1, 2, 313; a. 1289 *Telves* prope Sterzingen FRA. 34, 187; *Telvana* Schloß im Valsugana. Merian, Topogr. Tyrol. p. 154; 16 Jhdt. *Tulfes, Tulfs* (Tirol), dabei die Alpe Tulfin, Tulfein Zing. Weist. 1, 221. *Tulfers* im Wipptal a. 827 Tulvares FRA. 31, 13; a. 1249 Tulver ib. 34, 117. — a. 1310 *Talf* FRA. 36, 45; a. 1353 eine wise in *talv* Mohr 3, 104; a. 1336 *Telf*, ebene Wisen bei Sent und Ardez (Engadin); an *Tälfsan* Sinnach. 5, 146 (talvazzana?); a. 1348 *Talvas* Mohr

2, 401. Die *Talfer* b. Bozen a. 1277 aqua *Talwerna* Horm. 1, 2, 372; a. 1441 dishalb der *Talfay* FRA. 34, 573. In den anligenden deutschen und romanischen Ländern bin ich wenig Änlichem begegnet. Den Flußnamen *Talfer* halte ich für älter als das Apellativ talv, telv, ich vergleiche in mit der frz. aqua *Tolvera* ('Touvre) Valesius 557; mit der *Dulba*, *Tulba* im pagus Salagow Förstem. altd. ONB. S. 1412 und etwa noch mit dem altfrz. ON *Telvicus* (Theuvy) Guérard, polypt. Irm. p. 97. Aus den ital. ON silva *Tolfa* (um Fruttuaria) 11 Jhdt., Mém. et Doc. 20, 486; und de la *Tolfa* in einer röm. Urk. von 1230 Murat. 1, 685 weiß ich nichts zu machen. Das am Plavis gelegene *Talpone* (a. 1124) Lupi 2, 914 und ein oberital. *Telpida* (a. 997) Murat. 1, 567 bringen auch kein Licht.

86 TANA Höle, oberländ. tauna; bergam. tana (covo, cobolo, buca), kom. *trana* (tana, cavernetta); berg. *tania* (spelunca, antro); veltl. *tambusna* (spelunca) = tana-büss. Tama verhält sich zu tana wie it. tamaceto zu tanacetum Rainfarn. Die ON *Tanüs* (Übersachsen), *Tanàs* (Vintschgau), *Tanusa* (Prättigau) scheinen alle auf tanuzza zurückzugehen. Eine Augmentativform ist *Tanuna* (Stanzer Tal). Vgl. kom. *tranon* große Höle. In leztrem Wort scheint sich ein r an das t gelent zu haben, wie in den alten walliser Urkunden im Worte chertra = carta Urkunde, Brif. Der ON *Tramosa* (= tranosa) kann ein Adjektiv oder = tramozza sein. Der mons *Tramusch* (a. 1276) FRA. 34, 136 bedeutet ungefär dasselbe. *Thanirz* (Klausen, Tirol) a. 1000 Tanurcis FRA. 31, 53; a. 1310 Tynürtz FRA. 36, 45 ist = tanurcia, tanorcia, vgl. berg. valòrca (burrone, precipizio). Dunkel ist *Tanüer* (Prättigau), das an die ON *Vernuer* b. Riffiau, *Masauer* (Graubünden), *Gadawer* b. Pfons Zingerl. Weist. 1, 294 und an die *Falschauer*, einen Bach im Ultental, erinnert. Warscheinlich ist dise Endung -uer, -auer, aus einer Mittelform ura, von verschiedener Herkunft, = ör, aur-, = auras, entstanden, so daß man dann zunächst valnura, tanura, malura, masura, val (ob-)scura hätte. Vgl. *Vallis scurra* b. Como (Monti) von berg. scur dunkel, chw. scür. So auch *Valscura* im Montafun. *Valnura* ist villeicht val Nauer cf. a. 1235 locus Nauers Mohr 1, 323. s. nux. Hinter Tanura steckt eher ein Collectiv auf -uria. Endlich ist masura nicht als Ableitung von masa (Bauernhof, mansio) nachzuweisen. Churwelsch ist masura eben nur = mensura Maß, was keinen Sinn gibt. Ich möchte daher Masauer eher für ein verderbtes Malasauras ansehen, woraus Malsaurs, Masaur, änlich wie der ON Masaus urkundlich aus Malsans = male sanus hervorgegangen ist. *Gadawer* kann casa de foras, casa de aura, casa de aquerio sein. Vgl. (a. 1382) da *Gadora* Mohr 4, 55 und wise *ga plan* (a. 1343) ib. 2, 362; endlich die Äcker vor der Stadt Chur, die (a. 1385) *davos gasas* heißen. ib. 4, 107 = hinter den Häusern.

87 TERMINUS, termen (inis). Kom. *term*, *tèrman*, Grenz-

stein; *termanón* großer Grenzstein, berg. *termen*, friaul. *tiemene*, engad. *term*, oberl. *tiarm* Markstein, Grenzstein. It. ON *Terminula* (a. 742) Brunetti 1, 502; a. 948 fundus *Termine de Petra* Murat. 2, 175; *Termine Mauri* (n. 969) ib. p. 221. Hiher wol auch *Tremona* (a. 864) Fumag. p. 367, *Termona* b. Lugano, aus termanon, terminone, tremnone, tremmone; vgl. chw. primaschiu Erstgeborner = primnascitu, primonascitus, dann *Termon* im Nonsberg; *Tramin* (im Etschland) a. 1191 Tremeno, a. 1211 ebenso, a. 1214 Trimini, a. 1215 Tremunno, a. 1241 Treminio, a. 1454 Tramin. FRA. 5, 109. 232. 288. 379. 499 und 34, 595. Dises wol = terminíno, tremnino, tremmino, tramíno. *Trimmis* b. Chur, a. 966 Tremunis Mohr 1, 88; im 11 Jhdt. Tremunes ib. 1, 289; a. 960 Trimune ib. 1, 80; a. 1290 Trimnes ib. 2, 98 = termnone, termnune, tremnune, tremmune, trimune. Ein a. 1395 genanntes *Trimus* Mohr 4, 267 scheint nicht Trimmis zu sein. Das klingt wie terminuzzo, tremnuz. *Trimerren* in Uri, a. 1321 Trimerren, 1370 Trimeron Geschichtsfrd. 22, 243 u. 250 ist = terminaria. *Termen* (Wallis) a. 1233 Terman Mém. et Doc. 29, 305. *Visper-Terminen*, a. 1221 Terminum ib. 29, 228; a. 1226 Terminon ib. p. 258; a. 1250 Termignyon ib. p. 449. Im J. 1256 ein Terminum de Nancz ib. 30, 15 a; a. 1310 Termenone ib. 31, 200.

88 TOB-. a) *Tüber*, *tüberis* ein unbekannter fruchttragen- Baum, der bei Sueton und Colemella und spät in einer romanischen Urkunde von 1304 vorkommt. S. p. 216. Auch hier beobachtet man an Tuveres, Toveres, Touveres, Tauferes, die Wandlung des kurzen ŭ über o, ou zu au, wie an Nuces, noces, douces, nauces, natz. In Ermanglung eines andern Etymons stellte ich die hieher gehörenden ON früher irrig unter tūbus. Vgl. Alemannia 10, 63. Hieher stelle ich jezt *Tuberis* a. 681 Walgau, Mohr 1, 46; monast. Tobrensis dasselbe Alem. 9, 71, a. 962 curtis *Tovera* bei Ceneda Ughell. 5, 205; a. 1060 *Tuvares* Sinnach. 2, 630; a. 1140 Tuvres ib. 3, 411; *Tuveres* (a. 1177) Horm. 1, 2, 269; a. 1179 *Tuferes*, *Touferes* FRA. 34, 53; 1200 *Tufirs* Sinn. 3, 651; 1270 *Taufers* Horm. 1, 2, 386. Auf eine Örtlichkeit Tover muß sich beziehen (10 Jhdt.): *Tobrasca*, jezt la Foppa, die Grube, welche im 11 Jhdt. *Tuverasca* heißt. Sihe Alem. 10, 65. Vergl. auch unter tufus.

b) *Tŭbus* ist ebenfalls an der gedachten Stelle der Alem. behandelt worden. Ich widerhole hier nur, daß die dort angefürten ital. Urk. des 8 — 10 Jhdts. *tubus*, *tufus* für Wassergang, Kanal gebrauchen, daß das Welschtirolische ein Wort *tovo* kennt, das Holzrinne an Bergen zum Holzherablassen bedeutet, ein toal = tovale Tobel, daß ich tubus und tovo für identisch halte und hizu die ON *Tovo, Tovelo, Toblino, Toveno, Tuval, Tyal* = Tobel sibe unter aquale, *Tufes, Toèll, Toéi* etc. zihe. Tubu ward tovo, wie nŭces, noces, lŭpus lov u. dgl. Hiher villeicht auch die ital. ON

Thoano (a. 1144) Reggio, Ughell. 5, 1600; aqua *Tovanellum* (12 Jhdt.) b. Subiaco Murat. 4, 1059.

c) *Tūfus, tŏphus* Tuffstein; lat. Adjektiva: toficus, tuficius, tofaceus, tofacius, tofīnus, tofineus, tufellus, tofosus; it. tufo, frz. tuf, schweiz.-pat. to, tu, tové, toē, tau; toaira, tovaira Tuffsteinbruch, daher Les *Toveyres* bei Vevey; churw. tuf, tuv (Tuff). — Hier möchte ich, soweit die Bodenbeschaffenheit der fraglichen Orte es gestattet, einige der dunkelsten churwelschen ON unterbringen, nämlich *Tujetsch*, deutsch Tavetsch, a. 1285 Tivez Mohr 2, 34; a. 1380 Thyfetz ib. 4, 45 als toficium, tuficium, indem ich anneme, daß das u, o wegen des Tons auf dem folgenden Vokal zu i, a herabgesunken sei, wie zB in churw. fimièra Rauchfass = fumaria, fallun = fullone Walke; bardeigl = lat. protelum Vorspann, calur = color-em. Änlich *Tyalwal* (sih aquale) = Toale. Dann *Davos*, das mit dem churwelschen davos (hinten) nichts gemein hat, weil es oberl. Tavau, engad. Tavô heißt, a. 1213 Tavaus Zeitschr. f. Gesch. d. Oberrheins 35, 120; a. 1365 vallis Tavate Mohr 3, 175; a. 1441 Taffau, Daffau Mohr Regest. S. 53; a. 1472 Thafas ib. S 54. Die Entstebung von Tavau aus Tavate ist sprachgerecht. Vgl. chw. clavau = tabulatum, clomau = clamatum (v. clamare), ugau = advocatus etc. Tavate wäre = tufate Ort, wo es Tuff gibt, änlich wie der it. ON Calcinate gebildet, von calcina. Flechia di alcune p. 79. — Den ON *Tavanasa* b. Breil kann man aus tufinacea erklären. Vgl. das allerdings piemont. Wort *rivasa* = ripaccia (Flechia di alcune p. 72), wovon Rivasasco. Änlich *Presenasa* am Tonale, *Magasa* am Gardasee, *Senaso* an der Sarca, *Torbaso* am Langensee, *Mogliaso* bei Lugano, *Folaso* bei Rovoredo; *Aulasa* a. 1212 Südtirol FRA. 5, 495; a. 1211 *Menaso* ib. p. 479; *Terciolaso*, neben *Terciolasio* ib. p. 460 u. 487; welche wol teilweise auch aus den Suffixen -agium, ascus und aticus hervorgegangen sein könnten. Vgl. friaul. curaso = ital. corraggio u. dgl. Lautlich wäre freilich auch tabanus Hummel zu verwenden, allein mittelst eines an Tiernamen ganz ungewönlichen Suffixes. Sonst kommt das Suffix aceus nur an Pflanzen und Mineralien bezeichnenden Wörtern vor, also arenaceus, argillaceus, avenaceus, betaceus, hordeaceus, violaceus etc.

89 TORTUS. TORTURA Krümmung. Über *avastortas* sih aqua. Ein Ort *Tartura* am Astico ist = tortura Flußkrümmung, änlich wie tartuca Schildkröte für tortuca stet. Diez etym. Wb. *Tartâr* ob Tusis, a. 1290 Tartere Mohr 2, 98 hat nichts mit dem klassischen Tartarus zu schaffen, wol auch nicht mit dem Bachnamen dises Klangs, vgl. den oberital. Tartarus und zwar wegen der Betonung des Namens. Aus *tortus* verdreht, überzwerch, krumm, wäre ein tortarius, aria, arium möglich, warscheinlicher aber ist ein retortaria, tortaria im Sinne wie virgaria zB a. 946 cum silvis, virghareis etc. Murat. 3, 165, aus retorta Rute, churwelsch *torta* Rute.

90 TOUR-, TAUR-. Unter disen Laut gehören einige grundverschidene Appellativa. Man hat bekanntlich die alpinen Taurisci mit einem keltischen Worte *taur* (Berg), das irisch tor, kymrisch twr, armorisch teur lautet, zusammengebracht, so daß *Taurisci* = montani wäre, was gewiß viles für sich hat und sicher die beste Erklärung dises alten Namens ist. Vgl. Cuno, Vorgeschichte Roms 1, 158. Des weitern hat man aus dem gedachten Worte die bekannten *Tauern* erklären wollen. Aber hier muß widersprochen werden, denn *Tauer* bedeutet in seiner Heimat nie und nirgends Berg, vilmer ein Bergjoch, eine Berg*pforte*, durch die ein Saumweg fürt, weshalb Einheimische an das bajuarische tuar (Tor) gedacht haben. Ich glaube, daß Schmeller (bair. Wb. 1, 615) auf die rechte Färte fürt, nämlich auf das Slawische, gleichvil ob nun das von im angefürte Collectiv turje stark ableitige Hügel oder tovor Saumlast, tovoriti säumen, tovornik Säumer das richtige Wort ist. Ich halte das zweite für das Richtige, denn alle *Tauern* haben nur darum disen iren Namen, *weil* sie Saumpfade, Päße für Säumer sind. Schmeller gibt in Übereinstimmung mit Miklosisch (aaO. S. 110) an, daß in ehemals slawischen Alpengegenden da oder dort auch das slaw. tur Auerochs in Frage komme, da der Plural für dises Wort und für Tauern im Slawischen gleich laute, nämlich ture, turje. Zu dem noch näher zu erforschenden +tovor- = Saumweg rechne ich: (a. 1060) mons *Thuro* (Tauern) FRA. 31, 82; (a. 1143) *Thuro* monte (um Reichenhall) Kleinm. Juvav. S. 533; a. 1235 conductus e Bawaria, qui per montes nomine *Thower* veniunt. Horm. 1, 2, 391. Dann ad *Thaurn* (a. 860) FRA. 31, 18; a. 950 *Toura* Thaur (Innsbruck) FRA. 31, 30; a. 1236 *Taurum*, *Taur* Horm. 1, 2, 300; *Tauris* (in Krain) ib. 1, 1, 95; a. 1254 *Taure* ebend. 1, 2, 79; a. 1286 *Thauer* ib. 1, 2, 167; a. 1263 salina in *Tauer* ib. p. 312; a. 1236 salina in Taure (dieselbe) FRA. 34, 101. Die alten Schriften sagen der *tawr*, jezt spricht man der Tauren, Tauern. — Die oberital. Bergnamen wie (a. 1014) *Mons Tauri* (Verona) Murat. 2, 799, monte Toro; (a. 1357) mons *Thoru* (Aquila) Mur. 6, 589 scheinen mir aber anderer Herkunft zu sein. Der erste ist warscheinlich ein Ochsenberg; a. 1221 *Toro* (Pisa) Mur. 4, 399; daneben gibt es freilich auch *Tora* (so a. 1020 eines bei Alifana) Mur. 1, 1014 u. (a. 1171) eines bei Benevent Mur. 5, 442. *Torano* bei Carrara wird = Taurianum sein, vgl. *Toreniano* (a. 856) Fumag. p. 305; a. 1191 ein mons *Torino* um Clusina Mur. 6, 421. Es gibt auch ein mlt. *toro, torus, toronus, turonus*, das nach Du Cange „collis cacuminatus" bedeutet und im Béarnischen *touron* (montagne à sommet aplati, ancienne position fortifiée) erhalten sein dürfte, welches villeicht, wie das nordfranz. *tureaut* (eminence) auf ein altgallisches Wort zurückget. Dises toro könnte auch in der folgenden Stelle einer lombardischen Urkunde vorligen: (a. 774) a fine Venatoris usque in stafilem inter

duo *tora*. Du Cange s. v. „torum", wie auch im ON Storo am Chiese, das weiter oben als Subtauro nachgewiesen ward.

91 TORRENS, it. torrente, kom. torènt, prov. torrent Bergbach, Wildbach. *Trens* (Wipptal) a. 827 ad Torrentes FRA. 31, 13; a. 1091 schon Trentes Sinnach. 2, 654; a. 1278 Trens Horm. 1, 2, 182. *Terenten* (Pustertal), im 11 Jhdt. Torrente, Torrento Horm. 1, 2, 68 u. 1, 1, 116; a. 1120 in monte Torentum Sinn. 3, 205; c. 1000 in monte Torento FRA. 31, 51; a. 1300 mons Torent. ib. 36, 47; a. 1388 auf Törnten ib. 34, 416. Durch die lat. Endung auf *-o* darf man sich nicht scheu machen laßen, die Genera und Casusendungen sind in den Urkunden oft ganz willkürlich gebraucht. Auch in Wallis findet sich *Torrente* merfach. zB a. 1242 Torrente de Huers, Mém. et Doc. 29, 367; 13 Jhdt. prata de Torrente de Alpe de Dorbons ib. 18, 277; *Torrent* (Wallis) ib. 29, 366; a. 1411 dou Torrent ib. 22, 544 etc. *Torren* (Salzburg), a. 1139 silva Torrene, quam disterminant ab utroque latere *torrentes* duo, unus eiusdem vocabuli *Torrene*. Kleinm. Juv. p. 533. Hier müste torrénne d. i. torrente, torrende gelesen werden, wie sich Trens im 34ten Band der FRA auch als Torind, Torend; bei Marini p. 53 ein südfrz. villa Torrentis, als Torrendum (a. 969) vorfindet. Der Vorgang ist derselbe wie im churw. munn = mundus, im lad. torón, toronn = rotundus, nd hat sich zu nn angeglichen. Die Tonverlegung auf die erste Silbe ist deutsches Werk, wie in Kuchl: Cucúllo; Mérzig: Marciágo; Bózen: Bauzánum; Sénders: sentérium; Bálzers: Palatiólo etc.

92 VADUM Furt, it. guado, vado, guazzo, guazza, sard. vadu, span. vado, pg. vao, altkat. guau, neukat. gual, prov. gus, ga, frz. gué. Der Anlaut gu- im Ital. ist nach Diez zufolge Einflußes des ahd. wat entstanden, der Laut z für d durch provençaschen Einfluß. Hieher *das Vats* (Ober-, Untervatz), wie Pater Baseli Carigiet von Disentis schreibt. Es ist = vazzes, guazzes; a. 998 Vatio Mohr 1, 105 (= vadjo, vazo); a. 1160 Vazes Mohr 1, 189; a. 1231 Vaces ib. 1, 318; a. 1213 Vatzis Zeitschr. f. Gesch. d. ORh. 35, 120; a. 1222 Wazzes Mohr 1, 274; a. 1216 Vaccis ib. 1, 363; a. 1272 Vatsch ib. 1, 394 usw. In tirol. Urkunden kommt a. 1187 ein terminus *Vats* vor. FRA. 34, 62; a. 1283 Vacz Horm. 1, 2, 152; a. 1254 in Vasche Horm. 1, 2, 178; villeicht daher die *Watsch* bei Mieders, Zingerl. aaO 1, 272, die *Watschl* zu Fließ, naO. 2, 231. Es kann das freilich auch aquatium, (a-)vatsch sein. Was wir *wetten* (in die Wette, Roßschwemme reiten) nennen, heißt der Italiener ganz änlich aguazzare = advadiare. *Pfatten* (bei Kaltern) a. 1181 Vadena FRA. 5, 42; a. 1211 Vatena ib. p. 230 stimmt, wenn Übergang des V in F und Verrückung des Tons auf die erste Silbe angenommen wird, was ja nicht one Beispil ist, zu ital. vattina Pful. Auch das graub. *Vettis*, im 13 Jhdt. Vethinnes, Vetins, Vetims (lis Vetinis) Mohr 1, 186. 420. 348, Mohr Regest. S. 50 paßt daher. Bei Bergamo

wird a. 1013 ein Kästenholz a cornu de *Vatie* und a. 1029 nochmals *Vatie* genannt, Lupi 2, 463 u. 561, was = le guazze ist.

93 VALLIS. In einer Anzal von ON ist val in *var, ver, vor* übergegangen. Vgl. Steub z. rh. Ethn. S. 219. Daher Namen wie *Valarsch* = val larisch Lärchental (Übersachsen); *Vargopa* b. Frastenz vallis gibbi, gibborum, vgl. it. gobba Buckel, churw. gob, wol unser „Burren"; *Vernatza* b. Nenzing = vall(i)nazza; *Versetsch* = vallis exsucta Dürrental, chw. schetsch trocken. In anderen Fällen ist, besonders in Tirol, *val* in *voll, vill* übergegangen. *Villgraten* b. Innichen a. 788 alpa Valgratta FRA 31, 6; a. 965 *Valgratto* ib. 31, 33, später Valgrat, Vilgrat. Gratt ist hier schwerlich gratus angenem, schon weil das Tal überaus wild und unwirtlich ist, auch deuten die ältesten Formen ein anderes Wort an. Änlich dürfte *Vilt* b. Mels auf Volta, chw. veulta Wegbiegung, Rank zurückgen. *Vilfern* (Pustertal) a. 788 Valferna FRA 31, 6; a. 965 Valferna ib. 31, 38. Vgl. dazu *Vallete verne* a. 1026 bei Bergamo. Lupi 2, 533 = vallettae bibernae. — *Vadutz*, nach Zeiller Chron. Suev. p. 343 „auf romanisch *Valdutsch* genannt", stimmt zum Tal und Bach *Valdolz* bei Como. Monti, vocab. com. s. v. fürt aus einer Urk. v. 1257 an: lectum Valducis. In der berg. Gegend bezeichnet *duls*, was bei uns „süß" in den Lokalnamen: Süße Wisen, Süßer Wasen, nämlich süße Kräuter erzeugende Pläze, im Gegensaz zum „sauern" Sumpfgras. Daher berg. *mut duls* (monte erboso, poco roccioso). Im Namen *Churwalden* ist ein ll zu ld geworden, denn es heißt a. 814 Vallis Curvallensis Mohr Regest, S 49, = Curiae Vallensium, der zu Chur gehörenden Talbewoner; a. 920 Curuwala Wartm. 3, 1; aber a. 1210 schon *Curewalde* Wartm. aaO. Änlich könnte *Valduna* b. Feldkirch aus Valluna großes Tal von chw. vall (Tal) entstanden sein. Möglich bleibt allerdings auch Entstehung von valduna aus valda = garda, ist aber in diser Gegend nicht ser warscheinlich. Wie ital. il sellone churwelsch la selluna lautet, so kann auch it. il vallone zu la valluna werden. Daher *Valúna* bei Vadutz. Bemerkt sei noch, daß nach Bergmann (Kunde des VAB) S. 62 ein Wald bei Valduna *Valdun* hieß. *Veltlin* oberländ. Valtrina = Valt'lina, engad. Vuclina = Va(l)t'lina, mit Umwandlung des tl in cl (wie in marclar = mart'lar) und Verdumpfung des tonlosen ersten a in u. a. 814 Valtelina Fumag. p. 127; a. 918 Valistelina Mur. 1, 456; a. 902 Valletellina Lupi 2, 499 = Tal von *Teglio* = it. tiglio, lat. tilia Linde, also Lindertal, Tal von der Linde. — Das oberhalbsteiner *Valáca* deutet durch das Suffix -*áca* die häßliche Beschaffenheit des Tales an, wie it. barbáca (von barba) einen großen, häßlichen Bart bedeutet.

94 VELLO, ein altrom. Appellativ, scheint mir der Rest von *novello* zu sein. Vgl. (a. 967) vinea a novello pastinata, Murat. 2, 137; mlt. novellum Neubruch, neue Anpflanzung. Dazu stimmt a. 874 locus *Vello* b. Luscade Lupi 1, 862; im 11 Jhdt. *Vello*

b. Vicenza Ughell. 5, 683; (a. 1158) vinea in loco ubi dicitur *Vello* (bei Meiland) Murat. 4, 939. a. 851 *novellas* ad Coctiprato. Fumag. p. 342; vgl. auch a. 1034 *Novelletum* (Rom) Marini p. 81; a. 1140 *Novellaria, Nuvellaria* (Reggio) Murat. 5, 250. Damit hätten wir eine Erklärung für *Vels, Völs* (Orte b. Bozen und Innsbruck), a. 1120 in monte *Velles* Sinnach. 3, 201; a. 1147 *Velles* (Völs) Horm. 1, 2, 121; a. 1221 Vellis ib. 1, 2, 175, a. 888 *Felles* in partibus Barbarie (!), es ist die Gegend von Brixen gemeint, FRA 5, 53. Sollte das nicht Bavarie sein? Vgl. auch die oben angefürte Via Barbaresca im Walgau. Das a. 1269 genannte *Vellan* Horm. 1, 2, 252 wäre novellana; villeicht auch *Vellen*, a. 1304 Velen FRA 34, 201; a. 1281 Velne ib. 34, 158, da ja die Betonung der Namen ser früh Not gelitten hat, wie merfach angefürte Beispile dartun. Die gedachte Wortverstümmelung gibt mir Anlaß, auf einen anderen in Rätien merfach vorkommenden ON hinzuweisen, auf *Nals*, a. 1194 Nals FRA 5, 125; a. 1231 Nalles Horm. 1, 2, 363, was Schneller Streifz. 31 für den Rest von casinales hält. Es ist aber ebenso gut möglich, daß es der Rest von viganales Gemeindeweiden, Allmand ist. Vgl. (a. 915) cum pascuis et *vicanalibus* Lupi 2, 98; (a. 793) cum .. selvis amminicolariis, *viginalibus*, pascuis etc. Fumag. p. 94.

95 VENA Brunnader, Erzader. Kom. vena, plur. vèn (scaturigine, detto d'aqua filone, traccia di miniera). Auf der Malser Heide werden auch Erzadern casae venae in einer aus Bonelii citierten Urk. in den FRA Band 5 erwänt. In Italien ist dises Etymon vil verwendet. Ich nenne nur (a. 790) locus q. d. *septem venis* in flumine Tiberis. Marini p. 106; a. 975 *alla Vena* (Pisa) Murat. 1, 375; a. 1191 Vena de *Arrone* (dises ein Bach) Murat. 6, 422; dann a. 1080 de *venis argenti*, que sunt in montibus Ardexie Lupi 2, 721; a. 1144 *venas ferri* in Cornello prope Ardesium Lupi 2, 1057. Möglicherweise daher ON wie *Wennes* (Brixen) a. 1171 Horm. 1, 2, 263; *Wens* (Pitztal); *Vens* (Montafun) etc. Villeicht auch der Berg *Venet* (Oinntal) daher, als älteres *Venate*, gebildet wie der ital. ON Acquate, wie Foppate, Calcinate usw. Vgl. Flechia, di alcune p. 76, denn daß Namen auf -ate auch in Rätien vorkommen, beweisen Launade, Tavate u. dgl. Zu Vena, chw. auch veina, aveina, dann aber auch zu veina, aveins = avena Hafer mögen Namen wie *Vallis Weinna* im Vinstgau (a. 1322) Mohr 2, 308 gehören, wärend *Wans, Wannes*, eines a. 1462 Wannis, Juvalt 2, 309; zu *vanus* öde, unbebaut, abgemät, sih *vana pastura* bei Du Cange, gehören könnten, da ital. *vanezza* einen leeren Plaz bedeutet, was schon früh als ON vorkommt, zB. a. 1130 *Vanezas* quatuor juxta Cavazocho (Lombardei) Murat. 3, 171. Leztres Wort siht wie ein Seitenstück zu cavafango, cavafieno, cavadenti u. dgl. aus, denn zocho, zocco ist unser Baumstumpf, Stumpen, Wurzelstock, so daß das eine Vorrichtung zum Herausheben derselben, das was wir „Waldteufel" nennen, bezeichnet haben

könnte. In dem Namen der *Petra Vanna* (10 Jhdt.) Sinn. 2, 102 u. 178 möchte ich dagegen ein Wort für Hafen, Topf erblicken, das jezt churw. vanaun lautet und darunter die Topffigur des Steines versteben. Möglich, daß dises *vanna* Hafen (deutsch wanne, lat. vannus) auch die muldenformige Gestalt eines Gefildes, eines Gewandes anzeigt, wie wir ja fast alle Küchengeschirre in unseren Flurnamen vertreten sehen, Schüssel, Kessel, Hafen, Salzbüchse usw. Grundverschiden von allen bißher angefürten Appellativen ist das im franz. Sprachgebiet vorkommende *vanna*, wenigstens in der Bedeutung, mlt. *ranna, venna, venna* (captura, piscium, piscatura), ein Wort, das schon in einer Urkunde von 558 vorkommt. Pardessus 1, 117. Im schweizer Patois kommt vanna in der Bedeutung Schleuse vor, was dasselbe ist; dann aus lat. vena *vannell* = petit chemin étroit, und ein *vanni* (pointe rocheuse d'une montagne), worüber ich mich hier jedoch nicht weiter auslaßen will.

96 VERSAM (Graubünden) a. 1050 Vallis Versamia Mohr 1, 131: von Horm. 1, 1, 175 richtiger Vallis *Versanna* gelesen. Im 11 Jhdt. Versinnes Steub aaO S 219. Die Endung -am ist hier nicht ursprünglich, so wenig als in *Presams* (Übersachsen), das beßer Presanz, Presans geschriben wird u. a. 1156 Presan, a. 1290 Prisannes lautet. Mohr 1, 180 u. 2, 112. Wenn ersteres nicht zum Flußnamenstamm *Vers-* gehört, vgl. frz. *Versio* (onis) fl. (Orson) Vales. 452, dann empfilt sich mlt. versana von versare wenden, pflügen; erhalten im dauphin. *versanne*, prov. *versana* (terre preparée pour la semence). Vgl. dazu a. 1029 in *Versuris* (Arretin.) Mur. 6, 397; a. 999 *Versade* bei Vercelli ib. p. 319; a. 757 *Versilia* (Lucca) Brun. 1, 54; *Versalia* (Versailles) Vales. — *Presams*, Prisannes klingt dagegen wie altes Prisciana, Prosciana, Pressiana, Presana. Vgl. Pressinno (Mailand a. 1158) Murat. 4, 40.

C RÄTISCHE FLUSSNAMEN

Die Merzal der Namen größerer Flüße ist, um es zu widerbolen, *uralt*; älter als alle Königreiche und Staaten, als die meisten selbst uralten Wonortsnamen. Sie gen in die graueste Vorzeit zurück, in Tage, wo die arischen Europäer zur Bezeichnung der Waßerläufe noch gemeinsame Etyma besaßen. Daraus ist auch die Ubereinstimmung des Wortlauts so ungewönlich viler europäischer Flüße allein erklärbar. Hier darf man nicht von keltischen Namen reden, sie sind großenteils älter als die Kelten, darum Uritalikern, Griechen, Kelten, Germanen und teilweise auch noch den Slawen gemeinsam. Wir greifen deshalb bei der Erklärung diser Namen auf das ureuropäische Vokabular zurück, wie es uns die vergleichende Sprachforschung an die Hand gegeben hat. One die nähere Anwartschaft eines der arisch-europäischen Völker auf einen Namen nachweisen, beziehungsweise angeben zu können, gebe ich in der

Regel nur die indogerm. Wurzel an, welcher ein Flußname angehören dürfte. Bei jüngeren Namen wird die Sprache genannt, der sie angehören. Die Urnamen der Flüße deuten, wie ich schon im Jare 1880 in diser Zeitschrift (Unsere Flußnamen) dargetan habe, in der Regel nur das Eilen, Laufen, Rinnen, Tosen, Rauschen, die Farbe des Wassers an. Beziehungen auf Menschen, Tiere, Wonorte u. dgl. sind nirgends in inen zu finden. Diser Meinung ist auch Dr. Lohmeyer in seiner Schrift „Beiträge zur Etymologie deutscher Flußnamen", Göttingen 1881 beigetreten, wenn er gleich in Rücksicht auf die Nationalität viler Namen und irer Zusammensezung anderer Meinung ist als ich.

1 ADDA, klassisch Addua, Adua, im Mittelalter oft *Abdua*, zB a. 1099 flumen Abdue Lupi 2, 811. Die Endung -ua ist = uva, = ava, wie die in der *Besua* (vgl. unsere Bise, Bese) zum Araris, Vales. p. 34; *Nerua* im Cantabrerland, alt Νέροva aus der gräcoital. Wurzel *nar* = igm. snā waschen, baden, nāra, fließend, Wasser; wie Νηρεύς etc., der Stamm also Add-, den Glück (Rênos, Moinos und Moguntiâcum) p. 2 aus der Wz. *ad* gen, welche sich im kymr. addu ire erhalten hat, erklärt. Das Suffix -*uva* oder -*ava*, das tatsächlich oft vorkommt, namentlich in gallischen Flußnamen, wie in Ambl-ava, Bonava, Brunava, Occava, Ornava scheint „Waßer" zu bedeuten und aus der ig. Wz. av zu kommen, vgl. Aura.

2 ALBA. Dazu die *Albula* Graubünden, im Mittelalter auch die *Ilbel* zB a. 1349 Mohr 3, 58; im 16 Jhdt. die *Aelbel* Sebast. Münster Kosm. S 393; romanisch Albula, il dutg alv ni era *l'Alma*, sagt das Cudisch de lectura für die rom. Schulen von Eberhard S 23. Alma ist = Alba, wie baierisch Alm = Albe, wie die österr. *Alm* a. 777 Albina Lamprecht aaO S 69. Flüße dises Stammes Alb- gibt es in Italien, Spanien, Frankreich, Deutschland, Osterreich usw. eine Menge. In Frankreich gen auch merere Arve auf Alba zurück, und nicht blos Namen wie Aube, Aubette u. dgl. zB die genfer *Arve* a. 1299 Alba. Regest. Gen. p. 364; aber gleichwol schon a. 1135 Arva fluvius Mém. et Doc. 12, 2 änlich wie Alba aqua schon im 12—13 Jhdt. Arbevi neben Albevi heißt. Mém. 9, 117. In den lat. Ländern finden sich die Verkleinerungsendungen -ula, etta u. dgl. vilfach an Alba, daher auch unsere Albula. Die igm. Wurzel ist *ar*, beziehungsweise *arva* schnell, behend. Die *Alfens* ist = Albentia, Albantia, was frz. Aubance. Die Endung wie in den FlN Amantia, Cosantia, Brigantia, Liquentia, Druentia etc. Jüngere *Alba* kommen von lat. *albus* weiß.

3 AROSA. Der ON *Erosa* in Schanfick kann ein ursprünglicher Bachname sein, aus dem Stamm Ar-, wie in Ar-nus, Ar-aris, Ar-va (wo nämlich das Ar- alt und echt ist), igm. Wz. *ar* eilen. Unser Erosa lautet a. 1495 ze Arosen, 1508 Arosa, 1520 Arossen Mohr Regest. S 56. Vgl. die *Arousa* j. Reuss bei Neufchatel Matilé 1, 414. Möglich bleibt ein Adjektiv rossus, rossa, was im Churwelschen aros, arosa werden konnte, weil disem Wörtern, die

mit r anfangen, gern ein a vorsezt. So churw. arauna (Frosch)
= rana, araın = ramus, arauntsch = rancidus, arouda = ruota etc.
Dagegen spricht aber, daß das jezige Rätoromanische rossus (*rot*)
nicht kennt, sondern dafür, wol seit alter Zeit, cotschen d. i. coccīnus sagt.

4 AURA. Eyrs im Vintschgau, heißt alt *Aura*, FRA 34, 264;
Aurs Sinn. 5, 177; daneben bald auch mit Umlaut *Eurs* Horm.
1, 2, 152 (a. 1283), Eyrs. Das kann zwar rom. *aura* Wind sein,
wie in Malaura u. dgl., aber es ist hier, da der Ort nicht in der
Höhe ligt, eher der uralte Bachname *Aura* = *Avara* aus der Wz.
av gen, fließen, wie sie im lusitanischen *Avus* fluvius, im spanischen *Avo* fluvius, in der franz. *Avara* (Eure), in der bretan.
Ava, im welschtir. *Avisius*, in der tosk. *Avenza* usw. vorkommt.
Der *Avisio*, im 15 Jhdt. *Eveis*, wovon Evas oder Fassatal, hat
dieselbe Endung wie der franz. *Andr-isius* (auch Andresius), wie
die Brentesia, Gurnesia usw. Die Endung *ra* in Aura ist = ara
wie in den FlN Autara, Sisara, Savara, Isara, Uscara usw.

5 BREGENZ ist nicht der ursprüngliche Name der Stadt,
sondern der der Bregenzer Ach, welche erst etwas über 100 Jare
so heißt. In allen älteren Schriften und Urkunden heißt sie *nur*:
die *Bregenz*, d. i. Brigantia, woher der Stadtname entlent ward,
wie schon der Name der Stadt Rom aus dem älteren Namen des
Tiber *Rumo*, wie Lavinium vom Fluß Lavinus u. dgl. Im Bregenzer Walde bei Damüls ist wider ein Bach *Bregenz* nach Bergmann
aaO S 75 a. 1513 die Pregentz genannt, wovon der Hof *Bregenz*
seinen Namen hat. Ebenso eine *Bregenz* auch Bregnez bei Königsfeld (Baden). Die Bregenzer Ach heißt zB a. 1338 die Bregenz.
Archiv f. schwz. Gesch. 1, 146; noch in einer „Beschreibung des
Rheinstroms" Nürnberg 1690: die Bregenz. *Briens* und *Brienzols*
in Graubünden halte ich auch für Bachnamen, Brigantia und Brigantiola. Lezteres a. 1222 Brienzols, a. 1295 Brienzola Mohr 1,
274 u. 299. Dasselbe wird *Pregantiolo* bei Treviso sein. Hingegen gehört *Breganzano* in Tessin zu dem vom ON abgeleiteten
Personennamen Brigantius. Einen Mann Bregatius von Bivio nennt
Mohr 2, 68. Auch *Breganze* am Astico ist = Brigantia. *Briga*
und *Brege*, die Mutterbäche der Donau gehören auch unserem
Stamme an, ebenso die frz.-schweiz. *Brivantia* (= Brigantia) b.
Baluz 2, 1216 genannt. Es ist hier für g ein v eingetreten, wie
im altfrz. Novaritum = Nogaritum (nucaretum) u. dgl.; vgl. noch den
alten sequanischen *Brigulos*, den Plutarch erwänt (editio Reiske 10,
729); die *Briga* (La Bròche) und andere frz. *Brigia*, die Valesius
97. 337 aufzält, alle aus der igm. Wz. bhrag leuchten, hell, lauter
sein. *Bregens* bedeutet also „Lauter", dasselbe was die benachbarte *Balgach*, denn balg stet für barg (brag). Eine bei Bozen
zu suchende *Bria* (fluvius) wird a. 1028 genannt. Horm. 1, 2, 32,
d. i. Briga, wie chw. stria = striga (Hexe) usf. Daher gehört auch
die tir. *pons Prienne* (a. 1254) Horm. 1, 2, 230 = pons Brigennae,

so gut wie die baierische *Prien* am Chiemsee, wo zufolge romanischen Einflußes das g ausgefallen ist. Dem Sinne nach ist die vorarlberg., wirtberg. und graubünder *Arga* nahe verwandt, aus der igm. Wz. *arg* leuchten, hell sein.

6 Auch den BRENNER halte ich für einen Flußnamen, welcher aus der ebengedachten Wurzel *brag* herkommt. Er stimmt in der Form zum graubünder *Glenner* bei Ilanz. Die Endung ist schwerlich echt, denn merere Flüße, die jezt auf -*er* ausgehen, hatten früher dise Endung nicht. So der eben genannte Glenner, der einst Geleng, der Kocher, der ehedem Kochen, Cochana hieß usw. Zu dem *Brenner* (Brenner Bach) ist zu vergleichen der *Brenno*, welcher in den Tessin get, die *Bracnna* in Frankreich, die *Braina* in Toskana etc. Vom Brenner werden jene *Pregnarii* den Namen herhaben, denen der rätische Optimat Quartinus angehörte. (a. 828) Sinnach. 1, 513; villeicht selbst die uralten rätischen Breuni. Man denke an die Licates am Lech, an die Oeniates am Inn usw. Der Bachname gieng auf Paß und Berg über, wie zB Paß Tiuna (frz. Schweiz); Mont Cennis vom Bache Cenisus, jezt Ceness.

7 CLAVENNA, Kläfen, Chiavenna, ist zweifellos ein ursprünglicher Bachname, so gut wie die *Ravenna*, welch lezterer Bach auch *Ravius* hieß. Vgl. dazu (8 Jhdt.) riago *Ravennola* bei Du Cange s. v. „rigus" (Bach). Eine *Chiavenna* fließt zwischen Cremona und Parma. Alle aus der Wurzel *klu* läutern, reinigen, wie lat. cluere, cloaca, indem der Stamm *clav-* sich aus ir entwickelte, wie lat. clavis Schlüssel aus der gleichlautenden Wurzel klu schließen. Auch Clavenna bedeutet „Lauter". Wol aus derselben Wurzel kommt:

8 CLESUS, davon *Klöß* in Südtirol, das ehedem Clesus hieß. Horm. 1, 1, 73. Vgl. dazu den flumen *Clesus* zum Idrosee (a. 1086) Horm. 1, 2, 92; den lomb. Fluß *Chiese* = Clesius, *Cleusis* (zum Po) Tab. Peut.; vill. auch *Clasia* (Claise) Vales. 283; *Classis* (Arretin) Mur. 5, 283 = clavis-, clevis-is.

9 CREM-. Diser Stamm kommt in mereren it. Flußnamen vor. Die *Cremera* bei Scrofano. Zeiller, It. Ital. S, 133; fluvius *Cremonella* (h. Nonantola, 11 Jhdt.) Murat. 5, 677; die *Cremusina* bei Faido, welche jedoch modern sein kann, = mlt. cremosinus, cermosinus (rot), von kermes Goldschwefel, so benannt. Vgl. Diez etym. Wb. s. v. — Die Stadt *Cremona* trägt zweifelsone auch den Namen eines Baches. Vergl. die igm. Wurzel *skar* sich krümmen, karmi Wurm, lat. cur-vu·s etc.

10 Der DRIFACKENBACH (VAB), 16 Jhdt. Drifacken b. Laudegg Zingerl. 2, 289, mit unorganischem D, wie die oberital. *Dagunda* (a. 1154) Mohr 1, 176, schon auf der Peut. Taf. *Agonia*, j. Agogna; wie die oberelsäßer *Dolleren*, 12 Jhdt. Olruna Stoffel aaO S 121; also = d'rivacken = rivacca, von ripa, wie *Valackenbach, Flackenbach* FRA 34, 62 von der Albe *Flack* Sinn. 4, 565 = vallacca, valláca ein häßliches Tal. Ebenso ist der Bach *Ver-*

nacken (a. 1455 Vernack) FRA 34, 599 = hibernáca (aqua), Winterbach. Vgl. das ital. Adj. *ebriáco* betrunken = ebrio.

11 DUX ein Bach im Zillertal, zum Ziller. Die wilde Tuchuser albm, da der *Tuchs* entspringt (16 Jhdt.) Zingerle aaO 2, 366. Villeicht ein romanischer Bachname. Vgl. *Dux* bei Vaduz; ital. *doccia* Kanal, *doccio* Rinne, span. *ducha* Rinne, Wasserröre, prov. *dots* Bächlein, von mlt. ductiare das Waßer leiten. Diez, etym. Wb. 1, 56. Hieber stimmen die it. ON *Docius* (a. 1019) b. Castellione Murat. 2, 276; Rivo da *Dociola* b. Musiliano (a. 1061) ib. 5, 639; la *Doccia*, bekannte Porzellanfabrik bei Florenz, dabei ein Kanal *Dogaja*. Die merfach vorkommenden *Tisis*, *Tiß* (alt Tussis) halte ich wie *Thusis*, alt Tosanna, für Bachnamen. Lezteres a. 1290 Tusano, a. 1156 Tosana. Mohr 2, 100 u. 1, 182. Vgl. die it. *Tosa* (Fluß). Hieber wol auch *Tösens*, *Tisens*. Ist der Name *Dux* je vorromanisch, dann wäre zunächst eine Form *Tucus anzusezen, da aber dise kein Analogon hat, eher eine Form *Tulcus* mit ausgefallenem l, wie in Vadutz stat Valdutz, wie in Buccaria stat Bulcaria u. dgl. rät. ON. Dann gliche der Bachname dem der frz. *Touque*, alt Tolca Vales. p. 557. Vgl. den Bachnamen *Belca* (le Bec) Guérard, polypt. Irm. p. 62.

12 ETSCH, alt Atesis, Athesis; mit derselben Endung wie der Flußname *Bedesis* im cisalpinischen Gallien, jezt Bedeso, Name des oberen Laufes des Ronco (Gegend von Ravenna). Ich finde auch die umgestellte Form Besedus, Besedo. Den Namen stelle ich zur ig. Wz. *idh* entflammen, hell sein, zu der unsre *Eitrachen* auch gehören.

12 EISAK, a. 1150 Ysarcus flumen Horm. 1, 2, 80; a. 1163 Isarcus FRA 5, 35, vom Flußnamenstamm *Is-*, der ser weit verbreitet ist, als Isara, Isarvus, in Frankreich, als Isex (zum Po) Tab. Peut. und Isaurus in Italien, als Isar, Isel etc. (zB bei Lienz a. 1363 FRA 35, 339 genannt) in Deutschland und Österreich. Isarcus kann für Isaricus sten, vgl. Lidericus (flumen) = Ligericus (Le Loir Vales. 134. 176) stat Liger, Ligerus. Der Urname wird wol Iserus gelautet haben. So finde ich in lomb. Urkunden mons Armentarcha stat armentarica (a. 1148) Lupi 2, 1085; via Charrarca stat carrarica (a. 1109) Murat. 1, 951 u. dgl. m. Allerdings ist dise Endung auch in altgallischen Wörtern zu finden, zB in *emarcus* (einer Rebstocksorte), von der Columella ausdrücklich sagt, es sei eine vox gallica. Vergl. die igm. Wz. *isara* lebhaft, frisch, sich rasch bewegend.

13 Das Achental wird im 12 Jhdt. *Vallis Emanus* genannt. Horm. 1, 1, 189. Das erinnert an die toskanische Val d'Ema nach dem Fluße *Ema* bei Certosa. Sollte die Achen in rom. Zeit Ema, Emus, geheißen haben? An den sanctus Emanus, welcher zB im Chartularium Carnotense, ed. Guérard 1, 837 vorkommt, ist nicht zu denken.

14 Die FALÉPP, ein Bach an der baierisch-tirolischen Grenze

unweit Miesbach. Sie heißt auch *Feldegg*, a. 1267 fluvius Vulteppe Horm. 1, 2, 248; a. 1444 die Voldepp Zingerl. aaO 1, 136; im 18 Jhdt. noch Voldepp neben Feldepp ib. S. 121 u. 122. Ist der Name vorromanisch, dann kommt er aus dem Stamme *Vult-* wie Vult-urnus; die Endung oppe wäre verwelschtes -ivia, also Vultivia. Vgl. den lomb. Bach Vecchiabbia, bei Fumag. p. 55 Vettabia genannt. Warscheinlich ist aber der Name romanisch, val d'Avia, sofern der Talbach eigentlich Avia geheißen hätte, was jedenfalls ein alter Name ist. Vgl. unter Aura. Der *Fallmaunbach* b. Meran, a. 652 rivus *Timonis*, Österley, ON-Lexik. s. v., offenbar = val timon, valt'mon, vallmaun. Stamm Tim-, wie in Timavus fl., Timia fl. (beide bei Plinius) Wz. *tam* dunkel sein. Also „Schwarzach".

15 Für den Bach *Férsina* im Val Sugana kenne ich nur die urk. Form Fersina (a. 1231) FRA 5, 343. Entstehung aus Vérsina ist warscheinlich. Vergl. den Bach *Versa* zum Isonzo, die *Versa* im pag. Noviomensis Mabillon dipl. p. 308; die *Versa*, Verza zum Po, die auf der Tab. Peut. Varūsa lautet. Wir hätten also den Stamm *Var-* als Vater diser Namen. Igm. Wz. *var* warm sein, wallen.

16 Bei Rötis VAB fließt ein Bach FRÖDISCH, dessen Name mit dem seines Nebenbaches *Frutzbach* zusammenhängt, welcher aus einer Alpe *Frutz*, *Frutzen* kommt, die a. 1401 u. 1501 genannt wird. Arch. f. östr. Gesch.-Q. 43, 306 u. 314, das under Frützelin ib. 325; a. 1657 der Frutzbach ib. 334. Es kommt merfach vor, daß zusammenlaufende Bäche änliche Namen haben. So zB Nersa und Nerschina (Förstem. altd. ONB s. v.); Andra und Andrisius (L'Indre u. l'Indrois) Vales. 22, 571. Zunächst wird das Verhältnis so sein: Fruda : Frudescus. Man vergleiche den *Lutzbach* oder die *Lutz*, Arch. f. östr. Gesch.-Q. 43, 289, an dem Ludesch ligt, das im 11 Jhdt. Lodasco heißt. Mohr 1, 286. Hier offenbar Loda, Luda : Lodascus. An *Frödisch* klingt der Bachname *Frodolfo* bei Bormio an; eine Bildung wie lacus *Chludulfus* pag. Saroensis Pardess. 2, 448; wie it. *rigolfo* Waßerwirbel. Vgl. ital. rigolare wälzen, wovon rigolone Kreisel. Frodolfo scheint im ersten Teil derselben Herkunft mit kom. *froda* (cascata d'aqua), ein Wort, das man auch in Wallis kennt (Gatschet). Die Bachnamen Frutz (Froda) und Lutz (Loda) scheinen mir vorromanisch zu sein. Sie stimmen zum etruskischen Flußnamen *Frudis* (Ptolemäus), den man mit kymr. *ffrwd* (fretum, torrens) zusammengestellt hat und der wie fretum, ferveo u. dgl. auf die igm. Wurzel *bhur*, gräcoital. Wz. *frat* wallen, siden, sich heftig bewegen zurückzugen scheint. Lutz, alt Loda stimmt zu den merfach vorkommenden lat. FlN Laus Laudis, woher auch Lodi seinen Namen hat. Vgl. Cuno, Vorgesch. Roms 1, 142, aus der gräcoital. Wurzel *lu*, *lav* reinigen läutern.

17 Der GLENNER, chw. Glogn, a. 1344 *Geleng* (zwüschen dem Gelengen etc.) Mohr 2, 371, bei Ilanz, chw. Glion; lezteres a. 766 Iliande Mohr 1, 13; a. 841 Eliande ib. 1, 39; im 11 Jhdt.

Hillande ib. 1, 274; a. 1287 Illans ib. 2, 48; bei Sebast. Münster „Ilanz in jrer sprach Jnnt". Fluß- und Stadtnamen sind ursprünglich eins. Beide haben, wie aus den Urkunden zu ersehen, am Schluß ein d, t verloren, änlich wie chw. gloign Eichel = lat. glandem. Nur der ursprüngliche Anlaut ist zweifelhaft. Nach dem Paradigma von gloign ist Glandus möglich, auch mit Rücksicht auf die vilen Flußnamen Glan, Glon, Glana das warscheinlichste. Der alte Anlaut Il-, El-, Hill- ist nur rätoromanische Mullierung von Gl, mit der dises heute noch ausgesprochen wird. Die alte Form unseres Flußnamens stet der der franz. *Gland-esia* im pagus Turonensis, Vales. p. 570, der des englischen *Glendus* (= Glandus) Du Cange s. v. „surea", am nächsten. Hieher gehört auch die Salzburger *Glana* Kleinm. Juv. A. S. 38 mit irem rivulus *Glanicle* = glandicula, der it. *Glanis*, j. Lagno b. Linternum, Zeiller, It. Ital. p. 180, die it. *Chiana*, alt Clanis, der vindelikische Κλανης usw. Man hat disen Flußnamen aus kymr. *glân* (mundus, purus, nitidus), irisch glanaim ich reinige, erklärt, nur darf man das nicht so auffaßen, als sei darum der Flußname nur keltisch. Es ligt eben ein uraltes, im Kymrischen erhaltenes europäisches Wort vor, nämlich *cland, jünger glano, glan, aus der europ. Wz. *klud* reinigen.

18 Der INN, alt Aenus, Ainos, später Oenus, heute In, Inn; im Mittelalter *Enus*. Das *Inntal* a. 1041 vallis Eni Horm. 1, 2, 103; a. 1027 Vallis Eniana ib. 1, 2, 79; a. 1040 Vallis Enica ib. 1, 2, 46. Das *Engadin*, Engadein, a. 920 Vallis Eniatina Mohr 1, 63; a. 967 vallis ignadina Mohr 1, 90; a. 1116 Vallis Enadina Mohr 1, 153; a. 1239 Vallis Engedina ib. 1, 329; a. 1397 Vallis Agnetin ib. 4, 311. Doch auch a. 1256 Engedein Horm. 1, 2, 233; churwelsch Engiadina [1]). Die Geographen der älteren Zeit, zB Zeiller in seinem Itin. Ital. S. 142, erklärten das mit: en ca d'In = in capite Eni. Der Name wird aber, wie Stoub vermutet, aus dem lat. Volksnamen Oeniates (Innanwoner) herzuleiten sein, also Vallis Oeniatina, Eniatina, was aber eine alte Form Aenius voraussezt. Glück (Rênos, Moinos etc. S. 5) fürt unsern FlN auf die igm. Wz. *i* (ire), gesteigert ai zurück und vergleicht diser Bildung wegen die Flußnamen Ar-nu-s, Sar-nu-s, ersteren aus der Wz. ar, sanskr. ar (se movere, ire) und sar, sanskr. sar (se movere, ire, fluere). Wegen ae aus i vgl. lat. aetas aus der igm. Wz. idh u. dgl. Änlich wie in Niderbaiern gegendweise jeder Bach *Nab* heißt, nach dem Namen des Hauptflusses *Nab* (Schmeller, bair. Wb. 1, 1712), wie in der Lombardei im Flußgebit des Serio, (Sarius) jeder Wäßerungsbach Sariola heißt (vgl. schon a. 1148 aqua idem Sariola a Serio capitur.'... et sariolam facere. Lupi 2, 1089; a. 1186 aquam duarum seriolarum a flumine Serii ib. 2,

---

1) *Die Form Vallis* Angelina *(a. 1219) Mohr 1, 257 ist Druckfeler* = Angetina *(Agnetina, Anietina). Vgl. Mohr 2, 76 Velere stat Vetere; ib. 1, 337 Alberlo statt Alberto; ib. 2, 128 Lelure statt Leture usw.*

1361), so heißt im Engadin eine große Zal von Bächen schlechtweg *Inn*, so in Graubünden eine Anzal von Bächen *Rhein* etc. In der Kindersprache habe ich dasselbe Verfaren mit Fluß- und Bergnamen überall wargenommen, wo ich hinkam. Alt ist auch der Name der *Ill* im Walgau, identisch mit der *Ill* im Elsaß, mit der frz. *Yla*, verwandt mit dem *Hileris* später Helerius, Elauris, Helarius, Alerius; Elaver Vales 185; mit dem *Hellerus* b. Vercelli, unserer *Iller*; mit der *Ellia* zur Trebia mit der *Ella* (L'Ille) zum Duranius Vol. 179 usw. aus der Wz. *al* = *ar* erheben, sich in Bewegung sezen, davoneilen.

19 Die MEDELS wird von Seb. Münsters Kosm. S. 293 als Zufluß zum Rhein aufgefürt. Im J. 1400 Vallis Medels Mohr 4, 352. Das erinnert an *Medlins* bei Rum, Zing. aaO. 1, 218, selbst an den graub. Ort *Madulein* falls hier nicht etwa Sancta Magdalena dahinter steckt, wie bei der oberelsäßer Madeleine. Vgl. Stoffel, topogr. Wb. des Oberels. S. 443, wo eine Kapelle ad Sanctam Mariam Magdalenam Dorf und Bach den Namen lib. Rivus de Sancta Magdalena. Medels enthält denselben Stamm wie die friaulische *Meduna*, wie der ältere Name des Bachiglione *Meduacum* Tab. Peut.; wie die frz. *Medua*, *Medonia* (la Medène), der bretonische *Medanus*, die *Meduana* (La Mayne), die *Medanta* etc. alle aus der ig. Wz. *mad* wallen, traufen. Medels dürfte ehedem Medulus gelautet haben, da zB churwelsches manedel (Kleinvih) auf lat. minutulus zurückget. Villeicht gehört auch der *Madèsimo* in die Sippe, dessen unromanische Betonung ein hohes Alter voraussezt. Die jezige Endung -ésimo könnte möglicherweise aus spätlat. icīnus hervorgegangen sein, was einen ursprünglichen Madicus voraussezte, gebildet wie Ligericus, Vindelicus (fluvius) etc. und weiter gebildet in Madicīnus, etwa wie lat. cannabīnus, amaracīnus, carbasīnus, petrīnus etc. aus cannabis etc. Näher aber ligt dasselbe Suffix ām, ēm, -ĭm, das sich am FlN Anemo (Plinius) An-imo (Tab. Peut.) vorfindet, im FlN *Trigisamum* j., Traisen österr. Tab. Peut.; wol auch in der bad. *Dreisam* und bair.-schwäb. *Zusam* = *Trigisamum, *Togisamum. Dann hätten wir uraltes *Madisāmum.

20 Uber die Flußnamen *Mellach*, *Malenko*, *Malanka*, *Malero* usw., deren Endungen z. T. romanisch sind, deren Stamm aber offenbar uralt ist und auf die ig. Wz. *mal* (dunkel machen, schwärzen) zurückget, hab ich mich in den Wirtb. Vierteljarsheften 6, 286 näher ausgelaßen.

21 Der NOCE, ehedem Nosius Horm. 1, 1, 24, stimmt zum *Noso*, Nebenfluß der Venoge (Genferseegegend). Merian, Topog. der Eidgen. S. 20. Villeicht wie lat. noxius, noxa, nocere aus der ig. Wz. *nak*.

22 NOLLA, Bach im Vorderrheintal, chw. *Anuigl* (nach Carisch), in lezterer Form = Agnuculus, Annuculus aus dem

Stamm *agn-* = agin, Wz. *ag* treiben, rennen. Vgl. die FN Agnio, Agniona, Anio und dgl.

23 Die RIENZ im Pustertal hieß früher *Pyrrus*, so schon bei Venantius Fortunatus; a. 892 und 1048 Pirra Horm. 1, 2, 78; 1, 1, 118; a. 1039 Pyrrus Horm. 1, 2, 42. Aber schon a. 973 kommt sie auch unter dem Namen Rionzus vor FRA 31, 35; Horm. 1, 1, 110; a. 1160 Rienza Sinn. 3, 650; a. 1277 Ryonze ib. 4, 589. Es gibt zur Erklärung dises Namenwechsels zwei näher ligende Möglichkeiten. Einmal die, daß sich die jezige Form aus der älteren in der Weise entwickelte, daß Pirrus um eine Verkleinerungsendung -uncus, -untius verlängert und die so entstandene Form Pirruncus, Pirruntius durch Aphärese Runcus, Runtius ward. Die erstere Form hat das gegen sich, daß sie die Entstehung des z unbegründet läßt, die zweite das, daß die Endung untius im 10 Jhdt. nicht mer verstanden und neu verwendet ward. Aber ein Vorgang änlicher Art ist durch die Geschichte des FlN *Serchio* bezeugt. Bei den Klassikern *Auser* genannt, heißt er noch a. 777 Ausare (Murat. 3, 1013); a. 924 Auserclus ib. 2, 45 = Auserculus, davon Serclo, Serchio wie it. cerchio aus lat. circulus. Es ist mir warscheinlicher, daß wir zwei verschidene Namen für denselben Fluß vor uns haben, von denen der eine schließlich die Oberhand bekam. Derlei findet man in Deutschland wie in Welschland zum Teil noch im Werden begriffen. Ich erinnere an den Kampf zwischen Nibel-Eitrach im Allgäu, bei dem der erstere Name am Unterliegen ist. In alten mir bekannten Beispilen kommt der Doppelname für denselben Fluß daher, daß ursprünglich der obere Lauf einen anderen Namen als der untere trug. Ja es kommt vor, daß ein und derselbe Fluß sogar drei und vier Namen trägt. So zB ein Bach bei Beutelsbach (Wirtemberg). Zu oberst heißt er *Schweiserbach*, dann *Schlierbach*, dann *Gunzenbach*, zulezt die *Beutel*. Die von Plinius genannte Scultenna heißt schon im J. 899 Scultenna (fluvius), qui et Panarius dicitur. Murat. 2, 152. Heutzutage kennt man nur noch den Namen Panaro, nachdem lange Zeit der obere Lauf Scultenna, der untere Panarus geheißen hatte (Muratori). Der Montone in der Romagnola hieß früher oben Aries, unten Montonus, heutzutage im oberen Lauf Aqua Queta. Murat. 1, 1068. Neu ist aber zB der Name des erwänten Bachiglione, der ehedem Medaucus hieß. Vgl. Murat. 1, 1064, Ughell. 5, 182. Der Name Pirrus kann auf die igm. Wz. *pi* (strozen, schwellen) zurückgefürt werden. Ist Rionzus ein Name für sich, dann müste angenommen werden, daß zwischen io, ie ein Konsonant ausgefallen sei, gleichvil ob der Name ursprünglich mit Ri- oder mit Ari- anhob, wie zB die lomb. *Ricnza*, früher Arienza (Fumagalli p. 67). Am nächsten ligt ein Rig-, Arig- aus der Wz. *ri* fließen.

24 Die ROSANNA Bach im Oinntal u. Engadin, im 12 Jhdt. *Raesanna* Steub z. rh. Eth. S. 202, erinnert stark an den fluvius

Rasenna (8 Jhdt) bei Reggio, Ughell. 5, 1564. Mir scheint das auf die igm. Wz. *ras* (tönen, dröhnen) zurückzugeben, änlich wie die vilen mit *Car-* anhebenden Flußnamen auf die igm. Wz. *kar* tönen zurückfüren. Den änlich klingenden Namen *Trisanna* hat man aus lat. tres aquanae erklärt, weil sich der Bach aus dem Zusammenfluß des Zeinisjochbachs, Vermuntbachs und Jambachs bildet. Romanisch betrachtet läge freilich *Tertiana näher, *aquana* bedeutet in rom. MA: Nixe, Hexe. Nach der Analogie mit den eben gedachten Bachnamen ist aber eine vorromanische Herkunft dises Namens aus der ig. Wz. *tras* oder *tars* (fließen) warscheinlicher. Vgl. fluv. *Tarsus* (12 Jhdt. Murat. 1, 59; fluvius *Tresia* (Como) a. 818. Ughell. 5, 246; fluv. *Trisnaria* (Reggio) ib. p. 1597, welche a. 1062 *Trixinaria* heißt. Murat. 1, 424. Vgl. in der Gegend locus Trixa (a. 1025) ib. p. 1023. Man muß immer im Auge behalten, daß wenn so vile andere rät. Flußnamen wie Albula, Alfenz, Isarcus, Glana, Illa, Tella, Malla, Sar, Seda, Sura, Sarca usw so zweifellos auf uralte Flußnamenstämme zurückgen, auch andere irem Gefüge nach alt erscheinende Flußnamen Rätiens für uralt gehalten werden dürfen.

25 Die SAR b. Sargans, alt Saruna, eine Bildung wie Iguna, Meduna, Senuna, Oldunus, Dordunus etc. aus dem weit verbreiteten Flußnamenstamm *Sar-*, ich erinnere an den *Sarius* (Serio), die *Sarca* = Sarica (= unserer Salica, Selke), an den *Sar-avus*, die els. Sar und dgl., aus der ig. Wz. *sar*, *sal* fließen. Sargans ist hievon abgeleitet, alt Saruncanes = sarunicana (villa). Vile mittelalterl. ONformen ital. Städte zeigen Adjektivform, zB *Alifana*, klassisch Allifae, Murat. 1, 1011; *Arretina*, nämlich civitas, klassisch Arretium Murat. 3, 183: dann auf *-onica* (unica) Prandonica, Presionico, Jussianica neben Jussionica und dgl. Da das u in Saruna kurz und unbetont ist, kann es leicht ausfallen, daher Sar(u)ncans und hieraus wider die zwei mittelalterlichen Formen Salgans, Sangans aus Salngans = Sarngans. Ein FlN *Salŏna* (Seille) im pag. Salnins. Mabillon dipl. p. 501; ein *Salona* (Solore) an der Salia in Frankreich Vales. p. 496; nach dem Etymon identisch mit der schweiz. *Sarona* Mém et Doc. 22, 115; ebenso ist die *Saladur* b. *Schluderns* Vinschgau verwandt zum frz. fl. *Salatus* Vales. p. 223. Schluderns also = sälaturins, sladurins, sladurns, mit Vokalwechsel Sludarns, Schluderns. Vgl. chw. sulam, salom. *Schlattein* (Engadin) a. 1139 rivus *Selatanum* Mohr 1, 161 = salatanus, ebenfalls aus der Wurzel sal.

26 Die SEEZ (zum Wallensee) a. 960 aqua *Sedes* Mohr 1, 81. Vgl. hiezu die frz. Sie, alt *Seda*, Vales. p. 116; die Soane, alt *Sedana* Vales. l. c.; die walliser Sionne, a. 1224 *Seduna* Mém. et Doc. 29, 246, woher der Stadtname *Sitten*, Sion. Der Name fürt auf die Wurzel *sad* gehen.

27 SILL eine um Wilten, eine bei Bozen. Die erstere a. 1140 flumen *Sulla* Horm. 1, 1, 115; a. 1239 *Sille* ib. S. 280,

für die andere kenne ich keine alte Form. *Suls* im VAB, *Sils* im Olnntal, *Sils* im Engadin und *Sils* im Domleschg lauteten im 11 und 12 Jhdt. Sulles, Silles, Steub anO S 204; das Engadiner aber auch schon im 11 Jhdt. Sille, Silles, Sillus; das im Olnntal im 11 Jhdt. Silz Horm. 1, 2, 103. 192. Ich halte alle durchweg für Bachnamen und für Abkömmlinge der ig. Wz. *sar* eilen, strömen, fließen, beziehungsweise sal, sil, sul. Vgl. sanskr. sal, salati gen, griech. ὁρμή Eile, lat. sal-io springe. Zu diser Wz. gehören auch der friaul. *Silus* und die beiden ital. Silaro. Ebenso die salzburger *Sura* (8 Jhdt.) Kleinm. Juv. A. 40. Über die ON *Sur, Sauers, Sauders* = süberes habe ich in den wirtb. Vierteljarsheften 6, 283 das Entscheidende vorgebracht.

28 Der Bach SPLÜGEN, SPULGEN. So bei Sebast. Münster. Die Urform wird spelunca und vollkommener rivus de spelunca gewesen sein; daraus speluca mit Ausfall des n; vgl. den ON Speluca (11 Jhdt.) Mohr 1, 291; den *Spilukerbach* vom Berg Spilluke (a. 1143) in Tirol. Sinn. 3, 419. Man hat den ON Splügen von spēcŭla, *spluca hergeleitet, was lautlich nicht gut get, da das kurze u dagegen ist. Umgekert ist allerdings das e in spēlunca lang, allein der Ton auf der zweiten Silbe des Worts bewirkte dessen Ausfall.

29 Die TAMINA b. Pfefers a. 1050 Tuminga Mohr 1, 130 stat taminga = taminia, aus der Wz. tam dunkel sein. In der Form Tuminga ist das a zu u verdumpft, wie in chw. cumarat = Kamerud.

30 Die TINNA b. Bozen (a. 1028) Horm. 1, 2, 32; a. 1277 fluvius Tynna ib. 4, 589 ist wörtliche Widerholung der zum adr. Meer fließenden *Tinna* (Tab. Peut.) Vgl. Tinna j. Topino, Zeiller Itin. Ital. S. 194; der schweizerfranzös. *Tinnas* (= Tinna, wie Carraz = Carra, Alpetaz = Alpeta usw.); a. 1234 usque ad la *Tina* Mém. et Doc. 19, 243. So wird auch *Tinzen*, altroman. Tingezun, Tinnazone Mohr 1, 188, Wartm. 3, 56; im Itin. Ant. Tinnetione, Ableitung von disem Bachnamenstamm sein. Dazu stimmen *Saletione* Solz It. Ant. nach dem Fluße *Sala; *Bregetione* (Pannonien) It. Ant. nach dem Fluße *Brega, Briga; *Andretione* (Pannonien) Tab. Peut. nach dem Fluße *Andra.

31 Der TEISTENBACH, TAISTEN, a. 772 rivus q. d. Tesido. Meichelbeck, hist. Frising. 1, 2 nr 22; a. 861 Tesito FRA 31, 19; a. 980 Thesiten ib. p. 42. Zu disem Stamm gehören die ON.

32 TESITI Sinn. 2, 636 (a. 1090); *Tesedo* a. 1267 Horm. 1, 2, 374. Ferner *Teseno* Horm. 1, 2, 362; *Tesana* Horm. 1, 1, 78, aus der gemeinarischen Wz. *tvis* funkeln, glänzen. Hingegen wird der *Tessin*, alt Ticinus wol auf die igm. Wz. *tak* fließen, dahinstürzen, zurückgehen.

33 Der nonsberger Bach TRASENGA ist nach dem benachbarten Orte Terres zubenannt = Terrasinica aqua, mit Ausfal des

e, wie in churw. tratsch = terracium Erdreich. Um Bergamo wird a. 774 ein fluvius *Terriola* genannt. Lupi 1, 530.

34 Das dunkle TRIVISIUM (Treviso), Tarvisium, siht wie die Ableitung aus einem Bachnamen *Tervidus, Trevidus aus. Vgl. die frz. FlN *Trevidus* (Trèves), *Trevisalus* (Trevezels) Vales. l. c. p. 560, aus der igm. Wz. tar, tarva, heftig, lat. pro-tervus vordringend. Somit dem Sinne nach was aqua *Furiosa*.

35 VOMP (Tirol), 10 Jhdt. Vonapo, Sinn. 2, 155; Fonepe ib. 2, 620; Fonopensis ib. Die Endung gleicht der oben genannten in Feldepp, Voldepp. Da in Vonape nichts Romanisches herausschaut, wird man an einen älteren Ursprung des Namens denken müßen. Es gibt ein altes Flußnamensuffix -ap-, -ep, vgl. *Arlape* Tab. Peut. jezt die Erlaff in Oberösterreich; die *Felepa*, j. Velp, la Fleppe in Flandern. Grandgagnage vocab. p. 113. Im Stamm klingen änlich die *Fuhne*, alt Fona zur Saale. Förstem. ONB² S. 571 und die frz. *Vonna* zur Vingenna Vales. p. 612; was auf die ig. Wz. *van* liben, zurückfüren kann. Vgl. sanskr. wanom, glänzend, leuchtend, lat. ven-ustus. Demzufolge wäre Von-apa etwa „Schönach".

36 Der ZIELBACH b. Meran, bei der Zollstätte *Döll*, die aber a. 1336 noch *Tell* heißt, wie der Bach. Sinnach. 5, 224; vgl. a. 1365 *Tella* Horm. 1, 2, 382; die *Ziel* a, 1188 flumen *Telli* FRA 5, 78 = Tellus, Telus; wozu die Formen *Telles* (a. 1160) Mohr 1, 189. 205; *Tellis* (a. 1290) ib. 298 u. 125. Vgl. dazu fluvius *Telus* (La Theole) in pago Bituric. Pardessus 2, 51; den *Telis* in Gallia Narbon. (Diefenbach, Origin. Europ.); die schweizer *Ziel*, alt Tela, Desjardins, géogr. d. l. Gaule rom. 1, 130; die nordfranz. *Tella* Vales. p. 116; dazu fl. *Tilus*, *Tila* (Tille). Vales. p. 554; *Til* (La Dyle) Grandgagn. l. c. p. 168; *Tylus* (Le Trin.) ib. 189; *Telonius*, jezt der Turano bei Reate, Zeiller It. Ital. p. 134; die *Tala* bei Calais Vales. p. 116; die *Tara* (in Bellovacensib.) Val. 94 (Terin) etc.

Wir ersehen aus den Flußnamen Rätiens, daß das Land auch in diser Namenklasse mit den versippten Völkern, den Indogermanen Europas überall in sprachlichem Zusammenhang stet, daß die noch nicht romanisierten Rätier jedenfalls auch eine indogermanische Sprache gesprochen haben, wie Italiker, Gallier und Germanen; da sie sich in irer ältesten Zeit derselben uralten Appellativa für die Bezeichnung der Waßerläufe bedienten, wie die andern arischen Ureuropäer. Des weitern sind sie später in irer Namengebung vollständig romanisiert, gleichvil welcher Klaße dise spätern Namen angehören mögen. Auch die biß jezt in irer Bedeutung nicht ergründeten Appellativa, werden sich über kurz oder lang aus dem Latein oder dem Romanischen, Entlenungen mit inbegriffen, erklären laßen.

EHINGEN WIRTEMBERG   MRBUCK

BERICHTIGUNGEN UND NACHTRÄGE

Zu S 211 nr 7 Tschirgand vgl. Cirgitta bei Nenzing, Gargitt in Lüsen, mlt. garga, span. garganta Schlucht zB Garganta de Crevillente bei Elche.

Zu S 214 nr 30 *Kolmann* kommt in Italien als caprillium Colmani (1204 Mur. 5, 447) vor. Vgl. jedoch kom. còlman = culmen.

Zu S 217 Albiun ist das heutige *Albions*. Unweit ligt eine Örtlichkeit *Albeins*, im 10 Jhdt. Alpines Sinn. 1, 545; a. 1156 Albines ib. 3, 434 vom PN Albinus oder Alpinus.

Zu S 217 nr 2 Die Endung *-icinus*, *-isinus* zeigt auch die Zugehörigkeit zu etwas an. zB (11 Jhdt.) ministerium Curisinum Mohr 1, 297 = Verwaltungsbezirk Chur. In dem oft genannten Alpnamen *Masein* a. 1156 Medezena Mohr 1, 180; a. 1160 Midizme (lis Midizine) ib. 1, 189; a. 1170 Medezen ib. 1, 199; a. 1194 Metinnii (lis Meticinii) ib. 1, 232; a. 1290 Mezans, Mizins ib. 2, 110 u. 100; dürfte ein PN Medius oder Madius, Madicus, Medicus verwendet sein. Ein Romane Madins a. 812 zu Mannzell. Wirtb. Urkb. 1 nr 68. Vgl. die massa Medesanum, Medesana b. Imola (12 Jhdt.) Ugh. 2, 676 u. 677 aus einem PN Meditius, Meditianus. Möglich ist auch Beziung auf einen Orts-, bzw. Bachnamen Media, Madia. Vgl. den Bach Madia im Val Madia. Zeiller, It. Ital. S 146.

Zu S 218 nr 4 Die alte Endung *-uz*, später us, as, aus, üs (vgl. unter fanus) findet sich weiter an *Stamutz* (mit *Schulla* = Schuls = scoglio, scopulus und Tarasp, *Traspes*, Taraspes = inter raspos oder aspos) a. 1150 genannt, Mohr 1, 170. Es stet für stagnuz von mlt. stannum, lat. stagnum. *Madruz* b. Trient, a. 1159 Madruzo FRA 5, 26; a. 1177 Madrucio ib. p. 38; a. 1180 Madreuts Sinn. 3, 608; a. 1217 Mandrucio FRA 5, 316 ist schwerlich auf mandria, mandra Herde, Schafstal zurückzuführen, da das n nur einmal und spät in dem Namen auftritt. Eher ist an einen vormaligen Flurnamen it. matra, matèra (Mulde) zu denken, welcher mir zB in der terra, que appellatur Matera (b. Rom a. 1027) Marini p. 76 vorzuligen scheint. So villeicht auch im Bergnamen *Madrûsa* (Prättigau) mit dem benachbarten *Madersella* = matruzzella. Doch könnte disen, wie villeicht auch den Flurnamen *Madris* (Ragatz), *Maders* (Stanzertal) das chw. il medèr, alam. meder (Bergmähder Bergwise) zu Grunde ligen. Madrûsa kann auch mlt. materiosa (holzreich) sein. Anders wird locus *Madria* (a. 938) b. Adria (Mur. 3, 737) und alpa *Maidre* b. Treviso (a. 980) Mur. 1, 573 = Madriae zu nemen sein. Ein matéra (mlt. materia Bauholz, Planke, Stamm, wovon der Inselname Madeira) it. madriero (Planke) steckt im locus Materaria (b. Pomposia, a. 1052) Murat. 5, 538; die Kurzform Mathraria für denselben Ort (a. 1188) Murat. 3, 159. Ein Maderi (a. 1197) Murat. 1, 163; Materium (a. 1209) b. Ravenna Ugh. 2, 375 nimmt sich aus wie praterium aus pratum, wie eine Weiterbildung von mlt. mata (Gebüsch); also *materium, *materia. Unser Madruz könnte jedoch auch zu einem mit Matr- Madr- anhebenden PN gehören, wie er in Madrinus, Madratus, in den ON Matrisana (a. 948) Mur. 2, 175; Madrunino (a. 957) Mur. 2, 719 etc. steckt. Dann läge eine Bildung vor wie Johannusus (= utius) FRA 5, 475; Marsuccius Ugh. 2, 462; Maurucius ib. 852; Lambertutius ib. 783; Paulutius ib. 656; Ugolinuccius ib. p. 465 usw. — Über *Burguzo*, *Bregus* sih unter burgus. Es ist genau gebildet wie *castellutium* (14 Jhdt.) Ugh. 5, 108.

Zu S 220 nr 7 vgl. baier. Jehensdorf = Johannesdorf. Förstem. ONB S 863. Wegen Viggun = Juggun vgl. die alte falsche Auflösung Viarus (Kleinm. Juv. S 31) für Ivarus Salzach.

Zu S 222 nr 1 *Lorsen* = ad illum Ursinum; Fallerscheiu kann auch Vallis Ursicini sein.

Zu S 224 nr 25 *Miglantia = Milantia gliche dem baier. Mögling aus Milingen (12 Jhdt) Förstem. aaO S 1027. Wegen des epent. n vergl. lad. songin (Pflaume) = susinus vom Stadtnamen Susa.

Zu S 225 nr 30 vergl. den it. ON Porto *Moriso* b. Genua, ehedem Portus Mauritii. Zeiller, It. Ital. S 39.

Zu S 226 nr 35 Saliera (Rinne) könnte aus sal abgeleitet sein, da man den Schafen auf der Weide das Futtersalz in dachrinnenartigen Trögen reicht. — Etwa um 500 lebte zu Verona ein Bischof Sylvinus. Ugh. 5, 583.

Zu S 229 nr 5 vgl. lad. aonice Erle.

Zu S 229 nr 8 Streiche banur (honor), seze dafür: it. saffruganeo = suffraganeo.

Zu S 231 lis Schmeller stat Schneller.

Zu S 232 nr 10 Wie Rusklay und *Rentschendei* (a. 1397 FRA 34, 435) gebildet dürfte der südtir. ON *Kurtschay* (a. 1385 FRA 34, 387), also auf curticello zurückzuführen sein. Das einfache *Rentsch*, älter Rencze (Horm. 1, 1, 130); Ronz (a. 1160 FRA 34, 29), im 12 Jhdt. Auronzo (Sinn. 3, 362) ist = Aurontius, Orontius. Ein Horontius im 10 Jhdt. Bischof von Vicenza. Ugh. 5, 1171. Den tir. ON *Murtscheday* (a. 1374 FRA 34, 320); *Mortsaday* (a. 1310 FRA 36, 46) füre ich auf it. marcitoji (Sumpfwisen) zurück. Den Hofnamen *Gutschnà* bei Gries, a. 1143 Campsnagne (Sinn. 3, 417); a. 1455 Cantschnay (FRA 34, 498) kann man auffaßen als ursprüngliches campicinello oder als Zusammensezung aus campo äsïnajo, wie ja zB Talvay (a. 1441 FRA 24, 573) nur für Talfaria; Mulgreye (a. 1352 FRA 35, 299) nur für mulgaria stet. Das g in Campsnage stünde für j, i, wie etwa g in it. madrigale = mandrijale, mandriale, oder in mhd. vogtige = vogteie. Möglich wäre endlich campo senága (häßlicher Winkel) aus seno (sïnus) gebildet wie muraga aus murus. Vgl. Flechia di alcune etc. p. 47. *Mutscheday* b. Laven = Monticettello.

Zu S 233 lis Ard-dunum stat Are-dunum.

Zu S 234 lis sursum tegina(s) stat teginos.

Zu S 234 nr 14 *Bargugn* läßt sich lautlich auch auf Burgunnio, Burgundio, den PN Burgundius zurückfüren, der zB Guérard, Cartul. Carnot. p. 451; Murat. l. c. 5, 641 vorkommt. Wegen der Endung vgl. chw. vergugna = lat. verecundia. Der PN steckt auch im it. ON Burgugnano (a. 1158 um Pisa) Murat. 3, 1173. Das änlich klingende graubündnerische *Favugn* = Favonium kann das chw. favugn, faugn Föhn, Südwind, kann aber auch den PN Favonius meinen, wie er in dem it. ON Fauniano (9 Jhdt. Ugh. 5, 147) vorkommt; ja, wenn hier altes -ium für lat. -iacum stände, würde Favugn mit dem friaul. Faugnaco (14 Jhdt.) Ugh. 5, 113 wörtlich übereinstimmen.

Zu S 236 nr 17 Ildefons von Arx Gesch. des Kant. St. Gallen S 465 gibt caldaria mit Sennhütte.

Zu S 239 nr 22 beßere captiva in captia.

Zu S 240 nr 24 Vivarium q. d. Concha Sancti Antonini (10 Jhdt.) Ughell. 2, 256. Concha (Weiher) verhält sich zu concha (Schlucht, Bach) wie mlt. aquerium (Weiher) zu mlt. aquerium (Bach). Molendinum cum accessione sive aquerio (a. 823, Modena) Ugh. 2, 118. Aus mlt. accessus kommt chw. *tschiss* Weiher. Vgl. accessus in einer Urk. v. 745 bei Neugart Cod. dipl. Alem. p. 21.

Zu S 242 nr 30 Vgl. noch Fundus Cucumelli (Rom) a. 854. Marini p. 15

Zu S 254 nr 58 vgl. lad. infér = infernum, invér = hibernum.

Zu S 256 nr 64 vgl. noch lat. mortarium Mörtelpfanne.

Zu S 262 lis Spludatsch stat Spuldatsch.

Zu S 266 nr 77 *Quarto* bezeichnet in ON aus röm. Zeit den vierten Meilenstein. So villeicht Quarten am Wallensee, falls hier nicht nummerierte Weidegänge aus späterer Zeit gemeint sind. Daß eine Nummerierung vorligt, ergeben die aufeinander folgenden ON: *Prümsch, Güns, Tersen, Quarten, Quinten*. Gatschet S 119. Quartus und Quartinus kommen auch als PN vor. So zB a. 766 ein Oberländer *Quartinus* Mohr 1, 13; a. 828 ein *Quartinus* natione Noricorum et Pregnariorum, Sinnach. 1, 513. Die oben unter nr 8 erwänte *aqua logertina* könnte man auch als aqua Quartini, l'ov Cartina auffassen, wenn man die aqua Sancti Petri (in der Cadi), die ital. aqua Johannis, den fluvius Garganzanus, villeicht auch den österreichischen *Quartinespach*, 9 Jhdt. Förstem. ONB S 1136, daneben hält.

Zu S 266 nr 78 Ragen, Rogowa ist noch warscheinlicher ein Derivat aus *rogi* (cornu). Vgl. Miklosisch aaO S 87 und zwar = rogovo. Im Pustertal, das slaw. = bystrica lautet, woraus die späteren Formen Bistritz, Feistritz (vergl. Miklosich aaO S 10) findet sich ferner ein Berg *Ratschöts*, den Steub und Alton für „rasenisch oder etruskisch" halten. Der Name ist aber wol nach einer briefl. Mitteilung Miklosichs = slaw. rečica, Deminutiv von rêka Fluß. Vgl. Miklosich naO S 86. *Deffreggen*, nach dem sich der berümte Maler (Deffregger) nennt, get wie das alte kärntische Döbriach auf ein altes *Dombrjahy von domby (Eiche) zurück.

Zu S 272 nr 88 b Toblino kann auch aus lat. *tabulinum*, tablinum (Schopf, Stadel) herkommen.

REGISTER

Absams 215.
Abuzacum 215.
Acer 228.
Acla 229.
Acutus 229.
Adda 279.
Afers 230.
Agarn 228.
Agareit 228.
Alba 279.
Albeins 290.
Albuin 217.
Albula 279.
Albur 231.
Aldein 229.
Alfenz 279.
Alm 279.
Almens 254.
Alnus 220.
Alvaneu 218.
Alvaschein 217.
Alweier 231.
Ampaß 215.
Andiast 253.
Andigatz 253.
Andratsch 229.
Andrian 211.
Anif 253.
Antro 229.
Anuigl 285.
Aqua 231.
Aquale 231.
Arbussonas 217.
Arca 232.
Arch 232.
Arcus 232.
Ard- 232.
Arkletch 232.
Arosa 279.
Arrogium 232.
Arve 253. 279.
Attegia 233.
Atnat 216.
Aura 280.
Avena 278.
Avers 231.

Avezano 211.
Avezzo 228.
Avisio 280.
Avoscano 221.
Axams 215.
Badus 234.
Balfries 219.
Balgach 280.
Balm 261.
Baragia 236.
Barbian 212.
Barga 235.
Bargugn 234. 291.
Belca 282.
Bendern 247.
Bergell 235.
Besua 279.
Blattengais 252.
Blndesch 262.
Bollingen 216.
Bonadutz 218.
Borca 248.
Bozen 214.
Braga 235.
Brail 236.
Bregenz 280.
Breil 236.
Brenner 281.
Bria, Briga 280.
Buda 234.
Bulla 263.
Burgus 234.
Burgusium 234.
Cacia 239.
Cadein 239.
Cadober 266.
Calamicca 236.
Calchera 237.
Caldaria 236. 292.
Calma 237.
Calx 237.
Campus 238.
Canca 240.
Canicula 240.
Capanna 230.
Captia 239.

Caseira 230.
Casleier 230.
Catena 239.
Cauma 237. [239
Cavenna (Clavenna?)
Cerrus 240.
Chiavenna 281.
Chiese 281.
Ciconia 240.
Cingulum 240.
Clanius 284.
Clesus 281.
Cona 243.
Concha 240. 292.
Corredo 241.
Corylus 241.
Covo 241.
Crema, Cremona 281.
Cubitus 242.
Cubum 241.
Cucullus 242.
Cumba 243.
Cuna 243.
Dagunda 281.
Dargun 227.
Davedin 228.
Davos 273.
Dezan 212.
Docius 282.
Döll 289.
Dolleren 281.
Dorsum 243.
Dossum 243.
Dragone 227.
Drifaggen 281.
Drun 227.
Drusentor 219.
Drusiana vallis 219.
Dux 282.
Eisak 282.
Emanus 282.
Engadin 284.
Enschen 229.
Erdinaus 245.
Epfach 215.
Eppan 212.

Erbion 314.
Erl 215.
Erosa 279.
-etione 288.
Etsch 282.
Eveis 257.
Eyers 280.
Faba 244.
Fadüra 246.
Faenum 245.
Falarun 248.
Falepp 282.
Fallerschein 222.
Fallmaunbach 283.
Fanas 244.
Fanella 245.
Fans 244.
Fanum 244.
Fanus 244.
Fassa 257.
Favugn 292.
Federa 246.
Fellers 248.
Fenils 245.
Fersina 283.
Festill 246.
Feta 245.
Fettan 246.
Fex 246.
Finsaun 245.
Filix 246.
Firmian 214.
Fistulus 240.
Flack 281.
Flem 246.
Flims 247.
Flumen 246.
Flums 247.
Fodara 246.
Frastenz 247.
Fraxinus 247.
Friesen 248.
Frudis, Frutz 283.
Frödisch 283.
Fulcus 247.
Füllgreit 246.
Funtnas 244.
Furca 248.

Fuschelsee 253.
Gadium 251.
Gais 252.
Gajann 238.
Gaium 251.
Galamazöle 236.
Galda Galdus 251.
Galdenen 237.
Galgenen 239.
Gallmick 236.
Gallmist 236.
Gallraid 241.
Ganda 248.
Gandinus 245.
Garda 252.
Gardus 244.
Gargant 212. 290.
Gargazon 212.
Gazium 251.
Gir, Giratsch 249.
Girlan 212.
Girus 249.
Glan 284.
Glanz 212.
Glenner 283.
Glurns 241.
Gofel 241.
Gora, Gorna 249.
Goyen 212.
Götzis 239.
Grafanas 244.
Graps 228.
Gratium 211.
Grava 249.
Gravedona 249.
Greve 250.
Grimisuat 251.
Grimole 250.
Grimsel 251.
Grispion 213.
Gronda 250.
Grumus 250.
Gudon 242.
Gufidaun 232.
Gund 243.
Gungais 252.
Gungl 240.
Gurgolago 234.

Gutschnà 291.
Gütsch 329.
Gütz 229.
Jaufen 214.
Jenatz 220.
Jenesien 220.
Jenins 219.
Jerellihn 249.
Ifen 228.
Igels 220.
Igis 221.
Ill, Iller 285.
Inn 284.
Intschi 229.
Iriel 256.
Isar 282.
Juggen 219.
Juncus 232.
Juniperus 252.
Iviers 230.
Kaldonatsch 237.
Kalfeusen 221.
Kalfreusen 221.
Kalleren 238.
Kaltern 237.
Kamion 214.
Karres 266.
Kätsch 229.
Kätzis 236.
Kläfen 281.
Klafutz 245.
Klöß 281.
Kochl 242.
Kofel 241.
Kogel 242.
Kolmann 290.
Kötsch 229.
Kuchl 242.
Kunkels 240.
Kurtschay 291.
Labusculus 253.
Läfis 222.
Lafraun 254.
Lama 253.
Lans 213.
Layen 213.
Latsch 230.
Latschander 230.

Launades 216.
Lofer 230.
Logertina 231. 292.
Lonate 216.
Lorsen 222.
Ludesch 283.
Lufenaus 245.
Lugnetz 223.
Lumen 254.
Luuat 216.
Lupicinus 217.
Lupus 222. 254.
Lurx 217.
Luver 230.
Luwanan 227.
Luwis 222
Lutz 283.
Madeira 290.
Madesimo 285.
Madulein 285.
Madrutz 290.
Maladers 255.
Malfein 222.
Malus 255.
Mariol 223.
Marschlins 223.
Marschnell 223.
Marsöl 223.
Marson 223.
Martium 211.
Marticla 223.
Martscheday 291.
Martscheins 224.
Maruel 223.
Marzoll 223.
Maschieras 223.
Masans 255.
Masein 290.
Mean 213.
Medels 285.
Meduns 285.
Meils 255.
Mellach 285.
Meran 213.
Merans 225.
Meransen 225.
Merzan 223.
Miglanz 224. 291.

Miliol 224.
Millen 213.
Miol 224.
Moguntium 211.
Mola, Molina 255.
Molia 256.
Molinära 256.
Mons 256.
Montigel 256.
Morbegno 211. 223.
Moritz Sct. 224.
Moritzen 225.
Mortarium 256.
Mörzig 216.
Mülnär 255.
Mundlfeis 254.
Münten 256.
Mutscheday 291.
Nals 277.
Nar 279.
Nasen 225.
Natz 216. 257.
Nauders 258.
Naul 257.
Navis 257.
Nerua 279.
Nevis 257.
Noce 285.
Nolla 285.
Nüziders 258.
Ohnach 229.
Olla 259.
Ölpoln 260.
Ornella 249.
Ortler 260.
Paisten 263.
Palas 245.
Palaus 245.
Palesieux 251.
Palm 260.
Palven 260.
Partschönne 225.
Paßlan 214.
Paspels 263.
Passchönne 225.
Pastina 263.
Patschai 252.
Petina 262.

Pfeffers 244.
Pfatten 275.
Piglan 214.
Plazenaus 245.
Pobeldätsch 264.
Populus 263.
Porclas 219.
Portennis 219. 264.
Prasserin 232.
Pratum 265.
Pregnarii 281.
Prien 281.
Prissian 213.
Pufels 263.
Pyrrus 286.
Quatuor, Quartus,
  Quadrus 266.
Ragen 266. 292.
Rasenna 287.
Ravius, Ravenna 281.
Räzüns 221.
Rentsch 291.
Rentschendei 291.
Reschen 225.
Rienz 286.
Riffian 213.
Ritzol 232.
Rosanna 286.
Rugia 233.
Rumo 280. 250.
Ruschitte 232.
Rutzbach,Rutzein232.
Sagens 311.
Sagonara 240.
Sala 267.
Salfe 270.
Salix 269.
Salober 213.
Salona 268.
Saltaus 244.
Salurn 268.
Säntis 226.
Sar 287.
Sara 269.
Sarezzo 267.
Schanzach 212.
Scharans 230.
Schatzli 257.

Schiers 228.
Schlattein 287.
Schlins 268.
Schlöwis 226.
Schluderns 287.
Schnauders 259.
Schuls 290.
Secanium 211.
Seez 287.
Seingle 240.
Sentium 211.
Sera, Serra 269.
Serlise 269.
Serchio 287.
Serfaus 245.
Sewis 226.
Sifian 213.
Sill 287.
Sillian 213.
Sils 287.
Silva 270.
Sirmian 213.
Sivernach 214.
Solavers 231.
Splügen 288.
Stamutz 290.
Staranna 238.
Stiriate 216.
Storo 227.
Stürvis 227.
Sulfan 270.
Sulz 287.
Supianas 213. 226.
Taie 233.
Talv 270.
Tamins 288.
Tanas 245. 271.
Tanürz 217. 271.
Tarasp 290.
Tartar 273.
Tartura 273.
Taur 274.
Tauern 274.
Taufers 216.
Tavanasa 273.

Teglio 276.
Teisten 288.
Telf 270.
Tella 289.
Terenten 275.
Terfens 216.
Terlan 214.
Terminus 271.
Terznaus 245.
Tessin 288.
Testo 253.
Tinna 288.
Tinzen 288.
Tiß, Tisis 282.
Toblino 272. 292.
Torano 274.
Torrens 275.
Tortura 273.
Tosa 282.
Tosalt 243.
Tösens 282.
Tossul 243.
Touque 282.
Tovo 272.
Toverasca 272.
Trabascenne 225.
Tramblai 252.
Trasenga 288.
Trens 275.
Treviso 289.
Trimmis 272.
Trimerren 272.
Trisanna 287.
Tschaganera 240.
Tschahaun 240.
Tschengels 240.
Tschirgand 211. 290.
Tschirland 214.
Tschiss 292.
Tschongei 252.
Tschuggen 219.
Tuberes 216. 272.
Tubus 272.
Tufus 273.
Tujetsch 273.

Turbia 228.
Thusis 282.
Tyalwall 273.
Ünschi, Unsin 229.
Untschi 229.
Vadum 275.
Vadutz 279.
Valackenbach 281.
Valarsch 276.
Valduna 276.
Valendaus 245.
Valepp 283.
Valüna 276.
Vanna 278.
Vargopa 276.
Vatz 275.
Veina 278.
Vello 276.
Veltlin 276.
Vens 277.
Vernacken 282.
Vernatza 276.
Versam 278.
Versetsch 276.
Vettis 275.
Vezzan 214.
Vilfern 276.
Vilgraten 276.
Villanders 230.
Vilpian 214.
Vilt 276.
Völlan 214.
Völs 277.
Vomp 289.
Vöran 214.
Wal 231.
Wans 277.
Watsch, Watschl 275.
Weinna 277.
Wens 277.
Wurz 248.
Ziel 289.
Zirl 239.
Zivezzan 214.
Zivignano 214.

www.ingramcontent.com/pod-product-compliance
Lightning Source LLC
Chambersburg PA
CBHW022118230426
43672CB00008B/1423